目次

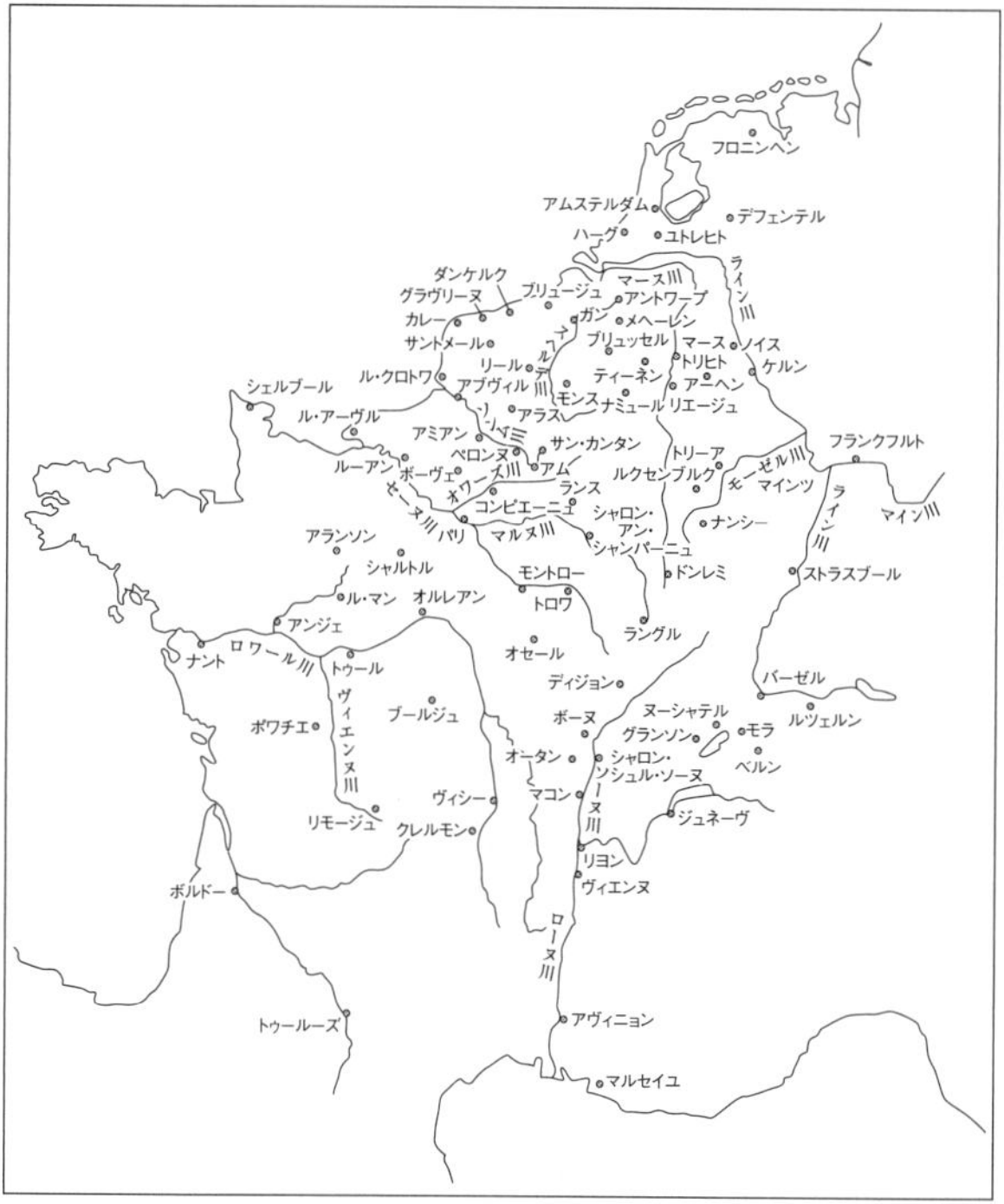
フロニンヘン
アムステルダム
デフェンテル
ハーグ
ユトレヒト
ライン川
ダンケルク
マース川
グラヴリーヌ
ブリュージュ
アントワープ
カレー
ガン
メヘーレン
サントメール
ブリュッセル
マース
トリヒト
ノイス
リール
ケルン
ティーネン
アーヘン
ル・クロトワ
アブヴィル
モンス
ナミュール
リエージュ
シェルブール
ソンム川
アラス
ル・アーヴル
アミアン
サン・カンタン
トリーア
フランクフルト
ペロンヌ
ルーアン
ボーヴェ
オワーズ川
アム
モーゼル川
ルクセンブルク
マインツ
ランス
セーヌ川
コンピエーニュ
シャロン・
アン・
シャンパーニュ
ライン川
マイン川
ナンシー
パリ
マルヌ川
アランソン
シャルトル
ドンレミ
ストラスブール
モントロー
ル・マン
オルレアン
トロワ
アンジェ
ラングル
ナント
ロワール川
トゥール
オセール
ディジョン
バーゼル
ヴィエンヌ川
ブールジュ
ルツェルン
ボーヌ
ヌーシャテル
ポワチエ
グランソン
モラ
オータン
シャロン・
ソシュル・ソーヌ
ベルン
ソーヌ川
ヴィシー
マコン
ジュネーヴ
リモージュ
クレルモン
リヨン
ヴィエンヌ
ボルドー
ローヌ川
アヴィニョン
トゥールーズ
マルセイユ

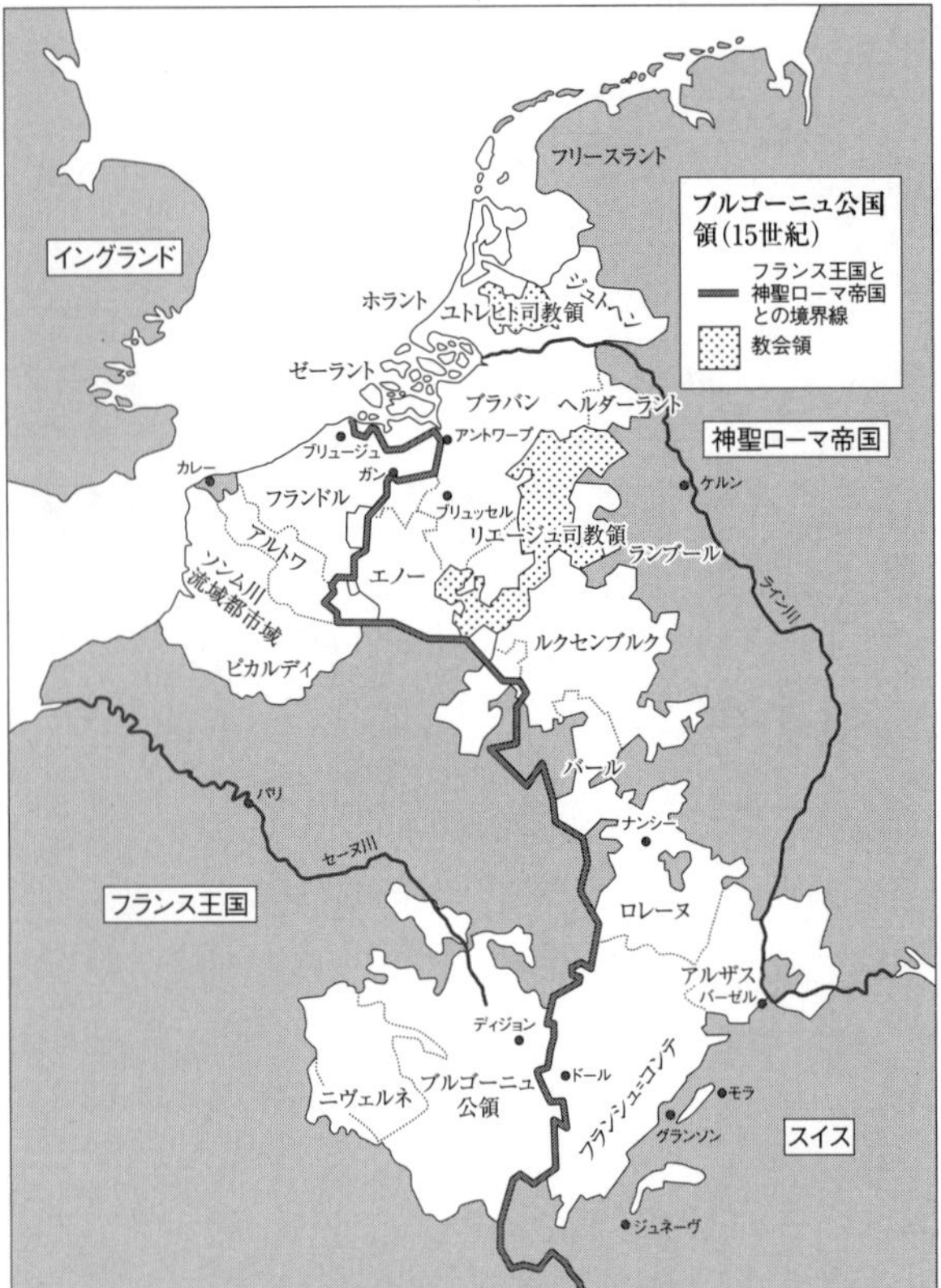
ブルゴーニュ公国領(15世紀)
フランス王国と神聖ローマ帝国との境界線
教会領
イングランド
フリースラント
ホラント
ユトレヒト司教領
ジュトヘン
ゼーラント
ブラバン
ヘルダーラント
神聖ローマ帝国
ブリュージュ
アントワープ
カレー
ガン
フランドル
ブリュッセル
ケルン
アルトワ
リエージュ司教領
ランブール
ソンム川流域都市域
エノー
ライン川
ルクセンブルク
ピカルディ
バール
パリ
ナンシー
セーヌ川
フランス王国
ロレーヌ
アルザス
バーゼル
ディジョン
ドール
ニヴェルネ
ブルゴーニュ公領
フランシュ=コンテ
モラ
グランソン
スイス
ジュネーヴ

ブルゴーニュ公国の大公たち

序

本書につけた題名は、読者のどなたも別におかしいとも、いかがわしいともお思いにならないだろうと考える。一三六四年から一四七七年にかけてブルゴーニュ公国の玉座についたヴァロワ朝ブルゴーニュ公四人の名声こそは、世にあまねく知られたものであるのだから、少くもこの四人ならば、「大公」の敬称を奉られても、その名に恥じぬと言ってよかろう。

それどころか、「西ヨーロッパの大公」という言いかた、あるいは、これと匹敵し、もっと正確な「日没する国《ポナン》（日出ずる国〔ルヴァン〕に対する語）の大公」[1]といった言いかたも使ってよさそうだと思わないでもなかった。同時代の人たち、さらには後代の歴史家たちの中にも、キリスト教的ヨーロッパ世界にあって尊貴の輝きが他に絶していたこれら四人の大公を、こうした呼称で呼ぶ者がないではなかったからである。もっとも、こういう言いかたは、十五世紀においても、以後においても、決して公《おおやけ》には認められていなかった。だから、かれらを余りに神々しく祭り上げて、かえって失望を招くようなことをしない方が正しく、賢明だと思えたのである。

とはいえ、フランス王ジャン・ル・ボンの血筋を引くブルゴーニュ公が、現実にも「偉大な大公」であったことに異をとなえる者はいまい。かれらは、その権力において、その宮廷の栄華において、かれら自身またかれらの治める国が発する知的・芸術的輝きにおいてまさしく、偉大であった。歴史家フロワサール（一三三七―一四〇五頃。『年代記』の作者）その人も、四人の大公のうち初代の人を「偉大な殿」の名で呼んでいる。

この人たちの生涯や行跡を細大もらさずさぐろうとすれば、何冊もの本が書かれねばならないだろう。それにこうしたスケールに及ぶ研究は、何より文献資料の裏づけを必要とし、――実際のところ、資料はあまりに散逸している上に、厖大をきわめる――試みられる価値はあるだろうが、実際に試みられたことはなかった。ブルゴーニュ公家の全史は、アカデミー・フランセーズ会員バラント氏（一七八二―一八六六。『ブルゴーニュ公の歴史』（一八二四）を書く）のものを除いて、存在しないと言ってもよいのである。バラント氏の本の初版は、今からもう百年以上も前、かなりの成功を博し、のち八巻の流布版にまとめられたものだが、本書中でも、本文、注においてときに引用するはずである。ただ、歴史資料としては、今日では古くなりすぎた。いわば、事実の叙述だけをこととするふうで、重要度のまったく違うさまざまの原資料を同一次元に並べており、――あるいは、並べようとする傾向が多分にあり、批判を欠くところが目立つ。この著者の良識や作家的才能は十分に買うが、――ルイ・フィリップ朝時代（一八三〇―四八）の何より生粋の歴史家の表現形式が見られる——以上にあげた欠陥をおぎなうには足りない。なにしろ、その後に発見された古文献資料は多数あり、研究も進んでいて、ブルゴーニュ公が、ブルゴーニュにおいて、またフランスにおいて、また外国において、いかなる役割を果たしてきたかの理解についても、はっきりと修正が加えられてきたからである。

本書でのわたしのねらいは、ともかくも限られた枠内にすべてをおさめる必要からも、ブルゴーニュ公四代[2]の、詳細な学問的歴史を書くというところにはない。ただ、四代の大公各人の特徴、その政治の傾向、その事業の成功や失敗、それぞれの輝かしい統治下に一括してなしとげられてきた個人または集団の諸活動の文明史上での寄与といったものを、大まかな形で再浮上させてみたいというにつきる。

第1章　王国から公国へと

ブルゴーニュという名を聞いても、フランスの他の多くの地方のようにはすぐに、だれもになじみの、フランスの地図上にくっきりと輪郭の描ける姿かたちが思い浮べられることはない。フランスの各地方はたいていがみな、明瞭な外形を持っていて、わたしたちも、そのかたちに慣れ親しんでいる。たとえば、ある地方は半島部で、旧世界の一部分だったものがずっと新しい時代の大陸とくっついたというおもむきを呈している（ブルターニュ）。ある地方は、高原（オーヴェルニュ）、ある地方は紡錘状に伸び、中の広がった谷間（ポワトウか）、また、ある地方は、ハメ込み用のホゾ入りの台座に組み込まれた側木の一隅（ギエンヌとガスコーニュ）というぐあいである。ブルゴーニュはといえば、平野であって山、谷であって高原、始原の土壌であって、新しい地層でもある。ブルゴーニュはまた、その全面にわたって、フランスという国の四つの斜面に顔を向けている。

　実を言うと、ブルゴーニュという一地方は自然によって形を定められたのではないということなのだ。自然はただ、いくつもの道が結ばれ合う中心点をはっきりとここに据えたというだけなのだ。

やがてはそれぞれ違った方向へと流れて行くもろもろの河川の源をなすけわしい谷が寄り集った高地を中心にして、広い狭いの差はあれそこここに人間の住む土地がおのずと作られてきた。ブルゴーニュを作ったのは、人間である。人間が、さまざまな時代を経るうち、ブルゴーニュを他と違ったところに作り上げてきたのである。地理的条件のもたらす、いくつもの可能性の中から、歴史が選択をしてきたのである。

＊

当初は、アエドゥイー族、リンゴネース族、セークァニー族といった部族——主なケルトの部族の名だけをあげる——の住んでいた、ガリア（フランスの古名）の地、のちに、徹底的にローマ化されたこの地は、四世紀から五世紀にかけての民族大移動の時期には、ブルゴンド族、ブルグンディー族またはブルグンディオーネース族と呼ばれる人々の居住地であった。かれらは、スカンディナヴィア民族に属し、初めデンマーク東端、バルト海に浮ぶボルンホルム島に定着、次に大陸へ移住し、今日のポンメルン東部に滞留した。時代が下るにつれ、ゆっくりと、不安定な歩みでライン川上流地方へと向かい、さまざまの非運に遭遇しながらも、——なかでも有名なのは、四三七年、フン族によって加えられた流血の惨事であって、ゲルマンの叙事詩『ニーベルンゲンの歌』の中に華々しくうたい上げられた――レマン湖の周辺に来てそこに腰をすえた。そこから、ローヌ河沿いに、ソーヌ川の両岸に、ジュラ山脈やアルプスのかなたに、モルヴァン地方の一角へ、セーヌ源流の谷へ、またセーヌ上流の各支流の谷へと一面に広がって行った。そして、ブルグンディア――以後はフランス語流に、「ブルゴーニュ」と言おう――の名が、もろもろの文献にあらわれてきて、歴史地理学の術語としても根をおろすにいたる。その名は、ゴンディオクの子ゴンドボー大王（五一六死、ブルゴンドの王）の時から、すべての文書に記されるようになる。

ブルゴーニュ、すなわちブルゴンド族の王国、レーグヌム・ブルグンディオーヌムが、こうしてまさしくはっきりと具体的な形をもつ新たな実在となったのであり、それはまさに、聖クロティルドの伯父のひとりゴンドボーの同時代クロヴィスによって、別の場所にフランス、すなわちレーグヌム・フランコールム（フランク族の王国）が形成された時期に花開いたのである。

だが、ブルゴーニュは、フランスが完全にフランク族の国とはいえぬように、完全にブルグンド族の国とはいえない。王国の領土に迎え入れられた異民族の数は、そんなに多くなかった。ブルグンドも、フランクも、その大半は、自分たちを受け入れてくれた何百万人ものガリア＝ローマ人と融合していたのである。かれらが、独自の価値をもつ民族的因子をもたらしたのは事実だが、だからといって、のちのフランス全体の民族分布を大きく変えたというわけではない。

それでも、ブルゴーニュは、クロヴィスの子孫たちのあい次ぐ征服によりメロヴィング朝フランスに合体せしめられ、六、七、八世紀には、ガリアでもっとも活力にみちた地方の一つとして確立した。

何よりもまず第一に、移住してきたブルゴンドが土着の民と同化することで、一時政治的にもかれらの支配した一地方を、——なかでも特に、ディジョン、シャロン゠シュル゠ソーヌ、マコン、オータン、ひいてはシャティヨン゠シュル゠セーヌにまで広がるこの地方の一部を、独特の色合いで染めることとなった。いわば、「ガリア゠ブルゴンド」とでもいうべき民族がそこに作り出されたといっていいのである。他の所で、「ガリア゠フランク」民族、また、「ガリア゠ゴート」民族が作られていたように。この民族的因子は、否定しがたく、消し去れぬものだが、それに加えて、ゴンドボー——この「現代のソロン[1]」がうち立てた人民本位の法体系は、のちのちまでもはっきりと特徴的な法律として伝えられるに足るものとなった。すなわち、その創始者の名をとって、「ゴンドボー法」と呼ばれるこの法律は、ギリシア・ローマ以外の法律の中ではもっとも人間的なもの、もっとも進んだものであり、その名ごりは、「ブルゴーニュの風習」の中に見出される。さいごに、みるべき成果をあげたメロヴィング朝期の何人かのすぐれた人物たちの正価を認めておくのが適切だろう。王ゴントラン、王妃ブリュヌオー、王ダゴベール、オータンの司教で殉教者聖レジェなど。以上のような要因を合わせ考えてみることで、本書の研究を進める上に何より考察し配慮しておくべき重要な事実——ブルゴーニュという実体がどのようにして形成されてきたか——が明らかにされるのである。要は、この時、すなわち、中世の初期以後、フランスの枠内において、政治的意味においても精神的意味においても、「ブルゴーニュ」という地方が存在するにいたったのだと、了解しておこう。

＊

だから、ブルゴーニュは初め、諸民族の君主の支配下にある国であったのだし、君主たちはこれを各方面に拡大した。たとえば、マルセイユは一時期、ブルゴンドの港であった。(2) 次に、この国は、政治的にはフランク王国に合体した。ガリア゠ブルゴンド民族はその時代、支配者の保護下に各分野で、ことに農業と軍事面で、活発に活動した。ぶどうの栽培をし、田畑を開墾した。森や草原をつぶして行った。ポー河流域に居を定め領土の拡大の野心にもえていたロンバルディア人と衝突することもあった。ゴントランの治下、ブルゴンドの貴族アマとミュモルとは狂暴をもって知られたこの敵に対抗し、二度にわたって戦闘に勝利を収め、敵を撃退させた。次には、風向きがかわり、南部に危険が迫った。サラセンがマコン、シャロン、オータン等を荒らしまわり、激しい攻撃をしかけてサンスやラングルまで押し入った。メロヴィング朝の宮宰シャルル・マルテルは七三二年、ポワティエでイスラム軍を打ち破ったが、最大の範囲にわたるブルゴーニュを自己の手中におさめた。かれは、古い「王国」領と属領とを四つの治政区に分割した。すなわち、「アルルのブルゴーニュ」、「ヴィエンヌのブルゴーニュ」「アラマンのブルゴーニュ」「フランクのブルゴーニュ」である。この四つめのブルゴーニュの総督として異父弟に当る、英雄的な名のキルデブラントをつかわした。

四分割された、猛将シャルル・マルテルのブルゴーニュはいわば星雲であって、ここから、中世のブルゴーニュが出てきたのである。すなわち、プロヴァンス、ドーフィネ、サヴォワを含むブルゴーニュ王国の名をもつアルルのブルゴーニュ、公国ブルゴーニュ、伯領ブルゴーニュもしくはフランシュ゠コンテ等々が。

シャルル・マルテルは、メロヴィング朝時代のアウストラシア出身のピピン家に属し、この一家が、周知のように、メロヴェの血を引く王家の代理者となり、ついには、とうとうこれに取って代わるに至った。シャルル・マルテルこそは、カロリング王朝初代だと言ってもよいのである。二代目が、その子ペパン短軀王であって、「第二世代の」王朝の創始者となった。こうして、ブルゴーニュも、がっしりした手で作り直され、紀元八百年頃ペパンの子シャルルマーニュが強力な腕でもって鍛え上げて行くかの帝国の活力にあずかることとなる。

このカロリング朝期ブルゴーニュこそがまちがいなく、王国から公国への移行を準備する定めを負うこととなるのだが、ざっとそのあらましを述べておこう。

新しい王朝は、秩序の尊重をまっ先に要求した。シャルルマーニュの治政とは、何よりも国内の平和を重んじる時代であった。文献という文献が証言するように、耕作の手が隅々にまで及べば、繁栄も当然これにあいともない、高度の文化がみのり豊かに産み出されてくる。秩序や規律が、文化的産出量の増大を助けるのである。カロリングの精神は、根本的にメロヴィングの精神とはまったく違ったものであって、その勝利は明らかであった。強力な中央集権化の推進が、帝国の事業の特徴であった(3)。国家という観念は、メロヴィング朝期にも、比較的思慮に富んだ人物がときにあらわれてくるごとに断続的にうかがえたが、シャルル・マルテルにいたって確立した。そして、シャルルマーニュのときその絶頂期に達した。一挙に、すべてが変化したのである。いくつかの文献ではなお、ブルグンディア、ないしレーグヌム・ブルグンディアエについて語られているが、取り違えをしてはならない。これらの語は、もはや地理学的な価値しかないのである。一新された西方帝国においては、固有の意味でのブルゴーニュは存在しないのである。そこには、まったく別なもの、ブルゴーニュ伯爵領がある。むかしの、ガリア＝ローマ時代の国《キーウィタ－テース》は、地方《パーギー》に吸収された。それらはただ、行政上の地域にすぎなくなった。各地域の人々を管理する伯爵《コント》は、隣の伯爵、仲間の伯爵と同等の存在である。すべての伯爵が、直々に宮廷、すなわち中央権力の配下にある。これらの伯爵領は、現在の県よりもあきらかに広くなく、地図上では、ジグソー・パズルの各断片さながらに並置されている。ゴンドボーの国は、コミタートゥス（領伯）に分割されてしまった[4]。

初期のきわめて重要な段階といえる。というのは、将来のブルゴーニュ公国は、ブルグンド王国に発するのでも、メロヴィング王国に発するのでもないことが、これで明らかだからである。とはいえ、魂の本質はそのまま保持してきている。やがて生まれるブルゴーニュ公国は、八世紀の諸地方《パギ》から生じたと言えるのである。あるいはまた、むかしの王国と未来の公国とのあいだに、カロリング朝期のもろもろの伯領が有無を言わさず割り込んできたのだと言ってもよい。

*

それでは、むかしの大ブルゴーニュの中に包括される、こうした伯領のいくつかが、一つに融合し、ある一家を中心にしてまとまり、公国を生むようになったのはどうしてなのか。それは、九世紀と十世紀という、豊かでありながら、どの時代よりも暗さを宿した世紀の秘密である。カロリング帝国の解体が、この出来事をやってのけたのである。王家の衰退もこれにあずかっているのだが、それ以上に、さまざまの偶発事がからみ合い、種々の圧力がかかって、封建制が一挙に確立したことが大きい。当時の自給自足の経済がおそらくは、何よりも大きい役割を果たしたのである(5)。

こういう混乱した状況下では、恐れ知らずの人物が、人々の人気を博する。貪婪《どんらん》そのもののようないくつかの伯爵家が、最前面におし出されてくる。こんなわけで、カロリング朝皇帝二代目ルイ敬虔王治下のマコン伯ゲランが、抜け目ない活躍をして将来の布石をととのえたのだった。いったんほころびだした、ルイの治政下に次々と起った内戦において、目立った存在となったのだった。二代目皇帝が死ぬと、その後釜をねらって、亡君の子どもらの間に生じた骨肉あいはむ争いにも割って入った。ゲランは、シャルル禿頭王側につき、フォントネー＝アン＝ピュイゼーの戦いでは、シャルルとその兄ゲルマン王ルートヴィヒの勝利を決定づけた。その結果、ヴェルダン条約により、フランスはずたずたにされ、ムーズ川とソーヌ川とに限られた地域におし詰められたのだったが、ゲランはここで一気にのしあがり、みずからの野心を実現させ、権威を高めるのに好都合な、監視役と保護役の任をかちとったのだった。

カロリング朝統一帝国時代の、とらえどころのなかったブルゴーニュは、八四三年のヴェルダン条約によって縮小され、二分された。「フランクのブルゴーニュ」は、シャルル禿頭王のフランスの外縁に沿う形をとった。帝国のブルゴーニュは、ロテールの国家内に含められた。こうして、未来のブルゴーニュ公領と、フランシュ＝コンテ、すなわち、ブルゴーニュ伯領《コンテ》とのふたつの枠が事実上決まったことになった。

　このような形で境界が定まった「フランクのブルゴーニュ」において、マコン伯ゲランは、その尽くした功績により立役者となった。ここで、なんとはなしに合意ができて、いくつもの伯領が一つの頭をいただいて結集するという事態が生じてくる。もっとも、名目上は、何人もの準伯爵《ヴィコント》（子爵）がその下にあって補足するという形においてである。これは、主君たる王にとっては危険なやり方であり、臣下にとっては、将来に望みを託せる、有利なやり方であった。ゲランは、威光を集めるすべを心得た人間であった。あらゆる種類の威光を一身に集めた。マコンだけでなく、シャロンも、ヌヴェールも、かれの領地だった。伯爵である上に、多数の修道院の在俗院長職[6]を兼ね、とりわけ、フラヴィニー修道院長であった。多くの地域《パギ》を治めていたこの人のことを、いくつもの文献が、伯爵よりももっときこえのよい「公爵《デュク》」の称号をもって呼んでいる。

　ところで、注意しておいてもよいことだが、当時はまだ、この「公爵」なる称号は、ただ複数の伯爵領に及ぶ事実上の指揮権だけをさし示すものだったらしい。そこで、八四三年以後ソーヌ川が国境とされた結果、この境界内での防備の責任を負うべき人に対して、「公爵」の称が与えられたというわけである。

　しかし他方では、伯爵《コメス》であり公爵《デュクス》であったこのゲランのうちに、はや次代のブルゴーニュ公の面影が見えてくるのを抑えることができない。次代の公国が着々準備されつつあったブルゴーニュの歩みはなお不確かな状態にあったが、ゲランの覇権の不確かさもまた、この状態とみごとに釣り合っているといえないだろうか。

既に、公爵にして侯爵、義の人と名のるリシャールが、いっそう進んだ形でブルゴーニュ公らしい姿を見せていた。一歩先んじた形だったのである。もろもろの伯爵連中の上に君臨する王の代理者の地位は、しっかと定まっていた。公爵は、多くの伯領をその手中に収めており、それぞれの伯領における伯爵であって、ただ、伯爵としての職能を準伯爵に託しているというだけであった。こうして、直接的、間接的に保持している全伯領の上に、公爵の権威がたなびいているのであって、それが次第に強大となってきていたのである。「デュカトゥス」――「公爵の位」――という語には二つの意味があり、当初は混同されていた。すなわち、公爵位の威光と、この威光が及ぼされる領地の権限とである。

まさにこの時期、いたるところで封建制の加速度的な発達が見られ、臣従の礼の秩序がうち立てられつつあった。人々は、君主に対する封臣という関係で親密に結ばれ、権力は土地とつなげられた。諸権利と土地とが、「封土《ベネフィス》」(7)の形で授与されたのである。初期の公爵を示すのに、歴史上用いられてきた「封土を与えられた《ベネフィシエール》公爵」という表現は、ここに由来している。すなわち、もとは王に仕える役人であったのが、中央権力の弱体化にともなって、「公爵」の地位を与えられた者たちのことである。しかし、次第に公爵位にともない封地を授けられるということも気まぐれになってきた。公爵位は、たいていの場合上からおしつけられるもので、その権力がだれにも文句のつけようのないものとなってきて初めて、公爵位も固められてくる。

以上が、九世紀から十世紀までに次々に起ってきたことである。いくつかの地域《パーギー》が、一つの体制にまとめられてきた。オーチュノワ（オータン地方）、ボーノワ（ボーヌ）、アヴァロワ（アヴァロン）、ラッソワ（バル＝シュル＝セーヌとシャティヨン＝シュル＝セーヌ）、ディジョネ（ディジョン）、メモントワ（マラン）、アチュイエ（ヴァンジャンス川流域）、オシュレ（ウーシュ川流域）、オクソワ（アリーズ）、デュエモワ（デュエーム）、オセロワ（オセール）、ニヴェルネ（ヌヴェール）、ショーノワ（シャロン＝シュル＝ソーヌ）、そして、マコネ（マコン）またはマソワである。

他方、シャルル禿頭王の義兄弟ボソ――王は二度目の結婚の際、ボソの妹リシルドをめとった――は、南部のブルゴーニュを支配していた。先に一覧表をあげた諸伯領は、多少ともリシャールの支配下にあった。ボゾンの弟であるリシャールは、兄にそむく形で自己の権益を守った。シャルル禿頭王に忠誠を誓い、のちには王の後継者たち、ルイ吃音王、ルイ三世、ユード、シャルル単純王などとも協力した。まったく無償の協力ではなかった。報賞として、多くの封土を手に入れた。

リシャールは、さらに大きい役割を演じた。オーチュノワ、アヴァロワ、デュエモワなどで、できるだけのものを取った。かれに仕える献身的な封臣であり、「親友」でもあったマナセが、ディジョン伯ではなかったことは、年代記の一つも証言するとおりである。むかしの歴史家アンドレ・デュシェーヌ（一五八四―一六四〇）は、ヴェルジー家はかれから始まったと書いているが、どうやらそうではないらしい。確かなのは、ショーノワ、オシュレ、アチュイエまでもその権威を及ぼすにいたったということである。リシャールとマナセは、主君と臣下として緊密に一体をなし、未来の公国ブルゴーニュの最善のすがたを保持していた。いくつかの点では、公国にまさるところもあったぐらいである。リシャールは、トロワ伯にも宗主権を強く主張していたのだからである。ひとときは、トヌロワ（パリ盆地一帯）をも支配していたし、司教座の所在地ラングル市をも手中におさめていた。教会政治の上では、ディジョンもその管轄下にあったのだし、以後も長年にわたって、そうであった。さらに、この「公爵」どのは、八九四年、もう一つの司教座所在の町サンスをも攻略なさるにいたった。当時、全ガリアの首座司教の地位にあった、サンスの司教を拘禁し、腹心のひとりの準伯爵をこの市域でのおのれの代理者に任命した。

それでも、この世代の封建大諸侯のひとりとなるまでになったこれほどの不敵な野心、策謀の能力をもちゃんと備えたエネルギーだけに、リシャールという人間の強烈な個性が見出せるのではない。かれは、「義の人」なのである。あの時代に可能であったかぎり、秩序と規律を広く行き渡らせようとした。正統の君主であると否とを問わず、王たちからも尊敬された。侵入者ノルマンに道を阻んだ。自領の「公領」を、追放された修道士たちの避難所とした。自分が支配下におく全伯領内に設立された主な修道院を保護した。かれのブルゴーニュは、周辺の混乱のひどかった国々とは、はっきり対照的だった。ともかくも恵まれた土地だったといえる。やがて後の世になって実現されるはずの祝福の地の先取りをしていた。

リシャールは、九二一年九月一日頃に死んだ。その子ラウールは九二三年七月十三日フランス王の座につくが、このことほど、リシャールの一家の成長ぶりを示す事実はない。必ずしも平穏な治世ではなかったが、そのこともかえって、ブルゴーニュ公領の固めの時期における重要性を照らし出すものである。王ラウールには、当初対立者も少なくなく、ひどい揺さぶりもかけられたが、父の遺産を活用して、多数の強力な敵に対抗しうるだけの手だてをつくすことができた。

ラウールの弟で後継者の、黒い男《ノワール》ユーグの治下には、世襲制と主従間での封土授受制との衝突があらわとなる。強王ロベールの血統、すなわち、フランスの公爵一家は、カロリング朝末期の王たちと王国の支配をめぐって争ったが、ブルゴーニュにも根をおろそうと望んだ。ブルゴーニュをフランス公家の宗主権下に服させたいと思ったのである。この願いはかなえられなかった。もう少しで目的を達しようとするときに、いきなり断念のやむなきに至ったのである。あらためて、公領を限定された範囲内にとどめておくことを余儀なくされたのである。ユーグ・カペの兄弟、オトン、次いで尊者アンリが、あい次ぎブルゴーニュの統治者となった。ブルゴーニュ公国は、フランス公家にも、国王領にも合体させられることはなかった。さてどんな結論が引き出せるだろうか。ブルゴーニュというこの「実体」の誕生をわたしたちは見てきたのだが、それはつねにかわらぬ、同じ活力を、保持し続けてきたということではないのか。王家の歴史の転変のうちにはやあらわれ出ているとみえるこの鮮やかな個性こそ、そのむかしゴンドボーの王国の本質は何だったのかに、人々の関心を引きつける原因である。これから先も、きっと同じだろう。そして、この本質こそが、やがて、大公たちの公国の本質となるのである。

第2章　カペ朝がブルゴーニュで果たしたこと

尊者アンリは、一〇〇二年十月十五日、男の子を残すことなく、プイイ゠シュル゠ソーヌで死んだ。かれの甥と、かれがどうやら養子とし遺言で後継者としたらしい義理の子とが、領地争いをした。甥というのは、フランス王ロベール敬虔王にほかならない。養子はブルゴーニュ伯として、神聖ローマ皇帝の封臣であるオット゠ヴィルヘルムであった。

競合するこの両者間にたちまち起った、凶器を手にしての争いは、非常に深い意味を持つものであった。オットはもともと、ローヌの谷、南部ブルゴーニュに引きつけられていた。かれが勝てば、ヴェルダン条約の報復がなしとげられ、歴史は大きく方向転換するはずであった。かれの庇護下に、十一世紀初めのこの時期、ブルゴーニュ公領とブルゴーニュ伯領（のちの、フランシュ゠コンテ）が一つとなることは、結果として、ディジョン、オータン、シャロン、オセールなどの地方を、カペ家——何よりもすぐれて、フランス的な一家——の影響下から引き抜くこととなり、ひいては、おそらく、ゲラン、義人リシャール、カペ兄弟の流動的だった公領をドイツ帝国の支配下に入れることになるのはまちがいなかった。伯領の方は、ずっと前から長い間そうだったのである。実際、この一大ドラマの主役たちは、このことを知りもせず、また、望んだわけでもなかったのだが、――もっとも歴史は、歴史の糸を編み上げる当事者たちによって理解されることを必要としないのである――将来のブルゴーニュ、フランスのブルゴーニュの運命は、王ロベールとオット＝ヴィルヘルム伯というふたりの対立者のあいだで決せられることになった。

ふたりの争いは、厳しく、長く続き、執拗をきわめた。何が起ろうと、ロベールは、あくまで力を落さなかった。強固な敵に対して、十三年もの間、苦しい戦いを続けねばならなかった。そして、勝ったのである。ソーヌ川右岸の、もろもろの伯領の占領をやりとげた。相手側に加担したラングルの司教ブリュノンが主君オットのために必死で防衛したディジョンの町までも。王ロベールの最終的な勝利によって、新しい「ブルグンディア」の夢想はついえた。実を言うと、この夢想は、ずっと後になって、もうひとりのブルゴーニュ公、ブルゴーニュ伯、最後のブルゴーニュ大公シャルル・ル・テメレールをそそのかすこととなる。

＊

こうして、八四三年に決められた国境は、たまたま一時修正されそうになったが、一〇〇〇年頃には、確定した。ブルゴーニュ公国は首長としてフランク王国の元首をいただくことになる。遅れてやってきたフランスの公爵たちのねらいは、こんなことだったのか。フランス王国には、当時、永続的にこれほどの巨歩を踏みつづけるほどの力はなかったのである。

ロベール敬虔王がその次子ロベールに、フランス領ブルゴーニュを授けたと、しばしば人は言ってきた。王が、この次子に公爵位を授けたという確かな事実はない。ともかくも子は、父王が死んだときに、それを得たのである。種々の困難な状況の中で王位についたアンリ一世は、一〇三一年、弟をそのまま公国の主にとどまらせ、死後は、その直系相続人に遺贈する権限をも与えたままにしておいた[1]。これでもう、なんら曖昧なところはなくなった。代々世襲の公爵の時代が、封臣としての公爵の時代に代わったのである。カペ王家の分家がブルゴーニュを支配することとなる。結果はそれ以上であった。ブルゴーニュの分家は、年も若く、生命力でもまさり、本家の王家よりも長く存続することとなった。すなわち、ブルゴーニュ分家の命脈がたたれたのは、やっと一三六一年であるが、他方、フランス王位についていたカペ直系は、一三二八年に消滅していたことは周知の如くである。

*

実のところ、アンリ一世が弟に対して認めた譲与は、文面ではどんなに広大であっても、(2)結局は言葉だけのもので、実際にはそう多くの権限が移譲されたわけではなかった。それに、義人リシャールから尊者アンリまでは混乱した時代がつづき、ことに、アンリの死後に起った、熾烈な後継者争いの結果、公爵の威光といっても具体的にはなんの中味もないものに化して行った。協力への感謝のしるしに、次々と封土を分け与えて行ったため公爵がどんなに強大な存在であろうと、さしもに広いその領土の大半が失われて行った。封建制が最高潮に達し、従って、土地こそがいっさいの政治権力の基本といっていいこの時代、領地が乏しくなるというのは、非常に不利な立場に陥ることとなる。カペ朝ブルゴーニュ家は、カペ朝フランス王家と同様に、そもそもの初めから、確かな基盤を欠いていたのだった。すなわち、自家所有の領土という堅固な足場、強力な封建秩序の補強物を欠いていたのだった。フランス王も、ブルゴーニュ公も、同方向をめざしての努力を否応なく課されていたのだった。なんとしてでも、小さくとも充実した領土を作り上げておく必要があったのである。ぼろぼろと崩れ落ちて行った権威、いわば、すっかり弱まってしまった権威を回復し、強化しておかねばならなかったのである。

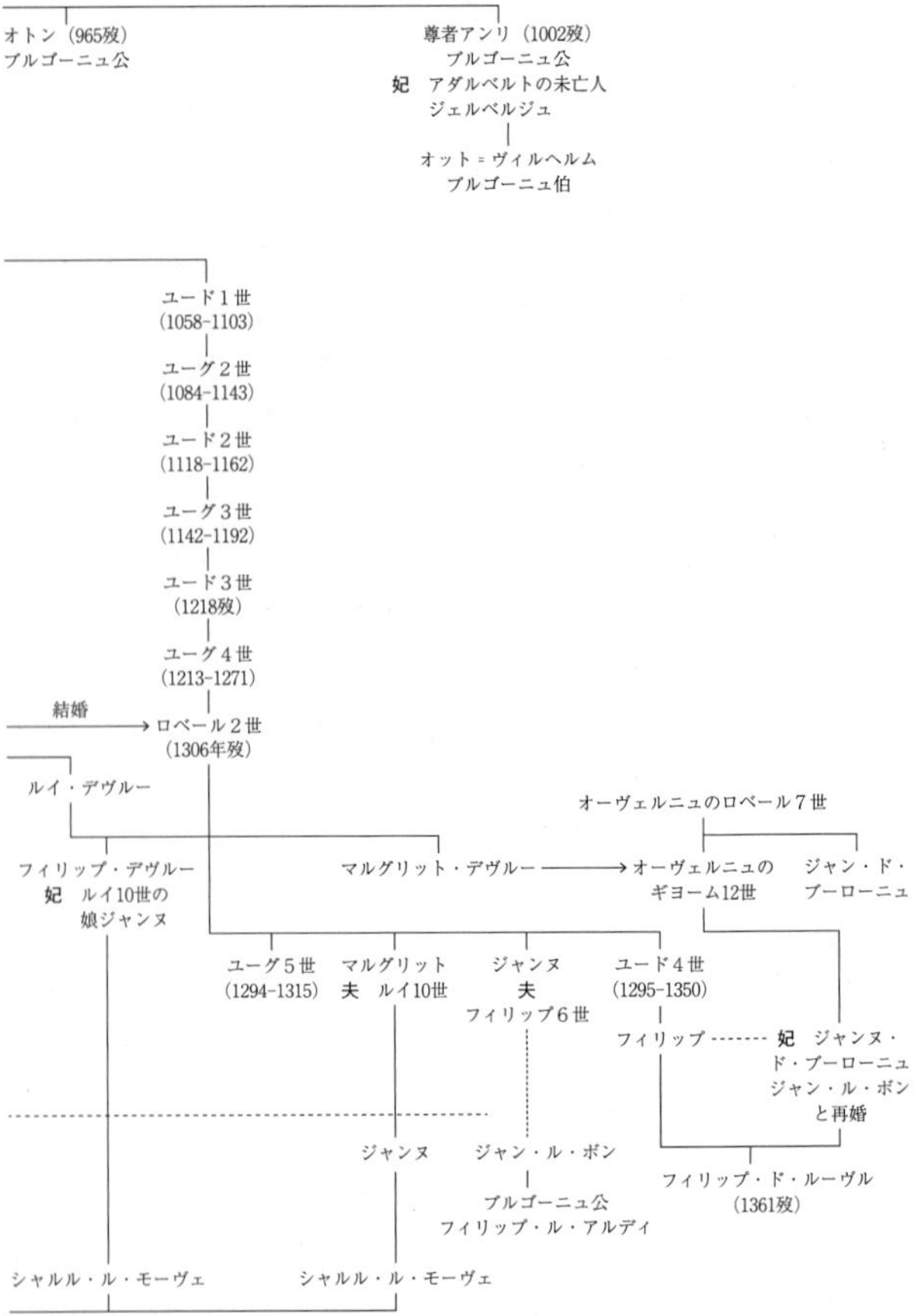
オトン（965歿）
ブルゴーニュ公
尊者アンリ（1002歿）
ブルゴーニュ公
妃 アダルベルトの未亡人
ジェルベルジュ
オット＝ヴィルヘルム
ブルゴーニュ伯
ユード1世
(1058-1103)
ユーグ2世
(1084-1143)
ユード2世
(1118-1162)
ユーグ3世
(1142-1192)
ユード3世
(1218歿)
ユーグ4世
(1213-1271)
結婚
ロベール2世
(1306年歿)
ルイ・デヴルー
オーヴェルニュのロベール7世
フィリップ・デヴルー
妃 ルイ10世の
娘ジャンヌ
マルグリット・デヴルー
オーヴェルニュの
ギヨーム12世
ジャン・ド・
ブーローニュ
ユーグ5世
(1294-1315)
マルグリット
夫 ルイ10世
ジャンヌ
夫
フィリップ6世
ユード4世
(1295-1350)
フィリップ
妃 ジャンヌ・
ド・ブーローニュ
ジャン・ル・ボン
と再婚
ジャンヌ
ジャン・ル・ボン
ブルゴーニュ公
フィリップ・ル・アルディ
フィリップ・ド・ルーヴル
(1361歿)
シャルル・ル・モーヴェ
シャルル・ル・モーヴェ

カペ家とヴァロワ家

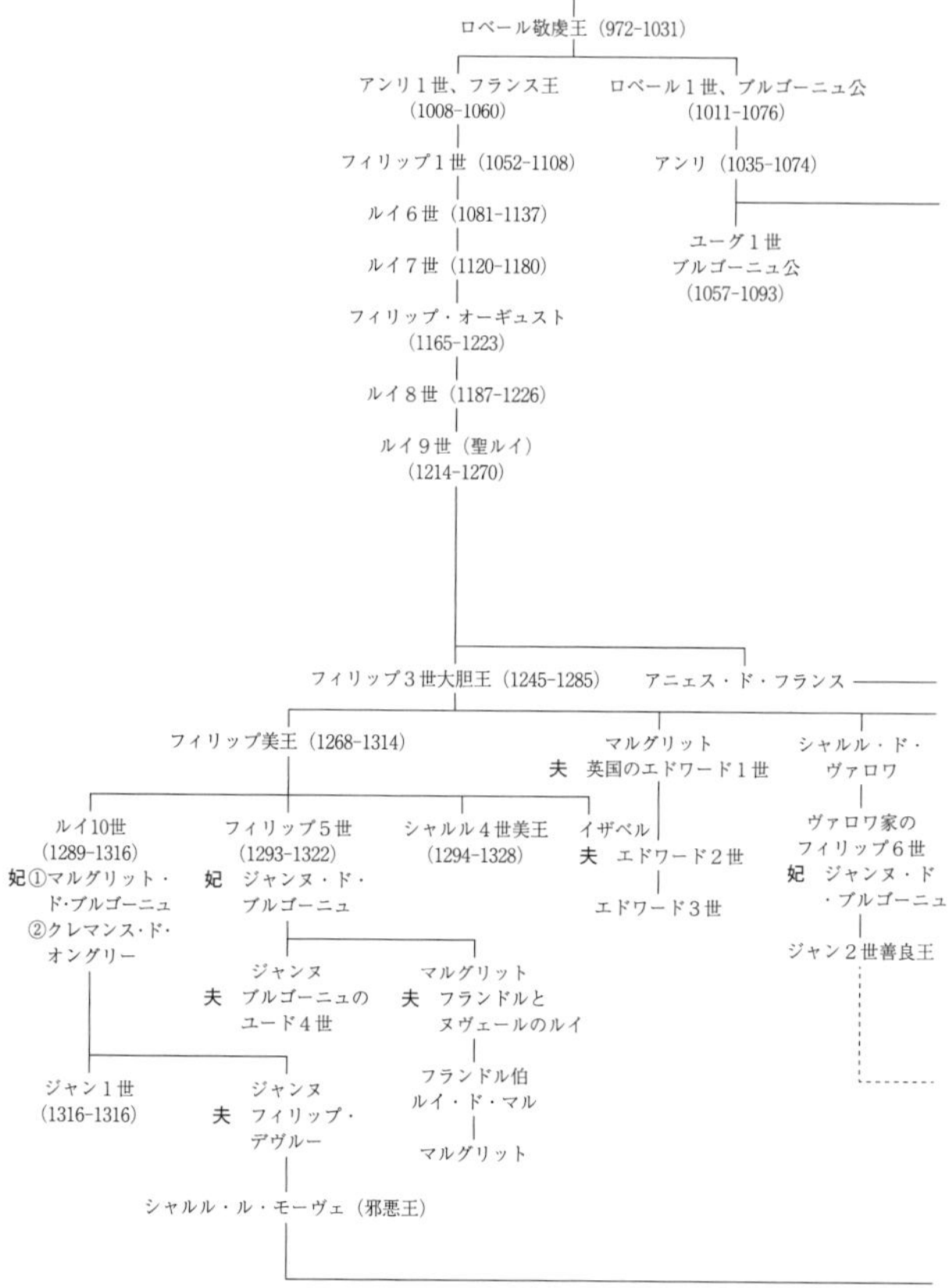
ユーグ大王、フランス公（899-956）
ユーグ・カペー（940-996）
ロベール敬虔王（972-1031）
アンリ1世、フランス王
(1008-1060)
ロベール1世、ブルゴーニュ公
(1011-1076)
フィリップ1世（1052-1108）
アンリ（1035-1074）
ルイ6世（1081-1137）
ユーグ1世
ブルゴーニュ公
(1057-1093)
ルイ7世（1120-1180）
フィリップ・オーギュスト
(1165-1223)
ルイ8世（1187-1226）
ルイ9世（聖ルイ）
(1214-1270)
フィリップ3世大胆王（1245-1285）
アニェス・ド・フランス
フィリップ美王（1268-1314）
マルグリット
夫　英国のエドワード1世
シャルル・ド・
ヴァロワ
ルイ10世
(1289-1316)
妃①マルグリット・
ド・ブルゴーニュ
②クレマンス・ド・
オングリー
フィリップ5世
(1293-1322)
妃　ジャンヌ・ド・
ブルゴーニュ
シャルル4世美王
(1294-1328)
イザベル
夫　エドワード2世
エドワード3世
ヴァロワ家の
フィリップ6世
妃　ジャンヌ・ド
・ブルゴーニュ
ジャン2世善良王
ジャンヌ
夫　ブルゴーニュの
ユード4世
マルグリット
夫　フランドルと
ヌヴェールのルイ
フランドル伯
ルイ・ド・マル
マルグリット
ジャン1世
(1316-1316)
ジャンヌ
夫　フィリップ・
デヴルー
シャルル・ル・モーヴェ（邪悪王）

どうしても必要だった回復と強化というこの二つの事業に没頭したのが、まさにカペ朝ブルゴーニュの歴史的使命であった。カペ朝フランスは、王国をうち建てたが、カペ朝ブルゴーニュもまた、あい並んで公国をうち建てたのだった。

この重い務めを引き受けたのが何人かの強力な人格だったというのではない。長子の血筋を引くカペ朝フランスと同じく、次子から始まるカペ朝ブルゴーニュの系譜にあっても、天才と呼ばれ、また対立する諸勢力を圧倒してもろもろの事件のたびに、消し去りがたい人格の刻印を残してきたような、第一級の人はひとりも見出せない③。王も、公爵も、集団の事業にうちこむ、熱心な働き手にすぎなかった。がまん強く、現実感覚があり、几帳面で、機会をとらえるのが早かった。その長所がかえってあだになったのだと言いたいところである。かれらは、派手なことは、めったにしなかった。しかも、あやまちをおかしそうなことはたいていいつも避けてきた。幻想を追ったり、冒険に走ったりして、せっかくの好機を逸するようなことはしなかった。自分たちの富をきちんと管理し、偶発的な出来事と情勢の変化とをうまく見分け、機をうかがっていた。狡猾で勤勉で、骨身惜しまず、思慮にたけ、世代を経るごとに着実に財産をふやし、一段また一段と、階級のはしごを上って行く、農民たちに似ていた。初代カペ朝ブルゴーニュ公の後継者たちは、運命の成功者だった。初めのうちは、人目につかなかったが、やがて、輝きを放ってきた。いったい、カペ朝ブルゴーニュ公たちの事業がこういうみごとな成果を生んだのは、どんな奇跡によるのだろうか。

まずもって指摘しておかねばならぬことは、自領において国王の代理者となった公爵は、相続人不在の場合という貴重な権利を与えられていたということである。たまたま、ひとつの封土においてこれを継承するはずの適当な相続人がいなくなった場合、その封土は自動的に公爵の手に帰すことになっていた。この結果、実際にまた、多くの相続財産が、カペ朝公爵に転がりこんできたのだった。カペ朝の歴代の王もこの権利によって土地を得てきたように。なかんずく、歴史家の言うところでは、この相続人不在の権利という手段によって、オーソワとデュモワの地は、九世紀半ば、公爵の手に移ったのである[4]。

公爵たちに開かれていたもう一つの手段は、購入であった。二種類の仕方で、購入をはかった。文字通りの土地の購入と、臣従関係《ヴァサリテ》の購入とである。土地の購入は、自明のことである。臣従関係の購入は、もう少し込み入っている。引き受けとか領土の拡大といわれている、封建制下の手続きによる。すなわち、ある封臣の臣従関係を新しい土地にまで及ぼすこと、または、そのときまでは、とくに臣従の礼が強制されていなかった土地においても、臣従の礼を求めることによって、新たな封臣を得ることである。引き受けも、封土の拡大も、そう違わないやり方であって、どちらも土地を増やすのに効果的であることは明らかである。

ところで他方、ブルゴーニュにおける封土の相続は一般に、長子相続権の行使によらず、長子代表権《パラージュ》の行使によって決められてきた。ある封臣が死に、何人かの男の子がある場合、封土は分割された。「代表権者」とされる長子は、宗主に対して兄弟たちを代表し、兄弟たちは長子の封臣となった。したがって、世代を経るごとに、階層秩序の新たな段階が作り出されることとなった。臣従関係のピラミッドは、新たな段階を加えて大きくなって行くのであった。逆に、階層化されていない秩序、もともと自領における免税その他の特権を許容されていて、ひとりの封臣をも持たずにきた領主たちの場合は、こうした特権が過去のものであるだけに、少しも土地の増加はなかった。(5) だから、宗主なき領主たちの多くは、むかしのままにとどまり、他方、臣従関係の中に組み込まれた領主たちは、どんどん大きくなり、繁栄して行った。土地のことで何人にも臣従の礼を尽くさなくてよいという、このような領主の立場は、同一人が臣従の礼を強いられる土地と、これを免除されている土地とのどちらをも所有している場合が多かっただけに奇妙であり、例外的、変則的となって行った。領主の当人は、その理由を知らずにいた。変則だという根拠が忘れられてしまっていた。その奇妙さが人々の驚きの的となった。肩書きを持たぬことで、正当性が疑われだしてきた。「領主なき土地はない」とする、ことわざがなかっただろうか。臣従の礼を尽くさずにきた領主は、ならわしに従うべく、おのずと公爵に臣従の礼をささげることとなる。たいていの場合、世の通則に戻る場合には、金を受けとっていた。数多くの資料が示す通りである。(6)

文字通りの土地の購入によって、公爵は、自分の土地を作り出す。臣従関係の購入によって、公爵は、これまで臣従の礼を尽くさずにすんだ領内の領主たちを従属下におくこととなる。しかし、目的はどのようであれ、購入となれば、自由に使える資金の準備なしにはすまなかったはずである。公爵は、必要な金をどうして手に入れたのであろう。中世ではその名も高かった金貸し専門の、ユダヤ人やロンバルディア人から借りるという手もあったが、それだけではない。また、さまざまな封建的権利をきちきちと行使することにもよった。——時に、主君としての援助、各種の免除特権の販売、許認可の礼金、裁判費用の収入など。とどのつまりは、あれこれのやりくり算段によった。その中でも、配下の町村の譲渡は、かなりの部分を占めていたはずである(7)。

＊

初期の何代かの公爵の間は、最初はゆるやかだった発展が、急速に勢いづいてきた。既に、聖ルイの娘アニェス・ド・フランスの夫でもあるロベール二世も、前進へとひたすら旗を振っていたひとりである。公爵家の発展は、次子や女の子たちに領地を分割したりするために歩みが鈍ることがよくあった。ロベール二世は、このいまわしい習慣をたち切る。かれは遺言により、その長子ユーグに、また、長子の死後は、その後継者に、「公爵家に属するいっさいの封土、準封土、領主権、租税権……」を授与した。弟や女の子は、年金しか与えられない。第二子のユードが土地に見合うだけの年金を受けるとするなら、かれの兄に対して臣下として忠誠を誓わねばならぬ定めであった。結局は、好機が到来して、かれ自身が兄の死後公爵になることができたにしても。

以後、公爵家の基礎はしっかりとすえられた。国家《エタ》という概念を再生させ、これをうまく用いた。最高度にすばらしい運命の達成に向かって進み始めた。

ユーグ五世は、テサロニキの王であった。ユードは、一時、モリアス侯であった。こうした威光の及ぶところを、余り過大視しないでおこう。オリエントでの成功は、たまたま得られた好運にすぎなかった。いくらそういう事実があったとしても、国内での努力が軽くなるわけでなかったことは、十字軍に参加したカペ朝の諸王が、責任を負っていた国内問題を忘れるわけにいかなかったのと同然である。レバントやスペインで数々の功業をあげようと、家運の上昇を確かにし、早めてくれる領地の拡張を一貫して続けないわけにいかなかった。ユード四世とは何よりも、ブルゴーニュ公であり、フランスの大貴族なのであった。カペ王家の女子、フィリップ五世長身王の娘、フィリップ美王の孫に当るジャンヌと結婚していた。フランス王の婿として、フランスのふたりの王の義兄弟であり、その姉妹マルグリット・ド・ブルゴーニュはルイ十世の妃、ジャンヌ・ド・ブルゴーニュは、ヴァロワ家のフィリップ六世の妃となった。他方では、ユードの子フィリップは、ジャンヌ・ド・ブーローニュと結ばれ、のち、ジャンヌは夫に先立たれてから、フランス王ジャン二世善良王と再婚した。周到な打算によって成り立ったこうした一連の婚姻関係を通して、政略結婚をもってする国家計画が着々実現をみたのである。いちはやく、先に特徴的な三大拡張計画の中に見られたものの延長であった。すなわち、ユーグ三世がドーフィヌに対して描いた計画、ユード三世のニヴェルネに対する計画、ユーグ四世がニヴェルネ、トヌロワ、オセロワを目標としてたてた計画である。この伝統は、決して途絶えることなく、ブルゴーニュ公を、フランス王国の封臣中最大のひとり、最も持てる者のひとりとするために、粘り強い土地買収政策とあい並んで続けられて行く。

ユード四世ははやくも、大公の風格をあらわしていたと言ってもいいくらいである。公領は完全に、かれの手中にあった。ソーヌ川のこちら側のむかしの伯領を分有していた臣下の小貴族たちは、かれに承服し一体であった。そして、今ここに、結婚によってかれとつらなることになった数ある封臣の中に、フランシュ゠コンテが浮上してきたのである。すなわち、ブルゴーニュ伯領であり、そのむかし、オット゠ヴィルヘルムが公領への統合を夢みていたところが、向こうの方から加わりに来たのだった。もっとも、封建制度上名目の上では、神聖ローマ帝国の属領であることにかわりはなかったにせよ。こうして、大ブルゴーニュは、カペ朝ブルゴーニュ公の強力な支配のもとで、着々新建設の途上にあった。他方で公爵は、カペ王朝フランスの転変にもあずかり、また、百年戦争の最初の衝突にも加わっていたのである。

*

だから、歴代公爵個々人の考察だけにとどまっていてはならない。公領そのものをも考察してみなくてはならない。カペ朝公爵は、単に土地や封臣を寄せ集め、みのり多い結婚をとり結んだというだけではない。ひとつの封建国家をうち建てたのであって、それが時代を経るごとに、安定性を加え、歴代公爵の丹精によって整備されてきたのである。公爵を中心にして、パリの王宮の縮小版ともいえる、伝統の行事をもちゃんと取り入れた一つの宮廷生活が形成されていたのである。ボーヌに拠点をおく「総合法廷《ジュール・ジェネロー》」は、高等法院の原型である。公爵は地方行政に関しても同上のやり方を模倣し、古い奉行《プレヴォ》とか城主《シャトラン》に加えて、この頃近隣の君主が案出した、代官《バイイ》をも設けた(8)。五つの代官所が公領全体にわたり、緊密なネットワークを拡げていた。ディジョン、オータン、およびモンスニ、オソワ、シャロン、モンターニュ（シャティヨン＝シュル＝セーヌ）の各代官所である。

公爵と国王とが同時平行的に同じ事業を進めていたのは、驚きである。公爵の代官も、国王の代官と同じく勤勉であり、実行力があった。後者と同様に、生え抜きの有能な行政官であり、その敏活な手中にいっさいの権限を集中させ、確立されてきた伝統と転変する状況の中で体験によって柔軟に適用してきた法的原則とで身をよろい、封土としての公爵領を均質の統一体とかえてきた。人々がそういう中で望んできたすべてを、公爵の「法」にまで仕上げたのである。まさにこうして、五つの代官所は緊密で、有機的な一体をなしていて、古い「ブルゴーニュ王国《レーグヌム・ブルグンディアエ》」のただ中で、カロリング朝のもろもろの伯領の上に重ねられた、カペ朝公国に生命を与えたのである。

要するに、一体化と中央集権化の力が十分に働いたということなのである。そして、この点において、公爵は、国王に匹敵する存在、国王の長上でもあった。

ところで、このような求心性の力は、いくつもの遠心性の力——すなわち、封建制にまつわる力や、教権とかかわる力などが逆方向に働いていただけに、いよいよ必要なものであった。

封建制の点では、初めのうちは、公国とつながっていると見えた多くの地方が、公国の権力下から離れて行った。たとえば、ニヴェルネ、少くとも、オセロワの大半。また、マコネも。マコネの場合は、むかしは、ずっとオット＝ヴィルヘルムに属していたが、非常にゆるやかなしかも問題の多い宗主権だけで公国につながっていて、実際にはなんども国王の直轄領となることもあった。

他方、ブルゴーニュでは、信仰生活も異様なほどの熱心さに達していて、教権が、公爵の権力自体と張り合うまでに、ときとしては、これをおびやかすまでに、支配力を及ぼしていた。

　他に別して富裕で、広大な司教区がいくつもブルゴーニュの地に出現していたというだけではない。ここでは、修道会所属の教権も並みはずれた繁栄を謳歌していた。実際、中世のブルゴーニュが、いくつもの大修道院を有する国であったということこそ、何よりも驚くにあたいする特徴の一つである。中世におけるもっとも有名で、もっとも輝かしいふたつの修道会、クリュニーとシトーは、いずれもブルゴーニュの修道会ではなかっただろうか。

　クリュニーは、九〇九年、オータン司教区に、マコン伯ギヨーム・ル・ピューにより、院長にベルノンをいただいて創設され、当時の全キリスト教世界をたちまちとりこにし、いたる所に何千というその分院を散らばらせ、西方ヨーロッパに比類ない輝きを放ったのであった。そのあと、クリュニーの衰退にともない、こんどは、モレームの聖ロベールが創設したシトーが起り、熱弁をもって名だたる禁欲の人聖ベルナールによって生命を吹きこまれ、当時の世界に並ぶものなき存在となった。聖ベルナールこそはヨハネス・クリュソストモスとボシュエの間に位置する説教壇上の最大の雄、「神の人」とも呼ばれ、魂の導き手として卓絶し、フォンテーヌ＝レ＝ディジョンに生まれた、十二世紀の教会の最高の逸材であることは、だれにもまったくの異論がないはずである。クリュニー、シトーの分院のまわりでは、古くからあったもろもろの修道院があらたに脚光を浴びていた。たとえば、リュクスイユ、ムーティエ＝サン＝ジャン、ベーズ、サン＝セーヌ、ボーヌのサン＝ベニーニュ、ヴェズレーのサント＝マドレーヌ、その他多くの修道院。加えてぜひとも忘れてならないのは、トゥルニュの尊い修道院であって、ここは、聖フィリベールの聖遺物が、蛮族の略奪をのがれのがれ、あちこちの土地を転々とし、ノワールムーティエの島からソーヌの川べりまで運ばれたあげく、ついに安住の地を見出したところだった。クリュニーとシトー、それは、神学研究の中心、芸術の中心、改革思想の中心であったばかりか、また、驚くべき実績をあげ、測り知れぬ価値をもつ、社会活動・経済活動を推進した修道院だった。その母院をかかえているブルゴーニュは、――世界中を股にかけて行動する戦士たちを擁していたこれらの修道会があったということで、――生命の中心、まさしく、キリスト教世界《クリスティアーナ・レースプーブリカ》の全組織に鼓動を伝える心臓と言ってよかった。これこそは、めったにない威光、領土の拡大、政治の伸展から生み出されてきたカペ朝ブルゴーニュ公国を、文明と歴史の最前面へとおし出すにいたった威光である。

教会関係者たち、ブルゴーニュの修道院の威信が、公爵たちの威信にいくらか陰りを与えるようになったことは、論をまたない。しかし、公国全体もともかくも、栄光のきらめきを映し出していたのである。要するに内に密度を加え、外に大きく拡がって行く多様な力の中から、調和と均衡が生じてきて、カペ朝ブルゴーニュがさいごにわが存在の自覚に達したとき、ブルゴーニュの特徴は定まったのである。

ブルゴーニュとしての自覚であることはいうまでもないが、また、フランスの自覚でもあった。この特性を、今最後に明白にしておかねばならない。

いったい、ブルゴーニュ公国がフランスの外縁、また、国境に当るヴェルダンに位置づけられていたということからして、フランス王国防衛の任を負っていたのであり、当然ナショナリズムの精神は滲透していたのである。ロベールに実際そうした感情があったか否かは別として、オット＝ヴィルヘルムに対しては愛国者としてふるまった。この場合は、愛国者というのが、事実にかなっているので、一見時代錯誤の用語であっても、いとうまい。代々世襲の公爵たちとしても、カペ家の出身者であったのだから、公国という建造物をわが手で営々と築き上げて行ったにとどまらなかった。これに魂を、当然ながら、フランスの魂を吹き込んだのであった。

ここで、百年戦争が起る。ブルゴーニュとフランスを分離させたかもしれない百年戦争だったが、かえって以前にもまして、この二つは緊密なつながりをとり戻すにいたる。新しい王朝、ヴァロワ王朝が、王冠を得た。だが、先にも見てきたように、ユード四世は、ヴァロワ朝初代、英国（イングランド）のエドワード三世にあえて反対して選ばれた王（フィリップ六世）の義兄弟となる。それ以上のこともあった。ヴァロワ朝二代目、ジャン善良王《ル・ボン》自身が、ブルゴーニュ出身の養女の夫となり、ブルゴーニュはフランスのため苦しみを共にする。苦しみこそは、運命の苛酷な鉄槌が次々くだされてくる、試練の場所ではないだろうか。

ブルゴーニュは、フランスのため、苦しみを共にすると言った。ブルゴーニュの苦しみは、自分の姉のための苦しみである。これがジャン善良王の治政下、最後の英国との戦い、すなわち、一三六〇年のブレティニー条約の直前のあの戦いの教える意味である。凄惨な戦いであった。エドワード三世の軍は、カレーに上陸、ランスに向かって進軍したが、ランスの攻略には踏み出さず、フラヴィニーとソーリユーの付近で越冬をし、この地方を容赦なく荒らし廻って、いくつもの町や村を荒廃に帰さしめた。まるで、公国を英国人嫌いの温床とするのにつとめているふうであった。

フランスのものではあったが、伝統的に独自の個性をしみわたらせていたのが、ブルゴーニュの実体であった。こんなふうに、歴史の過去に鍛えられてきて、歴史上もっとも輝かしい時代に近づく準備をととのえていた。大公たちの時代が近い。ロベール一世の血統は、途絶えようとしていた。なにかしら神秘的な、避けがたい法則によるかの如く、この血統は、カペ王家の血統よりも長続きすることは禁じられていたふうにも見えないだろうか。いずれにせよ、一三六一年、ユード四世の孫の死によってフィリップ・ル・アルディにいたる道が開かれようとしていた。

第3章　フィリップ・ド・ルーヴルの跡継ぎ

ブルゴーニュにおけるカペ家の事業を助けた数ある条件の中で、公家にあっても、王家にあっても、ほとんど同じ位に長期間(1)、世代間の権力譲渡を正規の血統に則して行なうことができたという好運を過小評価してはならない。ブルゴーニュにおいては、一〇三一年から一三六一年まで、フランスにおいては、九八七年から一三二八年まで、つねに、あらゆる場合に、法的な適格性を持った相続人がいたということなのである。こうして父から子へ、祖父から孫へ、兄から弟へというふうに、公爵の冠は、なんの支障もなく伝えられてきたのだった。神意の恵みによるのか、公爵家においては、後継者が年少で死んでしまうなどということもなく、どんなに立派に歩みだした事業をも往々挫折させてしまうあのような不幸からはまぬがれていた。ところが、これほどに丈夫と見えた糸が、一三六一年十一月二十一日、ユード四世の孫にして相続人であったフィリップ・ド・ルーヴルが死んだ日、たち切られてしまった。何世紀にもわたって、公国の所有者だった公家の血統が途絶えることは、家臣のすべてにとって、おそろしい不安の原因となる。

オトン、ブルゴーニュ公（1303歿）
妃　マオー・ダルトワ

ジャンヌ（1291-1330）　**夫**　フィリップ５世、フランス王（1293-1322）

ジャンヌ
ブルゴーニュとアルトワ女伯
（1308-1347）
夫　ユード４世、ブルゴーニュ公
（1295-1350）

フィリップ
（1323-1346）

フィリップ・ド・ルーヴル
（1346-1361）

マルグリット・ド・フランス
（1310-1382）
夫　ルイ・ド・ヌヴェール
フランドル伯
（1346年歿）

ルイ・ド・マル
（1330-1384）

マルグリット・ド・フランドル
（1350-1405）

フィリップ・ド・ルーヴルは、十五歳の若者だった。かれの好きだった城ルーヴル城に生まれ、そこで死ぬ定めを負っていた。かれの異名もそこに由来する。フランドル伯ルイ・ド・マルの娘マルグリット・ド・フランドルの婚約者だった。近々の結婚めざして着々巧みな工作が進められ、やがて公家に豊かな未来の望みがもたされると見えた。

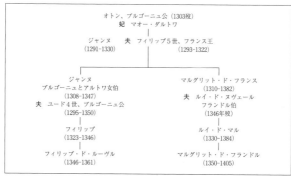

そういう中で、ロベール一世のこの最後の子孫が、現実にも、また将来の望みとしても、みち溢れる富に包まれながら、後継者もなく死のうとしていた。ただ数日病床に臥しただけで、フランスをもブルゴーニュをも汚染し猛威をふるっていたペストのために倒れようとしていた。

病人の状態は、十一月十一日、若い公爵がその遺書を作成した日までは、不安を引きおこしていたふうには見えない。その十日後、かれは息を引きとるにいたった。こうした経過を探って行くと、次の二つの点が見てとれるようである。まず第一に、フィリップ・ド・ルーヴルは、激しい急性の病で死んだのであり、結婚の約束もしていたし、正常の人生を送れるつもりでいたことはたぶん間違いなく、一族がなお永続することの期待はあったはずだから、公家の断絶は予想もつかぬこと、途方にくれずにおれぬこと、長期的な政治的見通しからはずれたことであった。次には、病気の期間は短かったにせよ、突然にやってきた死ではなかったということがある。――たとえば、悲劇的な事件の結果としての死のように。若い公爵、フィリップの父ユード四世が落馬が直接の原因となって死んだときのように。――かれの死因はペスト、当時非常におそれられていたこの厄病のためであったのだから、診断がくだされるとすぐに――十四世紀のまだまだ未熟な医学にしてみれば、治療にかかるよりも、裁断をくだしてしまう方が簡単だった――かれの周辺では疑いなく、致命的な最後も可能として、いやむしろ当然予測される事態とみなすようになったに違いない。いずれにせよ、遺言書作成の日、十一月十一日には、まもなく公爵の座は空位になると見られていたに違いないのである。

だから、破局は予想外で、予見不可能だったにもせよ、青天の霹靂のように、突如ふりかかってきたわけではなかった。時間はわずかしかなかったが、ブルゴーニュの跡継ぎはどうなるかを思いめぐらすにたるだけの数日間はあった。

ところで、そのような思わくは、次々に起る出来事のめまぐるしさを受け入れられる人には興味のあることだった。なるほどフィリップ・ド・ルーヴルの死は、歴史的な状況から見えてくるかぎりでは、継承者がなくなるなどということはそんなに前から政治社会の関心の的ではなかったのは確かだが[2]、また、かれの早すぎる死から生じた諸結果も、冷静に受けとめられたことも事実である。だから、フランス王ジャン善良王が、若い公爵の病気のことは一々正確に知らされていたのも、今では証明ずみの事柄である。なにしろ、出来事のあわただしさに、長い時間のかかる、大げさな手続きを適用することはできなかったのである。といって、継承者のことは、あくまでじたばたと決めていい問題ではなかった。

故人が遺言を残しておいたのだから、これに当ってみるのが至当であるのはいうまでもない。そこに重要条項として、かかげられていたのは、「われらの直系相続人を、国の法規上また慣習上、そうすべきであり、そうありうるものならば、われらの国と財産の相続者として立てるように命じたい」。こうした文言からすると、故人の最後の意志はどうあれ、法的帰属の決定に障害とはならぬはずであった。原文を忠実に受けとるなら故公爵の遺言は、考慮の必要なしというにひとしかった。遺言などなかったように後継者を決めてよい状況だった。

といっても、遺言書の存在は、無視してよいわけではなかった。こういう公式文書は、封建制の原理原則への準拠を義務づけるという効用があった。いっさいの恣意的な解釈をきっぱりしりぞけるものであった。残された財産はすべて、いかなるものであれ、それぞれの運命に従って処分されるべきことに異議をとなえるのは不可能だった。別な言い方をすれば、なんぴとも、いかなる名目であれ——法的原則であれ、国家理性であれ——フィリップ・ド・ルーヴルの権利承継人であると名のったり、主張したりする正当な理由はもたなかったということである。

これで、故人が残したさまざまな財産の行き先を決めるに当り、どういう手続きを取るべきかは決定したと見えた。封建制下の土地や権利に関しては、ただその出所だけが重んじられることになっていた。ひとつびとつの場合について、おのおのに適用される規則に従い、実定法もしくは慣習法に厳密に準拠し、正規の相続人を有する最終の所有者にまでさかのぼらなくてはならなかった。遺言書の文言「国の法規上または慣習上」は、このように理解されるべきであって、これ以外の受けとり方をしてはならなかった。

このきわめて明白な形式は、詐欺や横領をおそれる気持から考え出されたとみるべきだろうか。それとも、権威筋の没収、財産全体への同一の法規定の適用を案じたためだろうか。あるいは、わずらわしい競合関係、不法な裏工作を避けたいためなのだろうか。そうした懸念もまったくないわけではない。しかし、いつまでもこの点にかかずらっていることはできない。

実を言うと、フィリップ・ド・ルーヴルの遺産はその複雑さからして、あらかじめ遺言書に相応の配慮をつくしておく必要があったのである。実際、その遺産というのは、異質のさまざまな部分の積み重ね、ないし寄せ集めから成り立っていて、おのおのはっきりと違った出所を持つモザイクの断片の集積ともいってよかった。

まず主要な部分として、カペ朝ブルゴーニュ公領があった。これは、既に見てきたように、故人の先祖たちの業績の賜物だった。その成り立ち、一貫性はわたしたちの熟知するところである。さらに言うなら、わたしたちは、その魂に深くさぐりを入れてきたのである。

次には、その全部がかなり時代がくだってからの、多量の付加物がある。たとえば、公爵は、ブーローニュとオーヴェルニュの二つの伯領を所有していた。この二つの伯領は、オーヴェルニュのギヨーム十二世の娘であった、その母ジャンヌ・ド・ブーローニュに由来するものであった。ところで、ジャンヌは夫より先に死んで、ジャン・ル・ボンをひとり身に残したが、その近親には、彼女の父の実の兄弟である、叔父ジャン・ド・ブーローニュがいた。系図の示すとおりである[3]。したがって、二つの伯領の相続人として、若い公爵には、大叔父がいたことになる。

ブルゴーニュ公領以外にも、フィリップ・ド・ルーヴルは、その父方の祖父ユード四世から、次のものを受け継いでいた。㈠ブルゴーニュ伯領《コンテ》、中世の言いかたでは、「コンテ」、㈡アルトワ伯領、㈢シャンパーニュの土地。これら三つの封土のおのおのを別々にさかのぼると、王家の血を引く公妃、フィリップ五世の娘、マルグリット・ド・フランスにいたる。母ジャンヌからこれらの領地を相続したこの公妃は、フランドルとヌヴェールの伯爵、故ルイの未亡人でもあった。その息子は、フランドルを統治していたルイ・ド・マルであった。

公領それ自体については、シャルル・ド・ヴァロワの孫、ジャンヌ・ド・ブルゴーニュの子ジャン・ル・ボンがカペ王家の長子と次子の両方の家系を代表していて、ただひとりナヴァール王シャルル・ル・モーヴェ（邪悪王）と張り合うことのできる肩書きの持主だった。マルグリット・ド・ブルゴーニュの孫、ロベール二世の曾孫に当るシャルル・ル・モーヴェは、ブルゴーニュの習慣を引き合いに出した。おそらくかれは正しかった。かれの言い分によると、マルグリットの子孫に当るのは自分であって、フランス王が正当性の根拠にしているジャンヌはマルグリットの妹であり、姉の方が優先すべきだというのだった。だが、フランス王は、一親等自分の方が近いと言い張った。ナヴァール王は、ヴァロワ王家に対し公領の相続に異議を唱えていただけではなく、マルグリット・ド・フランスに対して、シャンパーニュの地の相続についても異論を申し立てていた。

ところが、シャルルを外して、シャルルの意に反した形で、相続人たちの協定が成り立つことになってしまった。何より驚くべき事実として、シャルルが最低限でも権利を要求できる者であったのか否かは別として、だれひとり、真剣に、このナヴァール王の支持をする者がいなかったということがある。かれの不人気ぶりたるや、この時期には、あまりにも明らかだった。かれは、ひそかに、陰険にも、英国人と盟を結んでいた。ポワティエの敗戦後、王が捕われの身となるという危機に際し、かれはうさんくさい行動をし、最後にはそれがはっきり外に出てきて、情に厚いと自覚するフランス人みなの激しい怒りをひき起した。(4)さて、わたしたちも知っての通り、新しい主人を待ち受けていたそのとき、ブルゴーニュもまた、深層までフランスであった。ブルゴーニュにおいては、シャルル・ル・モーヴェに対して広く一般に、反感が固められていたが、公太子の摂政期間中開かれていた総会でもそれは、あらわとなった。すなわち、ナヴァール王の主張をしりぞけ、ジャン王の言い分を取り上げたのである。こんなふうに、この問題においても、ドイツの宰相ビスマルクがのちに、かれの三大論説の一つで語っていた「予測し得ぬ要因」が働きつつあった。ビスマルクはこれを過小評価してはならないといさめている。政治家の余りに多くの者がことの裁量に当ってこれをなおざりにし、運命のはかりごとにおいて、どんなに苦心した策略にも、いかに巧みな方法にも、さらにはどれほど大胆な犯罪行為にもまして、ときとして、これの方が重い役割を果たすことがある。

フラヴィニーとソーリユーにおいて英国軍のほしいままの破壊活動が終ったばかりの日に、エドワード三世の友人で、フランス王の公然たる敵をどうしてブルゴーニュ公にするなどということができただろう。事実上、シャルル・ル・モーヴェは問題にもならなかった。それに加えて、このほかの関係者たち、敵対者としてでなく共同相続人として行動してきた者たちは、この案件を速やかにすっぱりと解決した。共同相続人というのは三人いて、国王ジャン・ル・ボン、マルグリット・ド・フランス、ジャン・ド・ブーローニュであった。

さっそくに同意は得られたが、なんらかの明白な文書による取り決めがなされたわけではない。少くとも公的文書の形では、どんな痕跡も残されていない。ただ、事後になって、一三六二年一月十六日、動産と負債に関して、シトーで交わされた証書が伝わっているだけである。(5) この証書はあきらかに、相続の基本に関する三人の相続人たちの協定よりも、ずっと後のものである。

現実には、ジャン・ル・ボンとジャン・ド・ブーローニュのふたりがすべてを仕組んだ。マルグリット・ド・フランスはただ、このふたりの取り決めに従うにとどまった。シャルル・ル・モーヴェを除け者とし、三人の相続人は談合によって、およそいっさいの紛糾の種を遠ざけることができた。モザイクの各断片の分け合いは、実に容易になされたのである。どんな揉めごともなく、どんな痛みも与えずにと言ってよい。

＊

こんなにも容易にとは、なんとも驚きのほかはない。この寄せ集めの相続財産の複雑さと広がりとを考えあわせてみると。しかし、先に引用された面々の肩書の意味するところからすれば、この容易さは理解できる。すべての受益者たち、ジャン・ル・ボン自身もただ、個人的な権利だけにしか目をとめていなかった。フランス王たる者は、こんなふうに行動しないものだ。ただ、ジャンヌ・ド・ブルゴーニュの子、ロベール公の孫としてふるまったのである。十四世紀においては、こうした論拠に対しては、ただ同じ性質の論拠をもってしか応戦できない。ところで、シャルル・ル・モーヴェは、ただひとり、この種の論拠をもち出すことができた者だったが、だれもがその言い分を聞こうとせぬ、好ましからぬ者だった。かれのもち出す理由は、これが他の者に由来するのだったらたぶん説得的だっただろうに、かれから出たというだけで、まったく信用されなかったのである。

だから、この相続争いを進めてきた当事者たちそれぞれにとって、苦労は少かったのである。つまりは、この争いは首尾よく運んだのである。もっとも、ことのついでに、この劇の立て役者ジャン・ド・ブーローニュが演じてみせた、まことに鮮やかな手ぎわを強調しておかなくては片手落ちになろう。

まさに、ブルゴーニュ継承問題が起きたこの時期、次々に生じる事件から目を離さず、その処理に当る任に服すべき、絶好の適任者としてひとりの人がいたのである。その人こそは、ジャン・ド・ブーローニュ、フィリップ・ド・ルーヴルの大叔父に当り、公国顧問会議長だった。ジャン・ル・ボンは早くから、個人的に親密だったせいもあり、また、互いの利益が一致することからも、この狡猾なくわせ者の領主にたのむ所があった。

ジャン・ド・ブーローニュは、王ジャンの古くからの友人であった。かつて、ユー伯の処刑に多少ともかかわったこともあった。ユー伯は、高潔の士でジャン・ド・ブーローニュの大官だったが、領主は、その妃（最初の妻）ボンヌ・ド・リュクサンブールと不倫の仲になったと邪推し、嫉妬にかられてその命を奪ったのだった。また、王ジャンが妻を亡くすと、ジャン・ド・ブーローニュは、代わりに、自分の姪ジャンヌ・ド・ブーローニュを王のかたわらにすえた。フィリップ・ド・ルーヴルの父、同じフィリップの未亡人だったこの妃は、叔父のおかげでフランス王妃になれたのだった。以上の点からも、このふたりのジャンは、久しく以前からどれほど緊密に結ばれた仲であったかがわかるというものである。

さて、今や、この同じジャン・ド・ブーローニュが、オーヴェルニュの故ギヨーム十二世の兄弟として、その甥の子と同じ遺産の共同相続人となったのである。相棒ふたりは、いちだんと近づき合った。ふたりのすぐれた知恵が必要とされたのである。「本件に関しては、事件は予測を裏切らなかった」

ジャン・ル・ボン（善良王）は、義理の息子フィリップ・ド・ルーヴル――かれは、その後見人だった――の病気について細大もらさずに情報を得ていたが、この点についてはジャン・ド・ブーローニュの力に負っていた。フィリップ・ド・ルーヴルがこの世からあの世に移ってしまうと、ジャン・ド・ブーローニュはこんどは、フランス王に何をなすべきかを示唆し、みずからはブルゴーニュにおいてもっとも適切な命令を下した。すなわち、生起したばかりの継承者問題について、直ちに仮決定の命を下したのである。公国顧問会議長が引きとめられていたルーヴルの地で、すべては立案された。最後のカペ朝ブルゴーニュ公の死は、人民には隠し通すように仕組まれた[6]。逆に、ジャン・ル・ボンの方には即刻通知されたが、その証拠は、公国の王国への統合を宣言した開封特許状の日付によって判明する[7]。

ジャン・ド・ブーローニュの画策は、このあたりにあらわれている。すべては、かれの手配によって、準備されたのである。ただし、ひそかに。加えて、各地の城主、都市にも厳格な指示を与えつづけ、はっきりと王のために働く姿を見せつける。かれの企みを明らかに見てとれる動きは数々あるが、ここでは、十一月二十四日、国王の代理人以外のなんぴとに対しても、ブルゴーニュへの入国を禁じた回状を指摘しておくにとどめよう。

こうした措置、その他数々の類似の措置をもって、ジャン・ド・ブーローニュは、フランス王へのいっさいの敵対行動をいちはやく封じこめてしまったかに見えた。つけ加えておかねばならないが、ジャン・ル・ボンの方でも、孤児となった若い公爵にほとんど父親代わりの役をつとめてきたのであって、その心の広さ、騎士的な振舞いにより、ブルゴーニュの貴族たちの非常に強い共感をかちとっていた。かれのただひとりの対立者となりうるナヴァール王が反感をかきたてていたこともあって、かれへの愛着の度は倍加した。この時期、ポワティエの戦いの敗者にとって、人々の愛国心や感傷好みは頼もしい味方だった。

もっとも、かれの方では、「予測し得ぬ要因」を少しも信頼していなかった。そんなものを気にすることはついぞなかったのである。事件の発生のたびに、ニヴェルネ地方へと軍を動員した。それは、自発的な行動だったのか。それとも、相棒である、もう一人のジャン（ド・ブーローニュ）の差し金によったのか。ともかくも、コルビニーには、「司祭長」の異名を持つ、有名な隊長アルノー・ド・セルヴォルの軍団から引き抜かれた兵士らが続々と集まった。結局は、余計な警戒だった。何もかもが思い通りに、なんの支障もなく運んだのだからである。

*

出来事の進展は、ジャン・ド・ブーローニュのおかげで、めったにないほどに速かに着々と運んだ。情熱家のかれは、休息を知らなかった。次々と使者を送って、文字通りに王を駆り立てた。かれの計画は、人民をも、公爵位の継承をねらう者たちをも、ともかく一刻も早く既成事実の前へ突き出してしまうことにあるのは明白だった。何よりも、ナヴァール王を出し抜いて、煙に巻いてしまおうとする魂胆は目に見えていた。

事柄の最終的処理を急ぎたいとする思いが中心にあったことは、公領内の全封臣に対する召集の期日を早めてクリスマスとしたことにも顕著にあらわれている。その日には、公国の新しい君主に対し、忠誠と恭順の誓いがささげられるはずだった。

この件に関しては、公国顧問会議長が余りに急ぎすぎて、度を越してしまった。フランス王の活動を少々買いかぶりすぎていたのである。会議は延期しなければならなかった。十二月二十八日に、やっと開催された。このとき、ブルゴーニュ各州の全代表が集まり、公国総会議を開いた。次に、ジャン・ル・ボンは、シトーへ赴き、そこで三人の共同相続人が会合し、一三六二年一月十六日付の証書に署名をした。現物は先に、わたしたちも見てきた。そして、ボーヌを訪問したあと、フランス王はようやく王国に戻った。その忠実な臣下のひとり、タンカルヴィル伯に新領地の政務処理をいっさいまかせて。

こうして公国の帰属問題は、なんの障害もなく解決した。どんな不協和音も聞かれなかった。しかしながら、ヴァロワ家の当主（ジャン・ル・ボン）は、短いこの滞在期間中に、いくつかの意味ありげな警告をひろい集めることができた。一三六一年十二月の総会議では、ブルゴーニュは一つの思いをいそぎ言い表わしておこうとして、敬意をこめつつも、毅然とした宣言が放たれた。それは、次のような形にまとめ上げることができる。「公領はあくまで公領として存続する旨を了解する」との。すなわち、一地方になり下って、国王領に併合されることは望まないということである。行政上は、なんの変化も加えられてはならない。ブルゴーニュは、一人格の権利の名のもとにまとまっているので、王国と混合されてはならない。併合はない。また、ありえない。ただ、併立するのである。公位の継承には決着がつけられねばならない。相続人がたまたま王であったというだけなのである。王の人格のうちで統一されたというだけなのである。

このような考え方は、間に合わせに作られたものではない。一三一五年、ルイ十世治下の『ブルゴーニュ憲章』には、滞在的に一三六一年の宣言を含んでいるとみていいような見解が表明されていた。ジャン・ル・ボンを受け入れた総会議の代表たちは、先祖たちの望んでいた所を自分たちの考えとしたのである。ブルゴーニュの歴史的伝統があると宣言することで、自分たちもこれと合体し、自分たち自身の偉大さを実現しつつあった。かれらのうちには、あまりにも強烈な個性をそなえているゆえに自己の尊厳を主張せずにはいられなかった。カペ朝期公国の声が鳴りひびいていた。今、機会としてはもっとも不つごうなときに、ヴァロワ朝がほとんど全員の一致でもって公国をかかえこみ、最近のもろもろの事件を通じてフランスの愛国心がかき立てられている中で、そのむかしの個性の確立が現実のものとなったということほど、ブルゴーニュという実体の存在を証明するものはない。歴史上に深く深く根を張っていた一つの可能性の芽生えなのである。その根から茎がのび、花が咲かずにはおかなかったのである。

併合はありえず、ただ、併立と人格的統合だけがあったのだと強調するのは、特定の地方の渇望を代弁することになる。ところで、この点については、一三六一年十一月の開封勅書の文言とつき合わせてみないと、十分な意味がつかめないかもしれない。ジャン王は、勅書では、まったく違った相のもとに問題を提示していたのだった。王は、自分が王権の名においてでなく、あくまで個人的な相続人として遺産を継承した旨を確認したのち、すぐに、ブルゴーニュを王国に与えたこと、これを不可分の形で王国に統合したことをつけ加えていたのである。[8] ここで、政略のすべては二、三行でもって要約できる。すなわち、王権は不法にも、単なる相続権から併合へとこっそりと移行させようとたくらんだのだと。

のちに、このようなたくらみをやってのけた王が、今度はわが子、末子のフィリップ・ル・アルディに、同じ公領を親王領《アパナージュ》として授けることになる。

一三六一年の勅書と親王領の設定との間には、深い断絶がある。なぜ、そのような政策の変化があったのか。そのような方向転換はなぜなのか。

その大きい理由は、ブルゴーニュ人民の態度に求めねばならない。十一月の証書に含まれていた併合の案に対して、十二月の総会議の誇り高い、断固とした表明が対立する。総会議が最終的にことの決着を果たしたのである。そこで、どうなるのか。勅書が、実体としてのブルゴーニュという意識を砕くに至ったのである。ところで、本件において、実体としてのブルゴーニュは、二度にわたって利用されたのだった。一度は、ジャン・ル・ボンが不手際に、もう一度は、その子フィリップ・ル・アルディが手際よく利用した。

ヴァロワ王朝二代目の名誉回復をはかろうとするのはむだだろうか(9)。かれの軽率さ、政治感覚のなさは、その不幸な統治期間を通じてあまりにも見え見えである。この件に関し、大封土の一つで、一三一五年の憲章で保障も得ていたこのブルゴーニュ公領を、たかが羊皮紙一枚の勅書の上でくすねとろうとはかるのは、弁解の余地ない空想であった。このような策略をうまく成功させ、不審の念を与えずにブルゴーニュを一つのフランスの懐中にすべりこませるためには、機略も、時間も、必要であっただろう。この種の力わざは、ジャン王の能力にあまることだった。むつかしすぎる作戦にあえて手出しをして、失敗してしまった。そのため、もともと細やかに術策をつくし、柔軟にことを運んでやっと到達できるはずの目標が、遠ざかる結果となってしまった。ジャン・ル・ボンは、することも幼稚、乱暴さはこの上なし、おそろしく不器用ときていて、カペ朝公爵位が空位となって、フランス王の前に持ち出されたこの微妙な問題のうまい処理にとうとう失敗してしまったのだった。

いったい、いついかなる時に、ブルゴーニュ公をフランス王から再びはっきり分かとうとする考えが、ジャン・ル・ボンの混濁した頭から生じてきたのだろう。それを正確に言うのはむつかしい。しかし、一三六三年一月十五日、フランス王が、その義兄弟に当るルクセンブルクの皇帝カール四世から、ゲルマンに帰属する領土フランシュ＝コンテをフィリップ・ル・アルディに授封する旨を確約した秘密の書翰を受けとったとき、このフランス王の子を公爵位にすえることが決定的事実となったのだとしても、決して大胆な推論にはならないだろう[10]。

　こうして、フィリップ・ル・アルディは、この大きい贈り物を与えられる者として、当初から名指しされていたのである。一三五六年のポワティエの戦い以来、かれの頭は特別の後光に包まれていた。九月十九日という日は、他の多くの者にとって死の一日となったが、かれにとっては祝福された一日となった。すべての人が教えられてきた。十四歳八カ月になったばかりのこの若者が、人々の目を見張らせる勇敢さで戦場に出でたち、敗北の時にいたるまでその父君のかたわらに侍し、次々と武勲をあげつづけたあの物語を。また、すべての人の耳に、騎士の範として、最後の最後まで剣をふるいつづけたあの若者の言葉が今も聞えているはずだ。イタリアの年代記作者ヴィラーニが生き生きと鮮やかに伝えてくれているあの言葉が。「父君、ご注意を……右を……左を……」。生涯の初めのこの美しい一ページにおいて、ジャン王の末子は、以後ずっと父のお気に入りとなるさいわいを得たのである。今や、その報賞に浴する時が近づこうとしていた。

勇敢さ、純朴さ、そして非常な人格的魅力――その証拠は以下にたびたび見出すこととなるはずである――つけ加えて、フィリップはよき分別をもそなえつつあった。父の影にかくれ、まだ私的生活の中にひそんでいたが、着々、わが運命をためす時をうかがって、そのそなえをしていた。

*

公爵位へと次第にわが身を近づけてくれそうな諸事件の起るごと、かれの有能さは、奇跡といいいたいほどにあらわれてくる。すべてはひそかに、こう言ってよければ、舞台裏で、進行していたのである。フィリップは、ブルゴーニュを奪い取ろうなどとする素振りは、これっぽっちも見せようとしなかった。いわば、ブルゴーニュの方からかれの手にすべりこんでくるように仕向けたのである。待ち伏せする者にむざむざとつかまるへまをしまいと心がけていたふうである。慎重に、身を隠して動いていた。行動に当ってのこれほどの用心深さは、ジャン・ル・ボンふうの、単純無比な政治のやり口とは同断でありえない。開封勅書で言いわけをするなどという、粗雑で乱暴なやり方でもない。思慮に富み、抜けめのない精神のしるしが、ここで明白に見えてきたのである。これこそは、いわばフィリップ・ル・アルディの署名入りの特徴である。率直に言って、フィリップ・ル・アルディその人は、――戦場においては、勇敢《アルディ》、政治においては、だれよりも慎重であった――公爵位につく前からなかなかの賢慮の程を示していて、これまでの歴史もどうかすると、かれの巧みの構造を細部まで十分つかんできたとはいえない。

ブルゴーニュの政治を導く程の人物は、限りなく困難をきわめた状況――その諸要素については、既に分析してきた――にかなった手腕の持主なのである。公国の状態を見るなら、フィリップが巧妙にそのリズムを測りつつ進めた慎重な配慮は納得が行き、必要だったと知れる。こちらには自尊心を傷つけられて激昂する者がおり、あちらには過度に私欲をみたそうとはかる者がいる、英国軍や野盗の群れの掠奪のあとには、悲惨な時期がつづき、百年戦争によってすべての情念、すべての欲望がとき放たれたこの混乱のとき、国中が、大激変で苦しみの渦中にあった。これほど数年の難題がつみ重なっていたのだから、自己を制御できず、自分の星を信じられぬ政治家ならば、絶望のほかはあるまい。だが、この思慮にたけたヴァロワの一人士《じんし》(フィリップ・ル・アルディ)の中には、明知と巧知のくめど尽きぬ貯めおきがあったのである。根気よく、自分が心に抱く目標の方へともろもろの事実を動かして行き、自分をあらわす時の到来をじっと待ち受けていたのだった。

一三六三年一月、若いフィリップの望みと既に父にはそれとなくもらしていた計画とを間接的に表現しているとみえる、あの皇帝文書の下付ののちも六カ月間、かれはなんの動きも見せなかった。この六カ月間、終始ずっと父王のそばにとどまっていた。この間政治の方向性をさぐりつつあったに違いないのである。六月二十七日、滞留地を出て、一歩を踏み出す。タンカルヴィル伯に代わって、ブルゴーニュ総督となる。伯は、信用を失ったのである。失敗を重ね、王の寵を失った。フィリップは、国王代理官の肩書に守られ父王の諸権限を代理する者として、公領に乗りこむ。(11)七月三日、ディジョンで各州代表者総会議が開かれた。おごそかな瞬間であった。未来の公爵と未来のその臣下となる者たちとの、決定的な出会いのときであった。さて、一三六三年の総会議では、タンカルヴィルに対しては拒否された補助金を、フィリップのために承認した。そして、総会議の意志どおりに執行された。だれもここでは取り違えをすることはない。フィリップにゆだねられた代理権は、透明な、仮のヴェールにすぎないのだった。それを通して、あすの日の公爵の姿がすけて見えるではないか。

*

この件に関しておそらく何よりも奇妙なこと、そして、違った解釈のできそうなことは、秘密がなおも続いたという事実である。ジャン・ル・ボンの治世の末期を通じてずっと、隠し立てが続けられたということである。九月六日、王は、フィリップをブルゴーニュ公とする。だが、公報は出されなかった。ただ、一三六四年六月二日父王の死後シャルル五

世が発布した開封勅書において、ヴァロワ朝ブルゴーニュ公家設立が最終的に認証されるのである。(12)

ここで、問いを放ってみることができる。これほどに隠し通すのはなぜなのか。これほどの用心深さは、なんのためなのか。

もはやだれもが欺かれることのない虚構の物語をなおも続けることによって、一三六一年の勅書の文言に、さらに適切な運命をふりあてるためであったのか。前言訂正と見られるのを避けようとしたのか。王太子とその弟との合意がうまく行くために必要だったのか。この最後の必要は、これほど驚くほどに長く続いた引き伸ばしと無縁ではなかったとも思えてくる。しかし、告白しなくてはならない。わたしたちは何も知っていないのである。裏面でどういう工作があったのかを。ブルゴーニュ家にかかわる問題において、それは当然に理由のある工作だった。フランス王権への統合がむなしい空想と見えてきたあの日から、公式文書により公国の首長として新しい資格保持者をいただくことができるようになった日、――こうして、カペ朝時代の協定と再びつながりをつけ、フランスを支配するヴァロワ朝の長子の系統のかたわらに公領およびその属領を所有するブルゴーニュのヴァロワ朝次子の系統をつくり出した日――まで。何はともあれ、フィリップ・ル・アルディは、このすばらしい贈り物を受ける者とされ、いよいよ、その事業に着手しようとしている。わが四人の大公の最初の者となろうとしている。

第4章　フィリップ・ル・アルディ——政治

ジャン・ル・ボンの末子、フィリップ・ル・アルディ（豪胆公の異名）は、一三四二年一月十七日に生まれた。その誕生日は、聖アントニウスの祝日であった。だから、後年になって、この聖人の祝日を祝うのが、公爵のよろこびとなり、とりわけこの聖人に対する格別の信心を公言していた。自分の家族の中の生存している者の人数分の肥え太った豚を、この聖人にささげるのが楽しみごととなった[1]。

フィリップは、領地を持たぬときもあったが、最初はトゥレーヌを親王領として与えられた。フランス王は、自分の息子たちが一定の年齢に達すると、生活の支えとするために、しかるべき大きさの封土を与えるのが常例であった[2]。代々の相続財産として譲与するのだが、最初の受益者に男子の血統が途絶えた場合には、王に返戻するという条件付きであった。同じ条件で、フィリップは、トゥレーヌとブルゴーニュを交換してもらったのである。一三六四年十一月二十六日に、ディジョンの町へ堂々の入城をし、サン＝ベニーニュ教会において、町と公領を所有する特権の確立をはかった。

背が高く、頑健で、よい体付きをし、丸々と太った新ブルゴーニュ公は、「色の黒い醜男」だったといわれている。顔色が浅黒く、目鼻立ちがくっきりしていたということだと受けとっておこう。はや、かれの時から下顎が突き出していて、のち一族の特徴として、オーストリアのハプスブルク家にまで遺伝して行ったらしい。顔つきはふだんはやさしく好意的だったが、目から焔がもえ出て、光を発することがあった。そのいきいきした表情は、鋭く繊細な知性の存在をみごとなまでにうつし出していた。公は、愛想よく、あけっぴろげで、魅力的だった。明敏な洞察力こそは、機を見るのに敏な感覚、決心の早さとあいまって、公の主な長所といえた。公は、「遠くを見ていた」と、歴史家フロワサールは評した。「この上ない分別と決断の人だった」と詩人クリスティーヌ・ド・ピザン（一三六四―一四三〇頃）の方でも、確言している。「王家に属する貴公子の中では、いちばんの知慮の方」とうけ合うのは、サン＝ドニの一修道士である。この人のもので残されている肖像によっても、以上のそれぞれに簡潔で示唆に富む讃辞は裏書きされる。他のいかなる絵画作品よりも、大彫刻家クラウス・スリューテルがシャンモル修道院正面入口に置いた、ひざまずく公の像が、よい証拠である。この像については、後でいずれまた取り上げるはずである。[3]

政治家として、仕事には非常に熱心、一国の首長としての義務感も十分に身に体したフィリップだったが、かたわら、ゆるされる時間は、数々の娯楽にもふりあてた。笑劇や滑稽劇が好きだった。ポーム競技（テニスの前身）も好んでした。ダイス遊びもした。狩猟にも熱中した。家族思いの気持はかれの心そのものだった。妻は、決して美しい女ではなかったが、深い恋心とまではいかなくても、少くとも、まじめで忠実な愛情をもって愛していた。子どもたちには、終始、愛着を寄せていた。甥たちまでが、かれの心づかいの恩恵にあずかった。一日、甥で十歳のシャルル六世に、きれいに飾られた彩色つきの銅製フラジョレット笛を与えた(4)。また、他方では、派手好みで、当時の貴公子の華麗な生活にあこがれ、おのが権力にふさわしい道具立てに取りかこまれていられるよう心を砕いてやまなかった。兄のルイやジャンと同じく、気前よく、ときには浪費家で、兄たち同様に、けちくさいことは大嫌いだった。その結果は、かれの生涯のいたる所でしばしば、重大なむくいとなってあらわれ、さいごには、死の時にあらわれた。

熱心な収集家、見識ある芸術愛好家でもあり、文芸保護者《メセナ》として非常に重要な役割を果たした。当然、かれのこの面での活動についてだけでも、まるまる一章をふりあてなければならぬことになるだろう。

*

ブルゴーニュ公領に落ちつくと、フィリップは何よりも真先に、伯領《コンテ》の合併を強く望んだ。コンテは、かれの前任者二人のとき、既にその手中にあったのではなかったか。公領

ブルゴーニュ大公フィリップ・ル・アルディ

跪くフィリップ・ル・アルディ像（クラウス・スリューテル作）

を必然的に補足するものではなかったか。八四三年、ヴェルダンにおいて、策略をもってかすめ取られたのではなかったか。今では、この封土は、マルグリット・ド・フランスのものだった。どうして、これを取り戻すか。シャルル五世の外交の手もここに働きかけていた。だが、いちはやく、結婚によるのが最上の道であることが見えてきた。これが一つの理由となって、フィリップとマルグリット・ド・フランスの孫娘、フランドル伯ルイ・ド・マルの娘、ベルギー地方はじめ多くの魅力ある領土の継承者であり、先にも見てきたようにフィリップ・ド・ルーヴルの婚約者でもあったあのマルグリットとの結婚を進めるべく、事が動き出したのである。

フランドル伯は、娘の最初の婚約者の不意の死にうちひしがれていて、そのとき、別の一貴族、英国王エドワード三世の子エドモンド・オブ・ラングレーの求婚を受け入れていたのであった。英国は、既に久しく以前から、代々にわたり、のちベルギーとなる土地に目をつけていた。この土地は、ヨーロッパ中でいちばん産業がさかんで、封建制度上は、フランスの封土に含められていたが、経済的には大ブリテン島に従属していた。フランドルは紡織業の本場であり、原料となる羊毛を必要としており、それを供給していたのが、英国の牧羊であった。英国の元首が、必要不可欠のこの原料の輸出を禁止すれば、フランドルの織工たちを失業に追いこむことができたのだった。エドワード三世は既に、この脅迫手段に訴えていた。かれには、不当としか言いようがないが、いわゆる「羊毛政策」があったのである。

マルグリットとケンブリッジ伯にして未来のヨーク公、エドモンド・オブ・ラングレーとの結婚が成立すれば、英国はフランドルをわがものとすることができたはずである。フランスにとっては重大な脅威となる。

フランドルの姫君は、父からばかりでなく、祖母からも遺産相続をするはずだったので、この結婚により、数多くの封土が英国のプランタジネット家の手中にころがりこんでくることになっていた。アルトワ、ニヴェルネ、ルテル、フランシュ゠コンテ、その他多量の小領土が。こういうすべてが、エドワード三世の息子の手に落ちようとするのを、どうしてむざむざ座視していられよう。

シャルル五世は、当然のことながら、行動を開始する。アヴィニョンの教皇ウルバヌス五世に働きかける。既に、教皇の方では、英国とフランドルの結婚が可能となるための、教会法適用免除を出していた。つまり、マルグリットとエドモンドとは、もう婚約者の間柄だったのである。

ところが、教皇は、この結びつきを阻む方向に動く。婚約者二人は、いとこ同士だったというのである。いとこといっても遠く離れていたことは事実だが、それでも教会の禁じている親等の間柄だった。教皇庁は、ことを進めてはならぬとの判定を下す。ウルバヌスは、いったん出した免除を取り上げる。フランスの、また、英国の教会関係者に対して、結婚の秘跡執行の禁止を言い渡す。

この強固な姿勢の前で、ルイ・ド・マルも、エドワード三世も、引き下らざるをえなくなる。結婚計画は、破棄される。二たび、マルグリットの婚約は解消ということになる。

ところが、シャルル五世の方では、こういう邪魔立て工作だけでは満足しなかった。かれの総合的政策が動き出す。王は、在位中の重要な任務として、英国人への報復、フィリップ六世とジャン・ル・ボンが蒙った敗北の回復、ブレティニー条約の再検討を自分に課していた。フィリップ・ル・アルディをマルグリット・ド・フランスとルイ・ド・マルの相続人に仕立てるのは、フランスにとって何よりもすばらしい報復の下準備となるではないか。その手筈はちゃんとできていた。マルグリット・ド・フランドル、このまたとない娘、かつてフィリップ・ド・ルーヴルとも約束ができていたこの人を、この最初の婚約者の跡継ぎとなる者の妻にしなくてはならぬのだ。

この問題については、兄弟ふたりは共に力を合わせて外交的手腕を発揮した。

しかしながら、ルイ・ド・マルの抵抗が長い間つづいた。ロンドン側からの圧力が心中に働きかけていたのは疑いなく、この新たな目論見に待ったをかけていたのである。そんなことをすれば、明らかに英国に対して真正面から殴り込みをかけることになるではないか。……

決心をひるがえさせたのが、フランドルの姫の祖母に当るマルグリット・ド・フランスの介入であったらしい。カペ王家出のマルグリットは、誠実で忠信の念厚いフランス人であり、王家の側に立って働き、ついにその息子を説得するに至ったのだった。

一部の年代記作者は、このエピソードに劇的な形式、いっそ言うなら小説的な形式を好んで与えようとしてきた。ここでも参考までに、歴史家バラントが読者の興味を引きつけようとして作り上げた物語、今では古典的となった物語を再現してみよう。

「この結婚は、七年間以上も決定されることなく、交渉がつづけられていた。フランス王はトゥルネまで来て、さらに有利に事を運ぼうと努めていたが、フランドル伯は、病気をよそおい、トゥルネに赴くのをことわっていた。ついに、マルグリット夫人が、息子に対して少しも影響力を及ぼすことができぬのに業を煮やし、みずから伯に会いに来た。伯がなおも拒否の態度をくずそうとせぬので、夫人は突然、ぱっと服の胸を開いて、乳房をあらわにし、怒りの声でこう言った。「そなたが王さまの意志にも、母の意志にも従おうとせぬなら、そなたを恥ずかしめるため、母はそなたを、——ほかのだれでもないそなたを養ったこの乳房を切り取り、犬に食わせてやりましょうぞ。そして、知るがいい。わたしはそなたから相続権を取り上げる。そなたは決して、わがアルトワ伯領はもらえませぬぞ」。伯は、動かされ、おそれおののいて、母の足もとに身を投げ、フランドルの相続人たる娘をブルゴーニュ公に与えると約束したのだった。[5]」

事実はこういうことだった。フランスとフランドルとの間の交渉の妥結の前には、執拗なばかりのかけ引きがくりかえされていたのだった。相手側に満足を与えるため、シャルル五世は、限りなく辛く苦しい犠牲を払わねばならなかった。それはまさに、むかし、フィリップ・ル・ベル（美王）が随分苦労してかちとって併合したいくつもの領土をフランドルに再譲渡することにほかならなかった。三代目のヴァロワ朝当主は、伯にフランドルのワロン地方を泣く泣く返還した。カペ朝最後の偉大な王のひとりが、王国のものとした、リール、ドゥエ、オルシーなどの領地だった。

こんなふうに、英国人をベルギーの海岸に近寄らせぬため、「賢王」シャルル五世は、その末弟の地位を高めるために、どんな予想も及ばぬ努力をしたのである。マルグリット・ド・フランスの全遺産が、ルイ・ド・マルが父方の祖先から受け継いだ遺産と合わせて、王の末弟の手に入ることとなる。ブルゴーニュ伯領、ルテル伯領、ヌヴェール伯領、アルトワ伯領、王領から奪取した三つの領地を加えて拡張されたフランドル伯領、こうしたものが、——さらにより小さい無数の領地は度外視するとしても——ブルゴーニュ公のきらりと光る目に映じていた、輝かしい展望であった。公の前には、既にカペ朝期の先任者たちの時代にはや見えはじめていた、広大で豊かな大国の幻が、光まばゆく開けて見えた。シャルル五世は、新しい公家を最大限の広がりにまで、一挙におし広げたのだった。王にはこのとき、とても想像できなかったのである。まず、これだけの広さに整備され、そして次代には、徹底的な蚕食で肥え太って行って、まさにヴァロワ王国の横腹に一大強国が生まれ、それは、王の継承者たちをいつの日か危難におとし入れるものとなるかもしれないことを。

フィリップとマルグリットとの結婚式こそは、立派な結婚式の典型といってよかった。式は、人々に深い印象をもたらす豪華なものだった。(6) 一三六九年六月十九日、ガンのサン＝パヴォン教会で挙行された。フィリップは、何もかもを申し分なく運ぼうとしたので、ガンの名士たちを招いての最高級の宴会の費用や、帰国の旅費の調達のため、ブリュージュの三人の富豪に高価な宝石類を質入れしなくてはならない始末だった。

＊

今や、シャルル五世のフランスにとって、運命を決する「時の鐘」は、鳴り終えた。ブレティニー条約の破棄が通告された。(7) カスティーリャの王座にフランスの盟友、トラスタマラのエンリケ二世をつけるべくスペインへ行っていたデュゲクランが呼び戻され、総元帥《コネターブル》の資格で、一大戦争の指揮をとることになった。シャルル五世の兄弟たち、アンジュー公ルイ、ベリー公ジャン、ブルゴーニュ公フィリップは、王家の血族たる貴族の義務に服し、「百合の花」（フランス王家の紋章）の栄光を最大限にあらわすためのこの戦いを導くこの偉大な将軍に協力することとなる。

フィリップは、ブルゴーニュの管理を、忠実なユード・ド・グランシーに、一日三フロリンの給金で請け負わせ、自分の活動の最良の部分は英国人との戦いにふり向けた。ただ不規則ながらときどきは、自領に戻ってしばらく滞留することはあった。(8)

それでは、一三六九年から九〇年まで、シャルル五世の末弟がフランスに仕えるさまを追ってみよう。

公は、その時期の作戦のいずれにも参加しているが、(9)とくに、一三七三年の作戦での、その働きはきわだつ。ランカスター公、ジョン・オブ・ゴーントは、その父エドワード三世によって、大騎馬隊の先頭に立たされていた。七月二十五、二十六日、強力な数個兵団のカレー上陸が敢行された。並みはずれて強固な参謀部がジョン・オブ・ゴーントのかたわらにあり、ジョンは、その妻、ピエール・ル・クリュエル（残忍王）の娘フィリピーヌが寄せてくる意向に忠実に、みずからを「カスティーリャ王」と呼ばせていた。そればかりではない、エドワードは、自分の代理人に、「フランス王国、ならびにアキテーヌ公国の特別代官にして総大将」の称を与えていた。ウォーウィック伯トーマス、サフォーク伯ウィリアム、英国の政略に加担したブルターニュ公ジャン四世らが、意気揚々のランカスターのかたわらにあった。侵入者らは、カレーから、エスダンを経てドゥランの方面へと向かった。八月十九日、コルビーとブレーの間で、ソンム川渡河が行なわれた。

ブルゴーニュ公は、アミアンに陣をとっていた。そこからパリを掩護《えんご》すべく、敵の右翼

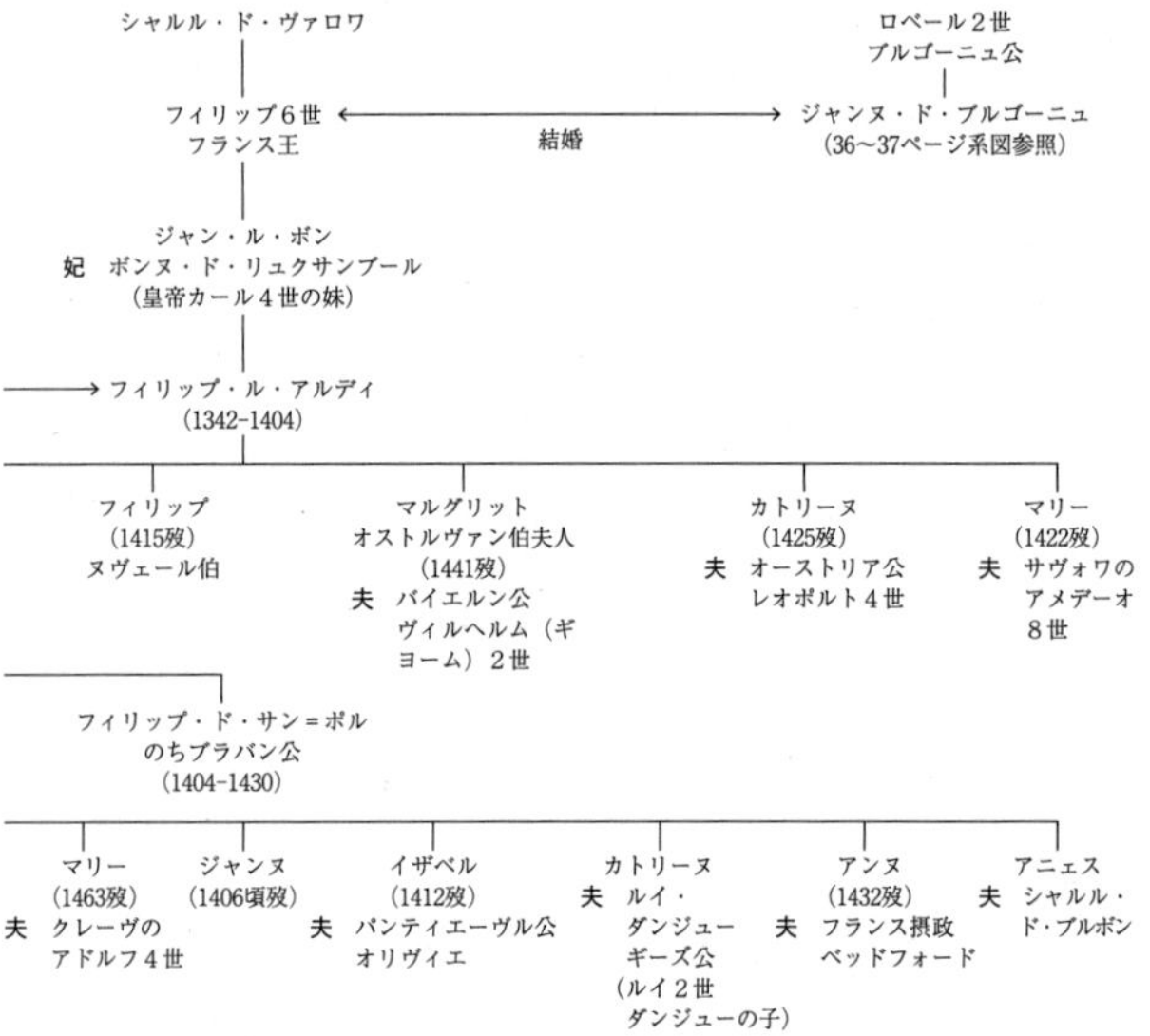
シャルル・ド・ヴァロワ
ロベール２世
ブルゴーニュ公
フィリップ６世
フランス王
結婚
ジャンヌ・ド・ブルゴーニュ
（36〜37ページ系図参照）
ジャン・ル・ボン
妃　ボンヌ・ド・リュクサンブール
（皇帝カール４世の妹）
フィリップ・ル・アルディ
（1342-1404）
フィリップ
（1415歿）
ヌヴェール伯
マルグリット
オストルヴァン伯夫人
（1441歿）
夫　バイエルン公
ヴィルヘルム（ギヨーム）２世
カトリーヌ
（1425歿）
夫　オーストリア公
レオポルト４世
マリー
（1422歿）
夫　サヴォワの
アメデーオ
８世
フィリップ・ド・サン＝ポル
のちブラバン公
（1404-1430）
マリー
（1463歿）
夫　クレーヴの
アドルフ４世
ジャンヌ
（1406頃歿）
イザベル
（1412歿）
夫　パンティエーヴル公
オリヴィエ
カトリーヌ
夫　ルイ・
ダンジュー
ギーズ公
（ルイ２世
ダンジューの子）
アンヌ
（1432歿）
夫　フランス摂政
ベッドフォード
アニェス
夫　シャルル・
ド・ブルボン

フランドルとブルゴーニュ

ルイ・ド・フランドル・
エ・ド・ヌヴェール（1304-1346）
妃 マルグリット・ド・フランス
（1382歿）
（51ページ系図参照）

ルイ・ド・マル
フランドル伯
（1330-1384）
妃 マルグリット・ド・ブラバン

マルグリット・ド・フランドル ←（結婚）
（1350-1405）

ジャン・サン・プール（1371-1419）
妃 マルグリット・ド・バヴィエール

アントワーヌ
（1384-1415）
レデル伯、リンブルグ公
ブラバン公
妃 ジャンヌ・ド・サン＝ポル

ジャン4世
（1403-1427）
妃 ジャックリーヌ・ド・バヴィエール

フィリップ・ル・ボン
（1396-1467）
妃 ①ミシェル・ド・フランス
②ボンヌ・ダルトワ
③イザベル・ド・ポルチュガル

マルグリット
（1393-1442）
夫 ①ルイ、ギュイエンヌ公
②アルチュール・ド・リシュモン

シャルル・ル・テメレール
（1433-1477）
妃 ①カトリーヌ・ド・フランス
（シャルル7世の娘）
②イザベル・ド・ブルボン
③マーガレット・オブ・ヨーク

マリー・ド・ブルゴーニュ（1457-1482）
夫 オーストリアのマクシミリアン

フィリップ美王（フェリペ1世）
（1478-1506）
妃 フアナ狂妃

マルグリット・ドートリッシュ
（1480-1530）

シャルル・カン
（カール5世）
スペイン王、皇帝
（1500-1558）

フェルディナン・ドートリッシュ
皇帝

フェリペ2世
スペイン王

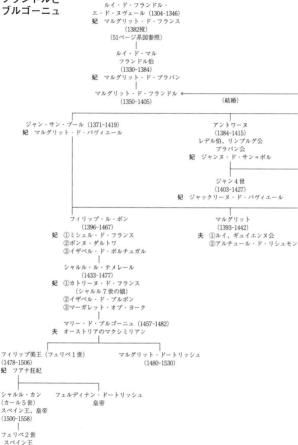

の方面に機動作戦をおこし、パリに向かおうとする敵の進路を阻んだ。ランカスターは止むを得ず、ラン地方へ向きをかえ、山岳部を迂回しなければならなくなる。ジャン・ド・ヴィエンヌとジャン・ビュエイユは、フィリップ・ル・アルディの動きと緊密に連係をとって動いていたが、英国人になんどもくりかえし苦杯を飲ませ、ことにウーシィ＝ル＝シャトーでは血の教訓を与えた。

そこで、ランカスターは、急ぎロワール河方面への抜け出しをはかった。フィリップはロワールの谷を防衛するため、布陣をかえて敵の左手に出ようとはかる。そのために、リムーザンやペリゴールの方面へと進まねばならなくなる。英国人は、追いつめられ精根つきはて、ついにジロンドで、惨たんたる結末をむかえ、武器を投げ出すにいたる。敵味方双方ともに力の限りをつくした結果として消耗は激しく、ここで教皇庁が介入して、一三七五年、ブリュージュでの会談が持たれる。フィリップ・ル・アルディは、フランス側使節団の団長の地位にあった。三月二十五日、お告げの祝日にかれは、盛大な宴会を催し、会談を合意にみちびいた。ブリュージュの休戦協定により、フランスは、息をつくことができた。だが、戦いは、一三七七年に再燃した。

ブルゴーニュ公は、シャルル五世の将軍（デュゲクラン）に惜しみない助力をつくしたので、この作戦継続の栄誉がかれにふりかかってくることとなった。そのデュゲクランが、攻撃中だった、ロゼール県シャトーヌフ＝ド＝ランドンの城壁を前にして、えたいの知れぬ病に倒れてしまったので、王は、末弟ブルゴーニュ公に、エドワード三世の末子、バッキンガム伯トーマスの率いる騎兵隊に当らせるため、指揮権をゆだねた。

一三八〇年の英国騎兵隊も、一三七三年のそれと同様、カレーから出発した。七月二十二日、マグダラの聖マリアの祝日に、進軍を始めた。計画では、フランスを斜めに横切って、そこここに廃墟を作り出したあと、ブルターニュ占領を目ざすことになっていた。ブルゴーニュ公は、英国軍の攻撃にそなえ、デュゲクランが初めて取り入れ、みごとな成果をあげた戦術を採用する。すなわち、戦闘地点を特定し、敵を執拗に攻めたて、その力を消耗させ、どんな戦略要地への接近をも阻むというやり方である。

フィリップ・ル・アルディの監視する中、バッキンガムは、ランの前を通過、コンデでアルヌ川を渡り、トロワに達した。

フィリップは、トロワの陣営にこもっていた。プランタジネット軍が戦いをしかける。しりぞけられたのは、当然だった。

期待を裏切られて、エドワードの息子は、西方へと逃げをうつ。セノネ、ガティネ、ボース、アンジュー各地方を横切る。ブルゴーニュ公は、遠くからその後を追う。フロワサールが「英国人どもへの追撃」と呼んだ行動を続ける。「追撃」という軍事行動は、たぶんに冷静さを要求するものである。敵の動きを観察し、部分的に攻撃をしかけ、連絡通信を阻み、兵器糧秣の補充をさせず、しかも重大な遭遇戦を避けて行かねばならない。

状況がこのように進展していたときに、フランス王の健康状態悪化という、はなはだ不吉な知らせが、公の陣営にとどいた。フィリップはどうやらこの時、シャルトル近くのソールにいたらしい。かれは、兄弟たちとともにパリに向かった。バッキンガムはこの好機を利して、ブルターニュに侵入した。

既に英国でも、未成年者の時代が始まっていた。リチャード二世が、祖父エドワード三世から王位を継承したところであった。フランスでも同じく、未成年者の時代を迎えようとしていた。戦争中の二つの王国における、国内事情のこの平行現象は、おもしろい。

*

シャルル五世は、もともと安定した健康の持ち主ではなかったのだが、一三八〇年九月十六日、四十二歳で、心臓の発作のために死んだ。かれは、自分の死後の手筈をととのえておく段階でも、その異名「シャルル賢王」の称にそむかぬ態度を一度ならず示した。したがって、遺書においても、細心克明に役割分担を定め、均整のとれた「未成年者の時代」を構想していた。次代のシャルル六世はまだ十二歳であったから、王族たち、旧宮中顧問官たち——対立する邪心にみちた連中がさも憎さげに用いた悪口によれば、この「小怪物《マルムゼ》ども」——は、遺書に細かく規定された計画に則して、めいめいの役割分担を引き受けねばならなかった。もっとも、この折角の準備工作はくつがえされたのである。王族たちは、発言権はもつが議決権のない、有識者という名目のもとに、先王の宮中顧問官はそのまま残しておいた上で、かれら自身の間で権力や利益を分かちあい、その結果衝突や紛争は避けようがなくなった。

シャルル六世の母方の伯父、ブルボン公ルイは、協調的で穏健な人物だったが、父方の叔父三人、ルイ・ダンジュー、ジャン・ド・ベリー、フィリップ・ド・ブルゴーニュは、互いに譲る気持は持たなかった。それどころか、三人ともみなが、できるだけ自分にとって有利な分け前を取ろうと、まなじりを決していた⑩。

シャルル五世が目をつぶるとすぐに、「百合の花の一家の王族たち」の中の最年長者ルイは（とフロワサールは語る）「かれの兄である王が数知れぬ程に持っていた宝石類のことごとくを引継がれ、みずから兄の保証人の名において、安全な場所へと移された」。もっと悪いこともした。亡き王が貯めこんでいた金貨三万二千フランを自分のものとし、ムランの城館に置くことにした。同時に、摂政の称号を名のり、その資格において、数々の文書に署名をした。

しかし、ブルゴーニュ公が、いそぎはせ参じてきて、これに異をとなえる。王の遺言の執行を要求する。シャルル五世への尊敬心からではなく、戦術としてである。並みいる公爵の中で、アンジューは年長者だが、ブルゴーニュこそ最強の者であった。パリの周辺には、武器を帯びた者どもが集まってきていた。はや、殴り合いが始まろうとするのか。衝突を避けるために、妥協がはかられる。ルイは引きつづき、摂政役にとどまるが、ただし、幼王の戴冠までとする。戴冠式は、すみやかに行なわれるはず。聖油の塗布が終れば、シャルル六世は、若年であろうとも、王としての権限をふるうこととなる。そうすることで、紛争の種である摂政権の行使も抑えることができる。そんな中でも、幼王の権限が、単に名目上王に付随したものではなくなる時までのあいだ、王族たちが国務の処理に当ることになったのだった。

はっきりしているのは、王の元首としての権威はまったく理論上のものにすぎず――王は、王を演じているかに見えて、なんの役割も果たしていなかった――その影にかくれ、叔父たちが着々、その体制固めをしていたのである。ジャン・ド・ベリーは、古ローマの属州総督といった役目を引き受ける。いわばラングドックおよびギュイエンヌ総督府の経営にあたる。ルイ・ダンジューは、王室顧問会の議長に祭り上げられるが、十二人のメンバーから成り、まさに多頭政治の体制のかなめとなるこの顧問会をさしおいては、自分勝手にはなんら重要な決定はくだせぬ破目に陥る。この点をしっかり見定めておかねばならない。フィリップは、兄に手綱をつけたのである。さらに加えて、兄による王国の政務執行を身近で監督していたのである。また、ルイ・ダンジューは、イタリアへの野望をみたす目的で――ナポリ王国がかれのねらう餌食だった――資金集めに奔走していたが、フィリップはいちはやく、王国フランスの軍隊こそは、フランドル政策に欠かせぬ力となりうるのに気づくにいたる。

実際、ルイ・ド・マル[11]は、おそろしい危機に直面していたのである。もがけるだけ、もがいてみたが、うまく行かなかった。

驚くほどに産業活動が活発だったこのベルギー地方では、市民階級は富み、各自治体は自由の要求に過敏に反応した。織工などの無産階級は騒ぎ好きだった。だれもが、死臭にみちた伯爵の存在に体現される、古い形の封建権力に次第に耐えられぬ思いを抱きはじめていたのである。ガン、ブリュージュ、イープルは、もっとも栄えていた都市であり、言論の上でももっとも「進んだ」所であった。

既に、フィリップ六世の統治下において、都市の革命がもう少しで成功し、フランドルを、イタリアのすぐれた海運共和国のモデルにならい、商業共和国に仕立てようとの企てが実現するところであった。ヤーコブ・ファン・アルテフェルデがこの蜂起の首謀者であって、かれの死のおかげでようやく、沈静に向かったのだった。だが、その後、またもや熱病は再発した。「白頭巾」党と名のる一味――ルイ・ド・マルは、抑圧にかかり、消滅をはかったがむだに終る――が不穏な思想を拡め、領主の権力とたびたび衝突する機会を作り出した。

ところで、このたびのフランドルでの騒乱は、欲すると否とを問わず、さらに広い動き、当時、ヨーロッパ諸国全体をゆるがしていた動きと連関しているのである。確かに、キリスト教世界を包みこむような政治的陰謀があったとするのは、間違いであろう。この点で、何人かの同時代人は、誤りをおかした。あちこちの蜂起は、自然発生的なものだった。それでも、年代が一致するという点が、なんとも気にかかる。漠然たる不安が一般に拡がっていたのが、その理由だろう。納税の拒否に始まった暴動が、フランスの大多数の都市に混乱をまきおこし、パリでは、「マイエの乱」が荒れ狂った[12]。フィレンツェでは、政治上の権利を持たぬ労働者のチオンピ一族が権力を奪取し、まさしくプロレタリアート独裁というべきものを打ちたてた。英国の職工たちは、共産主義を要求して、ロンドン塔を占拠した。同種の革命騒ぎが、ドイツでも、ボヘミアでも見てとれる。南フランスも例外ではなかった。チュシアンの乱（ラングドック地方の反乱）、すなわち、文字通りに、マキ（灌木林）に住む民の所業で、一帯は血に塗れた。

　フランドルでも、暴力騒ぎが演じられた。一三七五年に起きた一つの事件が、危機の原因となった。伯爵が、レイエ川とブリュージュ港とをつなぐ運河の開削をブリュージュ市民に許可し、レイエ川の河川運輸に頼ってきたガン市民に損害をもたらすに至ったとき、ガンの民主主義が武器を持って立ち上った。伯爵の代官は殺された。ヴォンデルヘン城は、火焔に包まれた。

　イープルも、ガン市民の側についた。ブリュージュにおいても、織工たちが突然、「名家筋」すなわち、市民階級出身の一種の貴族に相当する、上流層の権益を取り上げ、権力側に手をくだすに及び、同じ陣営についた。「フランドルの三メンバー」が、一致してルイ・ド・マルに反抗したのである。織物業者たちが一せいに立ち上がり、活動を開始し、否も応もなく、「村落地帯」もつづいた。全フランドルが、沸騰した。

ルイ・ド・マルは、後れをとったのを見てとった。襟首をつかまれて、譲歩した。十二月一日、いっさいの自由権を認め、二十六名のメンバーから成る委員会――内、ガンが九名、ブリュージュが八名、イープルが九名――を設け、申し立てのあった権力濫用に対する調査に当らせる旨の同意を宣言した。そうすることで、伯は、時間稼ぎができると思っていた。都市相互間には利害の衝突が頻々と起っていたから、これをうまく利用すれば、自分への敵対感情から生み出されてきた人民の反抗運動もつぶせる、つまり、相手側の切りくずしが自分にとって得策と見たのである。実際、ブリュージュでは、「名家筋」がふたたび頭をもたげていたし、他の二都市でも、織工たち一派も混乱状態におちいり、勢いをなくしてきた。

それでも、ガンでは、なおも不満が後を引き、労働者たちが主人顔にふるまっていた。伯は、和解政策をきっぱりと捨て、イープルに向かい軍を進め、これを占領、主導者を絞り首、もしくは追放に処し、降参した者どもから武器を取り上げた。次いで、ガンの前に攻囲陣を敷いた。

さて、ガンだけが、伯を苦境に追いやる力を持っていた。一三八一年、ガンの市民兵はニヴェルで敗北を喫したことはあったが、町は抵抗だけに甘んじず、積極的に攻撃に打って出る。たびたびの出撃は、激しさをきわめたので、いったい襲撃者は領主なのか、それとも町の側なのかと、問いたくなるほどだった。情熱が高まる。包囲された中で民衆は興奮し、熱に浮かされた状態になる。両陣営ともに、戦いは凄惨そのものだった。捕虜はすべて虐殺された。封鎖は二度破られたが、一三八二年、三たび町は封鎖された。

そのとき、ガン市民たちは、ビール醸造業者フィリプス・ファン・アルテフェルデを指揮官にかつぎ出す。父ヤーコブ・ファン・アルテフェルデも、フィリップ六世の時代に町を守った英雄だったが、子もまた父の功業の再現をめざして立つ⑬。

フィリプス・ファン・アルテフェルデは、弁舌も立つとともに、なかなかの戦術家でもあった。一路前進あるのみだった。驚くほどの大胆さで、ブリュージュの市民兵に支えられた、フランドル伯の軍に向かって進撃し、不意打ちをしかけて、ブリュージュからそう遠くない地で、完璧の輝かしい勝利をおさめた。

ブリュージュの市民兵たちは、さっそくに早々と屈してしまい、逃げの姿勢をとったらしく思われる。「騎士たちは、かれらを再集結させて敵に当らせようとさせることもできなかった。ただ、なだれを打って敗走するばかりだった。フランドル伯自身も、馬から落とされ、押し寄せる敵兵と死の危険からやっとのことで引き出された。恐怖のパニックがすべての者をとらえた。人々は、われがちにと逃げだした。子は父を、父は子を待とうともしなかった(14)」

伯は、ブリュージュに逃げこんだ。市の門を閉じさせようとしたが、間合いがわるかった。逃げこんだ者たちと同時に、ガンの連中も広場へ入りこんできた。そこで伯は広場で、ランプをともして、集会を開くことにした。夜になっていたからである。だが、敵方が、伯をとりこにしようとして、探しまわっていると知らせる者があった。伯はすぐさま、ランプの火を消させ、とある狭い小路に逃げこみ、いそいで下僕と服を取り替え、なんとか身を隠そうとして、通りから通りをさまよい歩いた。真夜中少し過ぎ、やっとひとりの老婆の家に隠れがを見つけることができ、老婆に身分を明かし、かくまってもらうことができた。そのあと、なんとか人に気づかれずに町を脱出するのに成功し、リールへと難を避けた(15)。「白頭巾」党がこの間、ブリュージュの主人だった。また、それだけの実力もあらわすことができた。

労働者たちをいじめていた富裕な商人たちが殺され、その住居が荒されるのは、貧民階級が勝った以上はさっそく支払わねばならぬ代価だった。伯が生まれた城館、ブリュージュから二キロのところにあるマルの城館も略奪された。幼年時代の伯がまどろんでいたベッドも、取り去られ、熔かされてしまった。フランドル全体にわたって、「民衆《ポピュレール》」が覇者となった。

事実また、いまだかつてフランドルの民主主義がこれほどまでに、さかんな勢いになったことはなかった。既成の権威にとって、この情勢はかぎりもなく重大であった。希望的観測などできるわけもなかった。社会が危機に瀕していたのである。ベルギー地方に「職工たち(16)」の自由になる共和国が成立したりすれば、封建的な階層秩序と貴族の特権の上に立てられている政治制度なんて、さっそくにもいたる所で安定を失い、くずれ落ちてしまうことになりはしまいか。あちこちの城館内では、フロワサールの言い方を借りるなら、「貴紳たち《ジャンチエス》」の環境においては、人々はこんなふうに論じ合っていたのである。

窮境の中で、ルイ・ド・マルは、自分の婿だけを頼りにするほかはなかった。婿の方は、甥シャルル六世に声をかけた。こうして、フランス＝ブルゴーニュによる介入が開始された。この決定的な時期にあって叔父たちの固める体制側では、おじ気づき、百合の花の富のすべてを守るべく、封建制の大義に勝ちを得させようとはかるのだった。

王権に頼るばかりでなく、教皇の権力にもまた、助けが求められた。一三七八年以来、西方教会は大分裂の渦中にあった。ローマではウルバヌス六世、アヴィニョンではクレメンス七世がそれぞれ教皇に選ばれて、相対立していた。フランドル人は、英国人と同様、ウルバヌス側であった。フランス王は、クレメンス側であった。クレメンス七世は反抗者を破門に処し、討伐のために差し向けられた軍隊は、いわば、十字軍のおもむきを呈した。

しかしながら、脅迫に次ぐ脅迫が加えられても、フィリプス・ファン・アルテフェルデは、おそれることがなかった。こんなことを言ったとも伝えられる（ただし、どうやらなんの根拠もないらしい。城主夫妻めあてに年代記を編むのが通例のわが国の古い作者たちは、歴史を小説化する傾向がある）。「ああ、この小鳥めが何をたくらんでおるのだ。武装した騎士どもを寄せ集めておれたちをこわがらせようとしたところで、やつはまだ、一歳の赤ん坊にすぎんではないか。いったい、どこからフランドルに入ってくるつもりなのだ」

「白頭巾」党の首領は、レイエ川と海のあいだの地峡を塞ぎ、橋という橋を落とし、自分が主人としてのさばっている土地には、領主だろうと、その他の王侯だろうといっさい近寄らせないと豪語していた。おこがましくもみずから、「フランドルの摂政」と称していた。自分の前で、飽きるまでラッパを高々と鳴らせた。食卓では、奪い取った豪華な伯の食器を用いた。

アルテフェルデは、英国の助けに非常な望みを託していた。ロンドンに派遣された大使は英国軍の協力を請い求め、あわせて、それまでに、エドワード三世がむかしガンで借りた一万四千リーブルの負債の支払いをも求めていた。

そうした中で、反攻者の側でもじっとしていたわけではなかった。フランス人、ブルゴーニュ人は戦争に突入した。元帥ルイ・ド・サンセールおよびフランス軍総司令官オリヴィエ・ド・クリソンが、王に随伴した。多数の領主たちが、「遠征」に加わっていた。なかでもブルターニュ人たちをあげておこう。ブルターニュ公は、ルイ・ド・マルの義弟に当った。

しかしながら、進軍は、なんの困難もなしにというわけにいかなかった。ランスで、ブルゴーニュの元帥ギイ・ド・ポンタイエは、アラスに通じる道へ出るのをはばもうとする勢力にあった。ランでも、王は、三十人の弩《いしゆみ》の射手の補充を拒否された。ルーアンでは、五千五百リーヴルの軍資金を貸してくれたが、不承不承であった。各都市は、封建体制側がもし勝利を占めることになったら、その次にはおそるべき抑圧が待っており、都市の自治そのものも許されぬ事態になると感じていたのだった。

そこここで、陰に陽にさまざまな形の抵抗にあいながらも、フランス＝ブルゴーニュ連合軍は、進んだ。十月だった。伯に忠誠を誓い、伯の私生児のひとりの統率下にあった軍勢がまず、攻撃に打ってでた。包囲され、殲滅された。この成功で、アルテフェルデへの信頼は絶大となり、「白頭巾」党の志気はいやが上にも高まった。

総司令官オリヴィエ・ド・クリソンと元帥ルイ・ド・サンセールは、仲々容易ならぬ戦争にまきこまれたと感じ、接戦になると予測していた。どこかに突破口を開くことは決断できず、クリソンは、レイエ川を遡るという策を立てた。これは、思いとどまらねばならなかった。そのあたりは沼沢地だったから。さいごに、サンセールは、エノー(17)の領主サンピイ殿の意見を容れ、ブルターニュ勢――その中には、ロアン殿、ラヴァル殿、マレストロワ殿もいた――とともに、コミーヌの近くで、渡河作戦に出た。総司令官の甥リユー殿――叔父と同じくブルターニュ出身だった――も一しょだった。橋が架けられた。夜陰に乗じて、続々と増援部隊が渡った。その一帯を守っていたフランドル軍の指揮に当っていたのは、隊長デュボワだった。アルテフェルデをそそのかした当人デュボワは、攻撃の初めに負傷した。かれの配下の部隊はたちまち、総くずれとなった。小さなコミーヌの町は、略奪された。フランス王自身したしく、この緒戦の成功に気をよくして、町に入った。

　十一月だった。アルテフェルデは伯への忠誠を守る町アウデナールデを攻めていた。フランス＝ブルゴーニュ勢は、イープルを目標にしていた。そのとき、フランドル民主主義の守り手たる人（アルテフェルデ）は、一つの選択の前に立たされていた。ここは後退して、強力な戦略地点を慎重に選び、そこで敵の攻勢を待ち受けるか、それとも、先手を打って平坦地で一挙に事を決するかである。かれは、後の方の策を選んだ。次のような目算があったのである――それはたぶん、理由のないことではなかった。自分が、義父そして婿をさらには、このふたりの君主に当る者をうまく打ち倒すことができれば、フランドルの織工たちの共和国は、不滅の基礎の上に築かれるであろうと。

　ところが、運命は、かれの望んでいたのとはまったく違ったふうに、問題を一刀両断に解決した。かれがそう大したものでないとあなどっていた味方の側での内部分裂のために、既にかれの勢威があまりにも衰えていたせいであろうか[18]、それとも戦術上のあやまりだけが非難されるべきなのか、フィリプス・ファン・アルテフェルデは、惨めな失敗を喫して、短いその一生を終えたのだった。

衝突は、十一月二十九日、イープルとクールトレーの間のローゼベケにおいて起った。濃い霧が両軍の姿を隠していた。アルテフェルデは、「白頭巾」党全部の指揮の任にあったが、特に、ガンの徴集兵らの先頭に立った。どの都市にもそれぞれの軍旗があり、都市ごとに人々は違った軍服を着用していた。採用された戦術は、集団による総攻撃だった。フランス側の騎士たちはシャルル六世が四月十八日、特別の栄位にあるサン＝ドニ修道院で院長の手からじきじきに、うやうやしく受けとってきた「オリフラム（旗王）」のもとで戦った。伝説の語るところでは、一羽の白鳩が旗のまわりを飛び、勝利を予告した。ともかくも、この戦いの歴史をあくまでも小説に仕立てずにはいられぬとはやるもろもろの文献資料の内容によっても、戦いの当事者双方を燃やしたてていた情熱の激しさがよくうかがわれる。二つの世界がぶつかり合っていたのだった。十四世紀の社会の運命がここで争われていた。

敵の軍が、突進してくる猪さながらに、圧倒的な勢いで迫ってくるのを見て、サンセール元帥は、二重の包囲作戦に訴えるべく、必要な処置をとった。サンセールもクリソン同様、デュゲクランのすぐれた弟子だった。その日、だれにも否定できぬその証拠を示した。若い王のいた中央部が、最初の交戦で突破され、くずれたと見せかけて、戦術的に退却の姿勢をとると、両翼の軍がどっと襲いかかり、たちまち必殺の戦果をあげた。アルテフェルデは、左右両側面に注意を払うのを、まったく忘却していたのだった。

こうして、突然、不意に包囲され、頭目をも失って、市民兵らは、浮足立った。もっとも勇敢な兵士らも、その場で命をとられて行くだけしかなかった。とくに、アルテフェルデ自身がそうだった。ルイ・ド・サンセールは、その一日の栄誉はかれのものとされ、のち、王家の墓所サン＝ドニの、主人デュゲクランのかたわらに葬られるに価するとの評を得た。

年代記作者の語るところでは、シャルル六世は、勝利にうぬぼれ、クールトレーを焼くようにと命じた。さらに、年代記の伝えるところでは、フランドル伯が、若き元首の前にひざまずいて懇願したのに、町のゆるしはついに得られなかったという。

町はこうして、灰燼に帰せしめられた。ブルゴーニュ公がこの討伐行から持ち帰ることのできた戦利品の中には、ジャックマールもあった。クールトレーの有名な大時計であって、ジャック・マルクとその一家の者たちが、十四世紀の服装であらわされ、毎時、槌で鐘をたたく仕ぐさをする。この大時計は今日でもなお、ディジョンのノートル＝ダムの鐘楼の上に仰ぐことができ、二十世紀のただ中で、クールトレーの勝利を今に思い起させてくれる。

ローゼベケの一日が、すべてを決した。フランドルは全体として、勝った者らの意のままにゆだねられた。一三八二年の革命は、失敗した。
単にベルギー地方で失敗したばかりでなく、どこにおいても、なかんずくフランスにおいて失敗したのである。パリでは、ガン側の潰滅を知らせる書状が、十二月十二日、大理石の台上に立ったパリ裁判管区長により読まれた。クリソンは信書をもって、アヴィニョンの教皇にこの一大ニュースを告げ知らせた。クレメンス七世は、この使者を教皇庁守衛に取り立てた。フィリップ・ル・アルディは、アラスの王室御用装飾業者ミシェル・ベルナールに、「ローゼベケの戦火」の主題で、長さ五十六オーヌ（一オーヌは約一・二メートル）、幅五メートルの巨大なタペストリーを注文し、これを絨緞がわりに用いて、楽しんだ。自分の足もとに、死ぬことでやっと自分を安心させてくれたあのフィリップス・ファン・アルテフェルデが横たわっているのを見るのを快としたのである。

　今や、ベルギー全地方にわたって、反動の嵐は最高潮に達した。ただ、ガンだけがなおも、強固に反抗していた。その長の地位にあったのが、ほかならぬ一筋なわで行かぬ男ピエール・デュボワであり、町が国王じきじきの宗主権下におかれているかぎりは、和平の話には耳を貸そうとしなかった。伯にとっても、公にとっても、これは受け入れられぬ条件であった。英国の援助は、好機を逸してアルテフェルデを救うにいたらなかったが、ガン市民たちはなおも期待を寄せていた。一三八三年春、それが来て、ふたたび危機の再発ということになるのだろうか。

この間、パリでは、「白頭巾」党敗退の余波が次々とおそうこととなる。

上流市民層は、「マイエ」(軍隊)と手を切って、国王側の代表者らとの協調をはかろうとしていたが、うまく行かなかった。たまたまなんらかの一致に達しても、すべて否認された。一見して穏当と見える案も、おそろしい強圧に包まれていた。パリとフランドルの市民たちの利害が一致していたとしても、両者間にはなんの盟友関係も、密約もなかった。それでも、「白頭巾」党の事件にはパリの責任もあると言い立てる者がいたのである。フランドルにおいて、いくつも共謀の証拠が発見されたとの口実だった。ローゼベケとクールトレーから帰還すると国王軍は、自軍を勝利とみちびいてくれたオリフラムを、つつしんでサン゠ドニへと返還にきた。一万八千の人数で固めた国王軍は、一三八三年一月十一日日曜日、パリに近づいた。パリの城壁から二キロのところで、嘆願者らが列をなしてくるのに出会った。市長ジャン・フルーリ、五百人の市民から成る市参事会員たちが、いずれも盛装で、元首に敬意を表わそうとしてきたのである。王は、そっけない口調で、かれらを裁きの座へと追いやっただけであった。国王軍の実力のほどがどの程度であったかを知るには、兵士どもが、パリの入口サン゠ドニ門の両とびらを蝶番からはぎ取り、征服者たることのあかしとして、これを踏み越えて入ってきたことでわかる。

シャルル六世のかたわらには、叔父たち三人がついていた。ブルボン、ベリー、ブルゴーニュである。シャルルは、騎馬で入城し、叔父たちがつづき、次に、多くの領主たちがつづいた。ともかくも、パリは、クールトレーの運命は、免れた。ノートル＝ダムで、勝利の感謝頌「テ・デウム」がうたわれたあと、町は、軍に占領された。叔父たちは容赦しなかった。さまざまの刑罰が科された。加えて、大商人に選ばれるパリ市長職は廃止され、いっさいの権力は、パリ裁判管区長、王国警務長官の手に移された。

こうした処置に同意を与えながらも、フィリップ・ル・アルディの目は、王国の首都よりも、フランドルのかれの臣下どもの方に向いていたと信じていい理由がある。臣下どもの不従順で、油断のならぬ横柄さを徹底的に打ち砕かねばならぬと考えていたのである。

＊

しかし、時期はずれにせよ海峡の向こうからの干渉によって、こんなにも高価にあがなったもろもろの成果が危殆に瀕することになろうとしていたのではなかったか。

シャルル六世は、一三八三年の討伐行に、クレメンス七世のための十字軍という色合いを付与していた。応戦する英国は、ウルバヌス六世の十字軍をよそおった。ラヴェンナの枢機卿ピレオ・ダ・プラタの仕組んだものであった(19)。煽動者は、血気さかんなノーウィッチ司教ヘンリー・デスペンサーであった。この戦闘的な高僧は、若いとき、イタリアでベルナボ・ヴィスコンティに対して戦いをいどみ、ウルバヌス五世から、一三七〇年、ノーウィッチの司教職を得ていた。つい先頃でも、「英国労働者」たちの抑圧において、効き目もあり実績もあげた役割を演じた。自分には、戦術家の才能があると自任していた。ウルバヌス六世はかれに、対仏派遣軍の教皇庁代表という役柄をゆだね、一三八二年九月十七日の回勅ディグヌム・ケンセムスにより、全権を付与した。英国政府側としては、心底では、ローマ教皇に尽くすというよりは、ベルギー地方を征圧し、フランドル＝ブルゴーニュ間の結婚を無効にし、ブリュージュとカレーとをつなぎ、毛織物業を完全にわが支配下に入れてロンドンのため益をはかるのが狙いだった。宗教上の名目は、政治的・商業的な次元の企みの単なる隠れみのにすぎなかった。

様々な連中から成る混成軍が作られた。狂暴そのものの傭兵ども、利益目当ての欲にかられた者たち、冒険好きの若者らが肘をつき合わせていた。一三八三年四月十七日、カレーに上陸、市民軍との合流をはたし、グラヴリーヌを、次いでダンケルクを奪取し、五月二十五日には、ダンケルクの前で、ルイ・ド・マルの徴集兵を破り、カッセル、ニューポール、ブールブール、フュールネを占領、六月九日にはついに、イープルを前に攻囲陣を張るにいたった。多数のガン市民が、この攻防戦に加わった。

フィリップ・ル・アルディは、事態を危険と見てとって、再びシャルル六世に急を告げた。コンピエーニュで各地諸侯の会議が持たれ、あらたな軍事的介入がぜひ必要との結論が出された。諸国の軍の集結地は、八月十五日、アラスでと定められた。ブルターニュ公は、二千の兵を派遣した。

この間なお、イープルは抵抗を続けていた。十字軍の物語などで、ある時期には決まってあらわれてくるのが常だった、各種の暴虐事――罪なき人々の虐殺、誘拐、放火など――に見舞われると、抵抗側もそれなりに覚悟を固めるのだった。デスペンサーは、フランス＝ブルゴーニュ連合軍の接近を知り、八月十日、包囲中の町に最後の攻撃をしかけた。攻撃は失敗した。ここで、英国軍は、ベルグの方へと、後退作戦をとった。フランス＝ブルゴーニュ勢は、敵が大あわてで撤退して行ったあとの町に入った。町には、火が放たれた。

英国軍は、ブールブールへの後退を策したが、数において優勢だったフランス国王軍がこの企てを阻止した。窮余の企てだったがその終末は、ただ混乱の極みだった。ブールブールは、ブルターニュ勢に奪回された。英国勢の方でも、グラヴリーヌに火を放った。そんな中でノーウィッチの司教は、帰国の船にぶじ乗れるようにと、敵との取引をやむなくされた。かれのやり方は、いかにもぶざまだった。[20] 英国製十字軍は、こうしてついに不発に終ったのだった。

英国王リチャード二世は、個人的には平和の方へ傾いていた。ノーウィッチの司祭が軽率な行動に出て、そのあげく、英国＝フランス間の紛争に最終的決着をつける条約の締結にいたらなかったものの、少くとも、ガン市民をも含んでの、休戦がとり決められた。こう形での和解は、ルイ・ド・マルにははなはだ不快を与えるものであったらしい。ともかく、かれは、一三八四年一月三十日に死んだ。フィリップ・ル・アルディに、すばらしい遺産を残して。フランドル、アルトワ、ルテル、ヌヴェールなどの伯領、メヘーレン、サランの領土権、シャンパーニュのイール、ヴィルモール、ジュリといった土地を。これほど多量のものを得ながらも、ブルゴーニュ公は財政面でのはなはだ不如意な状態からまぬがれることはできなかった。たとえば、当時国王に対して十万フラン、さらに十二万フラン、と次々にせびっていたほどの状態だったのである。王から受けとっていた年金は、毎月千フランから千五百フランへと増額され、やがて三千フランに達した。

それというのも、境遇の変化にともない、持ち前の派手趣味ともあいまって、いろいろと出費がかさんだからである。一三八四年、五月、新しく得た所領の受け取りに出発。例によっての大盤振舞いで——特にフランドルでは——それをやってのけた。かれがどんなに気前のよいところを見せたところで、ベルギー各都市は、かれが望んでいたようには、やすやすと帰順しなかった。ブリュージュとイープルも、てごわい町ガンに同調して、危機に瀕した都市の自由のために、なおもたたかう姿勢を見せた。

せっかく休戦協定が締結されたのに、二年間の寿命しかなかった。対立する双方が、協定を無効にしようとする試みに熱心だったのである。フランドルの一領主エスクルネイ殿は、土壇場まで待てず、不意打ちをしかけて、アウデナールデを襲った。フィリップ・

ル・アルディは、ガン市民からこの不意の事件を知らされ、エスクルネイの行動を非難したが、エスクルネイの方では、長々と御託を並べ立てるばかりで、結局、アウデナールデを手離そうとしなかった。

こうした状況下では、あらたな危機の到来は当然ながら予測された。フィリップは、三たびシャルル六世の支援をとりつけた。アルテフェルデの後を継いで、ガン市民主体制の指導者の地位にあったフランス・アッケルマンは、リチャード二世の援助を受けていた。しかし、あらたにフランドル伯領の所有者となったフィリップは、形成途上のわが広大な国家の主要部分をなすこの見事な封土をみすみす失うことは望まなかった。大軍を率いて、その力の程を見せつけるためにやって来た。いくつかの作戦行動もしたのち、こんどは慈愛をふりまいた。公の個人的魅力が、効果をあらわした。一般的な倦怠感も、さいわいした。戦争は、商売と両立せず、市民たちは、早く戦争の終るのを望んでいた。何にもまして、フィリップは、有能な政治家であり、市民たちに対しても最大限の寛容を見せつけにした。対立よりも和解をというかれの態度は、フランドル全体にわたって、かれの人気を高めるのに大いにあずかった。同時に、かれは、さらに巧みに、地方の自尊心に対しても働きかけた。たとえば、王室大法官府から発せられる書状をフランドル語で認めさせるようにした。(21) このような柔軟さも、「遠くを見る」すべを知っていた公の場合ならば、なにも驚くにあたらない。だから、当然、それだけの報いはあった。一三八五年十二月十八日のトゥルネ平和条約によって、ガン市とフランドル伯＝ブルゴーニュ公の和解は成立した。反抗してきた市の古くからの諸特権が追認され、広く大赦が行なわれて、人々の心はようやく平静になった。同時に、フランスにとって非常な危険となっていた一つの門が、英国人に対して閉ざされることとなった。

＊

一つの大胆な計画が明るみに出された時期であった。大ブリテン島への、フランス＝ブルゴーニュの侵入計画である。この攻撃計画は、シャルル五世があたためてきたもの、「賢王」シャルルが筋書きを作ったものの再生であった。一三八六年頃、状況はことに有利と見えてきた。「髭なしの男」――ブルゴーニュ公は英国王のことを、暗号言葉でそう呼んだ――は、島国なるわが所領の中で、もろもろの難題が増し加わるのを感じ、自分の没落の時も近いと感じていた。このリチャード二世に対して、そのむかし、ウィリアム征服王がハロルドに対して行なったことをやってやれないわけはないではないか。この課題には、「大胆公《アルディ》」といわれるフィリップほどの男を誘惑するにたるものがあった。年代記作者キャバレ・ドルヴィルは、フィリップがシャルル六世に向かって、「ちっぽけな、すべての企て」――「小さな問題」の意味――に類するものを捨てて、一大打撃をかけて、

「英国人の思い上り」をたたくように　と説いたことを語っている。詩人ユスタシュ・デシヤンも、熱情をふるいたたせるべく、バラッドの一篇の中で叫んだ。(22)

王侯がたよ、それほどのためらいをしておられる時ではありませぬぞ、
イングランドという国がみなさま方のものとなるのですぞ、
そのむかし、ひとりのノルマン公が征服をなさった国が、
勇ましき方なら、いつの時でも戦いをしかけられることはできるはず。

呼びかけは、聞き入れられた。参集してきた武人ら——弩《おおゆみ》射手、弓手ら——の数は、あまりにも多く、軍の財務担当官は、どうしていいか途方にくれるほどだった。これほど多数の人間を、どうして運んだらいいか。支払いはどうすればいいか。乗船地は、ブリュージュの港、スロイス（「水門」の意）に予定された。九月、シャルル六世は、この英国進攻軍の指揮をとるべく、パリを出発したが、アラス以降、村という村がフランスの「境界」内すべてから——コマンジュからピカルディ、ブルターニュからエノーに及ぶ——やって来た軍勢で溢れかえっているのを見て、ただただ仰天するばかりだった。「海を渡る」ためフランドルへとどっと入りこんだこの大軍勢に対して、町村内での宿営は禁止せねばならなかった。町村が、「踏みにじられて」しまわないためだった。

スロイス港には、必要物資が集積された。全封土――ブルゴーニュを含む――が、分担金を負担していた。莫大な借り入れ金もなされた。食料も、武器も、何ひとつ欠けたものはなかった。樽詰めの乾パン、ハム、塩漬け豚肉、スモークサーモン、樽詰めの鰊《にしん》、そら豆にえんどう、塩に酸味ぶどう汁、船上で粉挽きができるための、手動粉挽き機までも。兵士らの装備、飛び道具、火器のたぐいについては、甲冑、馬具、楯、矢、火薬、火箭《ひや》、大砲などを運ぶいつ果てるともしれぬ軍車の列が路上に続いた。ノルマンディのルーアン近くの工事場では、とがり杭の柵をめぐらし、要所に見張り小屋を設け、すべて二十二メートルの塔を各所に配置し、七メートルの高さの板で囲む、木製の組立て式防城壁が、ロメールの森から切り出された見事な丸太を使って建造されていた。全周七マイルに及ぶといわれ、四百ヘクタールの面積を包みこめるこの広大な「木造の都市」は、必要部品を備えた防禦陣地なのであった。この巨大な安全装置をルーアンからスロイスに運ぶのに、優に七十二隻の大船を必要とした。

軍事上の努力にも劣らず、海事面での努力もつくされた。ルーアンの海軍工廠《こうしょう》は、フィリップ美王の時代（一二八五―一三一四）にさかのぼることができ、シャルル五世が一三七三年に再興したものだが、何隻もの大船を建造し、船底や船体の修理をし、艤装をする役目を引き受けていた。その中には、大砲を備えた大型ガレー船、またドロモン、すなわち大型輸送船も含まれていた。また、沿岸警備にあたるはずの小型船舶もあった。王は、「いまだかつて見たこともない、最大の壮業といっていい」ほどの、多量の船舶を作らせたと、一イタリア人がアヴィニョンから、フィレンツェの友人にあてた手紙の中に書いていた。また、あらゆる所から、船を集めた。このことでは、フロワサールも書いているが、「およそフランス人の手が及ぶところで、王および配下の人々に没収されずにすんだ海運用大船は一隻もなかった」。カレーからドーヴァーにいたる橋を作れる程の数が集められたと、語りぐさになっていた。そして事実、一三八六年末の数カ月というもの、スロイスの港は、船のマストが林立して深い森のようだった。この戦闘準備の現場にいた一フィレンツェ人は、千二百隻の大船から成る艦隊であったと評している。そのうち六百隻は、ケージ付き船、すなわちトップマストの頂に、弩射手を隠しておくための小さな籠付きの船であった。船は全部、けばけばしい色に塗られていた。たとえば、王の御用船は、鮮紅色であった。英国の一年代記作者、マームズベリの修道士は、悪意をこめて、それは「王には血を流す覚悟ができている」ことをはっきりとわからせるためだったのだと、言ってのけた。すべての船には楯形の紋がつけられ、のぼりや旗がひらめいていた。そこには、名のある画家たちがフランス王家の紋章、王侯諸家の紋章、シャルル六世の個人用紋章——金色の羽根を持つ凧の図柄——を油絵具でとりどりに描いていた。

出発を待ちながら、王侯たちは、ヨットを乗りまわしてははしゃいでいた。シャルル六世は、船酔いにかからぬことが、大のご自慢であった。ひたすら沖へ出ることをあせっていた。ところが、出航の合図は、ついに下らなかったのである。弟ブルゴーニュ公の一大計画を挫折させるにいたった責任は、ベリー公に帰すべきであろうか。年代記作者はみな、その意見であるとみえる。ジャン・ド・ベリーが、準備を遅れさせ、悪意からわざと待ちぼけをくらわせ、次いで、冬の到来を口実にして計画を放棄させるにいたったとの非難を向ける。実のところは、単なる延期にすぎなかったのである。出発は、一三八七年の夏に決行されることとなる。それも、スロイスからではなく、オンフルールからとなるはずであった。ところが、実際には、ついに遠征行はなされなかったのである。その時から、フィリップ・ル・アルディは考えを変えた。英国人との交渉に入るには、相手側がなおも不安を捨て切れないでいることを考慮して、最終的な和平の案は、見解の相違からしてもむつかしいとしても、せめて、これにかわりうる緊張の緩和、休戦の継続の可能性をさぐろうとしていたのである。

＊

こうして英国の征服は断念することになったものの、領土拡大の企てはこののちさらに一層はっきりと現われてくる。

既に、「木造の都市」による侵略計画以前から、形成途上のブルゴーニュ国は、東方に向かって伸展のきざしを示していた。メヘーレンとアントワープの主でもあったブルゴーニュ公は、神聖ローマ帝国においてそれぞれ一級の重要な役割を果たしていて、互いに覇権を競い合っていた二つの強力な名門、バヴァリアのヴィテルスバハ家とルクセンブルク家の隣人となった。後者は、この時期、神聖ローマ帝国皇帝を出していた家柄であった。東方への伸展をはかろうとするほどの者ならば、この両家の対立を考慮に入れ、その間を縫ってうまく立ち回る必要があった。フランスの勢力圏内では、北方での優位を保持しながらもフィリップ・ル・アルディは、――ドゥエやオルシーの返還をリールの王に拒否して[23]、これらの土地を入手するのが目的だった自分の結婚があくまでフランスの利益のために取り決められたことを明らかにした点にも、かれの真意がよくうかがえる――ゲルマンの勢力圏内へと割り込みたい誘惑に抵抗できなかった。既に、帝国領であったフランシュ＝コンテはかれのものになっていた。こうして、ただひたすら発展して行くばかりの大世界主義政策が生まれたのである。しかし、この政策は、初代ブルゴーニュ公においても、その継承者たちにおいても、名実ともに「大貴族全体の中の首長」の名を与えられつつも、次には百合の花の王国（フランス王国）にあって最重要の封建的役割を演じる定めを負うという、二重の性格をもった家臣であろうとする野心と、少しずつ両立させて行くことになる。こうして二本立ての柱が、姿をあらわしてきた。それはやがて、重大な結果をみちびくにいたる。

ルクセンブルク家に属していたブラバン公ヴェンツェルは、既に死んでいた。その末亡人ジャンヌこそは、ブラバンの領地を持参金として持ってきた人だったのだが、その血筋を引く継承者としては、姪マルグリット・ド・フランドル、今はブルゴーニュ公夫人となったこの人がいるばかりだった。ヴェンツェルはルクセンブルク家大事の考えだったが、これは遺産継承権にも、ジャンヌの目論見にも、マルグリットの利権にもそむくものとなる危険があった。財産がしかるべき者に安全に帰属するようにと、老未亡人はフィリップともあいはかって、財産保全目的の結婚に奔走した。つまり、アルベール・ド・バヴィエールの子どもたちとブルゴーニュ公の子どもたちとを結婚させることだった。ヌヴェール伯ブルゴーニュ公の長子で継承者のジャンは、マルグリット・ド・バヴィエールと結婚するはずであった。ギヨーム・ド・バヴィエールは、マルグリット・ド・ブルゴーニュと結婚することとなった。

バヴァリア＝ブルゴーニュの結婚式は、一三八五年四月十二日、カンブレーでにぎにぎしくあげられた。王家の結婚式は、七月十七日にアミアンであげられた。まさにその名に価《あたい》する歴史家、ベルギー史のH・ピレンヌの実にみごとなばかりか、いきいきした言葉を借用するなら、これらの結婚は、「ネーデルラントにおけるフィリップの地位をゆるぎないものとした」という重要な結果をもたらしたのだった。

さらに加えて、結婚政策は、新ブルゴーニュ家のまさしく専売特許となったのだった。

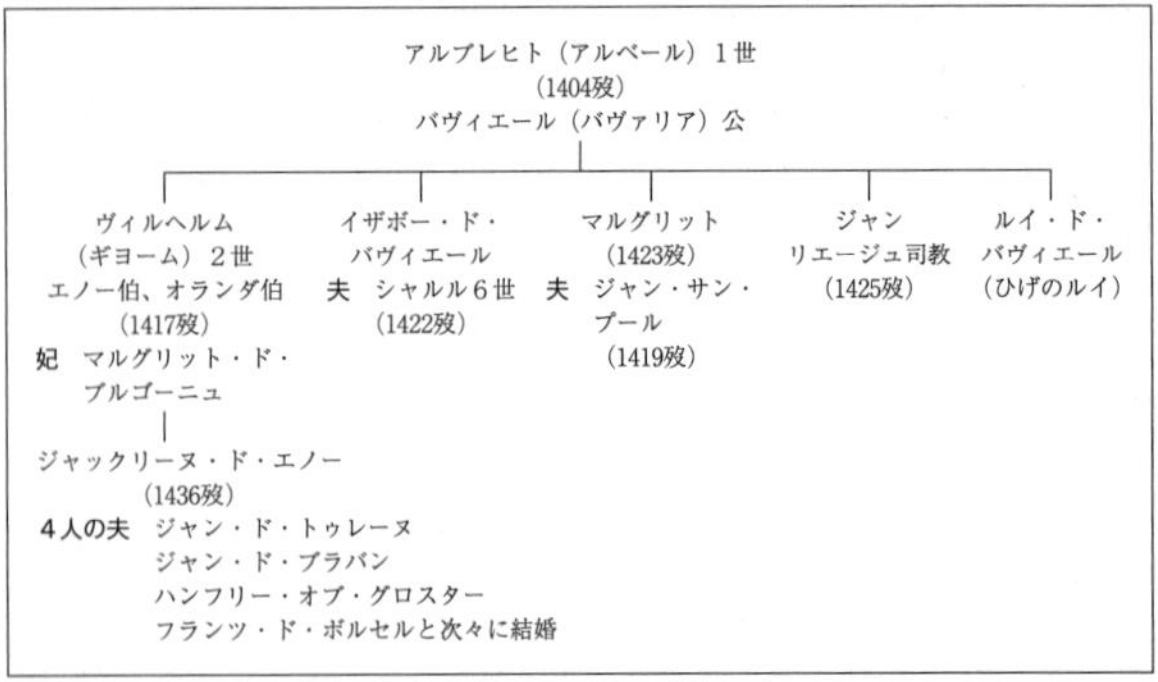

そのむかしの、カペ朝ブルゴーニュ公家にとっても、そうであったように。フィリップ・ル・アルディは、一三九三年、娘カトリーヌを、オーストリアのレオポルト四世に、娘マリーをサヴォワのアメデーオ八世にとつがせていた。[24]

　ところで、これらの結婚はすべて、一三八六年から八七年にかけて着手されていた、公家の東方に向けての伸長政策にとって大いにさいわいすることとなった。その最初の大きいあらわれが、ヘルダーラントへの派兵だった。

　ジャンヌ・ド・ブラバンを守るためだった。先にも見たように、マルグリット・ド・フランドルが、その相続人に当っていた上、ヘルダーラント公は、ルクセンブルクの利益代表としてふるまい、マルグリットに圧力を加えていたのだった。英国がヘルダーラント側についたので、フィリップ・ル・アルディはまたもや、シャルル六世をわが方へ引き入れた。それに、ヘルダーラント公は愚かにも、また、無謀にも王に対して挑戦的態度に出ていたのだった。いわば、こんどは、「ドイツ征服行」だった。

フランス＝ブルゴーニュ連合軍は、ブラバンの土地をそこなうことがないようにと、回り道は何かと困難が多かったにもかかわらず、アルデンヌとアイフェルを通る道をとった。ギイ・ド・トレモワイユとサン＝ポル伯が、シャルル六世とその叔父フィリップのかたわらにあった。大した戦果もあがらぬ割に苦労の大きかった一三八八年のこの騎馬行は、フランスではとかく不平不満の種にされた。しかし、ブルゴーニュ側から見ると、意外にみのり多いものだったのである。単に、全ドイツに強い震撼を与え得たというだけでなく、ジャンヌ・ド・ブラバンが、急迫した危機から姪の夫によって救い出され、以後は、まったく姪夫妻にとって頼むに足る存在となったからである。これは、だれにも疑えないことだった。ブルゴーニュは、ブラバンにおいて、ルクセンブルクとの対決に勝ったのである。

一方の側には無気力で頼りにならぬルクセンブルクのヴェンツェル、他方の側には、活動的で精力的な、マルグリット・ド・フランドルの夫とおいてみれば、ジャンヌ・ド・ブラバンがどうしてためらうことがあろうか。自分をひとり身にして死んだ軽率な夫が締結した条約、ルクセンブルクがうまく利用するつもりだったあの条約なんぞに頓着なく、老いた公妃は、決然とブルゴーニュの保護下に身を寄せることにしたのだった。一三九〇年九月二十八日の協定により、公妃はフィリップに、純粋不動産としての領地を譲り渡し、自分のためにはただ、終身権利の享受だけを取っておいた。

フィリップは、節度の感覚とともに最善をつくす本能とを、最高度にそなえていた。財産を得てもそれを自分個人のものにすることは差し控えた。ブラバンの人々を刺激せぬようにと、一三九三年には、ジャンヌの遺産が直々マルグリット・ド・フランドルに行かず、その第二子アントワーヌに行くことにしてはと提案した。ジャンヌも、これに同意した。一三九六年、ジャンヌは、パリに旅をした。死ぬ前に、「百合の花の王家の王侯たち」に会いたいという口実だった。そしてまた、フィリップがアントワーヌのことをもっとよく知りたいから自分のそばへつかわしてくれるようにと要求した。旅のあいだに、老公妃はフィリップに、ランブールを贈与しておいた。ブルゴーニュ＝ブラバン間の協定事項は、

フィリップ・ル・アルディの娘
マルグリット・ド・ブルゴーニュ

一四〇三年、ブラバン諸州によって正式に承認された。ブラバン問題全体を通じフィリップは、――H・ロラン、F・クイックがみごとに証言したとおりに――「事の運びを完全に主導した」のである。かれはどこにおいても、フロワサールやクリスティーヌ・ド・ピザンからさし向けられた賞讃の言を、これほどに立派に実証したことはなかったのだった。

当時非常に有名だったジャーナリスト、オノレ・ボネが、『ソムニウム・スペル・マーテリアー・スキスマティス』の中で、われらの初代ブルゴーニュ公に向かって、こんなふうに語りかけている。「わたしの若年時、みながあなたのことをフィリップ・サン・テール（土地なしのフィリップ）と呼ぶのを見てきた。今や、恵み多き神はあなたに、地上の強者らに伍するにたる、大いなる名をさずけられた」(25)と。意味深い証言である。同時代の人々は、自分たちの目の前で、圧倒せんばかりの規模をもつ建物が着々築かれつつあるとの感に打たれていた。

*

以上のような東方政策と平行してやはり、フィリップは、フランス王の叔父、ヴァロワの血筋を引く王侯としての政策をも――じつにぬかりなく――進めていた。

フランスの宮廷では、まさにヘルダーラント遠征行からの帰還のとき、まったく予期し

ブルゴーニュとルクセンブルク（リュクサンブール）

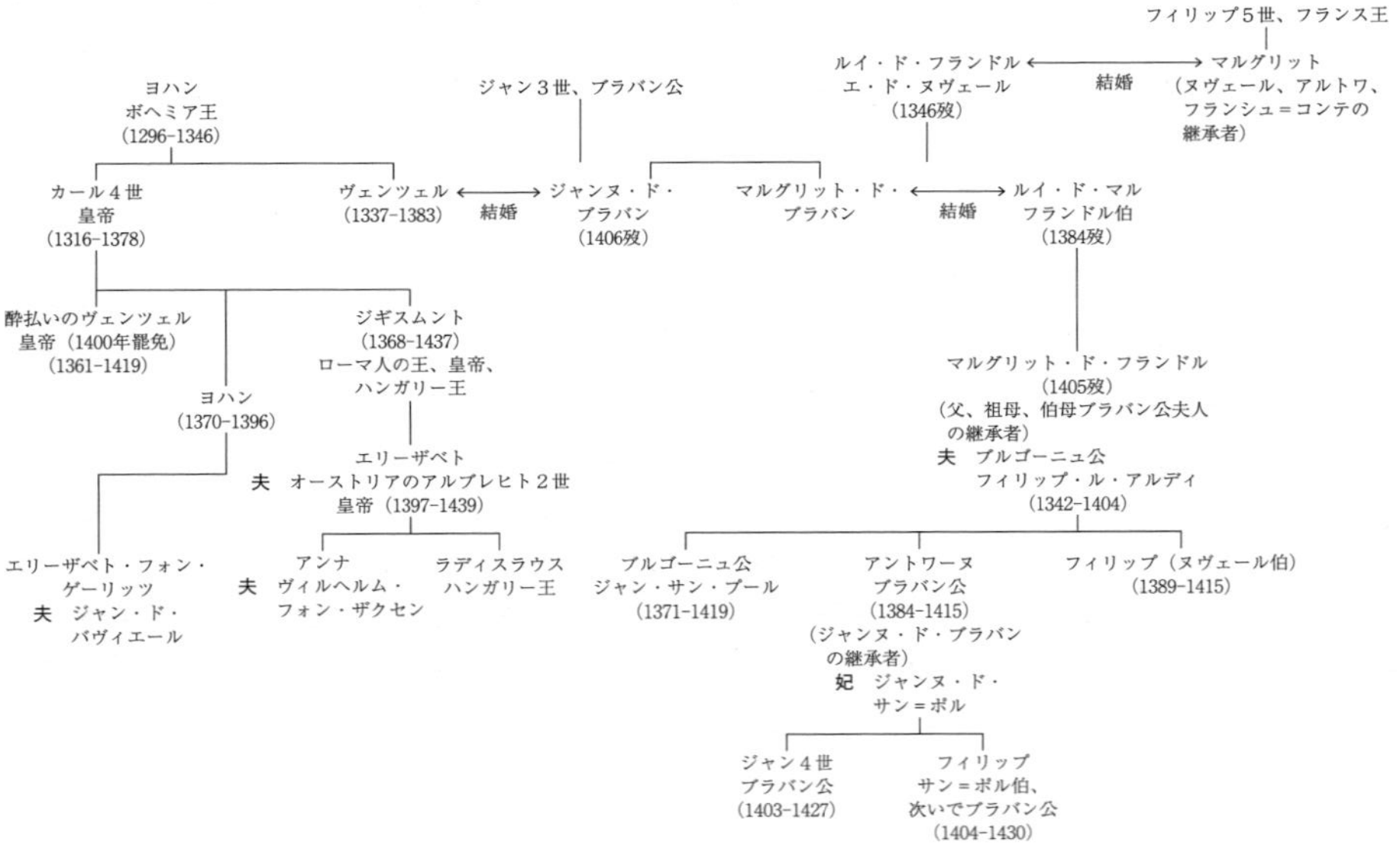
フィリップ5世、フランス王
ルイ・ド・フランドル
エ・ド・ヌヴェール
(1346歿)
結婚
マルグリット
(ヌヴェール、アルトワ、
フランシュ＝コンテの
継承者)
ヨハン
ボヘミア王
(1296-1346)
ジャン3世、ブラバン公
カール4世
皇帝
(1316-1378)
ヴェンツェル
(1337-1383)
結婚
ジャンヌ・ド・
ブラバン
(1406歿)
マルグリット・ド・
ブラバン
結婚
ルイ・ド・マル
フランドル伯
(1384歿)
酔払いのヴェンツェル
皇帝（1400年罷免）
(1361-1419)
ジギスムント
(1368-1437)
ローマ人の王、皇帝、
ハンガリー王
ヨハン
(1370-1396)
エリーザベト
夫 オーストリアのアルブレヒト2世
皇帝（1397-1439）
マルグリット・ド・フランドル
(1405歿)
(父、祖母、伯母ブラバン公夫人
の継承者)
夫 ブルゴーニュ公
フィリップ・ル・アルディ
(1342-1404)
エリーザベト・フォン・
ゲーリッツ
夫 ジャン・ド・
バヴィエール
アンナ
夫 ヴィルヘルム・
フォン・ザクセン
ラディスラウス
ハンガリー王
ブルゴーニュ公
ジャン・サン・プール
(1371-1419)
アントワーヌ
ブラバン公
(1384-1415)
(ジャンヌ・ド・ブラバン
の継承者)
妃 ジャンヌ・ド・
サン＝ポル
フィリップ（ヌヴェール伯）
(1389-1415)
ジャン4世
ブラバン公
(1403-1427)
フィリップ
サン＝ポル伯、
次いでブラバン公
(1404-1430)

ていなかった衝撃的な出来事によって、いっさいの見通しが狂ってしまった。一三八八年十一月三日、ランスで、シャルル六世は、叔父たちに感謝の言葉を述べたあと、今後は、後見者なしにみずからが統治する旨を宣言した。パリに戻り、甥の決心を変えさせることができぬと知って、ベリー公とブルゴーニュ公は、あきらめるより外はなかった。次兄ルイ・ダンジューは、一三八四年に死んでいたし、その子ルイ二世も、イタリアでの紛争にかかずらっていた。ブルゴーニュは、逆上するベリーをなだめて、言った。「兄上、今は、耐えねばなりませぬ。王は、お若い。若さを頼みにしておられるなら、必ず失望されるときがくる。王にあれこれ吹き込んでいる連中は、後悔するにきまっている。王ご自身も」。「いずれ時がくる」、これは、ベリー公の銘句ではなかったか。フィリップ・ル・アルディはこれを例外的に一度だけ、借用したのだった。必要であるなら、自分自身の銘句、「わたしは待てぬ」を忘れることもできた。

実のところ、ランスでの宣言は、王弟、若いオルレアン公と、シャルル五世のむかしの顧問官ら（小怪物《マルムゼ》ども）の共謀の結果であった。いつの間にか役割分担も出来ていて、国政が奇妙な二極化の現象を呈していたところにもなにかしらうさんくささが感じとれた。すなわち、政治家どもには、金勘定と管理行政という退屈な仕事がまかせられていたし、オルレアンの方は、宮廷の楽しみごとや、波瀾に富んでおもしろい対外処理の仕事を引受けていた。ブルゴーニュ公が東方へとしきりに動いていたのは、ある程度、一三八八年のときの不満を晴らすためでもあった。四年が過ぎていた。この四年間は、政略結婚、ブラバン政策が成功したことでむだではなかったのだ。

ところが、シャルル六世が狂うという事態が、人も知るように、一三九二年八月五日、ル・マンの森で起って、一三八八年の体制にピリオドが打たれる。「小怪物《マルムゼ》ども」は失脚し、ルイ・ドルレアンは、叔父たちと手をつながねばならなくなった。

ベリー公が再び、利の多いラングドックの王国総代官の位についたので、王国顧問会議で面と向かい合うのは、オルレアンとブルゴーニュということになった。フィリップはルイに、宮廷の楽しみごとはまかせ放しにしておいたが、ルイの方は、ドイツから来た王妃イザボー・ド・バヴィエールとぐるになって、これに没頭し、悪評が悪評を生んで、ルイはイザボーの情人になり下ったときめつけられるにいたった。もっとも、ルイは、野心家で、貪欲な男だった。狂った国王がお人好しで、余り目が利かぬのにつけこみ、狂気の発作がおさまって気分がよいときには、土地だとか、金銭だとかをたんまりと兄からせしめた。また、オルレアン公は、領土の拡張についても、二方面で着々手をうっていた。一つは、イタリアで、妻ヴァレンティナ・ヴィスコンティから婚資としてアスティを受け取っていた上に、ミラノの地をも手に入れようとねらっていた。他方、アルデンヌとルクセンブルクの方ではクーシーを購入して領主となり、これらの地方を一大国家の核にしたいと望んでいた。どちらの方面でも、ブルゴーニュ公は、ブレーキをかけ[26]、はやくも、のちの日拡大して王国フランスの運命に重くのしかかってくる紛争の火種はくすぶり始めていた(27)。

この対立関係は、もっとも特徴的な形でジェノヴァ問題において明るみに出た。

ルイ・ドルレアンは、妻ヴァレンティナがもたらしたアスティの代官として、知略にも長け世才もそなえたアンゲラン・ド・クーシーという男を与えられていた。アンゲランは、サヴォーナの主権をオルレアン公のために確保しようと策動していた。これは、ジェノヴァを臣服させる道を開くもくろみへの一歩前進を意味していた。ところで、フランドルの紡織業者にとって、ジェノヴァの港は大いに関心の的だった。イタリアとベルギーの商工業の中心がこの港でつながれていたのだった。オルレアン公がこの地中海の港を独占支配することはフィリップ・ル・アルディ伯＝公にとって、非常な損害となるはずだった。だから、ここで伯＝公が、クーシー代官の大胆不敵な振舞いに危険をかぎとったのは了解できるのである。クーシーの背後で一行を操っていた者に、ヴァレンティナの父、信用のならぬ男、陰険なジョヴァンニ・ガレアス・ヴィスコンティがあった。さっそく、華々しい陽動作戦に打って出てきた。ジェノヴァは、シャルル六世の保護を頼んできた。フィリップ・ル・アルディは長い激論を交わしたのち、国務会議にジェノヴァ人たちの申し出を受諾させ、百合の花の旗が、皇帝軍の鷲の旗とともに、大理石の町ジェノヴァの門という門にひるがえることとなった。少し経って、ニコポリスの捕囚から戻ったブーシコー元帥が、この地中海の大港市にフランス王の代理官として赴任してきた。ルイ・ドルレアンは、譲歩せねばならなかった。シャルル六世から、ジェノヴァのことでも、サヴォーナのことでも、大幅の賠償を求められ、すべてを放棄せねばならなかった。ヴィスコンティ自身も、ヴァロワ勢の前に撤退を余儀なくされたが、恨みを残さずにはすまなかった。ブルゴーニュが勝ったのである。実際のところ、いったんそうしようと思ったならば、かれはいつも、オルレアンを抑えつけることができたのである。

先刻、ブーシコー元帥の話がでてきたとき、「ニコポリス」（ブルガリアのニコポール）に言及した。元帥が一方の旗頭であった、このオリエント遠征は、ブルゴーニュ家に多大の栄誉をもたらしたが、同時に、何人もの人々の悲しい死ももたらした。「ニコポリス十字軍」は、ハンガリー王の切願にもとづき、トルコの太守、かの恐ろしい雷《いかずち》のバイエジッドに襲われた、キリスト教世界のダニューブ川境界地帯を守るために企てられた。聖なる遠征軍の指揮をとったのは、ヌヴェール伯ジャン、すなわち、未来のジャン・サン・プールであった。ジャンのかたわらには、フランス総元帥ユー伯、フランス海軍元帥ジャン・ド・ヴィエンヌ、陸軍元帥ブーシコーことジャン・ル・メングル、王の従兄弟であるバール殿とラ・マルシュ伯、サンピー殿、ギヨーム・ド・ラ・トレモワイユとその子ピエールなどがいた。ヌヴェール伯の装備一式は、豪奢そのものだった。その紋章――ホップの花――は、身の回りのいたるところにつけられていた。持ち運ぶ天幕や旗指し物は、かれの好みの色、緑色の繻子製だった。一三九六年四月六日、パリを出発したきらびやかな隊列が、ディジョン通過の際、いよいよフランス国境を越え、ドイツへ入るというので、豪華な祝宴が行なわれた。こうしてダニューブ川へ達し、ニコポリスを前に攻囲の陣を張った。この要害の城壁の下で、戦闘が交わされた。勢いにまかせて、敵勢を圧して激しく攻めこんだ戦いの初期段階では勝利を得たものの、九月二十五日の暮れ方、未来のブルゴーニュ伯は、惨憺たる敗北を喫した。なるほど、キリスト教軍の方でも、目ざましい戦功をあげた面々はいた。中でも特に、ジャン・ド・ヌヴェール、陸海軍の両元帥は、当代の者たちの見る所では、最高度に勇名をとどろかせた。だが、味方の損害も甚大であった。フィリップ・ド・バール、両トレモワイユが、戦死者の中にいた。ジャン・ド・ヌヴェール、ブーシコー、アンリ・ド・バール、ラ・マルシュ伯は、捕虜の列に加わった。総崩れに終った作戦は、何より高くつき、その莫大な戦費に加えて、捕虜の多額の身代金をも支払わねばならなかった。ジャン・ド・ヌヴェールは、二十万フロリンという巨額を払ってやっと釈放された。ルッカの金貸し業者ディネ・ラポンデは、次々と必要になる資金の用立てに追われた。ジャンは、元帥ジャン・ル・メングルと共に帰ってきた。かれらの功績の輝かしさは大きくたたえられ、当時の騎士道社会にあっては、失敗の苦々しさ、犠牲の苦々しさも一切帳消しにされた(28)。フィリップ・ル・アルディは、さして落胆したとも見えず、こんな時期というのに当代の王侯みなの例にならい、新しい一つの騎士団を創設した。それはまたのちに、かれの孫が作るはずの、かの有名な金羊毛騎士団の先がけにほかならなかった。そのものずばり、「黄金の木」と名づけられ、「一本の黄金の木と白く塗られた鷲と獅子」を紋章とした。この記章が、親戚縁者、友人一同に配られた。それが非常な出費を強いることとなり、請求の総額に驚いた公は、少しでも支出額を減らそうとして、自分の分の記章を金銀細工師に送り返したりした。

*

ヴァロワ朝初代ブルゴーニュ公の晩年の主な仕事は、英国と和解策を取り決め、これを保持することだった。フランスにとっても、ブルゴーニュ＝フランドル公国にとっても、——何より、その経済的利益に役立つと見てとっていた——和平の実現のために、粘り強く、巧みに立ち働いた。

シャルル六世治下のフランス＝英国間の交渉の複雑きわまりない変転をここで総復習するのは、本書の枠内に入りきらぬことである。しかし、ことのついでに、両国の歩み寄りの主要段階だけでも記録しておくことは欠かせまい。

既に、一三九二年六月十八日、フランス＝英国間の休戦協定が、ロエリンゲンで調印されていた。リチャード二世は、一三九四年一月二十一日、シェルブールを返還した。一三九六年四月十九日には、シャルル六世の娘イザベルと結婚した。婚約式の際、三月十一日に調印され、ロエリンゲンの休戦協定に代わる、二十八年間の休戦が、百年戦争の中途にさしはさまれる、もっとも長い中断期間の始めとなった。ただし、期限に達する前に、破棄される定めではあったのだが。

少くとも、一三九九年のリチャード二世の劇的な没落と、その従兄弟に当るランカスター家のヘンリー四世の波瀾にみちた即位も、急激な変化をもたらすには至らなかった。ヘンリーが、二十八年間の休戦を追認したからである。いきなり、国外での冒険をたくらむには、国内で克服しておかねばならない障害が多すぎた。フィリップ・ル・アルディは、フランドルの所領でのいやます繁栄こそが平和のしるしと受けとめたいために、その昔、ブルターニュの英雄デュゲクランのかたわらにあって自分が進めてきたような大戦争、——今は、さいわいに中絶している戦争は、過ぎ去った事柄だという見方を、最晩年の日まで保持していようとした。

こうして、フィリップ・ル・アルディにもゆっくりと老いが始まっていた。

何人もの子どもたち、孫たちにかこまれて、いま年老いた家長としての愛情が次第に強くなってくるのを感じていた。娘たち、孫娘たちにしかるべき結婚相手を見つけてやることが、その主要な関心事の一つとなっていた。

先にも見てきたように、既に娘のマリーはアメデーオ・ド・サヴォワに嫁がせていた。だが、まだ年齢も幼かった少女は、父の宮殿にとどまったままだった。一四〇三年になって、サヴォワへと送り出された。ジャン・サン・プールの娘マルグリットは、シャルル王太子との約束ができていたが、この最初の婚約者を幼いときに失った。そこで、百合の花の王国の推定相続人として兄のあとを継いだ王太子ルイの妻となるように定められた。こんなふうにあくまで、わが孫娘を未来のフランス王妃に仕立てたいという執念からしても、ブルゴーニュ公にとって明白に、これが予定の計画だったことがわかる。

こんなふうに家族内での大事小事はたえ間がなかったが、そのたびの出費に糸目はつけられなかった。数多い、ぜいたく好きの王宮の姫君たちの装いは、――その詳細については、後で宮廷生活を述べる際にまた触れることになるだろうが――フランスにおいても、サヴォワにおいても、ブルゴーニュの権力を高く評価させるためにきちんととととのえられていたのである。

ブラバン女公もまた老境に入りつつあったが、自分の相続人になるはずの、姪の子アントワーヌが、実際にも恒久的に、将来の所領の政治をとりに来てくれればという願いを早くから表明していた。アントワーヌは、それまでの期間ということで、父からルテル伯に任じられていたが、大伯母のもとへと向かうことになった。伯母は、ブリュッセルまで迎えに来てくれた。ブルゴーニュ公がこの町で盛大な祝宴を張ったのも、そのときだった。しかし、公は、ここに滞在中の終り頃、インフルエンザにかかった。伝染性のインフルエンザで、当時、この地方で非常な猛威をふるっていた。自分が重症なのを知り、近隣のハルのシャトーへ運ばせた。そこで、一四〇四年四月二十七日、六十二歳で、息を引きとった。

一生のあいだ、金に窮しつづけていた男だった。予期せぬ、思いもよらぬ死に襲われた時も、生涯たびたびそうであったように、まとまった金を持っていなかった。自分の墓の費用も、さしあたり必要な費用を払えるだけのものも残さなかった。そのため、公妃マルグリットは、夫婦の共有財産をもってしても、全債権者に弁済できるだけの十分な額に満たないのではないかと心配して、「一ばん身分の賤しい市民でも恥ずかしくてできそうにないこと」をしたほどであった。「つまり、夫人は、夫婦の共有財産を公式に放棄し、放棄のしるしとして、慣習通りに、自分の財布、鍵の束、巾着を夫の棺の上へ置くために来たといわれる(29)」

これは、単に形式上の習慣にすぎぬことでもあった。庶民の女の名誉なら汚されることであっても、当時の騎士道社会の受けとめ方においては、これしきのことで、ブルゴーニュ公妃の権力や威光に傷がつくことはなかった。

公の死の翌日、息子たちは、公の所有していた銀器をいさぎよく、ある金貸し業者のもとへ抵当に預けに行った。さしあたり必要な葬儀費用を払うためであった。隣接する一修道院は、フィリップが死の床で着用したいと願っていたカルトゥジオ会士の服を貸し与えた。かかる場合にふさわしい威儀をこらした葬列が作られ、運命により地上での最後の住居となったブラバンの城館から、公国の首都ディジョンへと途中なんども止りながら遺体を送りとどけた。葬儀は、ディジョンのシャンモル修道院で挙行された。あれほどの貧困のうちに死んだ公ではあったが、シャンモルでは、何世紀もの間世でもっとも華麗な墓の中に休息することができたのである。この墓は葬儀の行なわれていた頃、大クラウス・スリューテルの工房で製作中であった。今日、なかみは空となったそれは、多分に修復の手が加えられはしたものの、壮麗なディジョン美術館のまさしく誇るにたる展示品となっている。

第5章　フィリップ・ル・アルディ——文芸保護者としての

フィリップ・ル・アルディの墓を思い浮べることでわたしたちは、かれの政治家としての役割から、文芸保護者としての役割へと自然に思いが移る。(1)

この点に関しては、直ちに言っておかねばならないが、ブルゴーニュ公が、同世代にあって決して孤立した存在ではないということである。それどころか、兄のシャルル五世も、当代の芸術活動の、驚くほどに活発な推進者であった。書物、貴重な写本類、彩色挿絵《ミニアチュール》、高価な品々を休みなしに収集しつづけた。ルーヴル宮殿の王の書庫のみごとさは驚異であって、現在入手できるカタログを一見しても、ここに登録された作品の豊富さ、選択眼は一驚にあたいする。(2)「ルーヴル宮書庫収蔵品」は、昔の王制下の王立図書館を経て、今日、パリの国立図書館が継承しているが、「シャルル賢王」の趣味と鷹揚さの程をもっともよく示している。

フィリップの兄ルイとジャンも、長兄シャルルの好みを分け持っていた。ルイ・ダンジューはとりわけ、宝石とタペストリーに関心を向けた。(3)かれの財宝の中には、獅子の紋章入り盃、シャルルマーニュとゴドフロワ・ド・ブイヨン、ランスロとアーサー、聖ヨハネの黙示録と九人の騎士があい並んでいる装飾用壁掛けなどがあった。ジャン・ド・ベリーはといえば、すぐれて、――アンドレ・ボーヌヴーの逸品ムアン゠シュル゠イエーヴル城を建てた人――この壮麗な城を建てたというだけでなく、何より特に飾り立てた人であって、のち、ここには甥の「ブールジュの王」、シャルル王太子が隠れ家を求めてやってくるはずである――芸術品や珍しい道具類の目利きの好事家であった。衣裳の贅沢を極端にまで追求したこと、まさにムアン城の自分の書庫の棚に、当代でもっとも著名な装飾写本のいくつか――たとえば、『ベリー公のいとも豪華な時禱書』のごときもの――をずらりと並べるのをよろこびとしたことなども、同じこの人の話である。『時禱書』は、のちにオーマール公の所有に帰し、公家最後の持主により、折よくフランス学士院に遺贈され、今は、シャンティイのシャトーの誇る宝物となっている。[4]

これら大収集家の甥に当るルイ・ドルレアンも、叔父たちに負けていなかった。[5]かれらの間には、もっとも豪華な贈り物をするのはだれかという、文字通りの競争心があった。芸術品の売買は、たえずこの種の注文が出されるのにうながされ、盛んになる一方だった。国内、国外で何かと面倒な政治上の事件が起ろうと、その流れはとまらなかった。購入者は、自分たちの欲望を満たすためとあれば、明日という日がどうなろうと頓着せず、借金を重ねた。美しいものへの情熱は、ヴァロワ朝のもっとも冒険心に富む者にとっても、もっとも軽薄な人間にとってさえも、自分たちのどんなに苦い過ちをもつぐなうにたる高価な代償だったのである。

シャルル五世もそうだが、フィリップの独自性、長所は、この情熱と第一級の政治的才能をあわせ持っていた点であった。派手好みの文芸保護家ではあったが、政治家としての義務を決しておなざりにはしなかったという点であった。

それに、フィリップは特に、その統治下、芸術製作の助成を何よりも効果的に進めたばかりか、比類ない芸術上の一派を起し、これを開花させ、輝きを放たしめた功績者だった点で、シャルル五世にまさる存在だった。この点で、初代ブルゴーニュ大公は、文芸保護者として別して偉大な存在であったのだ。さらにまた、ブルゴーニュという一国がこの人のよき指導を得て驚くばかりの躍進をとげえたのも、重大なことだった。歴史的観点からすれば、一層重大なことだったといえる。公国は、フィリップ以後、さらに発展し、まさしくきらめく輝きを発するに至るのだが、結局は、その力量を余さず発揮する前に、あえなく没落してしまった。しかし考えようでは、ブルゴーニュ芸術は、完全にその実力をあらわしえたといえる。フィリップの創設に成るシャンモルのカルトゥジオ会修道院を中心として生み出され、かれの後継者たちのもとでも続々と傑作を作り出し、これらの傑作群は、つづく幾世代にもわたって広く、華やかによき影響を及ぼしてやまぬ、不滅の活力源となってきたのである。

*

まずは手始めに、ブルゴーニュ公付き侍医が入念に保存してきた書庫をたずねてみよう。そこには、何があるのか。まず、何冊もの説教集、ミサ典書、聖務日課書、詩篇集、時禱書、各種の聖書、――注釈付きのもの、挿絵入りのもの、ラテン語、フランス語、フランドル語のものなど――真の稀覯書というに足る教父学関係書の幾冊か、たとえば、グレゴリウス大教皇の『対話篇』など。だが、こういう信仰書の部がとりわけ充実しているというわけでもない。世俗の文学も、神学以上に、公の関心を引いたものだった。古典古代の世俗書もここには欠けていない。たとえば、金文字のみごとなティトゥス・リウィウスがある。何枚もの「絵入り本」、ルッカの金融業者がそのもっとも熱心な顧客に贈呈した本である。幾冊ものアリストテレスの論著が、書斎の上席に並んでいる。ギリシアの写本類が見当らぬかわりに、ホメロスの作品群の翻訳とその講釈とを内容とする、『トロイのヘクトール』所収のラテン語の詩の中にギリシアは透けて見える。騎士道はなやかなりし中世ときたら、それこそ溢れんばかりのものがここにはある。何冊ものフランス王国の年代記、フランドル伯領の年代記も、歴史書をずらりと並べた棚の構成要素だ。当時は、歴史小説のように見られていた武勲詩が、これに加わる。デンマークのオジェ、エルサレムのボードゥアン、サラディン、コンスタンティノープル攻略などの物語、『オリエントの物語集』といったものである。後を継いだわが子がニコポリスの戦いの英雄であるからには、その人の蔵書の列には当然、「聖地もの」が加えられているはずではないか。動物誌や世界地図も当然ながら、持主の空想好みからして相応の場所を占める。ファブリオー、ことわざ集、暦は、当時の流行物である。当時すたれはじめていた十三世紀の産物——『狐物語』『薔薇物語』など——に、最近の公刊物が補われて行く。すなわち、ユスタシュ・デシャン（本名ユスタシュ・モレル）の『バラッドとヴィルレー』、クリスチーヌ・ド・ピザンと名のる、人々の称賛を博していた女流文人の『百のバラッド』、また『運命の変化』など。この人はまた、ほかならぬ公の注文によって、『賢王シャルル五世の功業と良俗の書』を書きつづけていたのである。さらに、別な注文として、やはり同じ人の詩作品『書簡詩と韻文物語』も書かれた。さいごに、当時非常に流布していた編集本、自然に関する一種の実用百科で、バルテルミー・ラングレの作『諸物の特性について』をぜひともあげておかねばならない。十三世紀の作だが、十四世紀末にもなお広く読まれていて、およそ百年後、コルブションによる英訳の丹念な写本の一冊が、英国王エドワード四世の図書室にも見出されたほどである。永続的な人気のほどがうかがえる。(6)

綴れ織《タペストリー》も書物と密接な関係がある。タペストリーの上の画像は、紙、羊皮紙上の作品の独自な形での注釈だからである。フィリップは、豪華な装飾壁掛けの収集にかけては疲れを知らなかった。アラス——公の所領の中で、この工芸製作の中心であった——すなわち、「綴れ織《アラッツィ》のくに」は、少くともパリと同じくらいの寄与をしたのである。以後ブルゴーニュ公四代にわたってくりひろげられる、豪奢をきわめた一連の統治は、「キプロスの金糸が織りこまれた」アラスの絨緞の上で開幕を祝ったのだった。ついには、みごとな収集品の保存のため、諸記録の中で「ガンビエ」とか「小カンビヨン」とか呼ばれている。どうやら「びっこの男」であったらしい者が指導する特別の部局までが設置されるにいたった。

　書庫と同じように、タペストリーの見物もしてみよう。まず第一に、一連の宗教的作品がわたしたちの目を引く。キリストの生涯、聖母の生涯の諸場面、使徒信条、聖ヨハネの黙示録（パリのロベール・ポワンソンの作品）といったものである。聖人伝も、なおざりにされていない。家庭内であがめられている聖人たちが、第一列に並ぶ。聖ルカが劈頭の地位を占める。なんといっても、フランス王権は、この聖人の加護により、いとも純な栄光を得ているのを誇りにしてきたのである。戦いの日ごとにその王旗がかかげられてきた聖ドニが、すぐ後につづく。聖ヨハネが次にくる。フィリップの父（フランス王ジャン）と長男（ジャン・サン・プール）の名祖となった人。さいごに控えた聖アントニウスが——周知の通り、フィリップが格別の信心をささげた聖人であり、この聖人の日に当る自分の誕生日を忘れることはなかった——公妃ゆかりの聖女たち、マルグリットとカトリーヌをみちびき入れる。カトリーヌは、フランドル伯が伝統的に信心を寄せてきた聖女、マルグリットは、ヴァロワ家のブルゴーニュにこれほど多くのすばらしい領地を婚資としてもたらしてくれた当の夫人の守護聖人だという連想とつらなる。

そして、この美しい宗教関係ギャラリーのそばには、まさるとも劣らぬ高価で、内容豊富な、騎士道関係ギャラリーがある。まずは、武勲詩の絵解きである。円卓の騎士たちのシリーズ、シャルルマーニュとその部下たち、エルサレムのシャルルマーニュ、ギヨーム・ドランジュ、ルノー・ド・モントーバン、アーサー王、湖のランスロ、ウェールズのペルスヴァル、トリスタン、九人の勇士たちと九人の勇婦たち、そして次には、当然のことながら、「第十ばんめの勇士」、栄光赫々のデュゲクランがはやくも芸術作品目録中に入っている。なにしろ生前から伝説中の人物だったのだから。こうして、さらにシリーズは、まったく同時代の出来事にまで続いて行くことになるというわけか。先にも、ローゼベケの戦いの美しい絨緞が、ミシェル・ベルナールに注文されたことを述べておきはしなかったか。(7) 伝説と化した偉業から、つい昨日、または一昨日に果たされた偉業へと移る途中で、かの第一次十字軍の英雄ゴドフロワ・ド・ブイヨンのタペストリーを忘れてはならない。このブルゴーニュ公は、この人の剣を一三九三年三月十三日に入手したのだった。この栄えある武器は、ニコポリスの戦いの日に、ヌヴェール伯に、そのむかしに果たした以上に、幸運をもたらしたに違いないとみていい。とすれば、その真正性を疑うことができようか。

イアソンのタペストリーは、当の公自身は何も気づいていないとしても、将来の金羊毛騎士団を予告するものである。そのかたわらには、トロイのヘクトール、次に、バビロニアのセミラミス、「大トロイの崩壊」、アレクサンドロスの征服、七賢人、「ローマのオクタウィアヌス」、オクタウィアとシビュラ、さらには、「ファラオとモーセの民たち」、「モハメット物語」といったものまでが見出される。そして、こういうどんな思考の形態に対しても開かれた文化のしるしとしての、みごとな選択の次には、一連の文学的シリーズと称すべきものがここには並ぶ。騎士道物語の副次的人物だとか、大押韻派の詩人たちになじみの抽象観念とかの出てくる順番である。ここには、「遊びと楽しみ」が、「おみなの顔」「恋の望み」と共に見つかる。「恋する男女」「二人の愛人にはさまれた貴婦人」「満ち足りた果樹園」「自然の果樹園」などもある。そして、こういう田園の主題が、ある思慮深い批評家により、「聖なる森のはずれで恋人たちが語らい合う、ピサのカンポ・サントのオルカーニャのフレスコ画」と比較されたのも理由のないわけではない[8]。どうして誤ることがあろう。はやルネサンスの曙光が見られるのだ。

同じ田園の調べが、さらに一層牧歌的なトーンを増し加えて、一群の公妃の個人所蔵タペストリーの中にくりかえされる。そこでは、マルグリット（マーガレット）が特別な地位を占めている。公妃好みの飾りつけを見ていると、この可憐な花と同じ名を持っていた女性は、ひょっとすると、どこかに彼女のトリアノン宮を——かのマリー・アントワネットが愛したヴェルサイユの離宮と同じものを——営んでいたのではないかしらと思われてくる。白色と黒色の牝羊たち、男女の羊飼いたちが、さわやかな風景の中に群れ集うている。マーガレットに加えて、スミレ、バラ、ワスレナグサ、サンザシ、その他たくさんな野と庭の花々が色どりを添える。それは、ふだんから公妃の感情生活がくりひろげられていた環境であり、「そこでつかまったのだ、愛の病に」という銘句によっても明らかである。もっとも、フランドルの相続人だったこの人のすべては、牧歌に尽きるのではない。彼女のコレクションは、実家の騎士道ふうの伝統に限られていない。なぜなら、エメリー・ド・ナルボンヌとその六人の息子たち、「廉直の」王トリスタン、「シャルル・ダンジューに完敗したマンフレッド」も、晴れがましく姿を見せているからである。ところが、ギリシア神話の世界ときたらたった一つの題材が出ているだけなのだから、この貴婦人のひそかな好みの特徴はこれではっきりとわかる。すなわち、「パリスの審判」である。

だから当然、フィリップも、マルグリットの気持にこたえたのである。ジェルモルの城館には、不幸にも失われたが、クラウス・スリューテルの鑿《のみ》が彫り上げた浮き彫りが一つあって、羊たちに囲まれ、一本の楡の木のもとに立つ公と公妃があらわされていた。マルグリットの花束、PとMの頭文字をからみ合わせた模様は、いたる所に見られる。さまざまの思いをさそうこの二つの文字の、もっとも美しくもっとも記憶さるべき例は、シャンモルのカルトゥジオ会修道院に献堂のしるしとして見られる。

*

公と公妃とは、事実また、自分たちのまわりいたる所に芸術を取り入れた。衣裳戸棚にも生活の小道具にも、家具調度にも、食器にも。マルグリットの肌着類には、サンザシの花の印が入っていた。たえず衣裳をかえたので、出納簿によると、その贅沢さのほどがよくわかる。公の方も、生涯での特に大事な機会には、いつも新調の服装であらわれた。「フェルマイユ（留め金）」と呼ばれる、衣服のホックは植物のモチーフで飾られていた。サルビア、ユリ、スミレ、エニシダ、その他多くの花。また動物のモチーフのものもあった。鷲、獅子、熊、猿、孔雀、はやぶさなど。はやぶさからは、狩猟の趣味がうかがえる。狩猟といえば、また、犬、ひばり、きじ、やまうずら、きじ鳩などともつながる。狩りの場面は、装飾物に頻繁に出てくる。コナン、すなわち、飼い兎を奪いとる鷲、金色の青さぎをつかまえる鷹、「水に溺れる鹿」など。「野生の豚と人間たちと木々と」の話が出れば、それが猪狩りのことだとはすぐにわかる。

その昔、城中で人々が語り交わし、楽しみ事としていた中から、「一角獣と貴婦人」とか、「ポーム遊びをする子どもたち」といった図柄のヒントが生まれてきたのである。

塩入れには好んで、海の魔女セイレーンが描かれた。装身具としては、ありとあらゆる宝石類が用いられたが、とりわけ、バラス・ルビーが、われらのブルゴーニュ公愛用の宝石だった。ある一日、公は、アンジュー公に、一束の麦の形をして、内部はくぼんでおり、外側に編み紐と彫刻入りの突起物をつけた一個の黄金のカップを進呈した。カップの底には、胸を負傷した白鳥が、ユリの花と緑色の唐草模様の間で水上を漂う姿をきざんだ琺瑯《ほうろう》が入り、蓋にも、いくつも突起物がつき、蓋のつまみは、柘榴の花になっていた(9)。

金銀の食器は、想像もつかぬほどに豪華なものであった。だからこそ、資金ぐりに困って借金の担保が入用なときなど、これらは文句なしに信用の資となった。なにしろ、何百万の値打ちがあるものだったから。食卓に並べられるものは、本来の銀器といつも決まっていた。初代ブルゴーニュ公からの注文を受けていた金銀細工師としては、国王御用の金銀細工師アヌカン・デュ・ヴィヴィエの名が、真先にあげられるべきである。しかし、フィリップ・ル・アルディ個人の出入り細工師もいる。ジャン・ド・ブラバンである。また、アンリエ・オルランやベネディクト・デュ・ガルにも注文を発することがあった。ふたりとも、パリ在住の細工師である。

金融業者ラスポンデ家が、イタリアでの買入れには仲介役を果たし、とくにヴェネツィアでの買い入れには、バルデュッチの者が当った。

こんな具合に、単にフランスとブルゴーニュの版図内の芸術ばかりか、西欧全体の芸術がにぎわいを添えた。ドイツものけ者にされなかった。ケルンのヘルマンとヴェナントも、注文品を送ってきたし、もっと有名な金銀細工師は、ヘルマン・ルイッセルだった。スリューテルの同国人、ハールレムのロルクインも、同じく作品を提供した。一三八三年以来、かれがパリに定住していたのは確かである。

公妃所持の宝石の中では、一匹の狼を二匹の牝羊がおさえこんでいる図をあらわしたものが、よくあげられる。兇暴性に対するやさしさの勝利こそは、感情の人である公妃の夢であった。

ブルゴーニュ公邸の部屋という部屋は、それぞれ多種多様に、しばしば独創的に、しかしつねに品よく飾られていた。その一例として、泉で水を飲む一匹の虎のまわりを白と赤の樫《かし》の枝の茂みで包んだ図柄のものがあったと伝えられる。公の寝室は、ディジョンでは金色、モンバールでは赤、ルーヴルでは緑だった。

公は、自分の衣服に、牝羊、白鳥などを描きこむことを好んだ。ときに、これらの動物は、時代の流行に従い、「音を出す動物」、すなわち、首に小さな鈴をつけた動物であることもあった。ときには、本物の鈴が、衣服にゆわえつけられることもあった。流行とあれば何ひとつ無視することはないのだ。靴はもちろん、「プーレーヌ」だった。きらびやかな曲線を描きつつ、靴の先端がそって尖っているのだった。コートには、最高級の毛皮が縫いつけられていた。中世全体を通して、何よりも領主たちの贅をこらした衣服は、これにつきるものとなる。ルッカの金糸織、緞子《どんす》、ダマスカスの金糸織、アラス、ドゥエ、リール、メヘーレン、デンデルモンデなどの毛織物が、つねに完璧に手入れされ、みごとな外観を呈し、芸術的な仕立てをされて、衣裳部屋にずらりと並んでいた。帽子や頭巾も同じく、芸術作品であって、高価な宝石に飾られていた[10]。公は、日々、まるで夢幻劇の舞台装置の中で生活していたのである。このような生活を送っていたからには——別な面から、この宮廷生活のあきれ果てる運びについては、章をあらためて明らかにしてみたいが——高い地位と栄誉をほしいままにしながら、ヴァロワ朝随一の金持ちである公が、あまりにしばしば、高利貸どもに引きずりまわされて、一ドゥニエの金もなく、財布はからっぽというありさまだったのも、もはや驚くにたりないだろう。

＊

ところで、このほかにまだ触れていなかった、芸術面での出費項目がもう一つある。どんなものよりも高くつく費目、すなわち、建築の部であり、これには、彫刻と絵画があいともなう。当時の三大芸術である。

確かに、ブルゴーニュ公は、多くの邸宅を所有していたが、そのうち、主要な居住地は三カ所であった。血統正しい王族としてイル゠ド゠フランスでは、コンフランの城館とパリのアルトワ館を持っていた。フランドル伯、アルトワ伯としては、アラス、リール、ガン、ブリュージュ、その他の大都市近辺にシャトーを所有していた。ブルゴーニュ公として、ディジョンに「公邸」があり、ルーヴル、タラン、モンバールの屋敷を持ち、狩猟用に、シャティヨン地方にいくつもの「滞留地」があった。個人専用のものとして、アルジイのシャトー、公妃のものとしては、ジェルモルのシャトーがあった。

ところで、こういう多数の住居は、ふだんに手入れをし、美化し、増設をし、休みなく模様がえをし、飾り立てをはかる必要があった。公自身の居室の改装についてまでは言わずにおくとしても。先にも見てきたように、これも多彩をきわめたものであったのだが。しかし、どの城館にも、掛け幕の間《ま》があったことは、注記しておくに足る。贅をつくした織り物の掛け幕が吊り下げられた部屋、飾り立てられた部屋だった。特別中の特別の賓客用の部屋だった。大広間は近代の様式に従うなら、「大サロン」とでも呼ぶのがふさわしい外観を呈していた。ほかに、いくつもの浴室、雨天の日やポーム遊びのための、屋根つきの回廊もあった。色ガラスを使うのが流行であって、物語・伝説に材をとったステンド・グラスが色どりを添える。礼拝堂は、小さな教会という感じで、宗教芸術の傑作の粋の中の粋のみごとな縮小版である。ゴチック最盛期だった。幻惑をそそる飾り立てのフランボワイヤン様式でもって、ゴチックは、その美を完成させるのだが、ときにこの様式を衰退のしるしと見ることがあったのは誤りで、むしろ、ゴチックの完全な開花だったと見るべきであろう。

建築、彫刻、絵画と、当代の巨匠たちが、こぞって貢献を果たした。シャルル五世治下でパリ、ルーヴル宮の改修に当った、国王御用の筆頭石工レーモン・デュ・タンプルは、一三八四年四月三十日、ブルゴーニュのルーヴル＝アン＝プレーヌで、ブルゴーニュ公石工事総監督アンドレまたはドルーエ・ド・ダマルタンおよびカルトゥジオ会修道院の石工ジャック・ド・ヌーイとともに寄り集った。この会合はどうやら、企画中の重要な工事と関係があったらしいと考えられる。数年後、同じルーヴルのシャトーに、画家ジャン・ド・ボーメッツがやってくる。絵画製作の指揮をするために来たのである。

ボーメッツのグループは、一三八九年三月二十日から一三九一年十月三十一日まで、アルジイで仕事をした。ある確実な文献によってこのシャトーの大広間の煖炉がランスの石工ジャン・エルブレイの作であり、エルブレイは、国王が所有するクレイユのシャトーの暖炉と同じものを作ったことがわかる。同じく、ジェルモルではコルベイユの影響もうかがえる。ここでは、先に名をあげたダマルタンや、カルトゥジオ会修道院で名声が高かったあのジャン・ド・マルヴィルも働いていた。しかし、長くなるから、この他の邸宅に加えられた数知れぬ修復や改善については、――ことにモンバールとかディジョンの公邸とかについては、イル＝ド＝フランス地方やもろもろの伯領の邸宅と同様に――ここでは、詳細に立入ることはひかえたい(11)。

＊

さいごに、シャンモルのカルトゥジオ会（シャルトルーズ会）修道院について触れたい。これこそ、何にもまして、わが初代ブルゴーニュ大公の創設に成るものであり、この一事をもってしても、芸術史における大公の栄光に資するものだったといえる。ただ今は、美的見地からその高い価値をたたえるときではない。いずれ、この面については、叙述を進めるうち別に章を立て、そこで読んでいただくことにしたい。ここではただ、文芸保護者としての公がこの修道院の創設にいかに骨身惜しまずつくしたかだけを、とくと見ておくことにしたい。当時の領主たちのだれもが、これに匹敵するだけの事業はついに果たすことはなかったのだし、国王ですら、同等のものを作ることはなかった。ただ一つ、並べて論じるに足るのは、サン＝ドニ王立修道院だろうが、これとて、歴代国王の造営に成り、特に名指しできるひとりの王侯の設立したものではなかった。なるほど、フランス王のだれもが、自分たちの専用の墓所に助力を惜しまなかったのは事実だが、特にあるひとりの者が、その名をサン＝ドニの興隆とつながらせたということはなかったのである。

フィリップは、カルトゥジオ会士の修道服をまとって埋葬されることを望んでいたし、早くから、この修道会のために、一院を建立したいと念願していた。既に、一三七五年、

フィリップ・ル・アルディの墓

火事で焼けたばかりのグランド・シャルトルーズ修道院の修復のために寄金をし、わが心の拠りどころであることを言いあらわした。リュニーのカルトゥジオ会修道院は、一三七八年、ジャン・ド・ボーメッツに発注された数枚の絵を、公からの贈り物として受けた。同じ年、同じ修道院所属の一修道士に対し、「絵入りの」織り物が贈与された。こうした中で、ディジョン近辺に建てられるはずの、カルトゥジオ会修道院の建設計画が着々出来上ってきたのである。それは、大小の回廊を持ち、礼拝堂と、歴代大公の墳墓をも含む、二十四の個室をそなえた修道院となるはずであった。計画完成とともに、すぐに建設に着手された。建物の第一、第二の礎石を置く式典は、一三八三年八月二十日、聖ベルナルドゥスの祝日に挙行された。第一の礎石を、公妃自身が、「お手ずから」置かれた。第二の石は、公夫妻の相続人、十二歳のジャンが置いた。レーモン・デュ・タンプルとドルーエ・ド・ダマルタンが、この有名な歴史的建造物の建築にたずさわり、彫刻家としては、ジャン・ド・マルヴィルとクラウス・スリューテルという大芸術家の名が並んだ。ブルゴーニュ芸術について語られるときには、これら大巨匠たちの傑作が必ず思いおこされるのである。ここではただ、カルトゥジオ会修道院の建立とそこに納められる比類のない芸術品の製作は、ブルゴーニュ公家にとって莫大な出費を要求するものであったことを思い出しておきたい。ブルゴーニュ古文書館蔵の会計帳簿には、石材の購入と運搬、また石工たちの手間代、また大公の命により作品を納める画家や彫刻家への報酬など、次々となされる支出の記入がそれこそ文字通りにずらりと並んでいる⑫。そして、この修道院は、墓所でもあったので、大公の墳墓の注文もこれに加わった。こうして、わたしたちは、本章の冒頭に戻るのである。ともかくも余りに早かった死により、一つの名門を創始した人の生涯は半途にしてたち切られてしまったのだが、そのとき、墓所の工事はほとんど進捗していなかった。二代目大公ジャン・サン・プールの後援のもとに継続されて行くこととなる。また、歴代大公の墓がこののちも続々と建てられて行くはずである。代々文芸保護者であった一家の輝かしい象徴として。しかし、輝かしさの点では、フィリップ・ル・アルディ治下に比肩できるときは、ついになかった。それでも、世代から世代へと、この伝統は受けつがれて行き、少くとも戦争や外交においてあらわされたのと同程度に、歴代ブルゴーニュ大公の栄光をあらわすものとなって行く。

第6章　ジャン・サン・プール

われらの二代目ブルゴーニュ公は、祖父に当るフランス王ジャンの名を洗礼名として与えられた。公家の命運はこの王の恩恵によって定まったのだからである。二代目は、「青い眼、丸顔、動ぜぬまなざし、がっしりした顎の持主の、色黒の小男」で、「大きい頭はひしゃげており、繊細さ、優美さはまるでなく、話し方は下手、見ばえはわるく、服装に頓着せぬ」――ただし、威風を誇示するため、ことさらに飾り立てた衣服をまとって、これ見よがしにあらわれる場合は除いて――人物だったとされる。「エノーの血の流れる、フランドル人」だった。その血は、父から、いやむしろ母から一層多く、受けたのだった。勇敢で、大胆で、ひねくれ者で、際限のない野心家だった(1)。立居振舞いに優雅さはなく、態度物腰はどちらかというと荒々しく、何よりも民衆をおびえさせようとするためのよそおいであるかに見えた。ともかくそんなふうによそおうことで自分の決断や不屈の意志をあらわし、すべての者に畏怖を吹きこもうとしたのである。醜男で、無愛想、オスの卑しさと、頑健そのものの図太さをそなえたジャンは、それでも、偉大な大公らしい外見の持

ブルゴーニュ大公ジャン・サン・プール

主ではあったのだ。愛敬のまるでないそんな外見から、強固な個性が発散していた。鷲の横顔は、魅了するに足るものだった。不快感を与えると同時に、引きつける存在でもあった。その容貌には、何かしら異様なもの、何かしら不安にさそうものがあった。自分ではなんの「恐れ」も感じていないくせに、他人にはそれを感じとらせているとの陰惨なよろこびを持てるという点が、二代目大公の政治の主要な原動力の一つとなるはずである。ほかの一つは、阿諛追従で、これもかれの力量のうちにあった。かれの運命は、その人間と同様、まったく矛盾にみちたものとなる。かれが通り過ぎたあとには、強烈ではあるものの、どこかあいまいな線が残る。かれの顔の線と同じく、あいまいな、かれの謎めいた心の急変と同じにあいまいな線が。

一三七一年五月二十八日に生まれたかれは、何よりも殊にずっとフランドルですごした。父がついにおぼえることのなかったフランドル語をしゃべった。かれの師傅《しふ》は、フランドル人、ブリュージュのサン゠ドナ修道院長ボードゥアン・ド・ラ・ニエープであった。ヌヴェール伯となった未来の大公は、二十歳の折、ニコポリス十字軍の指揮をゆだねられた。フロワサールの証言によると、この時にかれは「ただ前進するのがわが強き望み」と言ったのだという。以後、ひたすら前進することが、かれの行動基準となる。フランドル語の銘句「イク・ハフド」、すなわち、「わたしは譲らぬ」「わたしは持ち堪える」は、行動における粘り強さをあらわす。オリエント遠征行は、失敗に終った。が、二十万フロリンの身代金という莫大な負担が、公国の主とその臣下たちにのしかかったにせよ、この遠征行は、公国の継承者に、果断勇敢の人という消えることのない名声をもたらすこととなった(2)。かれの異名は、一部の人々がそう信じてきたように、一三九六年九月二十五日の一日に由来するのか。それとも、一年代記作者の断言するように、エルフの戦いに由来するのか(3)。いずれにもせよ、フィリップ・ル・アルディ（豪胆公）の跡継ぎは、父の名に添えられた形容詞にはるかにまさって、歴史においては、サン・プール（恐れ知らずの）公として知られることとなる。

＊

封建時代の習慣により、新統治者の行なうべき初めの諸行事は定められている。シャンモル修道院で行なわれた葬儀の翌日、ディジョンの町への入城の儀が挙げられ、慣例通りに、もろもろの特権と職務の追認がなされた(4)。次いで、新大公は、国王宮殿へおもむき、娘マルグリットと王太子、ギュイエンヌ公ルイとの婚約式を挙行させた。この二人を結び合わすことを考えついたのはフィリップ・ル・アルディだが、ついにこれを公式のものとすることはできずに死んだのだった。この新たな縁組を後楯として、ジャンは、欲すると否とにかかわらず、「れっきとした先王の子」、現君主の唯一人の男兄弟、ルイ・ドルレア

ジャン・サン・プールの妻マルグリット・ド・バヴィエール（シュトラウビング家系バイエルン侯女）

ンの前に立ちはだかれる者となったのである。

　オルレアン家とブルゴーニュ家との対立は、フィリップ・ル・アルディの治政の末期にも既にはっきりと見えていたが、ジャン・サン・プールの時代になって、すみやかに政治全体の中心軸となってくるのだった。

　ルイ・ドルレアンにしてみれば、あれほどしばしば煮え湯を飲まされてきた叔父が亡くなったことは、以前にもまして国務会議を牛耳るのも、臣の寵をほしいままにするのも楽になったということである。フランスの益からしても、フィリップ・ル・アルディは、晩年の頃、フランドルの益からしても、継続中の休戦状態を破るのは得策でなかったときに、再度英国との開戦に踏み切るようにと言いつのる、ヴァレンティーナの夫（ルイ・ドルレアン）の熱心を抑えつけるのにずいぶん手こずったものである。ルイ・ドルレアンは、たぶん、いつも名君気どりでいるつもりだったのだろうが、することなすこと時機をはずれていて、とうとう自分ひとりの名でヘンリー四世ランカスターに果たし状を送りつけるという挑戦的なわざに走った。その果たし状は、英国王からぴしゃりと忌避をもってむくいられた[5]。

英国人との戦争を再燃させ、フランス王からできるだけの金を引き出すことが、どうやらルイ・ドルレアンの計画であったらしく思われる。ところが、民衆の意を迎えるためにも税金のふくらみに至るような道は阻止し、ブルゴーニュの国家的利益にも反する英仏間の休戦条約の決裂は避けたいとするのが、ジャン・サン・プールの計画、まったく相反する計画であった。

第二の点に関しては、ジャンは、亡き父フィリップ・ル・アルディがベルギー地方での明白な諸要求にうながされて進めてきた政策を受けつぎ、父が着手していた英国＝フランドル間のぜひとも必要な通商協約締結めあての交渉も進行中であっただけにその決心は固まっていた。ジャン・ド・トワジーと、もう一人の公家に仕える忠実な臣ティエリー・ゲルボードとが、大書記官ジャン・カナールのすぐれた指揮下に、この協約を実現させるべく働いていた。大書記官は一四〇五年に死んだので、後をおそったクールティヴロン侯ジャン・ド・ソーがこの仕事を進め、一四〇六年十二月に条約の締結を見、一四〇七年四月二十日公布された(6)。

こうして、初代大公の行動方針に従い、英国＝ブルゴーニュ間の接近は、二代目の統治下においても着々と緊密化の度を加えてきて、オルレアン公の軽率な行動やその仲間の無分別をつぐない、これに真向からさからう動きとなってきた。なにしろ、相手は、一大戦争の火蓋が再びきられるような、火花を飛び散らせることを時々刻々、自分たちの課題としているふうだったのである。

対外政治での重要面におけるこの反対と並行して、ジャンは、ルイが戦争計画による、巨額の出費でフランスの納税者からむしりとっているのに対して、納税者を守る側につく。以前にもまして、さらに一層、ルイは、義理の姉妹イザボーのうちに、浪費と無軌道のいやます社交生活向けの、えり抜きの「伴侶」(7)を見出すこととなる。ジャンは、なんの遠慮もなく、声荒立てて、国務会議の席上国家予算流用についての説明を求める。民衆は、税金に押しひしがれているという。年度末を待たずに、あらたな人頭税を課してはという提案が出る。今年度の税は、消えてしまったからというのである。ジャンは、税のこの加重負担に反対する。たとい可決されても自分はあくまで協力しないという。ともかくも、自分の封土内ではこの人頭税を課することはしないという。最後の人頭税の流用可能な残額で十分でないというのなら、ブルゴーニュ公は、民衆からしぼりとるよりもむしろ、自分の個人用の金庫から不足分を支払ってもよいと申し出る。

これこそは、どんな王侯もついに吐くことのなかった言葉であり、まさに、「選挙向けの」言葉といえるものであり、てっとりばやく人気を博そうとする者にとって、なかなか役に立つ言葉である。大公が、重税にあえぐ大衆になりかわることは到底できることではなかっただろう。だが、かれのこの言い方は、どの時代にも一般大衆が喝采してむかえてきたたぐいのものに属する。民心収攬《しゅうらん》にたけた王侯が、その天性をあらわしはじめたのでである。すなわち、票集めの技術にかけては人を寄せつけぬ天性を。

国務会議のただ中でこういう立場をとるということは、当然ながらオルレアン公の激しい憎しみを煽り立てることとなる。従兄弟どうし二人の敵対関係は、このときから、あらわとなる。それは、ますます険悪の度を増して行くばかりなのだ。

*

ジャンは、一四〇五年三月二十一日に突如起った母の死の結果、あらためて臣従の礼をささげねばならなくなったのを利用して、パリへ赴く。このパリ滞在は、「当面の仕事を処理し、片付ける」のに役立ったらしいと、年代記作者アンゲラン・ド・モンストルレは打ち明けている。ほとんど余計な打ち明けである。大公は、五千人の兵を引き連れて、パリへ来たのである。道中の宿泊地ルーヴル＝アン＝パリシスで、かれが近づくのに応じてルイとイザボーが首都を離れることに決めたのを知らされる。首都には、病んだ王が取り残されていた。ふたりは、ムランに逃げたのである。王太子と王太子妃にもそこで自分たちに合流するようにと命じ、ふたりは、イザボーの兄ルイ・ド・バヴィエール指揮下の守備隊に守られて前進した。ジャンは、八月十九日、疾風の勢いでパリを横切り、とどまることなく、逃亡者らの追跡にかかった。その前衛隊長、サン＝ジョルジュの領主ギヨーム・ド・ヴィエンヌは、ジュヴィジーで王太子の一行に追いつき、一行を阻止した。大公が到着、ルイ・ド・バヴィエールを厳しく叱責し、その配下の者らを蹴散らし、権威をもってオルレアン勢にかえ、ブルゴーニュの護衛隊をつけ、王太子夫妻をパリに連れ戻った。パリの民衆は、王太子夫妻とかれらの救出者を、熱狂的に、しかし意味ありげに迎えた。

この初回の成功は、待ったなしで、すぐ活かされて行く。八月二十六日、マルグリット・ド・フランドルの跡継ぎとなったことでの臣従の礼をジャンが、また関連して、弟でありルテルの伯アントワーヌがささげた。そして、同じ日、高等法院に会計法院に、また大学に、もろもろの建言が提出された。ブルゴーニュの二兄弟は、こういう国家枢要の機関の代表が並居る前で、国王に向かって言上するという形で、国王にひたと目をすえつつ、「陛下と、陛下の御国とに危害を及ぼす所業」を告発した。これもまたすぐれてブルゴーニュ派の作家モンストルレは、この最初の糾弾——引き続き糾弾はなんども行なわれるはずである——について、わたしたちに何ひとつ逸せずに知らせておこうとする。槍玉にあげられたのは、オルレアンのやり口である。民衆の肩にずっしりのせられた重税の詳細が述べ立てられる。改革の必要がある。王太子夫妻の誘拐は、前代未聞の、ゆるしがたい犯罪であった。わたし、——大公は、こうして許容の域を越えた状況に改善が加えられぬかぎり、引き連れてきた軍を解散させることはせぬ。要するに、これは、オルレアンに対する正々堂々の非難告発にほかならなかった。

オルレアンは、九月二日に反論してきた。こうして、論戦は一気に白熱した。まさに、言葉をもってする果たし合いだった。王妃が子どもたち夫婦をパリから発たせたのは、ただすべきことをしただけのことだというのだった。「わが子の保育と監督」は、母親たる者の当然の任務ではないのか。逆に言うなら、王家の世継ぎたる者をつかまえ、ルーヴルに閉じ込めたままにしておくことこそ、無礼きわまる。八日、ブルゴーニュは、この弁論をしりぞける。双方ともが、軍を結集させる。一触即発の危機が増大し、その毒気にあてられて人々の心はさわぐ。

万事休すだった。間違いの余地はなかった。大いなる争いの幕が切って落されたのだ。いとこどうし二人が、宿命の対決に立ち上っていた。どちらもが、上に立つことを望んだ。どちらもが、相手を消そうとはやった。対立する二つの政治のぶつかり合いだった。激しい個人的な憎しみが、一つ一つの出来事のたびに増幅され、この対立にまさしく衝撃的な悲劇の相貌を添える。

ジャン・サン・プールは、既にかれの最初の紋章にホップを、第二の紋章にいらくさをつけていた。それは、既に、ある指示であった。「さわる者は、刺される」との。他方、ルイ・ドルレアンは、「われこそは悩ます者」との銘句をつけた、「節くれだった棒」を用いた。そこでジャンは、マークとして、「鉋《かんな》」をえらぶ。棍棒を「滑らかにする」ものという意味をこめて。銘句として、フランドル語で「イク・ハウド」、すなわち、「われは、持ち堪える」を添える。鉋には、「鉋屑」がつくのが当然だった。すなわち、銀の削り屑であって、たいていこれには宝石が色どりを添え、人々は、ブルゴーニュ的理念への帰属のしるしとして誇らしげに身につけた。ブルゴーニュ宮廷では、宝石代りにこれを、友人たち、同調者たちに贈り物にしたものだった。

ブルゴーニュ的理念が拡がっていたのである。自由主義的で、もろもろの改革に積極的なブルゴーニュ的理念が。ブルゴーニュ公が示していた姿勢は、種々の悪弊に苦しんでいた人たちのだれにとっても無関心でいられぬものだった。あまりにも明らかな時代の弊害をあらため、国家構造の欠点を正す施策の推進を説く公の行き方は、この人たちを魅了せずにおかなかった。新しい政治のあり方を求めてやまぬこういう人たちの数は多かったのである。

そういう人たちの中で、『これが正夢』を読まなかった人がいるだろうか。この小冊子は、辛辣さにみちみちている。当面の問題の必要から書かれただけのものではない。そこでは当時のもろもろの悪習が、容赦なく打ち叩かれているのである。要するに、ジャン・サン・プールのこれほどの人気の原因は何だったのかも、ここから要点をひとつびとつ拾い上げてこなくては、とても説明しきれないのである。

著者は、狂王のフランスを痛めつけている者たちに、あくまで手心を加えない。あわれな王は、惨めそのものの日々を送り、人々の言う「シャピフォル」遊び――すなわち、

「目隠し鬼ごっこ」をやらされているのだった。そのまわりを取り巻いているのは、利にありつこうとする連中ばかりだった。王を籠絡して、うまい汁を吸おうとする連中ばかりだった。そういう連中に、諷刺のむちがくだるのだ。何びとも容赦されはしない。食堂の給仕人、厨房のコックから、パン調達長、ワインの酌人にいたるまで。ボーテ＝シュル＝マルヌやパリの王宮の守衛から森林水治総監督官にいたるまで、王家官房の書記、記録係、文献調査員から、諸庁の請願審理官、高等法院評定官にいたるまで。しかし、その起源も定かでなく、出身も卑しかったのに、ともかく愛顧を得て高位の身分に成り上ったこのような無数の寄生的存在の中でも、とり分けて攻撃対象になったのは、財政担当の諸官だった。フランス国財務官、戦費調達官、租税評定官、収税官、一般財務収入役、会計法院「非聖職」・特別評定官、造幣局長、王および王妃の会計方、王室金庫両替方、国庫金管理人、金庫管理人、ルーヴル宮、サン＝タントワーヌ城塞、ヴァンセンヌの森、サン＝ジェルマン＝アン＝レーに収納されていた宝石・金銀器の管理人など。

「幸運の女神が支配する丘」の上にすわりこんだ、この「一大集団」の成員はみながみな贈り物、年末年始の贈答品として、仕着せ用の上等の織物、婦人用の馬、馬車用の馬、毛皮の裏つき長靴、衣服につける駝鳥の冠も、金色メッキをした銀製食器などをもらっていたというだけではない。みなが、高額の年金を支給されていた。かれらが、財政上の経験や知識の持主であったら、それもまあ、よいとしよう。だが、大半の者は能なしで、ただ、権力と金という二つの欲望だけに凝り固まっていた。だから、金銭にかかわる病気なら、有能な薬剤師として治すことができるので、自分の資産に穴があけばすぐ修復するすべも知っていた。「かすめ取り、さっと銜《くわ》えこむ」のである。国王用にと納められた金銀細工品のいくつかを、ちゃっかり自分のものにする。国王のタペストリーはおろか、国王の衣服までも、盗みとる。あらゆるところから、うまい汁を吸うのだ。収税官で、「にぎり屋」の異名を与えられていたアレクサンドル・ル・ブルシェは、ワインの販売をしていた。王室金庫両替方のひとりは、商店の経営者だった。侍従のひとりは、塩税《ガベル》なし、すなわち、税を払わずに、塩の闇取引をしていた。だれもがこうして、「自分の財布を一ぱいに」していたのである。だれもが、王や貴族たちに、国庫からくすねた金を高利で貸している始末だった。だれもが町に、すなわち、パリのめぼしい場所——サント＝クロワ・ド・ラ・ブルトンヌリー通り、ヴィエイユ・デュ・タンプル通り、パルシュミヌリー通り、オームリー通り、ブール＝ティブール通りなどに、豪華な邸宅を購入していた。たとえば、歌手であって財務官、ヴェルリー通りに、一年間の日数と同じ数のガラス窓のある邸宅を保有していたミレ・バイエのように。だれもが、「田園に」、すなわち、パリの周辺、クリシー、サン＝トゥアン、ブリ＝シュル＝マルヌ、ロマンヴィルといった近郊、すなわちむかしからの郊外に、また、リュザルシュ、モー、コルベイユ、パレーゾー、ランブイエ、ポントワーズといった遠郊に居を構えていたのだった。会計法院長レーモン・ラギエは、オルセーに壮大な城館を建てられるぐらいにたっぷりと貯めこむことができた。「官費支出の総監督」、大立者のジャン・ド・モンタギュは、みずからが領主でもあったマルクーシに、ケレスティヌス会が祭事執行をする一教会を建てさせたが、六十万フランの費用がかかった。もちろん、金貨六十万フランである。これらはすべて、一例にすぎない。

要は、無秩序が支配していて、どこでもかしこでもスキャンダルばかりで、乱脈ぶりはその極にあった。ブルゴーニュ公が、この体制の変革をなしとげたいと訴えたとき、人々の心を動かすこととなった。確かに、大公には、それだけの力もあった。だから、単に口先だけのことに終らせなかった。パリ市民たちに、夜の安全を保障するために、街路に鎖を張りめぐらせる権利を回復させた。一三八二年の弾圧以来、この権利は取り上げられていた。これは、この種の改善策に敏感だった、「一般大衆」の認識に先んじる行動だった。白頭巾党を打ち破り、ローゼベケの後に続いてきた反動政策に加担してきた父の子は、フランスのアルテフェルデの役割をみずから引き受けようとしていたのだろうか。ジャン公が、権力を嘲笑批判する者たちにつねに拍手喝采を惜しまなかったパリ市民たちの共感を得ることに熱心だった姿を見ると、そう信じたくもなる。

しかし、衝突の予測や革命の予測があろうとなんらおそれない、争い好きの人たちがいる反面に、穏健な、平和愛好者たちもいるので、論戦が実際あまりにも白熱してくると、かれらの平安はかき乱されずにおかない。王の周辺には、ことに、そうした人たちが見られたものである。ブルボン公、ベリー公などは特に、甥たちが互いに刃向かうさまを見て、不安にかられていた。武器がカチャカチャと触れ合う音におびえていたのだった。

宮廷でも動揺がおき、この従兄弟たちふたりに働きかけて、一四〇五年十月十六日、まずはともかく和解をさせ、一しょに飲み食いもさせた。双方ともがそれぞれの兵士らを解雇することを了承した。最初の緊急事態は乗り越えられた。だが、ほどなく、またもや挑発行為が再発する。両方から次々くり出される挑戦には、叔父たちもさすがに段々不安がつのってきて、対立するふたりを何とか和合させようとつとめる。ふたりを一しょに招待する。ふたりそろって聖体拝受を受けさせる。ふたりを相抱擁させたりする。しかし、このようなわざとらしい行為には、なんの効果もない[8]。妃イザボーを摂政にまつり上げようとするが、彼女も、非力で、手出しができず、うろうろと動くばかりである[9]。フランスは、息を詰めて見守っている。ふたりのうちいずれが、相手に打ち勝つのだろうかと。

*

ルイを消したのは、ジャンであった。かの有名な、世に名高い暗殺が実行されたのは、一四〇七年十一月二十三日水曜日だった。

その夜、ルイ・ドルレアンは、マレー地区にあるバルベット館へと出向いた。公妃の住居であって、折しも公妃は十二番目の子を出産したばかりだった。その子とは、ルイが息を引き取る直前に辛うじて略式洗礼を受けるだけのいとまがあった、あのフィリップである。ブルゴーニュ公が傭《やと》った連中は、「ノートル・ダムの御像」との看板をかかげたバレット門近くの一軒の宿屋に泊りこんでいた。行為は、細部にいたるまで入念に準備しつくされていた。王の侍徒トマ・クールトゥーズも一味に加わっていた。かれが、公妃の屋敷へ赴いてシャルル六世の弟ルイに会見を求め、こう告げた。「殿下、王が遅滞なく参上するよう、王ご自身と殿下とに密接なかかわりのある事柄について、至急に話しておきたい儀があるとのお召しでございます」と。罠であった。

こんな時間に――およそ八時頃、日は既に落ちていた――こういう会見が行なわれるのはどうもおかしいとよく考えもせず、ルイ・ドルレアンはらばにまたがり、出発した。「その夜は、ことに闇が濃くあった」と、モンストルレがわたしたちに舞台装置を描いてみせてくれている。馬に乗った近習ふたり、それに炬火《たいまつ》を持った徒歩の従僕五、六名だけが、ルイの伴をした。

とつぜん、十八人から二十人ぐらいの男たちが暗がりからおどり出た。不意を打たれたルイは、「わたしは、オルレアン公だぞ」と叫んだ。「願ったりのことよ」と先方は、切り返した。そして、切ったり突いたりしてきた。従僕のふたりとともにドイツ人の公付近習ひとりを殺し、残りの者を退散させたあと、殺し屋どもは、どっと犠牲者に襲いかかってきた。ルイは、頭を割られ、右腕を折られ、引き千切られ、左の手首を切断されて、どうと倒れた。脳の中味が泥の中に流れ出た。手短に、こんな命令を下すのが聞えた。「火をみんな消せ。さあ、もう行こう。やつは死んだ。あわれんでやろう」。死体は、現場に放置されたが、その夜のうちに、ギュミット会の教会――のちに白いマント派と呼ばれるにいたる――に運ばれ、埋葬――ケレスティヌス会修道院で行なわれた――まで、安置されていた。

殺し屋の一団の首領は、――むろんのこと、その成功をよみして、ブルゴーニュ公からたっぷりと報酬をもらったが――ふだんから公に仕えていた家臣ラウレ・ダンクトンヴィルであった。むかし、王妃イザボーから詐欺のかどで処罰されたことがあり、また、借金で首が回らない状態にあった。配下の連中はすべて、ラウレと同様に、ブルゴーニュ公に雇われたので、殺人をも含め、その命令を実行しつくす覚悟ができていた。実際にまた、ジャン・サン・プールとは、野望をみたすとあれば、目的のために手段をえらばず、緊迫した情勢を解決できるならば犯罪であろうと何であれやってのけることもおそれぬ政治家だったのである。

いとこのオルレアンが死んだ翌日、ブルゴーニュ公はその葬儀に出席したときにも、なんら取乱したさまは見せず、故人との血のつながりから当然そうあるべきと思われる感情を見せつけにして、定められた席にすわっていた。

ところで、良心的で明察力にたけたパリ代官ギヨーム・ド・ティニョンヴィルが進めていた捜査の手は程なく、対立していた両公の周辺に探りを入れる方向へと向かわずにすまなかった[10]。既に、人々の間でささやきが交わされていた[11]。悲劇の二日後、ジャンは、国務会議を終えて出てくると、アンジュー公、ベリー公に、自分が事件に係わりがある旨を打ち明けた。「悪魔にそそのかされて、この人殺しをやらせてしまった」と語ったという。次の日の朝——それは、土曜日だった——かれは、パリを発ち、フランドルへ向かった。

＊

この打ち明けの影響や唐突な出発の意味を思い誤ってはならない。逃亡と受けとってはならないのである。諸侯に告白をしたとき、この殺人者は、必ずやきっと手掛りをつかむにきまっている刑事当局の捜査を待ったりはしないという意志をあらわしていたのだった。サン・プール、この「恐れ知らず」の男は、先手を打ったのだ。だから、自分の領国へ発ったのも、事の結着を偶然にゆだね、事のあらわれは人々の噂にまかせ、味方にも敵にも浮動層にも「自分のいない所で」態度を決める余裕を残しておこうとしたのだった。しかし、早晩、なんらかの反動が起って戻ってこなければならぬようになることは重々承知の上だった。なにしろ意図的に仕組んだ行為だったのだから、釈明の必要はなし、堂々とそれを認め、その結果を摘みとるために。

一四〇七年の犯罪は、実際、初めのうちさまざまの相反する受け止め方をひき起した。また、それも当然のことだった。宮廷でも、当座はみな唖然として、一見真剣になげき悲しんでいるふうにも見えた。なるほど、ルイ・ドルレアンは、いくつもの大きい欠点の持ち主だったが、心の広い、寛容な、話せる奴、陽気な道楽者だった。騎士たちや封建諸侯間では、かれが往々羽目をはずし、一般大衆の小銭をふんだくりすぎる傾きはあったにせよ、好感をもって遇されていた。市民層や庶民階級は、逆にかれを嫌っていた。市民はかれのことを、国費の濫費者とみなしていたし、庶民は、人頭税や補助税などあらての税金を次々と考え出す張本人と見ていた。かれを直接知らない者たちは、よほどの悪人なんだろうと思っていた。つき合ってみれば楽しい奴なのに陰気な男とみなしたり、ただの軽薄才子を腹に一物ある奴、単なる粗忽者を悪事をたくらむ油断のならぬ奴と見ていたのだった。ヴァレンティナだって、魔女だったのではなかったか、うまうまと王に取り入り、王に何かの飲み物をあてがって病人にしてしまったのだと疑いをかけていた連中だったのである。多くの者の目に、ルイは、おぞましい暴君とうつり、他方、ジャンは、自由主義思想の支持者に見えていたのだった。敵同士の従兄弟の争いは、武器をもってしか解決できなかったのだから、庶民にしてみれば、血祭りにあげられるのはオルレアンの方であって欲しいという願いがあったのだ。[12]「節くれだった棒」が「鉋」によって「滑らかにされる」

のは、もろもろの改革に望みを託している連中にとって慰みになることだったのだ。

自領にぶじたどりつくと、ジャンはすぐに、家臣らの賛同をとりつける。人数がそろえば、嘘もよき方便となりうる。公は、リールに配下の大領主、聖職者らを集め、自分のなした行為を自分流に説明し、そして、フランドルからガンまでの全地方を同じ目的につなぎとめる。こうしてデマにひとしいものであっても根本的な相互理解をとりつけ、どんなに巧妙な政治的マヌーバーの技術にもひけをとらぬ抜け目なさの持主だった大公は、犯罪をも国家の安寧のための一方策、正当な報復であったかのように思わせる、偏向的なうわさを拡めさせたのである。オルレアン公の方が、ブルゴーニュ公の暗殺をはかっていたのだとの非難が放たれ、したがってブルゴーニュ公は、ただ正当防衛をしただけのことだったのだ、と。また、別な声をあげさせることもした。オルレアンは、ブルゴーニュ公夫人の名誉を汚したとの非難を浴びせられる⑬。これだけの理由があるのだから、十一月二十三日に下された一撃は、つぐなえぬほどの侮辱に対する正当な処罰にすぎなかったのだとの理屈である。さらに加えて、語りぐさになっていたルイの野望の数々があげつらわれた。その暴君ぶり、王座への執心、シャルル六世を呪いにかけて毒殺させ、その後釜にすわるため妻のヴァレンティナとぐるになっての魔法の実行、人民をうとんじ、人頭税・補助税を過度に負担させて貧者からむさぼり取ったことなどなど。前代未聞の巧みさで、犯罪人は、自分の行為を無資格者の処刑、解放と正義の行ないに変えて行ったのだった。こういう事実解釈が実に巧妙に操作されて、フランドル、ブルゴーニュ、パリに易々と押し付けられて行ったのだった。こうして見ると、善悪の判断も薄れていたこの混乱した時代の深い精神的混迷のほどがよくうかがえる。

実際、怖い者知らずの公は、悪口中傷や政治的術策にかけては、達人だった。かれの周辺には、主人のこうした企みをぬかりなく助けてくれる、取巻き連が二重に作られていた。すなわち、主人の企みの邪魔立てをする者ならだれであろうと、即刻消す役目をになう、ラウレ・ダンクトンヴィル流の手先の者どもばかりでなく、——後ですぐその不敵な行動を見てみるはずだが——ジャン・プティ流の、どこかの大学あたりから引き抜かれてきた、筆の立つ連中で、矢つぎ早やにパンフレットの類を連発し、次々と弁論を張って、物の見方を混乱させ、痕跡をくらませてしまい、あげくの果て平均的なフランス人を面くらわせて、何が正しいことで何が正しくないことかを見分けられなくさせてしまう連中もいた。

ジャン[14]がずっと以前から従兄弟の謀殺を企んでいたのだとトマ・バザンと同じように考えなくとも、ともかくもかれが、完璧の巧みさで、周囲の心理的状況を完全に知りつくした上でこの死体の処理に当ったことは、認めておかねばならない。ジャンは、宮廷からも、町からも、姿を消した。殺された者の方は、どんなに不人気者だったにせよ、人々の同情を引きつけるはずだが、「暴君」オルレアンの場合は、同情といっても、わら屑一本の火に終るのは知れたことと見ていた。待つことを知っていればいいのである。わらの火は、消える。それに、灰の下へと押し込んで、さっさと消してしまうこともできるのだ。

このもくろみは、事実によって正確に裏書きされた。最初のうちは、なんとなく人々のあわれみをそそって、ルイの残された妻ヴァレンティナに同情が集まった。彼女は、シャトー＝ティエリーに、次いでブロワに移り、そこで、子どもたちと共にいささか大仰な悲しみにふけってみせ、それなりに反響がなかったわけではなかった。そのあと、殺人者がいないのを見すまして、パリへ来た。長子アングレーム伯シャルル、義理の娘イザベルと共に、サン＝ポル館に泊まった。豪奢な厳しさをたたえたその喪服姿で多くの人々を圧倒しつつ、イザベルとふたりそろって、王の足もとにひざまずいて、涙にかきくれ、公正な裁きを乞い求めた。国務会議には、請願書が提出された。「殺人と関連ある一切の事情、ブルゴーニュ公の犯罪の全データ、公自身の自白のおぞましさ等があらためて摘発された。請願書にはまた、公がフランドルにおいて先頃、オルレアン公の名誉を汚す、不当にして破廉恥な文書を公布させた次第も報告されていた[15]」。王は、自分の前にくずおれているヴァレンティナ・ヴィスコンティと、同じく泣きぬれているわが娘イザベルを立たせ、ふたりをあい共に精一ぱいをつくして慰め、請願書は法廷に付託される旨を約束した。

しかし、パリでは、群衆はブルゴーニュ側の宣伝に次第次第に動かされてきていた。大衆心理の中では、いよいよ強く、改革思想とブルゴーニュ公による権力の把持とが一つにつながってきていた。公をおいて、政治の衝につくことができる者がいるのか。公こそは、ヴァロワ家唯一の政治家ではなかったのか。サン＝ポル館では、人々は明日の不安におののきながら、すごしていた。ブルゴーニュ公が兵力の動員をかけていることを、人々は知っていた。胸締めつけられるこの動揺の中にあって、ブルゴーニュ公に抵抗できる力のある者などだれもいなかった。オルレアン公夫人、その幼い子どもたちの身近に漂うのは、ただ無力感と、どうしてよいのかわからぬ思いだけであった。だれが見てもジャンは、時代をも思いのままにできる強い男だった。ジャン自身も、十分それを意識していた。思い切った手段で報いてくることは、火を見るより明らかだった。

こうして、怖いもの知らずの公の声は、次第次第に高まってきた。伯父たちは、二度とパリに姿を見せぬようにと意見をした。そんな意見は無視された。宣伝工作がうまく行って、ヴァレンティナの悲嘆や彼女の弁護士ギヨーム・クージノの弁論がなんとか成功しかけていた泣き落しの効果もおさえ込まれたのも見てとっていた。公のパリ滞留の機に、オルレアン公未亡人が、またもや王をうまくたらしこんだとの噂がばらまかれた。ミラノ出身のこの美女も、王のあてになりそうにない約束に、ほとんど希望をつなぐことはできなかった。夫人は、ブロワへと身を引く。まさにこの時、ブルゴーニュ派の軍勢が遠慮会釈なく、パリへの強行突入をはかっていたのだった。アラスで軍勢の集結が行なわれた。ブルゴーニュの元帥ジャン・ド・ヴェルジーが、みずから指揮をとった。イザボーは、怯えきって、ブルターニュ勢に救いを求めた。しかし、彼女の義弟は、「強者は自分の任を果すのみ」[16]と了解していた。軍を進めた。接近してきた。二月二十八日には、サン゠ドニにいた。三日後、群衆の歓呼に迎えられて、パリに入った。ルーヴル宮に着くと、婿である王太子と、わが娘である王太子妃に再会した。ネール館で昼食をとった。そこは伯父ジャン・ド・ベリーの典雅な住居であって、伯父の不満もしょせん、一時のものだった。さいごに、自分の屋敷である、アルトワ館に落ちついて、くつろいだ。だれにも思い誤ることはできなかった。かれは、思い切った手段に打って出て、試合の第一回戦はみごとに勝ったのである。

*

恐れ知らずの大公が演じているのは、こういう試合であった。その試合に賭けられているものは、まさに、フランスの支配のほかの何ものでもなかった。バルベット地区での犯罪の、責めを負うべき下手人が、パリ市民にこれほどまで歓呼して迎えられたのは、まさに世論が方向を見失ったことのしるしし、人間の生命がさほど重きをおかれなくなり、短刀と戦闘用の斧とが——別の時代なら、機関銃が——論戦での当然の武器とみなされるようになり、権力はこの武器をつかんだ者の手に帰するようになった時代のしるしであった。それだけの野心満々の不敵さを、わがブルゴーニュ公がたっぷりとそなえていたことは、わたしたちも以上見てきた所からよく理解できる。「一般大衆」を喜ばすことのできるその才能によって、いよいよ自信を増し加え、これまでにも十分その成果をあらわしてきた。首都パリの主人となった今、その力量は完全に発揮されようとする。

かれに喝采を浴びせたパリはまたパリで、ともかくも奇妙な代物であった。パリは、集団的な強迫観念のとりこになっていたので、それがどういうものだったかを見定めておく必要がある。そうでないと、この後に続いて起った諸事件のことは、何も理解できなくなる。

ただただ依怙贔屓と腐敗堕落ばかりという体制の歪みだけをもってしては、この熱病の時代の精神状況を説明し切れない。真相はこういうことなのである。シャルル六世の弱小の頃しきりと起っていた暴動は、新たな紛争の種を残した。王の伯父たちに敗残者扱いされ、不当に賠償金を背負わされた上、宮廷での王侯たちの争いや王の狂気をその目で見てきたパリ市民たちは、何ひとつ忘れはしなかったのである。一大経済危機によって諸価値の変動が生じ、物価の高騰、生活困難、食料の窮迫、必需品の欠乏をひき起し、社会不安が生まれ、こうした一切が原因となって、人々の精神は方向を見失うこととなった。一三八二年の弾圧の際、シャルル六世の叔父たちは軽率にも、町の通りに血の雨を降らせた下層の民ばかりか、上層の市民たちにも罰を科した。このために、上流層を反対派に走らせることとなった。大学は大学で、沸き立っていた。構造改革の効果と必要とを信じ切っていたのである。あらゆる階層に、「新しいもの」への待望があった。半世紀前に、「賢王」シャルル五世が巧みに権力者側とのつながりをつけておいた上層市民階級は、今や一種の急進的反体制派に傾いていた。もっと悪いことがあった。体制破壊の思想が、当時の人々を病的な魅力でひきつけていたのである。多くの人々は、かのエチエンヌ・マルセル（一三一六—五八、パリ市長、ジャン・ル・ボンの時代に反乱を企て、殺される）の時代と同じく、ヴァロワの政府は根本的に悪と見ていた。改革か、革命か。悲劇はそこにあった。

ところが、ジャン・サン・プールの時代のパリは、もはやエチエンヌ・マルセルのパリではなかった。民主化されたパリであった。いわば、世論の基本線が変っていたのである。先にも見てきたように[17]、一三八二年、市長職を廃止したことで、シャルル六世の叔父たちは、秩序のために寄与したと考えていた。ところが逆に、無秩序に力を貸したのだった。騒乱好きの同業組合の連中がたちまち、のし上ってきた。中でも、粗暴な肉屋の組合が先に立った。そのまわりにうごめく、さらに兇暴な連中、とくに皮剝ぎ屋の組合がこれとぐるになった。こうなれば、屠殺場のふんい気である。無気力で不平不満たらたらの群衆は容易に引きずられて行く。実行行使に訴え、一斉手入れをしたところで、包丁をふり回すことをおそれぬこういう連中に対してはなすすべがない。その証拠はやがて、はっきりと目に見える形であらわれてくる。

恐れ知らずの大公が戻ってきたときのパリは、こんな有様だった。かれは、夜にパリの

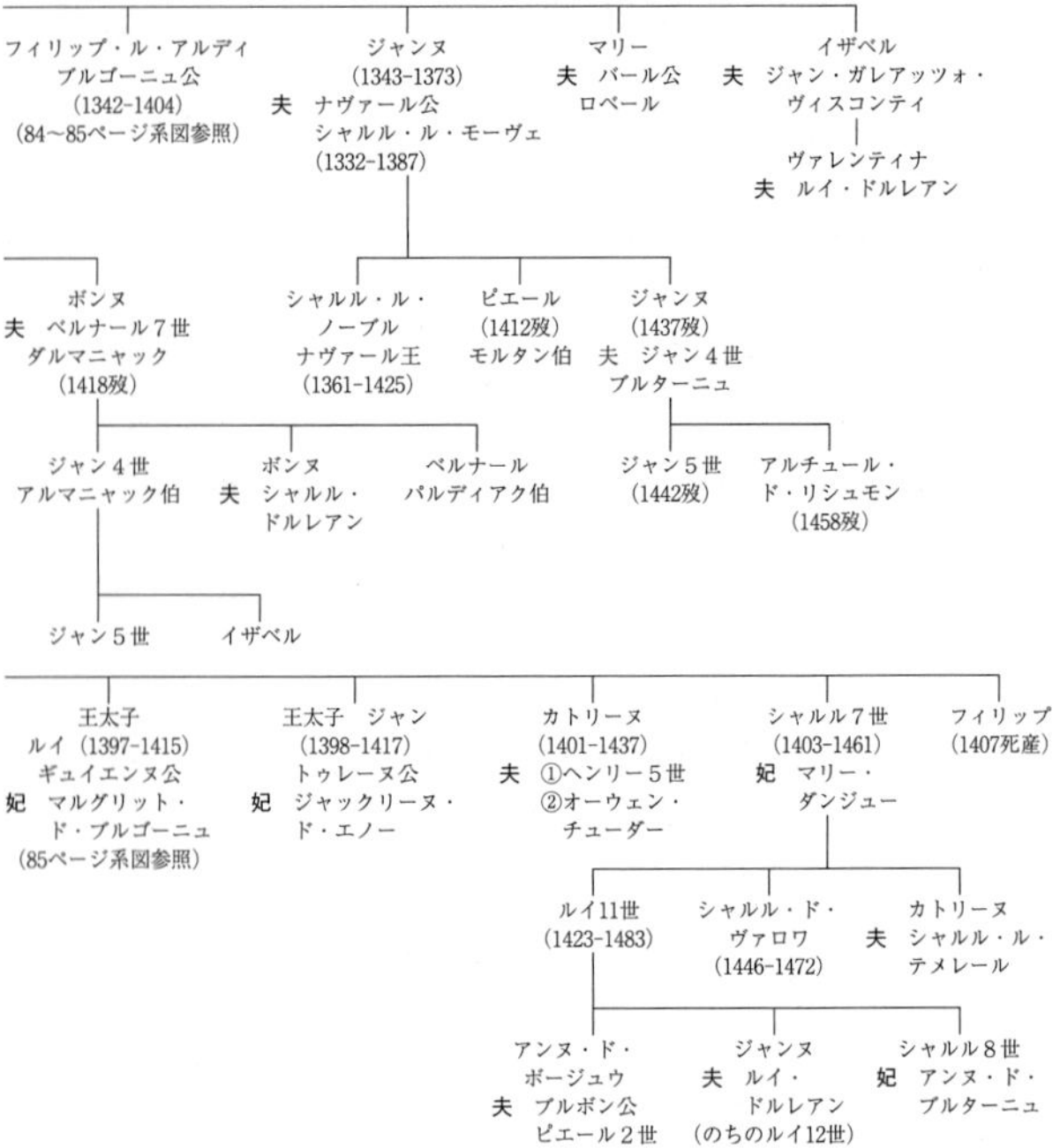
フィリップ・ル・アルディ
ブルゴーニュ公
(1342-1404)
(84〜85ページ系図参照)
ジャンヌ
(1343-1373)
夫　ナヴァール公
シャルル・ル・モーヴェ
(1332-1387)
マリー
夫　バール公
ロベール
イザベル
夫　ジャン・ガレアッツォ・
ヴィスコンティ
ヴァレンティナ
夫　ルイ・ドルレアン
ボンヌ
夫　ベルナール7世
ダルマニャック
(1418歿)
シャルル・ル・
ノーブル
ナヴァール王
(1361-1425)
ピエール
(1412歿)
モルタン伯
ジャンヌ
(1437歿)
夫　ジャン4世
ブルターニュ
ジャン4世
アルマニャック伯
ボンヌ
夫　シャルル・
ドルレアン
ベルナール
パルディアク伯
ジャン5世
(1442歿)
アルチュール・
ド・リシュモン
(1458歿)
ジャン5世
イザベル
王太子
ルイ (1397-1415)
ギュイエンヌ公
妃　マルグリット・
ド・ブルゴーニュ
(85ページ系図参照)
王太子　ジャン
(1398-1417)
トゥレーヌ公
妃　ジャックリーヌ・
ド・エノー
カトリーヌ
(1401-1437)
夫　①ヘンリー5世
②オーウェン・
チューダー
シャルル7世
(1403-1461)
妃　マリー・
ダンジュー
フィリップ
(1407死産)
ルイ11世
(1423-1483)
シャルル・ド・
ヴァロワ
(1446-1472)
カトリーヌ
夫　シャルル・ル・
テメレール
アンヌ・ド・
ボージュウ
夫　ブルボン公
ピエール2世
ジャンヌ
夫　ルイ・
ドルレアン
(のちのルイ12世)
シャルル8世
妃　アンヌ・ド・
ブルターニュ

ヴァロワ朝フランスとブルゴーニュ

ジャン・ル・ボン（本書84〜85ページ系図参照）

- シャルル５世（1338-1380）
  - シャルル６世（1368-1422）
    妃　イザボー・ド・バヴィエール
    - シャルル（1386-1386）
    - ジャンヌ（1388-1390）
    - イザベル（1389-1409）
      夫　①リチャード２世
      ②シャルル・ドルレアン
    - ジャンヌ（1391-1433）
      夫　ブルターニュ公の子（のちのジャン５世）
    - 王太子シャルル（1392-1401）
    - マリー（1393-1438）
      ポワシィ修道院長
    - ミシェル（1395-1422）
      夫　フィリップ・ル・ボン
  - カトリーヌ（1378-1388）
    夫　モンパンシエ伯ジャン
  - ルイ（1372-1407）
    オルレアン公
    妃　ヴァレンティナ・ヴィスコンティ
    - シャルル（1394-1465）
      妃　①イザベル・ド・ヴァロワ
      ②ボンヌ・ダルマニャック
      ③マリー・ド・クレーヴ
      - ルイ12世
    - フィリップ（1396-1420）
      ヴェルチュ伯
    - ジャン（1400-1467）
      アングレーム伯
      （フランソワ１世の祖）
- ルイ、アンジュー公
  シチリア王（1339-1384）
  妃　マリー・ド・ブロワ
  - ルイ２世シチリア王
    妃　イヨランド・ダラゴン
- ジャン、ベリー公（1340-1416）
  妃　①ジャンヌ・ダルマニャック
  ②ジャンヌ・ド・ブーローニュ
  - ジャン（1363-1401）
    モンパンシエ伯

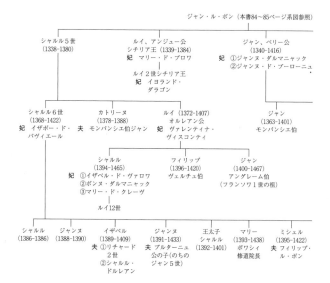

道路の封鎖をさせるためのチェーンを復活させた。六百本のチェーンが、パリの金物業者によって鍛造された。だがしかし、あちこちでひそかに連絡をとり合っての暴動騒ぎが頻発している中で、このような方策では治安の維持に役立つよりはむしろ、テロ行為を一そう容易にする危険があった。なんともいえぬ不安の空気が、夜間、照明もなく、頼りにならぬ警察力しかない中で、おそろしいばかりな激情にゆさぶられている三十万の群衆を包んでいたのである。

このとき、大公には、こういう危険を憂慮する気持はなかった。自分の勝利をさらに活用して行くことが、かれの関心事だった。大胆不敵さでかち得た勝利だった。さらに、この不敵さをつらぬいて行くほかはない。正義を行なう者でありたいとする思いに引きずられていた。大学出身の政治家グループに、自分のおかした犯罪の弁護の役を命じていた。何にでも手を出す御用学者の聖職者が、さっそく仕事にかかった。

この奇怪な企てに参画した面々には、ムーティエ＝サン＝ジャン修道院長シモン・ド・ソー、アンドレ・コラン、ニコラ・ド・サヴィニー、ピエール・ド・マリニー、ギヨーム・ウーヴリー、それに、先にも教会分裂の論争にも加わっていたピエール・オー・ブーなどがいる。「貴婦人たる教会の嘆き」の作者である。もう一人の博士もこれに加わっていて、弁明書作成の主筆の役を演じた。すなわち、有名な『無罪の証明』の責任執筆者ジャン・プティである。

既に一四〇八年二月十七日、ジャン・サン・プールの大書記局でこっそり作成された、奇妙な宣言書があり、そこでは、フランスはただルイ・ドルレアンの殺害によって救われたのだとする主張が見られた(18)。このお題目がジャン・プティによって再び取り上げられ、スコラ哲学のありとあらゆる規則を用い、痛烈な非難の形で展開された。かれの弁駁書は、大前提、小前提、結論で飾り立てた、バルバラ型三段論法にもとづき、これらを例証、派生命題、付帯条項で色づけし、引用を添え、悪口を盛りつけして仕上げていた。暴君を殺すことは許されている。オルレアンは、暴君であった。かれが殺されたのは正しかった。国家的理由《レゾンデタ》は、殺人を理由づけ、正当化する。こうした断定的な命題のまわりに、作者は持ち前の鉄面皮と多弁とで、多種多様の変奏をつけていた。多数の写本がばらまかれ、その中には、豪華本までが見られる中で、ちょっと変った扱いをしている一枚の挿絵入り写本があり、牙と爪とで王冠に襲いかかっている一匹の狼、これに対するに、脚で狼を踏みにじって血まみれにしている一匹の獅子を描いたものがあった。

力ずくで、狼は、王冠を
歯と爪でくだき　引っ張る。
すると、獅子は　非常な怒りにかられて、
その脚で　狼に一撃をくらわす。

この絵と、この説明文とで、弁護の内容は要約しつくされている。国王に忠誠を尽す愛国者ジャンが、従兄弟を消したのは、王冠に手を触れさせまいとしてであった。事実、ルイと語呂の合う狼《ルー》は、オルレアンの象徴である。獅子は、フランドル伯、ブルゴーニュ公の紋章の主要部分をなしていた。要するに、暴君殺しの全面的な礼賛であった。

しかも、公式の礼賛であり、作者により、――公式に――読み上げられたものであった。作者は、一四〇八年三月八日、サン゠ポル館大広間で厳かに開かれた集会の席上、正式に招集された、多数の、選りぬきの聴衆の前で、四時間にわたって、これを吐き散らしたのであった。

情勢急変で十二分にそれだけの理由もあったため、国王不在の中で王太子ギュイエンヌ公ルイが、王座にすわり、父の代わりをつとめた。かれの両側には、シチリア王ルイ・ダンジュー二世、ベリー公、ブルターニュ公、アランソン伯、タンカルヴィル伯が座を占めた。諸侯、高官、大官がずらりと一列に居並んで、場面に栄えを添えた。ジャン・サン・プール、この大演出家は自分にふさわしい場所にいた。かれの思わくはいうまでもない。こういう大芝居を打って諸事実のブルゴーニュふう解釈を、世論や市民層や大学に否応なく押しつけてしまうことにあった。威嚇と脅迫をもって、屁理屈で練り上げられた議論の支えとした。恐れ知らずの大公は、黄金色の葉を散りばめた真紅の服をまとい、袖の広い銀灰色のシベリア産リスの毛皮で身をくるみ、ビロードのケープを羽織り、型入りの頭巾をかぶり、手を上にあげるときには、下に着込んだカプラーヌ（鎖かたびら）が見え見えになるようにとの配慮もつくしていた。

　なるほど、参会者のみなが、恥知らずにも短刀をもって政治的決着の当然の道具と言ってのけるような、この不条理な演説の罠にかかったわけではない。犯罪の礼賛は、前もって言いふくめられていた連中だけしか承服させはしなかった。しかし、だれひとり、あえて異を唱えようとする者も、自分が不賛成であることを他にけどらせようとする者もなかった。その場にいたジュヴナル・デ・ジュルサンがこのことを証言している。「あえて反対を言おうとするほどの大胆な者はなかった」と。

　そして、この途方もない芝居の台本は、こういう終幕で終るのである。王は落ち着きを取り戻すとすぐに、「国王特赦状」を交付した。犯罪は「帳消し」となった。犯罪人の特赦が、オルレアン公未亡人たちの涙ながらの請願書の帰結であった。ヴァレンティナはブロワに逃れ、厚顔無恥に力ずくを合わせてのこの無理無体の強行を苦さと共にかみしめているより外はなかった。

　熱心さと明敏さを過度に持ち過ぎていた長官ギヨーム・ド・ティニョンヴィルは、ある人間の逮捕に関して大学の特権を侵害したというまことしやかな口実のもとに、職務を剝奪され、その後釜には、ジャン・サン・プールの息がかかったピエール・デ・ゼサールがすえられた。もうひとりのいわくつきのブルゴーニュ人ダンピエール侯シャルル・ド・シャチヨンは、フランス海軍提督の地位を得た。かつてオルレアン公の引き立てで任命されていたクリケ・ド・ブレバンの後任であった。

*

事柄がこのように進んでいた時点で、突如舞台転換が起る。幕間劇がはさみこまれる。北部で事件があい次いで起り、ブルゴーニュ公は急遽パリを発って、自領に戻らなければならなくなる。突如、フランドル問題が、再び脚光を浴びる。さしせまった事情が、マルグリット・ド・フランドルの子に、自分が単にフランス王の血族のひとりであるにとどまらず、他の義務にもしばられた者、サン＝ポル館での法の強制執行以外にも任務を持つ者であることをつきつけるにいたる。

既に形成されつつあったブルゴーニュ領ネーデルラントの中に、リエージュ教会領大公国が飛び地として入りこんでいた。商工業都市であり、産業の点でも、民主的な志向の点でも、あらゆる点でフランドル地方の商工業都市に似ていたが、リエージュは、領主として司教をいただいているという他にない特徴があった。この司教は、権力も衰え気味の宗主である神聖ローマ皇帝から事実上完全な独立を従臣としてゆるされていたという事情もあって、とくに強力な存在であった。

ところで、リエージュにも波及していた一三八二年から八四年にかけてのガンの運動の結果として、この国の産業構造においても、大商人は優位を失っていた。「ヴィオレット」[19]と呼ばれる市庁舎は、職人たちの手に帰していた。三十二の職業の代表者たち二百人がメンバーとなって議会を作り、ほとんど常時、しばしば喧騒の中で開会していた。リエージュの労働者たちには、「部室」があった。今日なら「クラブ」というところである。熱狂的で反体制派の若者たちがそこでは大声をあげて語り、社会階層の中でもどちらかというと下層民たちが進んで、第一等の席を占めていた。一介の道路舗装工事人ジャックマン・バデュが、一四〇七年、アヴィニョン教皇ベネディクトゥス十三世への大使として派遣されるなどということもあったのだ。

こういう大衆へのおもねりの行きつくところと、司教＝大公との間に、衝突が生じずにはすまなかった。その大公とは、一三九〇年以来、ほかならぬジャン・ド・バヴィエールであって、ブルゴーニュ公夫人、ジャン・サン・プールの妻マルグリットの実の弟であった人であった。保守思想にこり固まった年代史家ジャック・ド・アンリクールが、「大学たるものが、その本来の領主を失脚させ、その上に立とうとするような狂気沙汰に走ることは論外だ」などと公言したところでむだであった。「大学」すなわち、リエージュの一地方団体が、本来の保持者である、さほど宗教色のない聖職者から、領主権を取り上げようとねらっていたことは、疑いない。司教——大公に綱をかけること、これが職人たちのねらいであった。ジャン・ド・バヴィエールは、反攻をこころみる。一三九四年、衝突が起り、以後、それは常態となり、一四〇六年になると、ことに激しさを加えた。九月二十六日、リエージュ市民は、ジャンの失墜を宣告した。そんな程度でとどまらなかった。新司教としてティエリー・ド・ペルウェズの任命を要求した。この選択は、教会法典を完全に無視して行なわれた。サン＝ランベール教会参事会員二名だけが、ペルウェズに賛成の票を投じた。それが何だろう。この種の事柄においては、分裂をいとわなければ、どんな勝手放題もゆるされるのだ。ジャン・ド・バヴィエールは、ローマ教皇の指図に従うこととした。町を支配する大公に対して、一見正当とみえそうな対立者を立てるには、アヴィニョンの対立教皇に働きかければ十分だった。ベネディクトゥス十三世は、予期しない連携ができたのにすっかり気をよくして、リエージュ市民のまったく政治的な行動の支援をする。ここで、争いは、一挙に頂点に達する。

リエージュの事件は、ある意味で力試しのようであった。恐怖に縮み上った聖職者連中は、動こうとしなかった。サン＝ランベールの何人かの教会参事会員は、抗議をしたものの、処刑された。地もとの騎士団は、弱体だった。自分たちの出る幕ではない論争に興味を持たなかった。農民には、そんなものにかかり合うどんな理由もなかった。司教を守ろうとする者はだれもなかった。逃げ場を求めたマーストリヒトに閉じ込められ、明日にも敵の手中におちいるわが身の姿が見えていた。そのとき、かれは、義兄ジャン・サン・プールに、必死の訴えを寄越したのである。フィリップ・ル・アルディがヴィッテルスバハ家とブルゴーニュのヴァロワ家との間に結んでおいた家族的つながりが、ジャン・サン・プールのもと、ここリエージュの国ではからずも活きてくることとなるのである。

大公は、パリでも大衆人気を非常に気にしていたから、リエージュの「大衆」が、自分たちの司教を失脚させようとしているのが理解できなかった。さらに加えて、ジャン・ド・バヴィエールに大公位を回復してやれば、建設途上のブルゴーニュ国にとっても、重要な一歩前進になるはずともわかっていた。

大司教は脅迫にあい、危機は迫っていた。そこで、ジャンは、パリ出発を余儀なくされた。自分が発ったことでどういう重大な結果が引き起されるかを知っていながら、一四〇八年九月、軍を率いて、まっすぐマーストリヒトに向かって進軍、ハスペンホウエから、大公国に入った。司教の兄ギヨーム・ド・バヴィエールの方でも同時期、ナミュール伯ギヨームの待命中の軍までも結集させ、コンドロス経由で、進入してきていた。こういう雑多な混成集団が、モンテナエケンで結集した。ジャン大公の軍は、こうして一段と強化され、一四〇八年九月二十三日、トングルからそう遠くない、オテ近辺のリュソンの野で、リエージュの民兵と接触した。

ローゼベケの再来であった。リエージュ人らは、再びアルテフェルデの失敗を重ね、かれらが祭り上げた「司教」の父、ペルウェズ侯の忠告をも聞かず、無分別にも戦いに打って出た。数の上の優勢をたのんで突っ走ったあげく、迂回作戦に引っかかって包囲されてしまった。かつてのガン人と同じ罠にかかり、敵軍の中央を屈服させれば勝利が得られるものと信じこみ、結局、敵の両翼軍に襲いかかられる破目に陥った。エルフでもさらに勇敢に抵抗を続けたが、結果は一層の非常な大量殺戮を招いただけであった。八千人の民兵が、地上に打ち捨てられていたといわれる。かれらの自称司教もその父も、その数に入っていた。

フィリップ・ル・アルディ時代のローゼベケ後のガン人のような抵抗力はなく、リエージュは、惨敗し、てんでんばらばらに、降参のやむなきに至った。

ジャンは、どんな手加減も加えなかった。軍事的潰滅の二日後、市民たちは、二人ずつ、はだしで、手に炬火を持ち、三人の義兄弟たち、ギヨームと二人のジャンの前に来て、ひざまずき、慈悲を、すなわち、赦しを乞うた。

ジャン・ド・バヴィエールには、あまり憐れみの心はなく、報復を叫ぶ声にしか耳を傾けなかった。ペルウェズに任命された教会参事会員や司祭はすべて、ムーズ川に投げ入れられた。女たちも容赦されなかった。市の旗は火中に投じられ、権利証書は一切没収され、職人団体はつぶされ、選挙職も廃止された。十月二十四日の判決で、市の自治は違法とされた。際限のない、歯止めのない独裁制が大公国内に確立され、司教にすべての権益が集中することとなった。

もちろん、司教のためこうした報復処置を準備した者たちが、忘れられることはなかった。ジャン・サン・プールも、ギヨーム・ド・バヴィエールも、以後はリエージュの領土内を自由に通行する権利を与えられることとなる。かれらの通貨も、そこでは合法的に通用する。チュアン、フォルス、クーヴァン、ディナンの城壁は、打ち壊された。援助の名目で徴収された二十二万枚のクラウン銀貨が、勝利を導いた参戦の費用にあてられることとなる。

ところが、リエージュの革命騒ぎでジャン大公がやむなくこの作戦を展開していたとき、ヴァレンティナ・ヴィスコンティとその仲間たちが再び檜舞台に戻れる、摂理的ともいえる機会がめぐってきた。オルレアン派グループが結集し、将来に対する重大な脅威となっていた。未亡人が力を盛返したのである。シャルル六世は、犯罪「帳消し」状を無効とした。王妃と王太子とは、ブルターニュ公ジャン五世の派遣した軍勢の保護を得て、優位に立った。ヴァレンティナは戻ってくると、再審の請願を提出した。告訴に当り支持者として、おかかえの弁護士ギヨーム・クージーと大書記官ピエール・ロルフェーヴルばかりでなく、セリジー修道院長、ベネディクト会士のトマ・デュ・ブールをも味方につけた。この人に、ジャン・プティの理不尽な主張を公的にしりぞける任を託した。

セリジー修道院長の駁論は、一四〇八年九月十一日に行なわれた。反駁すべき相手の先の公開文書のそれに劣らぬ勿体をつけて、読み上げられた。いずれにせよ、ジャン・プティの方も負けずにさらに声高に、パンフレットを連発して応酬してきた。俗受けするその活発な調子は、スキャンダル好きの人々を大いによろこばせた。

このとき、宮廷は、はっきりと未亡人の味方だった。義理の姉妹どうしである、イザボーとヴァレンティナの間に、結束が固められた。王侯たちも、このふたりを助ける方向に傾いていた。ブルゴーニュ公を討つための派兵も話に出ていた。ブルゴーニュ公が多忙をきわめていることはよく知られていて、リエージュ事件がどのような結末を迎えるかを人々は、ひそかに探っていた。

ところが、この新しい流れが、パリの世論と衝突するのである。奇妙なことだが、ジャン・サン・プールに対する大衆人気は、かれがリエージュの民主制にこれほど反対の態度をとったにもかかわらず、少しも失われなかった。パリはつねに、「すべてを滑らかにする鉋」に象徴されるこの人のうちに、自由主義者、改革者を見つづけてきたのである。その人のエルフの勝利は、パリの一般民衆の歓迎するところだった。何よりそのことが、宮廷においてもしばし妥協的な空気を生むもととなった。

そういうわけでヴァレンティナはブロワで侘しい未亡人の境涯をすごしたのち、一四〇八年十二月四日悲しみにひしがれて死んで行ったが、イザボーと王侯たちは、王をともない、十一月十日賢明にもトゥールへと移動し、パリはブルゴーニュ公に明け渡した。公は、同じ月の二十八日、パリに帰還し、自分の人気がそのままにまだ安泰であるのを見出す[20]。

＊

しばし、オルレアンの反抗により、不安をそそるピンが突きささった。ヴァレンティナの死によって、指揮権がその長子シャルルに移るが、シャルルはやっと十五歳、それにこののちも行動家の素質をあらわすこともめったにない。この方面では、危険は一切去ったと見えた。ジャン・サン・プールは、うわべでは内乱の責任を取ることは好まず、平和主義者と見られたいと思っていたから、本質的なことはなんら譲らぬという条件で、和解の用意があると表明した。会談の過程で、先にジャン公に与えられた無罪宣告の取消しは撤回され、和解の諸条件が念入りに検討された。その結果、シャルトルの和平条約の締結ということになった。

一四〇九年三月九日、シャルトル大聖堂を舞台として催された会見と和解の劇は、まさに演劇的華美をつくしたものでありながら、実は当事者双方における誠実さの欠如をカバーするだけの道具立てでしかなかった。教会は、治安の名目で、あらゆる武器で身を固めたエノーの徴集兵により厳重に護衛されていた。エノー伯、ブルゴーニュ公の義兄弟、ギヨーム・ド・バヴィエールが、仲介者であり、この盛典の主催者であった。「柵や杭で囲いこまれた」身廊内に、「玉座にすわっているかのように」、シャルル六世とイザボーが座を占めた。国王夫妻の後には、ギュイエンヌ公王子ルイ、ナヴァール王、シチリア王、ベリー公、ブルボン公、アランソン伯、ラ・マルシュ伯、ユー伯、ヴァンドーム伯、総元帥シャルル・ダルブレ、高等法院、会計法院、最高国務会議の面々が全員そろって、居並んだ。それぞれあい対して右側と左側とにある側廊の二礼拝室が、タペストリーで仕切られ、一方は、オルレアンの子ら、他方はジャン・サン・プールにふり当てられていた。両陣営とも、周囲を、おのおの六百人から成る——そのうち、百人は武装した貴族——護衛隊で固めていた。儀式は短かった。ほんの一時間で終った。

ジャン・サン・プールは、自分の代弁者、アラス総督ジャン・ド・ニエルを通じて、兄弟の死が引き起した「悲痛」をわが心から取り去って欲しいこと、その死の原因となった者は、「ありうるかぎりの、悲哀と狂おしさのうちにある」ことを申し立てた。その通りであると、大公自身が短く承認した。まったくありきたりの譲歩だといってよかろう。それだのに、みなは満足したのである。オルレアンの子らは、不承不承ではあったが、殺人者に対して抱いていた「いっさいの悪意」をゆるした。被害者の第六子ヴェルチュ伯が、ブルゴーニュ公の娘と結婚することとなる。和解の誓約がなされて、儀式は終った。

二日後、ジャン・サン・プールは詳細な会議報告を送った中で、ことにシャルル六世の態度に大へん満足して、リールの総督に次のように書いた。「神のご慈悲により、事柄は果たされた。いとも崇厳に、われらの名誉にもかなう仕方で、双方とも、すべての者がいとも満足する仕方で。まさしく、国王陛下、王妃殿下、その他の諸侯がたが……われらのために、馳走を供され、なかんずく、われらの息子ギュイエンヌ殿下は、いともお心優しく、なんの咎め立てもなさらず、いとも晴れやかなお顔でわれらのそばへ来て、みなの前で抱擁し、接吻された」

実のところは、お互いにただ口先だけでまるめこまれて安心していただけのことだった。「平和でもない平和」と、ニコラ・ド・バイユは、その『日記』に書いている。「包みこまれた平和」と、ブルゴーニュ公お抱えの道化師は言ったものだ。阿呆の道化師とされるが、賢者だった。その言葉が今に伝えられているのだから。(21)

「一四〇九年三月十一日から年末まで、四月二十日から五月三十一日までのブルゴーニュへの旅、七月七日から八月二十日までの北方諸国への滞在を除いて、ジャン・ド・ブルゴーニュは、パリを離れることはなかった。王と王太子の利益を守るのだという口実で、みずからの保護下でこれを踏みにじり、名実ともに主君として君臨していた。

他事に気をそらせることなく、ひたすら自分の思い定めた計画の実現をはかりつつ、ジャン・サン・プールは今日では、その父親よりも強力な存在であった……アルトワ館に宮廷をいとなみ、その支配権の及ぶ所についていっさいのあいまいさを許さぬ、豪奢そのものの生活を保持した。パリの市民、市参事会のメンバーのうち、自分に忠実な支持者に対しては、特に好意的であり、その仕えぶりを認めて、たえず施しを与え熱意をかき立てた。また、有用な助力を得るためとあれば大皿やボーヌ・ワインの大樽などを贈って、気前のよさを見せた」。要するに、「いたる所で友人を作るために、いたる所で贈り物を」したのだった。(22)

ひとりの商人が、ルッカの行政長官に、こんなふうに書き送った。「ブルゴーニュ公がこの王国において、もっとも偉大な、もっとも強力な殿であられることは確実とおぼし召され。そのお力は、ご自身の領土において動員なされる軍隊の力から来ているのである。なんぴとたりとも恐れるに足りぬ程の多勢をお引き連れになることができる」(23)

まさに、これが恐れ知らずの大公の確信なのであった。恐れどころか、憐れみの念も持たず、復讐心のままに動いてもよいのだとしていた。民衆からは唾棄されていた徴税官ジャン・ド・モンタギュは、シャルトル和平の交渉要員のひとりであり、何よりオルレアン側諸侯の相談役でもあった。パリの主君として、ジャン大公は、さまざまの口実のもとに、厳しい粛清をした。モンタギュは捕えられ、拷問に付され、罪ありとされ、処刑された。ルイ・ドルレアン以後、おそるべき争闘のこれが最初の犠牲者であった。

大公は、こういう厳しさのゆえに、あやうくパリを反逆させるところだった。その揺れを感じていた。厳しすぎるこの制裁の埋め合わせのつもりか、イザボーに接近していた。なるほど、王妃は、大公を嫌っていた。だが、自分をかき乱すその支配力、自分を不安にさそうそのまなざしに圧倒されるのを感じていた。魅惑にかかり、王太子ともども、一四〇九年十一月十一日のムランの協約をもって、ジャンの保護下に身をおく。こうして、つい先頃王が王妃に授けたばかりの権力は、するりとぬけ出し、姿を隠し、いつの間にかブルゴーニュ公の手中に移っていたのだった。

しかし、その時、ベリー公とブルボン公は、除け者にされた腹いせに、オルレアン側へと傾いていた。

折しも運よく、ある結婚の結果として、オルレアン派に欠けていた首領が与えられることとなった。シャルル・ドルレアンは、妻シャルル六世の娘イザベルを失って独身の身だったのが、ボンヌ・ダルマニャックと再婚したのだった。新しい義父アルマニャック伯、ベルナール七世がほんの一言を言えば、オルレアン派はアルマニャック派に改宗するはずだった。もちろん、そうせずにはいない。南部フランスにどっかと腰をすえたアルマニャック家がオルレアン一族に、多くの同盟者を加えてくれ、また、不足していた物的な力も与えてくれることとなる。ベリーとブルボンは、その上、あなどるべからざる輝きもつけ加えてくれた。そしてさらに、ベリーは、新しいオルレアン公夫人の祖父にも当った(24)。

さて、こうして、恐れ知らずの大公が、嵐の脅威からのがれたと信じていた空に、黒雲が立ちのぼる。一四一〇年四月十五日、ジヤンで締結された条約により、相手側の結束は固まる。オルレアン、アルマニャック、ベリー、クレルモン、アランソンがはっきりと一団となる。力の価値を知っていた、これら封建諸侯は、協力して軍をおこすことを決める。ブルゴーニュだけが、自分の主張を押し通すのに、干戈《かんか》に訴えるそなえができているというわけに行かなくなる。アルマニャック派がいよいよ一斉に立つ日がやってきた。その蜂起の支持者らは、「王と、王国と、公益の、幸いと名誉と利益のために」立つのだとこれを正当化する。ポワティエで新協定が結ばれ、一段と結束が固められる。軍隊は、戦争に突入する。すなわち、略奪の開始である。内乱が各地で始まった。

シャルル六世とイザボーは動揺する。なんとか両方を天秤にかけ、王国に平穏を保持したいとはやる。たまたま休戦の一時期をとらえて、王は、武装した人間の結集を禁じる命令を下す。それは、和平対策というよりは、公的権力をにぎっているジャン・サン・プールの益になるようにとの手だてだった。その上、命令はなんの効果もなかった。アルマニャック派は既に、パリに向かって進軍していた。そうこうするうち、軍事行動にはあまり向いていない冬が近づき、あわせて、大学の介入もあり、和解がはかられ、一四一〇年十一月二日、またもや「包みこまれた平和」、ビセートルの和平協定となった。

十一月の和解では、諸侯はそれぞれの領土に退くこと、問題の解決は国務会議にゆだねられ、会議のメンバーは対立する両派以外から王により任命されることが、明確に定められていた。不純分子を一掃するため、パリ市長も解任された。このような中立政策は、大学関係者らの要請にこたえたものだった。対立する両派の双方に満足を与えたいとして、こんな政策が仮に実行されたのである。新市長ブリュノー・ド・サン゠クレールを、パリの世論は歓迎した。はたして、これは本当に、平和の時代の幕開けだったのだろうか。

ところが、シャルル六世の病気のぶり返しで、再び争いへと門が開かれた。ジャン・サン・プールには、敵方が次第に結束を密にするさまが見えていた。かれらが軍を集めているのに不満をとなえた。国務会議は禁止令をくり返し発したが、むだであった。王は、正気に返ると、両側からの激しい不平不満の訴えに襲われた。どちらもが、相手側が、「王命に背いている」と非難した。どちらもが、相手側の脅迫により行動を起すのやむなきに至ったと公言していた。

こうして、まったく理論上のものにすぎなかった中立政策は、結局、切迫する内乱の芽を育てるだけの役割しか果たさなかった。国務会議のメンバー自身もたえず、煽り立てられていた。大部分は、ブルゴーニュ側に傾いていた。それでも、どちら側からくるにせよ、パリを奇襲から守るべく努力はしていたのである。アルマニャック側からの脅威が大であった。ジャンが、抜け目なく、部下の兵士たちを解散させ、いかにも王命を守るさまを装っていたのに、相手側では、秩序攪乱者と見えるのをおそれず、自軍を再び戦いに突入させ、恥知らずな略奪にふけらせていた。

ブルゴーニュ公を頭にいただいてこそ、強力な統治も、安全も存在しうるのだとする考えは、たえず優勢であった。大々的な宣伝活動がこれを助けた。アルマニャック派がおかした数々の破壊活動を口実にして、ジャンも今は、軍には軍をもって当らせようとする。干戈が交えられるときがくる。

実のところは、双方どちらの側においても戦いへの決意が下されていたのである。決定的行動は、若いオルレアンによって始められた。一四一一年七月十一日、かれは、ジャルゴーにて、父の暗殺について公正な裁きを求める特認状を発した。王と、大学と、パリ市民とに訴えを放った。この請願の結果を待たず、七月十八日、ジャン・サン・プールあてに、高飛車な挑戦状を送りつけた。

手套《しゅとう》は投じられた。ジャンはドゥエにいたが、八月十日に無礼な果たし状を受けとった。ジャンはさっそく、十四日に、自分の生贄の子に対して、「橋を切り落とす」ふうな、断絶の宣言をもってこたえ、若いオルレアン公、ならびにふたりの兄弟を、侮辱的な言辞でもって相手どって立つ旨を告げた。「かかる数々の不信を知って、大いによろこびとした」旨を告げた。さらに、シャルルにあてて、「お前も、お前の兄弟も嘘を言ってきた。お前たちは裏切り者であるにもかかわらず、いつわりの皮をかぶってきた」とつけ加えた。

内戦の布告はこうして発せられた。

＊

長々と書きつづける必要はあるまい。ジャンは、相手の一族にできるだけ責任をおおいかぶせるべく、巧妙に立ち廻ったが、それでも戦争は不可避と見ていた。戦争に備え、戦争を起させ、戦争からあらゆる利益をつみとるつもりだった。本当を言えば、かれはただ、百合の花の王国で絶対的な権力を掌握できることだけしか望んでいなかったのである。

それでも、できるだけ長い間、平和主義者らしく、また王命を律儀に守る人らしく見えるようにと腐心してきたので、無力な国務会議は、じたばたするにまかせ、次に、自分に救いを乞い求めてくるのを待っていたのだった。ついに、パリ市民らも、——アルマニャックがイル゠ド゠フランス地方を荒らしまわり、ムランに逃れた王妃が、オルレアン派に加担するベリーの方へなびくのを見て、あわてふためき——シャラントンからムランまでに、非常線を張り巡らす。その一方で、市の内部では、略奪や押収が横行する。十月二十八日、大公は、パリ市民の願いに応じて、大挙して帰京する。十一月二日、王は、特認状をもって王国から敵どもを追放すること、すなわち、アルマニャック派を討伐することを大公にまかせる。ジャン・サン・プールの働きは目ざましかった。現実に、パリと、王国の統治権を手中に収める。

勝った一派は、パリにあって組織的にその支配を進める。有利な地位は、仲間うちの者に与えられる。総元帥は、サン゠ポル伯がシャルル・ダルブレに代わる。弩《おおゆみ》射手隊々長は、騎士シャンビュールがジャン・ド・アンジェに代わる。ブルゴーニュの記章である、聖アンデレの十字架形が、今やいたる所にひるがえる。胸元に吊すソトワールにも、このしるしがつけられる。教会内の聖人像も、このしるしで飾りつけられる。人々は一派の色であるみどり色の頭巾をかぶる。

ともあれ、王がアルマニャック派を追放するように望んでおられるのだから、あらゆる武器を用いてこれに当らねばならない。どうして、霊的な武器をも用いていけないわけがあろう。むかし、教皇ウルバヌス五世は、破壊活動をする大宗派を破門なさったことがある。アルマニャック派とは、王命に背いた党派の頭目の寄り集まりにほかならぬのではないか。ウルバヌス五世の裁定をかれらにもさし向けるのだ。説教壇上から、司祭たちは、フランス語に訳されたこの教皇の回勅を読み上げる。

ここで、軍事作戦が展開しはじめる。アルマニャック派の破壊と略奪がつづく。サン＝クルーとサン＝ドニが占領される。そこまでで、かれらの前進はとまる。しかし、かれらの望みは、さらに遠くを目指す。サン＝ドニ修道院教会を奪い取ったとき、ベルナール七世は、わが婿の頭上に王冠をいただかせることをおそれなかったばかりか、ランスでかれをフランス王として戴冠させるとの約束まであえてしたといわれる。それがもし本当なら、慎重を欠く発言だった。ともかくも、反対陣営では、この発言をぬかりなく利用するのだ。

そんな中で、ブルゴーニュ公は、サン＝クルーを奪回し、エタンを取り上げ、アルマニャック派を追い散らす。そこで、冬が近づき、シャルル・ドルレアンとベルナール七世の兵たちは、あい次ぐ失策の痛手の中で、戦功の成果は春に持ち越すのやむなきにいたる。

こんなふうに、内戦は緒戦段階では、とどのつまり、ブルゴーニュの優勢ということで終った[25]。

この戦争があちこちで目まぐるしい展開を見せている間に、人々の態度も定まってきて相対立する両派の区分けがはっきりしてきた。

ブルゴーニュ公のまわりに集まったのは、まずその親族一同、その子シャロレ伯フィリップ、弟ブラバン伯アントワーヌ、ヌヴェール伯フィリップであり、そして義弟リエージュの大公＝司教ジャン・ド・バヴィエールであった。次に、ナヴァール王シャルル威厳王、エノー伯ギヨーム、サヴォワ伯アメデーオでマルシュ伯、モラン伯、ヴォーデモン伯、サン＝ポル伯、オランジュ大公、ブーシコー元帥、アルレイの殿ジャン・ド・シャロンがいた。不規則な参加者であまり頼りにならぬブルターニュのジャン五世には、きわめて限定づきの信用しか寄せられなかった。王妃イザボーの兄弟ルイ・ド・バヴィエールも、これに劣らず移り気であった。イザボーその人は、ふらふらと、動揺ばかりしていた。王と王太子は、ドラマの立役者たちにかわるがわる糸をあやつられる、あやつり人形にすぎなかった。

オルレアンの三人の王侯、シャルル・ドルレアン公とその二人の弟、ヴェルチュ伯フィリップ、アングレーム伯ジャンには、公妃ボンヌの父アルマニャックのベルナール七世、その祖父ジャン・ド・ベリー、父の後を継いだばかりの二世ルイ・ド・ブルボン、バール公、ユー伯、アランソン伯、アルクール伯、アルブレ殿、また、シャルル五世の大臣の子、ダマルタン伯シャルル・ド・ラ・リヴィエールがついた。これらの諸侯は全員、所属する一派のしるしである、白いマフラーを首に巻いた。

この両派に、貴族たちもあい分れた。封建時代の人間は、一方の派から他方へと移ることもあり、家族間ですらときには、同時に反対派の王侯に加入者を提供することがあった。サヴーズ家では、ふたりの息子は「ブルゴーニュ」、三ばんめの子は「アルマニャック」だった。アンジェ家では、ジャンは「アルマニャック」、フェリーは「ブルゴーニュ」だった。ブーシコー元帥はブルゴーニュについたのに、その兄弟は、オルレアンに従った。このような例は、まだまだいくらでも数えあげることができる。

もちろん、貴族ばかりがいたわけではない。上流市民階級、一般大衆、大学があった。勝利をおさめるためには、こういう複雑な政治的チェス盤のあらゆる駒を考慮に入れなくてはならないのである。

ジャン・サン・プールは、戦術家である。かれはどのようにゲームを進めようとするのか。

ブルゴーニュに味方して戦っていたラ・マルシュ伯は、アルマニャック勢の企てた急襲作戦において、四百人の部下とともに包囲され、補虜となってオルレアンへ拘引された。

殺された者の中には、肉屋の親方のひとりルゴワの子がいた。ブルゴーニュ公は、この若者の葬儀に参列するためにわざわざパリへと出向く。この愛想のよさこそは、特徴的である。とどのつまりは、大公は、自分の館アルトワ館に近い、レ・アル（中央市場）地区をしきりにうろついたりする。自分の方から進んで、労働者の主導者たちの手に、貴族であるわが手を合わせようとするのだ。肉屋、臓物屋、皮剝ぎ屋、すべての「手工業者」、少し一般化していうなら、「手仕事をする」すべての人間の友人になる。貴族や上流市民層の中のわが党の者に贈り物をわんさと与えたように、労働者の中の最下層の者に対しても、物惜しみしない。みなが、かれを歓呼して迎え、かれに信頼を託する。自由主義者であるかれに、それ以上に、民主主義者といってもいいかれに。ところが、わるいことに、かれこそは煽動家《デマゴーグ》だったのだ。

しかも、かれはまた、知識人階級の希望でもあった。大学は、もろもろの改革の成果に望みを託していた。大公は、そんな大学人たちの幻想におもねる。大学人たちの自尊心をくすぐって、国家の指導、国家の開明化にあたらせようとする。大公こそが、自分たちの政治的イデオロギーの最良の実現者であるに違いないとする確信の中に引きとめておこうとする。宣伝活動はいよいよ活発化して、ありとあらゆる階層に働きかける。

一方には、「手工業者」たち、他方には知識人たちをすえて、大公は、上流市民層と一般大衆を掌握し、フランスにあって生きた力、効果的行動分子となっているすべてを統合しようとはかる。武力をもってこれらをつなぐなら、まさに鬼に金棒、これほどに入りくんだ多数の横糸をしっかと束ね合わせるだけの力量ある不敵の大公のこと、その野心が望むままの絶対的な支配であろうと、どうして手に入らぬわけがあろうか。

計画はそういうことだった。いまだかつてだれも試みた者はなかった。いまだかつて、王族であろうと、これほどの強さで民衆の心の琴線をゆさぶろうとした者はなかった。明敏な目差、不屈の意志を持ったこの政治家にとって、すべての手段はよしとされた。さまざまの斬新な方法を案出して、眉毛一すじ動かすことなく実行に移した。いったん思いついた以上は、最後までやりとげると決心していた。憎しみのあまりに、犯罪までおかしたあのときのように。

かれの中に、——反対派の首領たちの心の中もむろんそうだったが——いよいよつのる闘争心のゆえに、国家的意識は薄かった。シャルル五世やデュゲクランの時代には、あれほど明確だった愛国心も、鈍くなっていた。フィリップ・ル・アルディの子は、外国人に、それも、相手もあろうに、英国人にまで、助力を求めた最初の男だった。ランカスター家のヘンリー四世と組んだ。千二百人の英国兵が、肉屋たち、——崇拝するかれらの親分よりも、ずっとすぐれたこのフランス人たち——の守っているパリに導き入れられ、サン＝クルー攻撃戦に参加した。一四一二年、アルマニャックは再び、毒を含んだ武器をブルゴーニュに向けてくる。そのときには、クラレンス公がノルマンディからロワールの方へと下ってくるのも見られるのである。

こんなふうに海峡のかなたの敵にまですがったということに弁明の余地があるだろうか。十五世紀では、封建諸侯の争いは家族間の争いであって愛国心が入りこむことはないのだとでも言えばいいのか。また、当時の封建諸侯にとってそんな感情はまったく無縁であって、外国の貴族が介入してこようとなんの障害にもならないと言うべきであろうか。しかも、その外国人が、助けを求めてくる者と非常に近い親戚関係で結ばれていて、したがって争いに加わるだけの理由をたっぷり持っている場合には。言い逃れは、あまりにやさしい。なるほど確かに、十五世紀には、封建世界での国際的伝統と、国民意識のいちずな上昇が生み出した自主独立の精神とが入りまじっていたのが本当の所である。しかし、国民意識は、ここで取り上げている時代には既に十分に目ざめていて、王国をおびやかす敵、これほどにたびたび王国に害を及ぼしてきた敵に助けを求めるなどということは、まさに罪深い行為であり、そんな行為に走る権利はだれも持たぬのであり、そんな行為に走るのは、それこそ鉄面皮もはなはだしい非良心的ふるまいにほかならぬとされていたのだった。デュゲクランの出たあと、しかも、まさにジャンヌ・ダルクの生まれた時に、英国人と結び、フランスをかれらに明け渡すなどということは、裏切り行為だった。それ以上のことをやったのである。しかし、党派心にかられ、復讐欲と支配欲の昂じるままにだった。そんなことをした以上、なにひとつ正当な言いぬけを主張することはできない。だからこそ、ジャン・サン・プールその人において、わたしたちは、否定しようのないその例証を見出すといえるのである(26)。

　そうこうする中にも、かけひきが続けられ、状況はさらに複雑になる。一四一二年一月二十六日、シャルル六世は——というよりは、これを勧めたのはブルゴーニュ公であるが——パリ市民に対し、一三四八年以前のかれらの得ていた特権を回復させようとして、その時点でのかれらの不足分を取り戻させた。パリ市長職は、再び選挙制となり、市参事会員は、またも市長補佐役とされた。市の裁判所でもある市民法廷では、また傍聴人を受け入れだす。市民階級は大よろこびである。他方で、職人たちに対しても一層の心くばりをつくしたものだから、大公はむかし以上に、レ・アルでの人気者となる。

　パリ市庁、当時の県庁は、ブルゴーニュ人ピエール・デ・ゼサールの手に戻った。この市長は同時に、一種の宣伝大臣を兼ねた。莫大な金額をばらまいて、信奉者の熱意をかきたて、また、パリあるいは地方にいる、どっちつかずの者らの決意をうながした。こういう大盤振舞いの補助手段として、おどしも用いられた。サン゠クルーの橋をアルマニャック派にむざむざと取られてしまったコリネ・ド・ピュイジューは、モンフォーコンで絞首にされた。裏切りのかどで告発されたピカルディの騎士マンサール・デュ・ボワも同じだった。疑わしい連中の追及は、組織的になされた。民衆の方が、治安当局に先んじた。反対派の者、また微温的な連中の財産や人格が攻撃対象となった。パリでは、ブルゴーニュ派の信条を告白せぬ親たちの子どもは、もはや洗礼も授けてもらえなかった。アルマニャック派の死骸は、埋葬もされなかった。ルゴワを首魁とする一団の狂信者どもが、ベリー公のものであるビセートルの城館を荒らし、いくつもの芸術作品を破壊した。カンでは、憎むべき一派を支持する者たちの家に火が放たれた。なるほど確かにアルマニャック勢は、ディジョンをからっぽにした。あらゆる国、あらゆる毛色の徒党が走りまわる田舎という田舎が、どこもかしこも最悪の残虐行為にさらされた。

こうした荒廃に危機を感じ、アルマニャックとランカスターの親密な接近をもおそれ、加えてジャン・サン・プールによりブールジュを包囲されただ脱出の願いしかなかったベリー公が斡旋にのり出して、ブルゴーニュ公もようやく、サヴォワ伯[27]の調停を受け入れ、一四一二年七月十五日、オセール会議において、万事をシャルトル和平条約時の状態にまで引き戻すという和解案の承認を決心する。

王国の嘆かわしい状態を見れば、両派とも敵対をつづけている時ではないと知らねばならなかった。そこで、パリに、王、王妃、王太子、ブルボン公、ヴェルチュ伯爵などが集まる。群衆は、歓呼して迎える。この間、クラレンス公と配下の英国軍は、本国へ戻り、オルレアン派は、外国軍に助けを求めた危険な試みのつけを高く支払わねばならなかった。

こうして得られた一時的な平静状態の中で一四一三年の記憶さるべき三部会が招集された。

＊

三部会は、一四一三年一月三十日、サン＝ポル館で開かれた。地方からやって来た代議員は、ごく少数だった。アルマニャック派の諸侯も代表となるはずだったが、姿を見せなかった。事実上、それは、本質的にパリとブルゴーニュの集会だった。

国の改革が日程に上った。ジャン・サン・プールはつねに、改革が望ましいと言っていた。市当局も、大学も、自分たちの綱領として同じ意見を公式表明していた。まず初めに王太子付書記官ジャン・ド・ネールの、援助を求める演説、すなわち、財政的支援を求める演説を聞いた。次に、サン＝ドニの修道士で、神学者のブノワ・ガンティアンのごたごたと長い演説が行なわれた。中身のうすい長口舌だったが、議論を回避する策謀というほどの効果はあった。ここであらためて開会が宣せられた。会議は、カルメル会士の大学教授ユスタシュ・ド・パヴィの精力的な演説で始まった。次いで、大学総長の命で、文学士が、一時間にわたり、「人間の腕ほどに太い」[28]羊皮紙の巻紙に記された、大学ならびにパリ市の「建言書」を読み上げた。

これは大学と市との共同作業であった。言いかえれば、知識人と実業人、ものを考える人と金を払う者との共同のわざであった。一つの糾弾であって、それには一つの計画が添えられていた。ほかならぬ、王国の体制の一大改造計画であった。時代のもろもろの悪弊が、『これが正夢』の激越さをも越える激しさで、しかもその内容を裏書きするていに非難告発されていた。

諸侯の分裂、正義の衰退、公金の浪費と私消、官公吏のむやみな増員とむちゃな登用、巨大組織や公的機関の乱脈をきわめた実情などなど、こうしたもろもろの害悪がきびしく糾弾されたのだった。

国有財産の管理がうまくなされていない。「慈善募金」ときたら、「わずかしか、あるいは全然、支出しようとしない」。王、王妃、王太子のための王室費は、九万四千フランが三十五万フランに増えた。王妃の館は、かつて三万六千フランの入費があったが、現在では十五万四千フランかかっている。これだけの「資産」はどうなってしまったのか。その大部分が、高官どもの財布に入ってしまったのだ。王妃の経理担当官エモネ・ラギエは、ひと財産作った。非常な金持ちであったかれは、三万フランもの金を使っていくつもの城館を建てた。王室会計方シャルロ・プパールや、守備隊長ギヨーム・ビュデは「侮辱的なまでに」金の浪費をするさまを見せつけにしていた上に、しこたま資産をたくわえた。実際、国家財政は、二十六年来「王や公共のさいわいに目を留めることなく、ただ自分たちの利益だけしか眼中になかった」高官どもの「食いもの」にされていた。今ではもう、先代の治世時のように貯えはなかった。財政赤字は、年々ふくらみつづけ、どうみても「破滅」状態であった。

官公吏の任命や異動は、気まぐれにまかされていた。「国に発言権のある者ら」の言いなりに、あまりにも頻々と「異動」が行なわれた。「その職において、うんと多くの土地、財産、品物を得られるためでないとしたら、なぜ、かれらが嬉々としてそんな仕事につくのかがわからない」。度を越した所業に及んだ財務担当官――しかも、その数は、異様に多かった――の中から、その地位に成り上ったアンドレ・ジファールの例をあげてみよう。かれは、パリ市長の妻の親族であって、「たっぷりと財布をふくらませ」ていて、「銀の食器は言うに及ばず、ルビーやダイヤモンドを溢れるほどに持っていた」。なにしろ、無用な役職がわんさとあったのだ。御用金出納官も、財務担当官に劣らぬ悪だった。文書偽造をした。国庫金を少からず流用した。アントワーヌ・デ・ゼサールがどんどんと資金をつぎこんでくれた。マリーズ・ド・リュイイは、毎日、王の「楽しみ」のための費用として六エキュを渡すことになっていたが、「自分の楽しみ」のためには、莫大な金額を費消した。もう一つの悪習は、いくつもの職務を兼ねることだった。パリ市長がその例を示している。同時に四つの公職の肩書を持っていた。部下は、金銭が「穴のあいた財布の中へと落ちる」のを見て、あきれはてていた。

国務会議は、有能で良心的で、速やかに巧みに事務処理のできる人々から構成されているはずであった。今や、その仕事は停滞していた。「罪深さ」といわれるような、怠慢ぶりだった。同じく、高等法院ももはや、かつてのそれとは、まるで違っていた。若者、無知な者、ふさわしくない者らが、席を並べていた。いずれもみな親戚どうしだった。会計法院は、もっと悪かった。書類がどんどん増えた。「そこでは、書類の隠滅をはかっている」。職員の数がやたらと多く、そして余りに高くついた。

大書記局もましな所とはいえなかった。大書記官は、自分の給与にいくつもの手当をつけ加えて、所得を三倍にも、四倍にもしていた。貨幣価値はそこなわれ、下落した。どういう対策があったか。利権屋どもの「手をしばりつけ」、そっくり吐き出させること、尋常でない配分はすべて止めさせること、財政の健全化をはかること、役職者・高官の数を制限し、職員の不適格者を追放し、給与をむかしの水準に戻すことなど。一つの委員会が設けられて作業を進めることとなり、以後は、専任本官は選挙でもって選ばれることとなる。

他方では、全領主に対して、平和を尊重することを誓わせねばならない。すなわち、それは国民的一致、党派間の完全な休戦を意味する。

「建言書」の作成者たちは、ブルゴーニュ公に信頼を託するという形で、終えていた。ブルゴーニュ公こそが、この聖なる事業の推進に着手したのであり、これを最終結論にまで導くことを約束したのである。かれに信用を預けるのが正しいことである。

もろもろの悪弊に対してここまで激しい糾弾がなされた以上、これを承認せずにはすまなかった。調査委員会が任命された。特に指弾の対象となった官公吏は、停職の処分に付された。新しいパリ市長として、ブルゴーニュ人「独眼流」と呼ばれるロベール・ド・ラ・ウーズがすえられた。改革案が検討に付された。

ジャン・サン・プールは、かねてから説き進めてきたとおりに、――その実は、ただ支配のための一手段にすぎなかったのだが――改革のカラーをまといつつ、うまうまと対立者を決定的に排斥し、シャルル六世の名のもとに君臨し、その婿に当る王太子ギュイエンヌ公ルイをも完全に自分とあい並んで歩かせることに成功するかとも見えた。ところが、ルイの方は、初めのうちは、ジャンの言いなりに従ってきたのだが、しばらく経つと、自分勝手の行動をしはじめ、敵の一派と情を通じ合うふうにもなる。

こんなふうに交叉点にさしかかっていた時期に、あの「カボッシュの革命」が、突風さながらに襲来したのだった。上流市民層や聖職者らが予告している改革を待てというのか。肉屋やその徒弟たちにとっては、そんな忍耐力はなかった。王太子は不人気だった。王太子のアルマニャック派との不審な関係は、直接行動を主張する連中を激昂させた。しかも王太子は軽率にも、告発の対象となった陰謀の主、むかしの市長、ピエール・デ・ゼサールを呼び戻すこともしたのだった。その報いは、怒った群衆の、爆発となった。これが暴動の第一だった。裏切り者のリストが作成された。引渡しが要求された。ギュイエンヌ館が力ずくで破られた。それとともに、さっそく王太子が以前にもましてオルレアン側にすり寄って行くのが見えて、町の通りは屠殺場に属する連中がわがもの顔にのさばるところと化した。

これが、カボッシュの革命といわれるものである。その名は、革命の首魁の名、何よりも悪名高く、狂暴そのものの刃物持ちのシモン、別名カボッシュ、皮剝ぎ屋で、ノートル・ダム前庭で臓物を売っていた女の息子の名から来た。そのかれが、旗をふりかざして、先頭に立ち、おつきとして、三十人から四十人の仲間を従えていた。ジェルソンの家が略奪にあった。このパリ大学博士はやっとのことで、ノートル・ダムの屋根の下へと身を逃れた。ピエール・デ・ゼサールは捕えられ、牢へ閉じこめられた。五月中というもの、しきりと流血の騒ぎがつづいた。革命派は、したい放題の所業にふけった。警察官も、暴徒らとなれ合いだった。暴徒らは、「白頭巾」を標識に用いた。これは、フィリップ・ル・アルディの子になんとなく不安を与え、どうやらおもしろくない気分にさせる徴候だった。ブルゴーニュの緑色では、熱狂した連中には不足だったのである。五月九日、サン＝ポル館の前で、なんどもすさまじい場面が展開した。十日、妥協派の王の高官がつかまった。ドニ・ド・ショーモンのパリ警備隊長への任命とカボッシュその人のシャラントン橋守備隊長への任命とを、王太子から奪い取った。毎日のように、緊急事態があい次いだ。

ジャン・サン・プールは、あきらかに先を越されたのである。かれが一しょくたにして考えれば足りるとしてきた異質の要素がいつの間にか分離していたのが、わかっていなかったのである。上流市民層と大学人は、一般大衆のこの行き過ぎにおびえていた。学者連中と刃物を用いる職人とを、——まして後者が町の通りを皮剝ぎ場の延長としているときに——これ以上長くどうして一しょくたに歩ませられよう。通りに店を張る金持ちの町民と、立派な家具調度をそなえていると思いこんで家屋敷の略奪をもくろむ貧民たちとを。秩序の側に立つ者たちと、濁った水で漁をする者たちとを。

大公は、このどちら側をも利用できると考えていた。一方の側の信頼や良識と、他方の側の増長ぶりをうまく用いる算段だった。「手仕事をする者たち」は自分が権力の座につくことを助けてくれ、かれらの友人となることで、一たんは煽り立てても、押しとどめることは簡単だと思いこんでいた。そこに、かれの誤算があった。革命というものは、たとい自分がその口火を切るのに貢献したのだったとしても、好きなときに止めさせることができるものではないのを、知らなかった。たとい革命を手段に用いるのが有用と判断したのだったとしても、無秩序に加担することはできないことも……

そして、五月二十五日と二十六日、高等法院において王直々の決裁を経て、歴史家が「カボッシュの勅令」と呼ぶ有名な勅令が発布されたときにも、現実を重んじることを旨とし、賢明にも、大公のサインのままに、官辺筋の補助者になりたくないとする人々から忌避された。

実際、この有名な勅令の効力について思い誤りをしないことが肝心である。それはやはり、ブルゴーニュ派の勅令だったのである。勅令の条文は、シャルル五世とその大臣たち、あの「小怪物ども《マルムゼ》」の、むかしの勅令を、時代の好みに合わせて修正しただけの焼き直し版にすぎなかった。その編纂に当ったジャン・サン・プールの顧問官らは、古い勅令と、「建言書」とにもとづいて作業を進めた。カボッシュはまったく無視されていた。まったくもって、この恐るべきテロリストがエチエンヌ・マルセルにも及びもつかなかったと言うことは信じられないではないか。一四一三年の勅令は、王制の改造なんて全然考えていない。ただ、行政の正常化だけがその目指す所である。もっとも進んだ条項は、公務・職務への登用の方法として一般に選挙を取り入れた所である。それによって、一種の官公吏の組合組織みたいなものを作り、これまで余りにも依怙贔屓による引き立てが横行していたのにかえて、承認制を取り入れた点である。

実際にも、勅令は、カボッシュの革命にブレーキをかけ、改革は既になされたから、通りで騒ぐのは不当である旨を周知させようとする、ブルゴーニュ派の企てにほかならなかった。むだな画策であり、望みのない企てだった。屠殺場で働く若い者たちが、官公吏の募集なんてなんの興味があろうか。肉屋はそんなことを気にもかけない。勅令が発布されようと無関心そのものだ。かれらに興味があるのはただ、社会を転覆させること、刃物をふりまわしてする戦争だけである。殺人沙汰、暴力沙汰がいよいよまかり通る。

六月、刃物を持った連中の傍若無人ぶりはその絶頂に達する。カボッシュ派の連中は、名づけようもない蛮行にふけってやまない。ラ・リヴィエールの殿は、牢中で暗殺された。死体は、中央市場へ運ばれ、次いで、モンフォーコンでさらしものにされた。ピエール・デ・ゼサールは、七月一日に処刑された。拷問、絞首、大量虐殺があい次いだ。死刑執行人カプリュシュは、時の人であった。ジャン・サン・プールは握手を求めた。大公には、政策転換をすることができない。顧問官ともども破滅へといたる急坂を引きずられて行くばかりである。これほどまで狂信者どもを増長させてきた以上、どうして今さら抑えつけることができよう。かれの支えとなっている他の構成分子が、この血にぬれた狂気沙汰におそれおののいているというのに、土壇場までも引きずられて行くというのか。

幻想を抱くことはできない。ジャンは、一四〇八年、試合の第一ラウンドには勝ったのである。一四一三年、第二ラウンドでは敗北した。

*

すべてをくつがえそうとするこの狂熱をせき止める力をどこに見出したらよいのか。ブルゴーニュがこれに反対できないのなら、アルマニャックの一族にしか救いはない。転換の動きを進めるために、第三の派が作られる。急転回の兆しがあらわれていたのである。上層市民階級、大学がこれに手を貸す。むかしの市長ジャン・ジュヴネル・デ・ジュルサンが、穏和派の動きをリードする。宮廷がこの動きを助ける。どっしり構えていたブルゴーニュ派も、これは成り行きまかせにするか、支持者にまわるかのほかはないと見きわめ、相手側の策謀をうながすように動く。ここで、世論も転回した。一四一三年八月二十五日、ジャン・サン・プールは、パリを立ち退き、ベルナール二世に明け渡す。時の盟主になるのは、ベルナール二世の番である。

社会の安定という観点からすると、不幸なことにアルマニャック派には、政治的機略の才覚がなかった。この派の紫色が、ブルゴーニュの緑、カボッシュの白に代わったからといって、秩序が回復したわけではない。報復に次ぐ報復が連発した。あらたな恐怖政治が、先にあれほどの血を流した恐怖政治の後に続いた。限度をわきまえぬやり方だった。革命派の蔭にかくれ、ブルゴーニュの者なら、穏健派だろうと、オルレアンへの復帰に尽力した人々であろうと、打ち倒さずにはやむまいとするやり方だった。相手側のこういう下手なやり方が、恐れ知らずの大公にはや、仕返しが来ているのだという感じを与えることになったのではなかろうか。

新しく主人となった者たちから厳しい仕打ちを受け、今までより以上に悲惨の度が激しくなったパリ中で、ブルゴーニュ党の結成が進んだ。大公は、カボッシュの暴行の責任を取ることはなかった。これを止めることにしただけであった。オルレアン派の勢力が伸びてきたのを初めは歓迎していた王太子は、これに飽き、再び、義父の側へと立ち戻った。

一四一三年の勅令が廃止され、新しい指導者らは改革を嫌うことが明らかとなり、かれらに反対する者が出てきた。世論は、振子の動きに合わせて動くかのように、またもや大公の側に傾いてきた。予想外の嵐のために、大公は自分の力量を発揮するのをさまたげられていたのだった。いつの時も、大公こそが、ヴァロワ朝唯一の政治家ではなかったのだろうか。

こんなふうに、八月以来自分の領国で鳴りをひそめていた大公に何もかもがさいわいして、近々に幸運の再来が望まれるとみえた。

一四一三年十一月三十日から一四一四年二月二十三日にかけて開かれたパリ会議では、優位にある一派がジャン・プティの弁明の断罪を決めさせたのだったが、それは、友好の修復とはならず、むしろ党派的策略の結果にすぎなかった。

こうした徴候を十分に幸先よしとみて力を得、一月二十三日、ジャンは大挙して、リールを出発、アルマニャック派が「新しい王を立てる」のを阻止するという宣言のもと、パリへと迫る。どうやら大公には、反乱が起ってパリ開城が容易になるはずとの目論見があったらしい。大公のかたわらへ避難してきていたカボッシュの一味が、そのように説いていた。しかし、ベルナール七世は、政治的才覚がなくても、少くとも軍人ではあった。パリをつかんでいる今、これを手放すつもりはなかった。城壁の守りは固く、攻撃の試みは失敗に終る。実のところ、やはり少々性急すぎたこの反撃を前にパリの門は閉ざされたままでであった。

一四一四年二月の失敗はしたがって、結果として内乱の再発を呼んだというだけのことだった。

ブルゴーニュ側としては、これで手痛い失望落胆の憂き目を味わわされることとなった。大公夫人の心配は大きかった。アルマニャックは、大よろこびである。次に、コンピエーニュを包囲する。五月七日、ここを占領、五月二十一日には、ソワソンを攻略して、略奪、ラン、サン＝カンタン、ペロンヌも、かれらの軍門に降り、アルトワが脅威にさらされた。

ジャンの大公時代、最大の危機の時が来た。フィリップ・ル・アルディが建設し、その死後発展に発展をとげてきた国の基礎がゆらぐ時が来た。ジャン・サン・プールの同盟者たち、その親族や臣下までが、動揺し、かれを裏切る姿勢を見せ始める。ソワソンの攻略後大公の弟のひとり、ヌヴェール伯が王に恭順を表わす。ということは、この時点では、アルマニャック派に従うことを意味する。サン＝カンタンでは、大公の妹、エノー伯夫人が、和平の提案をひっさげて、あらわれる。七月にも、この提案をくり返す。この時には、大公のもうひとりの弟、アントワーヌ・ド・ブラバンがこれを支持する。シャルル六世、というより王を操る国務会議が、態度を硬化する。ルイ・ドルレアンを殺した者の単純率直な服従を要求する。フランス国大書記官はフランドル人たちに対し、同じ趣旨を含んだ文書を送ることで応じる。フランドル人たちは、国王への忠誠を申し立てると共に、直属の宗主に対する寛大な措置を嘆願する。

もはや隠し立てはできない。ジャンははっきりと和平へと追いつめられていた。どうやら、派閥間の均衡をはかりつつも、さし当りはオルレアン派の増長を抑える必要を感じていたらしい王太子が動いて、義父にもまずまず受け入れ可能な条件をととのえてくれた。それにまた多分、ブルゴーニュ公を絶望させ英国勢の手中に追いこんではという恐れが——この二者間の話し合いが続いていることは知られていた——強い圧力となって働いた。それでも、一四一四年九月四日のアラスの和平は、これほどの長期間フランスを支配してきた人にとっては、あまりぱっとせぬものだった。英国との同盟は一切断念すると誓うことで、大公は、封土のどこか一つを没収されるという処罰を免れた。和平案の困難な条項の一つとして、ジャンは、王の怒りを招いた者たちの追放を約していた。休戦条約は、王に自由な決定をゆだね、すべてに同意する旨を言いあらわす。結局、以後、大公は、王の許可なくしてはパリに入京できぬこととなる。

犯罪者、敗残者扱いの定めであった。情状酌量の余地は残されていたにせよ、また、一部の人々があれこれ言っているにせよ、これがアラス和平条約の本質であったことにかわりはない。

しかし、ジャンの方では、重大な危機の際とて一応これに同意はしたものの、本心からではなかった。以後も、英国人と組んで陰謀をたくらむことはやめようとしない。たとい相手方がどんなに何度も勝ち札を見せたにせよ、是が非でも、あくまで執念深く、試合に賭けた情熱家として、第三ばんめの戦いでは報復せずにおかぬとひたすら考えつづけるはず。

＊

地平線に新しい展望が開けてくるまでの間、アラスの和平は、いつわりの和平であっただけに、いたる所に不確かさ、不安をただよわせたままであった。

この時、人目につかぬ一つの動きが起って、すべてをかき乱す。混乱が、その極に達する。パリでは、だれかの意見によって動き出したというわけでもないのに、停滞した状況がさまざまな動きをひき起していた。カボッシュの徒——あの一掃された危険な奴らがとき放たれてくるのではないかと心配する者たちがいた。また、逆の考えを持って、どういう結果になるかわからぬ反動的な動きのためにかれらが犠牲に供されるのではと恐れている者たちもいた。王太子の方では暗中模索ながら、独自な政策を進めるべくつとめていた。生粋のアルマニャック派に接近するかと見えたり、また、遠ざかったりするさまを見せていた。一時は、不満の対象だった老いた叔父ベリーとも、再びよりを戻し、移り気なこの王子がひそかにパリを脱け出て、ブールジュへ、次いでムアン＝シュル＝イエーヴルへと向かうのが見られた。ブルゴーニュ派の方ではすぐさま、王位継承者がアルマニャック派に奪い去られ、監禁されているとの噂がとぶ。

この間、アラスの条約の実際の適用に当って、複雑な交渉が延々と続く事態が生じていた。条約は正式承認もされなかったのである。宮廷は、事を急ぐため、一四一五年二月二日に特認状を発したが、これは、赦免状にも等しいものだった。しかも、ブルゴーニュ公を条約の承認へとうながすためには、――承認は辛うじて得られたが、その誠意の程は疑問であった――少くとも、追放されたカボッシュ一派の問題について、譲歩の必要もあったのだ。

その上おまけに、英国のヘンリー五世が事件の進展を早めることとなる。ヘンリーが攻勢をしかけ、ノルマンディに上陸、フランスに侵入し、百年戦争を再発させた。こうして突然、フランスの歴史舞台が急転回することとなれば、アルマニャック派とブルゴーニュ派との尽き果てぬ争いもこののちどのような展開を見せることになるのだろうか。

＊

一四一五年という年は、仏英戦争に新局面を開き、その点で動揺たえまなかったこの時代に一つの段階をしるしづける。ブルゴーニュ公国の首長としてのジャン・サン・プールの政治が、その治世の初めから、今この危難の時にいたるまで、実質どういうものであったかが見えてくる時が来たのである。

いったい、フィリップ・ル・アルディが旗振りをして進めてきた拡大政策の結果としてブルゴーニュ大公は、その名がどうであれ、その主たる関心が何であれ、二重の性格を持つ人物となっていたのだった。すなわち、百合の花の王室につらなる貴族であるとともにまた、フランスの勢力圏をはみ出し、それ自体の運命を持つ広大な土地の所有者でもあった。ブルゴーニュ公国創設者の子孫たちは、さらに広い国際的感覚の持主であることが要求されていたのである。二代目大公の双肩には、どれほどの重荷がずっしりとのしかかっていたことだろうか。

ジャンのブルゴーニュ公領内での国内政治にかかわるもので、ここでたまたま一つの事件が起ってきた。それは、フランスの王族としてのかれのあり方とも関連するものだった。すなわち、リエージュ事件である。

この事件は、早晩、あらわれてこずにはすまぬものであった。それは、形成途上のネーデルラントにおけるかれの政治の曲り角をもしるしづけるものでもあった。

ジャンは、英国——先にも見てきたように、既にかれが、重要な経済協定を結んでいたこの強国——への歩み寄り政策をなおも続けつつ、他方では、分裂の危機を前に、フランドルの臣下たちの意向や要求とも合致した態勢をとりつつ、治世のそもそもの初めから、いわば、階級間の和合をはかる政策を進めて、織物工と市民たちとの間の平和を保持させることに成功していた。先代の治世の後半期に見事実現していた、北部の平安はずっと続いてきて、一大工業国としての発展に大いに寄与していた。おそらくは、パリで大公が見せつけにしていた自由主義的な姿勢こそはいくらか、むかしの白頭巾派の連中にも何ほどかの人気を博そうとする願いから出てきたものであったに違いない。ジャンは、父の知らなかったフランドル語を話しながら、「巧みにフランドルへの帰化を果たしつつあった」(29)。

同時に、ブルゴーニュ宮廷のしきたりとなっていた、政略結婚の伝統をも守り続ける。フィリップ・ル・アルディの時から着々準備されてきた縁組をフランス王宮内でも実現するに至ったかれの姿は、わたしたちも既に見とどけてきた。かれの娘マルグリットは、王太子妃であり、息子のシャロレ伯フィリップは、シャルル六世の娘ミシェルと結婚していた。フィリップの姉妹たちのとつぎ先も、うまく選ばれていた。マリーは、アドルフ・ド・クレーヴと、イザベルはオリヴィエ・ド・パンティエーヴルと、アニェスはブルボン家のシャルル一世と結婚しており、アンヌもやがてベッドフォード公夫人になるはずだった。

恐れ知らずの大公の末弟アントワーヌは、一四〇六年九月一日、伯母ジャンヌの死によりブラバン公となった。フィリップ・ル・アルディは巧みに政略を弄して、かれがジャンヌの跡継ぎとなれるようにしておいたのである。一四〇五年七月二十一日から、アントワーヌとジャンの兄弟は、まさに家族同士の約束事とかわらぬ同盟条約を結んでいた。

　こうして、先にも確認しておいたように、リエージュ司教の義兄ジャン・ド・バヴィエールを再び司教＝大公の座に据えることで、ブルゴーニュ公がリエージュという飛び地にも事実上自分の保護領をしっかとうち建てたとき、この事業を公国の全歴史にさしはさんでみると、初代大公が単に礎石を置いただけでなく、置かれた礎石のセメント固めもしておいた広大な建物が一年また一年と、次第にその石組みを完成して行くさまが見えてこずにはすまないのである。

　自分を生んでくれた家とのつながりの意識がとても強かった弟アントワーヌ、二人の義弟リエージュのジャンとオランダ伯でありエノー伯であるギヨーム、いとこギヨーム・ド・ナミュールを脇に従え、ジャン・サン・プールは、ソンム川からズィデルゼーにわたって延びる海岸の後背地全体を支配していた。H・ピレンヌがいみじくも言ったように、エスコー（シェルデ）川は、「ブルゴーニュの川」となったのである。ピレンヌはまた、こうも言っている。「何百年間もの間、エスコー川に区切られてきたフランスとドイツの間に、同一家族出身の王侯に属する、堅固な一塊の領地が形作られつつあった。それは、この両国間にコーナーとして入りこみ、両国の国境を外へ外へと押しやるのだった」。ジャン・サン・プールの統治とともに、新しいロタリンギアがよみがえり、ヴェルダン条約の亡霊が出現したとも感じられる。

それでもジャン・サン・プールが進めていた、真の支配者＝王侯にふさわしい外交政策は、多くの点で慎重さを特徴とするものであった。かれは、ジャン・ド・ブルターニュとの争いに際し、婿に当る、娘イザベルの夫オリヴィエ・ド・パンティエーヴルを支援したが、ブルターニュ勢の苦境を深追いすることはせず、ただこのブルターニュ公国の主がもう一度、フィリップ・ル・アルディ当時の盟友に戻らずにはおられぬようにさせただけであった[30]。

国内では、先にも見てきた一つの緊急事態が起り、何よりもそれがアルマニャック派に一時的にもせよ有利な情況をみちびいたという点がゆるがせにできないものとなった。すなわち、トネール伯が古ローマ兵よろしく楯をかざして反抗に出たことだが、結局はそれも、反乱したこの封臣側の惨敗に終り、トネール領の没収によってブルゴーニュ公の領地は、そのむかしカペ朝時代に画策されていた通りの方向に拡張されることとなった。一三九〇年、フィリップ・ル・アルディによるシャロレ伯領の買収と同じ程度に、これは仲々有利な領土併合だった。

これで明白だが、ブルゴーニュは膨張し、ネーデルラントは、凝固したのである。それでもなお、ブルゴーニュ公家は、ネーデルラントに手をのばしつづけ、主としてそこに拡張の場を見つけて行こうとするのである。

ルクセンブルク家が、勢力範囲外だったブラバンへの進出を再度試みようとしたことも

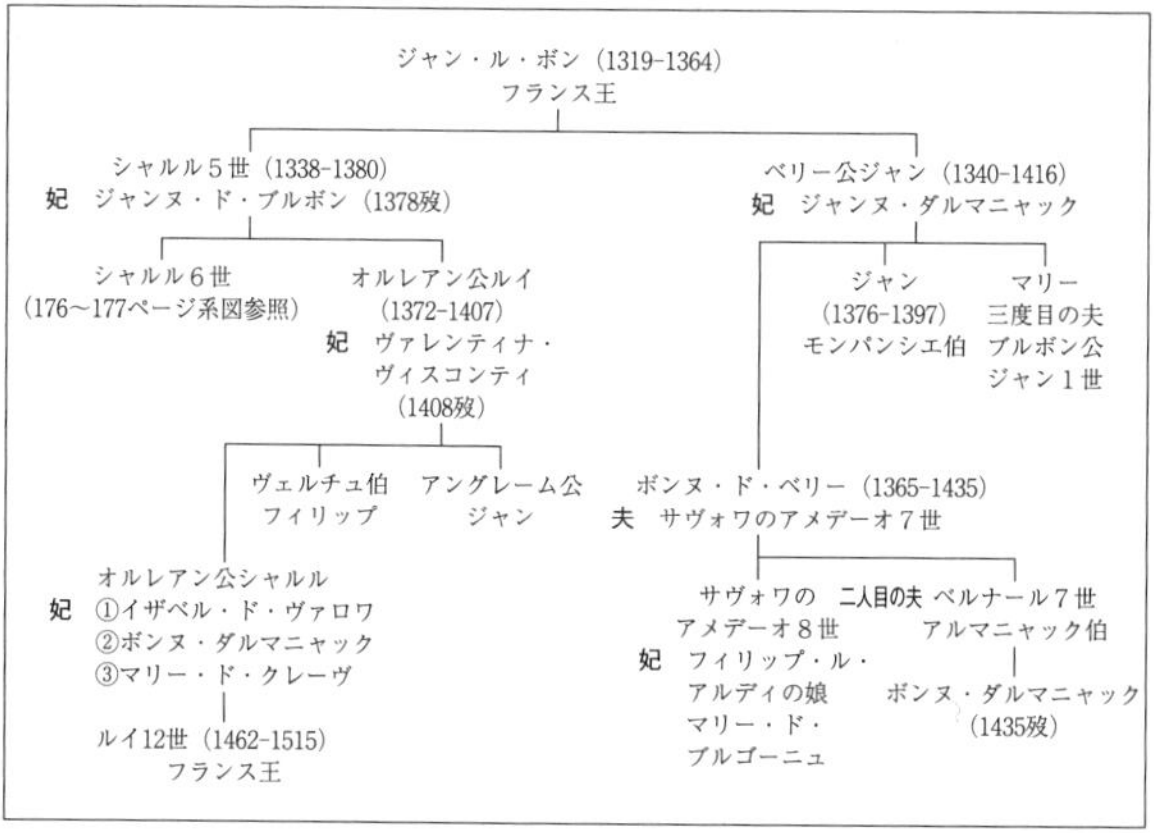

むだに終った。激しい抗議に出あい、あえてこれを無視するだけの勇気もなかった。武力でもってヴェンツェルの諸権利を守ることを断念する。神聖ローマ皇帝を罷免される前から、後になっては一そう、ドイツにおけるその威信はがた落ちで、権利どころの話ではなくなっていた。とどのつまり、ルクセンブルクの脅威から身を守るため、最初の妻を亡くしていたアントワーヌは、結婚という手段に出た。すなわちアントワーヌは、サン＝ポル伯、ルクセンブルクのウアレラン三世の娘ジャンヌの亡きあと、一四〇九年四月二十七日、再婚相手に、前皇帝の娘エリーザベト・フォン・ゲーリッツを選んだのである。一歩前進を果たしえた縁組だった。つまり、二年後、ヴェンツェルのいとこ、モラヴィアのヨッセが死ぬと、ルクセンブルク自体がブラバン公のものとなってしまうのである。こう

して、アントワーヌはブルゴーニュ公国のいわば双子の兄弟であり、ブルゴーニュを倍増して行く任を負った自国をさらに大きくしたのである。なるほど、ルクセンブルクでは、王家の家令ユアール・ドテルが陣頭に立っての反乱が起きた。しかし、反乱者とオルレアン家、またドイツにおけるルクセンブルク家の首長となったジギスムントとが内通し合っていたにもかかわらず、ブルゴーニュを圧倒できるものは何もなかった。したがって、アントワーヌが支配していた土地――ルクセンブルク、ランブール、ブラバン等――の帰趨が今さら問題にされることはなかったのである。加えて、地域の感情もアントワーヌに有利に働いていた。かれの政治は、なかなか機転に富み配下のものに気に入られていた。そこで、アントワーヌが一四一五年、若くして死んだとき、――後でも見るように、アザンクールの戦場で戦死した――エリーザベト・フォン・ゲーリッツはジギスムントのもとへ逃れようとしたが、むだだった。ブラバン諸国は、平然として動じなかった。ジャン・サン・プールは決然と、その甥ジャン四世の側につき、かれとバヴァリアのギヨーム四世の娘ジャックリーヌ・ド・バヴィエールとを結婚させた。エノー、ホラント、ゼーラント、フリースラントの継承者、その最初の夫、シャルル六世の子ジャン・ド・トゥレーヌを亡くした寡婦の身であった。このようにして、入手した新領地の固めも成ったばかりか、あらたに輝かしい展望も開けてきたのである。そこで、本章の末尾で、ブルゴーニュ公国の主としてのジャン・サン・プールが演じた役割を総合的にまとめてみる際に、公国のブラバン分脈により進められた政治の最終的な展開がどうなったかを見てみたいと思う。

＊

目下のところは、英国＝ブルゴーニュの関係が人々の注意を引いていた。この関係こそは、一四一五年から一九年にいたる、ブルゴーニュ二代公治政の最後の時期を悲劇的な終末の舞台へと向けて行くことになる、いくつもの驚倒すべき出来事をときほぐす糸口となるはずのものであった。

「木造の都市」の失敗後、根っからのブルゴーニュ人でもあり、また、百合の花の王室にも忠実だったフィリップ・ル・アルディが対英国政策を軍事上の停戦、通商協定の締結の方向へと向けて行ったとき、この歩み寄りがもととなって将来、フランスにとって有害な契約が結ばれるようになるかもしれないなどとは、思いもよらなかった。アンリ・ピレンヌがみごとに証明してみせたように、フィリップは「どう見ても、立派なフランス人」だった。モンストルレの語っているところ、すなわち、フィリップは、死が近づくのを感じとると、その子に向かい、「フランス王シャルル、その貴い家柄、その王冠、その王国全体に対し、誠実、真実、忠実、従順であれ」と説いたという話を、あまりに文字通りに取ってはならないのだろうが、そのフィリップが東方に対する自分の野心をみたすのにフランスの軍隊を使うやり口などでどんなに利己的であったにせよ、自領の利害と王国の利害とは緊密に結びついているのだと見ていて、その目には自領を増大するべくつとめることがひいては王国の益のために働くことになるのだと映っていたのは確かである。

ジャン・サン・プールになると、まったく違った考え方の持主だった。ピレンヌが子と父とのあいだに見られる対照を言い立てるの[31]に完全に同意するべきではなかろう。フィリップは、まったくフランス人であり、ジャンは完全にブルゴーニュ人だったと言うだけなら、あまりに単純すぎよう。ジャンもあくまでフランスの王侯であったし、百合の花の王国を動かして行くのだという意志は、父同様に、かれの心にもたえず思い浮んでいた。おそらくは、父以上に。だから、かれは、完全にブルゴーニュ人にはならなかった。しかし、建設途上の自国で生まれつつあった国際性への指向にあい応じてフランス本位の政治とブルゴーニュ中心の政治とを並行して進めようとするうち、かれにあっては支配権を得たいとの激しい熱望がフランス固有の利益を守る配慮を圧してしまったことは異論の余地がない。その証拠が、英国とヴァロワ朝フランス王国を分かち合うことになるやもしれぬとの見通しがありながら、なんらそれを恐れる気持が出てこないことにあらわれている。フランスを愛する心情が、わが初代大公の何より第一の原動力であったのに、英国勢のフランス攻略に協力する様子を見せる人に、この心情はほとんど感じられないのである。

既に、アルマニャック派に痛手をくわせるため、ジャンは一四一一年、ランカスター家のヘンリー四世との裏取引を始めていた。一四一二年、アルマニャック派の方も、かれのやり口を逆手にとって、海峡のかなたの国の好意を敵対者から奪い取ったように見えた。一四一二年七月十五日、オルレアン公らは、オセールの条約によるあの盟約を破り、クラレンス公が父ヘンリー四世の許しを得て大陸に介入してきた部隊を一掃する。こんどはいちはやく、「王国の不倶戴天の敵」とつるんだことを反省しての行為と見えたのだが、――もっとも、そんな反省をするところには背信を平然とやってのける本心が明らかである――両陣営とも、公然と、またひそかに、外国勢の援助をあてにしてプレイを続けていたのである。

ところで、こんなふうに裏切りに次ぐ裏切りのシーソーゲームにおいて、認めずにいられないことは、――戦術家として一枚上だったのか、ウェストミンスターの策謀にとってはより望ましい協力者だったせいか――ジャン・サン・プールが、一四一三年以後、あきらかに次第に頭角をあらわしてくることである。先にも見てきたように、英国＝ブルゴーニュ間でひそかに進められてきた裏面工作が、一四一四年のアラス平和条約の交渉に影を投げかけていた。父ヘンリー四世の後を継いだばかりのヘンリー五世にしてみれば、百年戦争の再開はただ時間の問題にすぎなかった。たとい、ひそかな、隠れた形であろうと、ヴァロワ王朝フランスにおける最強力の封臣である人の支えが、そのむかし、エドワード三世が進めた地点以上にまで進出すると決意したこの誇り高き英国人にとって、無限に貴重なものでないわけがあろうか。

以後、ジャン・サン・プールと共にゲームを進めることとなるこのヘンリー五世の風貌を、行きがかり上、ざっと素描しておかねばならない。

優雅な身のこなし、すらりとした体つき、スポーツマンタイプのヘンリーは、中肉中背、余り太っていず、すっきりと人好きのする外貌の持主だった。顔は、ふさふさと、つややかな褐色の髪の毛の下に広い額、ひげはなく、男らしかった。まったくの卵形で、鼻筋はすっきりと通り、淡褐色の眼は活々して明るく、顎は長く張り出していた。全体として、毅然として冷ややかな印象だったが、微塵も動じぬ自己抑制と、年代記作者モンストルレの言うような「こよなく気高い意志」のあらわれの下に、いわば内に激しい情熱を秘めかくしていた。ブルゴーニュの記録官ジョルジュ・シャストランは、かれのことを二行でこのように評した。「あらゆることを、ひとりで操り、導き、準備し、計量し、指で確かめ、先に立って、実行した」と。

現実的感覚の持主だったが、理想を欠いていたわけではない。実行に当っては几帳面で、完全主義者で、おのが力を頼みにして大きい野心、広い目標に向かうのをよろこびとしていた。オリエントを制圧し、トルコに代わってその指導者となることが、要するに、中世のすべての王侯の夢見た企てだった。言ってみれば、十字軍の企てである。しかし、まずは、フランスと英国の統一である。「二重になった君主国」の構想こそは、ヨーロッパのランカスター的再構築の第一条となるはずだった。パリとロンドンに君臨する、「フランス王にして英国王」であれば、名実ともに、キリスト教国の守り手となれる。

このお題目のもと、二代目ランカスター公は、おそらく天才の域に達した才能をもって働いてきた。その力量を余さず発揮するには、時が不足していたが、既になしとげたことだけでも、かれの力量をもってして実現できたであろうことをうかがわせるに十分であった。

ヘンリー五世は、フランスの混乱に乗じるつもりだった。カペ王朝を継ぐ権利があると主張した。フランスは、相続権からして、自分のものだと言うのだった。シャルル六世の娘カトリーヌ・ド・フランスとの結婚を申し出た。結婚を隠れみのにして、ヴァロワ家から権利を剝奪しようとの魂胆だった。一四一五年八月十二日、ラ・エーヴ岬に上陸し、フランスに侵入を開始した。こうして、英国勢のノルマンディ攻略の火蓋は切って落とされた。

ジャン・サン・プールは、一四一四年のアラス条約に動転させられ、アルマニャック派がパリの主となっているのを見ていら立ち、英国軍侵入前の半年間は、以前にもまして英国人との談合に精を出した。侵入が既成事実になると、いっそう談合は激しくなった。ただし、巻き込まれることは避けていた。国民意識からの懸念、おもんぱかりといったもののためでなく、いったん巻き込まれると手を引き抜くのがむつかしくなりそうな厄介事に手を染めるのをおそれたからだった。[32] 戦術の巧さという点では、ヘンリーも、ジャンも、好敵手だった。互いに、相手を罠にかけ、自分の目的のために利用しようとしていた。

いずれにせよ、ヘンリーとの共謀を支障なく運ぶためには、ヘンリー反対の立場をとらぬようにうまくやる必要があった。英仏間の戦争が再燃した以上、フランスの封臣たる者は旗幟を鮮明にするべく求められるのではなかろうか。まさに、そういう破目に陥らぬようにするところに、恐れ知らずの大公の術策があった。アルマニャック派がパリで権力の座にある以上、手を握ろうとの申し出があっても、いくつもの条件を巧妙に持ち出し、権力の座を保つかれらが専有する国家防衛の権を奪われるのをおそれてはねつけてくるのを見すまして、相手の側から引っ込めさせる作戦に出た。計略はあたった。ブルゴーニュ公は、むくれてみせる。軍事行動には加わらぬと言う。アルマニャック派だけに、敵に立ち向かう役目を引き受けさせ、十月二十五日には、アザンクールで不名誉きわまる戦闘をせねばならぬ恥辱を味わわせる。

フィリップ・ル・アルディの下の息子二人の方は、兄と違って父の教えを忘れることなく、フランス人の感情をいきいき持ち続けていて、恐れ知らずの大公がノルマンディの運命のかかる土地に姿を見せず、ブルゴーニュ公家自体がぬぐいがたい汚点にまみれようとするのをなんとか回復させたいとねがっていたと信じるべきだろうか。ともかくも、フィリップ・ド・ヌヴェールも、アントワーヌ・ド・ブラバンも、十月二十五日、アザンクールでの犠牲者の中に名前を連ねていたのだった。名誉の戦死をとげたのだった。公国に属する、多数の領主たちが、やむにやまれぬ反英国感情に押しやられて、同じ戦死者名簿に名を連ねていた(33)。

それでも、アルマニャック派が、自分たちだけで、または、ほとんど自分たちだけで戦うことを欲したために、恐怖の敗退の責任や結果をも自分たちだけでかぶることになったのはやむをえない。一派の中心人物シャルル・ドルレアンは捕虜となり、長い年月をロンドンに捕われの身となる。恐れ知らずの大公の婿、王太子ルイ・ド・ギュイエンヌは、戦意を失い、一四一五年十二月十八日に息を引きとる。新しく王太子となったジャン・ド・トゥレーヌは、王国の行く先の望みのなさにふりまわされ、余りにも弱いその頭を悩ましすぎた。ほんとうの所、生来、不確定要素にあまり信頼を寄せるようにはできていない現実主義者ならば、現在支配する王家一族はとっくに不治を宣告されたとみなす所である。ジャンが注意深くあくまで行動の自由を保留しておいた後、一四一六年決断を下したことは、このこと以外では説明がつかない。油の膜が拡がって行くように英国軍の支配がノルマンディ全体に及び、パリ再征覇のための秘密計画を企んで、一四一六年四月十六日、復活節の日曜日、これが失敗に終るや、ジャンは、英国方のカードで戦うことを決心する。

そして、アルマニャック派のベルナール二世がその鉄の腕で首都を抑えつけ、アザンクールで殺されたシャルル・ダルブレに代わって総元帥となって、一四一六年五月十三日、ジャン・サ肉屋の徒党を殲滅させるようにとの国王命令を行使することになったとき、ジャン・サン・プールは公式に、自分の配下の者を戦乱の巷の外側におくための休戦協定を、ヘンリー五世と結ぶ。自分たちはフランスのために戦うことはしないという条件つきで。次に、非公式に、ひそかに、恐れ知らずの大公が、ランカスター家の企みの協力者、共犯者、仲間になるとする取り決めをも交わした。

国に尽くす義務のあるフランス王国内の一封土を中立勢力にするような休戦条約は、それだけでも謀反行為である。

後の取り決めに至っては、まさしく「地獄の契約」と評するにたるものである(34)。それを暴露してくれている文書は、一四一七年五月のものである。かれらが、「何を語ったのかを全然知らしめることなく、長時間」談合を交わしたカレーにおいて、ジャンは、ヘンリーならびにその子孫を、フランスの継承者とみとめ、ひとたび自分が王国の大半を回復した暁にはヘンリーに臣従の礼を尽くす旨を確約し、あわせて、今日ただ今より、かれに対し「自分の知るかぎりの方法・手段をもって、援助を」与えることを付言したのだった。この証書のこれが原本通りだが、「大公の手に成る」ものであった。この原本には、日付とか、表書きとかの書式がなく、略号、略記、符牒のような記号にみちている。たとえば、大公がこれから攻めたてようとする王国の敵どもは、A、B、C、Dといった文字で示されているというぐあいである。これらの文字は、「英国王に従おうとせぬ者どものすべて」を指している。このような提示の仕方こそは、条約の変則的な性格を完全に明るみに出しているので、普通一般の形式をまとわせることをせずにおき、いざ実施にあたったときに、余計な議論からまぬがれさせるための方法だったのである。このあとに続いた政治のいっさいは、その適用であることが明らかであり、大公を弁護して無罪だとする人々に明白ないくつもの事実が、何より直接関連ある答えを与えてくれる。

条約の証書は、単なる架空のでっち上げではない。第一に、どうして英国側の文書の中に残されているのか。そこには、一連の相次ぐ事件を説明するものが含まれている。それらの事件の仕掛け人だった人の胸の内にあったものを表現していないなら、事件とはなんら関係のないものにすぎまい。

最大限、こういう推定はできる。このひそかな取り決めは、公式に外交面で適用された気配は見られなかったのだから、大公を苦しめていた問題の解決が万一、英国＝ブルゴーニュ間の期待外れな提携とは違った手段によって発見できるふうに局面が動いたなら、その場合、当事者にとって以後の急転回をはかる出口となり得るものだったということである。なにしろ、当事者であるこの男は、狡猾さ、不明確さをつねに保持していたのだから、こういうぎりぎりの仮定を捨てないでおきたい気持があった。せめてもそのように考えることだけが、カレーの協約文書を「地獄の契約」と見たくない人々に譲歩できる点である。それでもなおかつ、次の事実は残る。アルマニャック派の頑強な阻止により、パリにも、ヴァロワ王国の支配にも手が出せずにいる状況下、恐れも不安も知らぬこの大公が、こういう極端な措置――すなわち、フランスをアルマニャックにまかせるよりは、ランカスターに与えるという措置に走ってしまったということである。ただ、この王国をわがものにできるならという例外を除いて。既に獲得した、フランス領、神聖ローマ皇帝領内の所領地に、カペ王朝の遺産までも加えて自分自身の王国を作れるならという例外を。最初の犯罪は、一四〇七年の斧の一撃だった。第二のそれは、一四一七年のペンによる攻撃だった。斧の一撃により、一回戦は勝利が得られたものの、一四一三年、負けに終った第二回戦でそれも空しくなった。あのペンによる攻撃で、予期せぬ仕方で、試合の第三回戦、そして試合全体に勝つこととなる。

*

以後、恒常的に、隠密に裏切り戦術が不可欠となってくる。以下に確かめて行こうとするのは、まさにそのことである。

ヘンリー五世は、ジャン・サン・プールと一四一七年の秘密協約を取り結んだとき、名人芸を演じたのだった。フランス側封臣中最高の人物の、地下での支えが得られ、公言はできぬにせよ、有力な共犯関係が結べたということは、英国君主が最後までやりとげるつもりであった決定戦において圧倒的な重大性をもつものであった。

アルマニャック派は、次々と起る陰謀に悩まされ、ブルゴーニュ派の小刻みな攻撃に消耗して、次第次第に強く反撃に打ってでる力をなくしていた。一四一六年以来政府の首長だったベルナール二世は、あいかわらず、加減もせず、無分別きわまる形で権力を行使しつづけていた。パリ市民から、夜間、通りに鎖を張る権利も取り上げた。大学関係者を何人も追放した。同業組合や有産階級の特権に手をつけた。さまざまな社会階層に属する人々——司教座聖堂参事会員、会計法院長、富裕なラシャ製造業者など——が加わった陰謀には、ブルゴーニュ公の手が感じられる。モンストルレは、パリ市長タンギイ・デュ・シャテルを殺し、王妃、シチリア王妃、大書記官を死なしめ、王を幽閉し、シチリア王、ベリー公を消すというあの計画は、この一味の者から出たとしている。一四一六年から一七年にいたるパリが、なんとも奇妙な雰囲気のうちに息づいていたかがわかる。パンが欠乏し、年代記という年代記が、一級必需品の全食料品が闇市場に流れていることを告発しているパリ、日常茶飯事のように、ありとあらゆるテロ行為が起ってもおかしくないパリであった。

ジャン・サン・プールは、こういうアルマニャック派のパリを奇襲を掛けるとのおどしでしばりつづけていた。極度の窮乏によっていよいよ激しさを増してくる民衆の動揺をさらに掻き立てるべく、今まで以上に、デマゴギーに走った。塩税だけを除いていっさいの課税の廃止を約束する。今日のヌイイ゠アン゠テルに当る地方、シャンブリの司令部にあって、ワーズ川にかかる橋を標的にしていた。他方、パリへの搬入業者らは、ノジャンの橋を確保していた。すべての補給路が、危険に瀕していた。一四一七年四月三十日、降伏を申し出たトゥロンジョン侯をトロワの総督に任じ、事実上、大公は、シャンパーニュの支配者となった。パリ近辺で行なわれた作戦行動では、九月にシャルトルがわが手中に落ちる成果を見た。

英国の圧力、ブルゴーニュの圧力にはさまれ、この二勢力間にどのような盟約、共犯関係があるのかも知らぬまま、双方からしめつけられて、アルマニャック派は、半狂乱状態だった。その結果として、おびえながら守っていたパリから、守備隊をオルレアンへ、フレトヴァルへ、シャトーダンへと移した。だが、ジャン・サン・プールが、オルセイやプレーゾーの城を取るのを阻止することはできなかった。

向う所敵なしの英国軍の進撃も、恐怖をそそるものだった。加えて、一四一七年四月四日、王太子トゥレーヌ公ジャンが死に、王太子の称号は、以後その保持者となるシャルル、すなわち、未来のシャルル七世の手に帰した。

やっと十五歳になったばかりなのに、はや運命にうちひしがれ、若き王子は、初めルーアンで無気力なままにすごしていたが、やがて八千のブルゴーニュ人が近辺で看視の目を光らせているパリへと、防備のためにくる。首都周辺の戦略地点、ボーヴェ、ボーモン＝シュル＝オワーズ、サンリス、ポントワーズ、ムラン、マント、ヴェルノン、ポワシイ、サン＝ジェルマン、モンレリイなどを次々と占領したブルゴーニュ勢は、パリとノルマンディを切断し、ノルマンディで自在な作戦を展開していた英国軍と、平行作戦をとっていた。英国＝ブルゴーニュの密約は、隠されていたにもかかわらず、根底では働いていたのである。それが、戦場に炎の文字となってあらわれていたのである。

ヘンリー五世は、カンを奪い、ノルマンディの要衝を奪った㉟。ノルマンディに、ランカスターの体制を敷いた。一四一八年八月二十二日、シェルブールが落ちたときにも、モン＝サン＝ミシェルのみはひとり残り、以後この島一つが抵抗をつづけ屈しなかった。だが、占領地に囲まれ完全に孤立する。

そこで、ジャン・サン・プールは、王妃イザボーを拉《らっ》し去り、トロワに落ち着かせる。王太子とこれに味方するアルマニャック派に対立して、ブルゴーニュの保護下に、まさしく分離政府が成立するのである。イザボーは、「……神の思寵により、フランス王妃、王陛下になり代って、この王国の政治・行政を司る者」との称をいただく。王太子の方も、統治の能力を失った父の代役をもって任じ、「国王代理」を名のる。このときはや、フランスには、はっきりと二つの国が存在していた。争い合う王国を刻々食い荒す敵を前にして、これは破滅的な分裂であった。

かてて加えて、さまざまな折衝がめまぐるしく交わされていた。フランスと英国との間に合意点を見出そうとする者もあれば、敵前にあって、アルマニャックとブルゴーニュを和解させるべくつとめる者もあった。後の方の方法をとろうとする者は、「地獄の」密約を知らず、ブルゴーニュとランカスターの行動が協議ずみのものでないことを信じていた。さまざまな思わくが入りまじり、完全な混乱状態だった。この状態は、何にもまして、カレー条約の苦い果実であった。一方のオルレアン＝アルマニャック派は、幾多の誤りや過失にもかかわらず、いっさいの負担と犠牲をかぶって国家防衛に当る姿を見せていた。他方、ブルゴーニュ公の方では、二重の動き、――言うならば、みごとに隠しおおせている、いつの時も同じ欺瞞行為を、だれにも尻尾をつかませずにいた。この両者のあいだに、ジャン・サン・プールおよび反徒らから成るその政府と共にトロワにいる王妃、「王国の大事をさばく使命を帯びた」若い王太子、そして最後に、ほとんど完全に幼児期に戻り、交錯し対立するもろもろの主義主張、次々と出てくるかくも多くの謎の中を浮きつ沈みつしている国王がいた。こういう中で、「一般民衆」は――平均フランス人は、と言ってもよい――どうして、途方に暮れずにいられようか。

単刀直入に言ってしまおう。十五世紀にフランスがあやうく落ち込みそうになる、重大な精神的危機の兆候がはや見えはじめていたのである。このことではジャン・サン・プールの責任は、否定できない。しかし、わが夢想の実現に賭けるとの野心につかれていたかれは、内心では、こうした混乱の兆候が増し加わるのを、明らかによろこんでいたに違いないのである。なぜならそのことこそ、わが運命の成就につらなって行くはずのものの序曲だったからである。

端的に言って、パリのこういう極度な悲惨ゆえに、突然、首都が、一四一三年来支配権を失っていた人の手に返ったのではなかろうか。ジャン・サン・プール配下のポントワーズ総督リラダン侯が、若いペリネ・ルクレルクからうまうまと、市の城門の一つの鍵を入手するのに成功したのである。市の五十人隊長だったその父の枕の下から鍵を盗みとらせたのである。こうして、一四一八年五月二十九日の払暁、ブルゴーニュ勢は、どっと城門内になだれ込んだ。さっそく暴動が起り、総元帥ベルナール七世は、虐殺された。市長タンギイ・デュ・シャテルは、やっとのことで王太子を連れ出し、ムランに避難させる時間があった。総元帥の仲間たちに対する民衆の憎悪が爆発した。モンストルレの証言によると、あるひとりの男を指さして、「アルマニャックの者だ」と言うだけでたりるほどだったという。ただちに、その男は、死刑に処された。虐殺、強奪が再びはじまった。外国銀行の略奪はすさまじかった。カボッシュの町の支配を再び取り戻した大公にとっては、こういう血まみれのやり方も、どうでもよいことだった。

ジャンは、モンベリアールを離れてきたところだった。五月六日以来そこにあって、ローマ人の王ジギスムントや帝国の領主たちと共にいくつかの紛争処理をしていたのだった。ヴィレルセクセルとグレイを経て、ディジョンに着いたとき、国王軍騎馬隊の者らが会見を求めに来て、かれの部下たちがパリに「めでたく入城」をした旨を告げた。それから、約一カ月間、この公国の首都にとどまったあと、六月二十六日、トロワにいたり、イザボーや彼女の臨時政府と合流した。しかしながら、この間も、パリを守っている部隊の増強をはかる注意はおこたらなかった。それは、王太子が試みるはずの反撃に立ち向かうことができるようにだった。六月一日、激しい市街戦の末に、不幸なシャルルは敗れ、シャラントンに、次いでムランにと、決定的な敗北をこうむらねばならなかった。そこから、ブールジュへとのがれ、その地をかれの主な滞留地とすることとなる。市内に、または周辺部のムアン゠シュル゠イエーヴルの城に。この城は、一四一六年に没した、叔父ベリーから相続したものであった。

こうして、パリのアルマニャック派は没落したが、ブルゴーニュ側の政府はいぜんとして、トロワにあった。たぶん、恐れ知らずの大公には、一四一三年の体験による教訓として、死体のころがるパリの通りであらたに燃えひろがろうとしていたカボッシュの狂乱の炎を自分のいないところでおのずと消滅させる方がよいとの読みがあったのである。ともかくも、掠奪や、テロ行為があい次いでいたのである。総元帥の死体の扱いは、無残だった。体の皮を剝ぎ、そこに「アルマニャック派の帯状の紋」が描き出されるようにされたのである。教会関係者も、多数の犠牲者を出した。リジュー、エヴルー、サンリス、クータンスの司教たち四人のほか、「最悪の偽善者」のうわさがあったサン゠ドニ修道院長も血祭に上げられた。犠牲者の中には、三百人のパリ大学の学者たちもいた。その中には、シャ

ブルゴーニュ軍のパリ入城

ルル六世の二人の書記官と大使、ユマニストのゴンティエ・コルとジャン・ド・モントルイユの名もあった。

恐れ知らずの大公は、一切知らぬふりをよそおい、あくまで黒幕の存在に徹しようとしていた。なんの感動もあらわさず、過ぎ行くままにまかせた。一四一三年の体験は、忘れられはしなかった。今度は、監督の必要が切実に感じられるときが来ないかぎりは、姿を見せないつもりだった。かれの顧問団と総督たちないつもりだった。新しい波に乗せられ——リュクサンブール、フォスーズ、アンベルクール、その他多くの者たちが、ぜひ来てくれるようにと懇願した。シャルル六世とイザボーも、しきりとかれを呼び寄せたがった。かれの方は、こういった声のすべてに耳をふさいでいた。自分の計画にひたすら忠実を守り、その時がくるのを待っていた。

六月の大虐殺後三十二日めに、やっと決心した。七月八日にトロワを出て、ノジャン゠シュル゠セーヌへ向かった。プロヴァンに三日間とどまり、次に、ノンジスとブリ゠コント゠ロベールに宿泊して、ゆっくりとパリに入った。

かれは、自分が指揮権をとるに当り、派手な一大軍事パレードをもってすることを望んだ。千二百人の、青い服を着た市民代表が、シャラントン橋から半道の所まで迎えに来て、七月十四日午後、およそ五千人の行列に加わった。前衛には、百人の弓兵たちが、「整然と隊伍を組み、ぎっしりと並んで」進み、アミアンの司教代理、ジャン・ド・リュクサンブールと、アルトワ総督フォスーズ侯に引率された千人のピカルディ軍が五隊に分れてつづき、そのあとに、主力部隊である「ブルゴーニュ隊」、すなわち、鉋の形の飾りのついた槍を持った千五百人、さいごに、アルレイ侯、オランジュ大公であるジャン・ド・シャロン麾下の五百人の後衛が従った。

ジャン・サン・プールは、イザボー・ド・バヴィエールの「御料車のすぐかたわらを」騎馬で進み、パリの近く、サン゠タントワーヌの少し先で、二人のローマ教皇特使、枢機卿フィラストルとフィエスキ、オーマール伯、キプロス王の末弟トリポリ伯からのあいさつを受けた。行列は、パリを横切って、ルーヴル宮に至り、そこで、王が王妃と大公を待ち受けていた。シャルル六世は、二度、王妃を抱擁し、ジャンにこう言った。「いとこどの、よく来てくださった。王妃に対して尽してくださった数々を感謝しておりますぞ」。

「そこへ、ワインや砂糖煮が運ばれてきた」

しかし、大公も、王妃も、これを味わっている気はしなかった。この場面を詳細に報じている、無名のブルゴーニュ人の言うことを信じるとすれば、そこには「あわれさに泣いている何人もの人々」がいたからである。

ジャン・サン・プールは、王妃が休息をとるはずの部屋にまで王妃をエスコートしてから、やっと自分の館、アルトワ館に向かった。

今はこの場の清めをしておくという必要が残っていた。

カボッシュは、大公の館につめきりだった。殺し屋のカプリュシュは、大公といる時には、いかにも親しげな態度をとった。しかし、かれの功績ももう終りだった。別段なんの責められる所もなかった、ひとりの若い、妊婦を殺害したことが、このサディストの最後の功業なのだった。こういう狂気沙汰が引き起した民衆の騒ぎは、大公にとってもっけの幸いだった。殺人者を、レ・アルの酒場で逮捕させた。首切り台へと連行されたかれは、自分ほどの熟練に達していない後継ぎの男に責任の取り方について説教をし、専門家のみがもつ一種の勇気をもって、処刑に身をゆだねた。このあとも、テロリストらの処刑があい次いだ。

こうして、恐れ知らずの大公は、パリの秩序回復の陣頭に立っていた。しかし、首都は大量のホロコーストによって荒廃し、疫病のために多くの死者が出、食糧は欠乏し、燃料となる薪は尽き、英国人がすぐ近くまで来ているだけに、いよいよ胸締めつけられる不安におののいていた。

ノルマンディは、ほとんど全部攻略されていた。しかしながら、ルーアンはなおも、勇敢に抵抗していた。包囲される前に、ルーアンの人々は、自分たちの信頼していないアルマニャック派の連中を追放していた。町の守備隊長として、ブルゴーニュのギイ・ル・ブーティエをすえていた。ブルゴーニュ公と英国王との密約を知らなかったので、そうすることで、確かな支援が得られるものと信じたのである。大公は、ノルマンディのこの都市からの使者たちを、愛想よく迎えたが、不幸な町を救うためになにもせず、食糧が尽きて倒れてゆくのを放置しておいた。ルーアンの悲劇こそは、一四一七年の、つぐなえぬ秘密協約の、何より陰惨な、そして何より明白な、具体的結果であった。経済と財政の破綻、貧窮と飢え、一つはパリ、もう一つはブールジュという二つの政府の存在、不安の波及、いやます危機感、ざっと総括してみれば、こういう不吉な一覧表しかできない。

ランカスターの侵入はつづき、今では、パリにねらいをつけていた。ジャン・サン・プールは、ブロヴァンに赴いた。シャルル六世とイザボーは、娘カトリーヌとともに、そこでジャンと落ち合った。首都は、ルーアン同様に、なんの防備もないままに捨てておかれようとするのか。さまざまな折衝が入りみだれる、ここまで奇怪きわまる状況の中から、果たして何が出てくるのだろうか。二つの仮定が立てられる。間もなく、そのうちのどちらかを選択しなければならなくなるはず。英国＝ブルゴーニュの盟約を確認し、これを青天白日の下に持ち出すか、それとも、英国侵入軍の電撃的な進出により今あらわとなってきている重大危機を前にして、フランス側の両派が和解するかのどちらかを。

＊

一瞬、二つの仮定のうちの第二のそれが現実となりうるように見えた。

一四一九年七月十一日、プーイで、ジャーク夫人と、ラン司教アラン・ド・ラ・リューの引き合わせにより、ジャンと王太子シャルルとが、友好樹立の誓いを立てたのである。十五人の貴族がシャルル側につき、十七人の貴族がジャン側について宣誓をした。パリでは、「テ・デウム」がうたわれ、この和解を祝い、なんとも意味深重なよろこびが溢れた。二人の王侯は、「英国王からこの王国を取り戻す」ことで一致したと貴族たちの報告にもある。だが、大公は本気だったのだろうか。プーイで了解に達した条件は、なお確かなものではなかった。なぜなら、二日後、いとこ同士のこのふたりがともに滞留したコルベイユで、さらに後日の会見が必要なことがはっきりしたからである。

何もかもがジャンの都合で、何度も延期が重なったのち、——この点でも、ジャンの誠意はまことに疑わしい——九月十日、モントローのイヨンヌ川の橋上での会見が取り決められた。

双方ともにもしかすると暗殺の企てがあるのではないかとの恐れがあって、この有名な会見もゆがんだものになった。それでも、日が決まり、王侯ふたりは、その橋の真中——石落しがついた防護用の塔があり、大きく川を跨いでかかったその橋の真中——で、出会った。おのおの少数の貴族たちが、交渉メンバーに加わった。夕方五時だった。たちまち、厳しいやりとりとなった。王太子は、その父なる国王の承諾なしにはなんら事を進めることができぬという口実で、大公は、いっさい重要な取り決めをすることを拒んだ。一気に、この会談の欺瞞性があらわになった。王太子が失望して橋を降りて行くと、その背後で、なにやら乱闘らしきものが起った。なにしろ、頼りにできる情報も不確かで、ちぐはぐなものばかりなので、事件がどうして起ったのかを正確に述べるのは不可能である。しかも、さっそく伝説となってもともと疑わしいものだったあの物語は通俗化されてしまった。タンギイ・デュ・シャテルがジャン・サン・プールの頭蓋に斧の一撃を見舞って打ち倒したのらしいというあの物語を。なまの事実は次のことだけである。ルイ・ドルレアン殺しの張本人がこんどは自分が殺される者になったということ。バルベット地区でおかされたあの犯罪が、途中さまざまなエピソードの連鎖を経て、ついにモントローの犯罪において、

モントロー橋上におけるジャン・サン・プールの暗殺

その最終章と応答を見出したということである。[36] 剣を用いた者が、剣によって滅びたのである。

何よりも、その簡潔さにおいて感動を呼ぶのは、恐れ知らずの大公の最後の旅における会計簿の記事にまさるものはない[37]。

九月十日、日曜日——ブルゴーニュ公殿は、ブルボン公シャルル殿、ナヴァイユ殿、その他多くの騎士、近習を引き連れられ、——ブレ゠シュル゠セーヌで一服——イヨンヌ川にのぞむモントローで昼食、この地で、わが殿は裏切りにより殺害された。この日は、わが殿のご逝去ゆえ、非常な損失の日。

……………

十月二日、月曜日——亡きわが殿に仕える廷臣、従僕らすべての者の解任。館は、八方から破壊された。

＊

ジャンは、永続的にフランスの首長となることに成功しなかった。だが、ヴァロワ朝フランスとランカスター家の英国の間をうまくすりぬけながら、ブルゴーニュ公国を拡張させるとともに強国にするという形で、公家を大幅な発展への途上にのせた。

二代目の統治期間の末期は、王国領内では失望の種にこと欠かないが、新たな権力の基礎がためのできたネーデルラントでは、はっきりと希望をもたらしてくれるものだった。ジャン・サン・プールが、その弟ブラバン公アントワーヌ・ド・ブルゴーニュの死後、故人の長子であり、父を継いだ甥のブラバン公ジャン四世のどんなに強い支えとなったかは、先にも見てきた。しかし、ブルゴーニュ公がジャン四世とジャックリーヌ・ド・バヴィエールとを結ばせた結婚——結婚式は、先にも述べたように、一四一八年三月十日、ハーグであげられた——は、リュクサンブール（ルクセンブルク）家——当主は、ローマ人の王ジギスムントであった——をそむかせる原因になった。ジギスムントが、アントワーヌの未亡人エリーザベト・フォン・ゲーリッツの再婚相手にえらんだのはもとリエージュの司教＝大公であるジャン・ド・バヴィエールであった。かつてブルゴーニュ公から受けた恩恵の数々を忘却したこの男は、ここで対立する相手側の陣営についたのである。この男が、姪ジャックリーヌの後見人となることを求め、その領土がブルゴーニュ公国領内に流れ込むことを阻

ジャックリーヌ・ド・バヴィエール

止しようとした。同時に、ジギスムントは、皇帝権を行使して、ブラバンはドイツの勢力圏内に属するものだと主張してきた。こうして、ジャン・サン・プールの北部での事業が、危機に瀕してくる。

ジギスムントは、ブラバン問題をフランスおよびドイツの二大勢力間で演じられるゲームとしか見ていなかった。かれの政策に反対するブラバン人に対して、「それなら、おまえたちは、フランス人でありたいのか」と言った。

ブラバン諸国は、事態を違った目で見ていた。別な解決の道があると感じていた。それは、フランスとドイツの間にあって、この両権力から独立した国家を作ること、要するにそのむかしのロタリンギアの再生という解決法だった。この意図があったからこそ、あくまでも若いブラバン公のため、その保護者としてのブルゴーニュ公をいただきつづけてきたのである。

ネーデルラントとは何であったかがこうして次第にはっきりしてきた。雑多な勢力圏に属する封土が一つに寄せ集まったところ、しかも、経済的利益からして連帯が進み、少しずつ一つの生活共同体の意識を抱くようになったところなのであった。

こういう形での結晶化を打ちこわすのに、ジギスムントには、自分の持たぬもの、金と人とが必要だったはずである。ブラバン諸国は、皇帝権を冷ややかにはねつける。シャロレ伯、——未来のフィリップ・ル・ボンは、ジャン・サン・プールから、その生涯の終りに、ブラバン問題に決着をつけるようにとの任を与えられていた。かれは、一四一九年二月十三日の合意に署名させるのに成功した。ジャックリーヌとジャン四世は、ジャン・ド・バヴィエールとエリーザベトのため、主従関係を守るという条件でホラントの一部を放棄し、残りの部分は保持することにした。結局は、一時的なものでしかない、わずかな犠牲を払うだけで、ジャンヌ・ド・ブラバンとジャックリーヌ・ド・エノーの領地は、ブルゴーニュ家のものとして残ったのだった。

リエージュ大公国は、事実上、ブルゴーニュの保護下にとどまった。一四一三年、エルフの戦い後に成立した政府に代わって、一四一四年、新しい「体制」、すなわち、司教が恩恵として与えた制度が行なわれることとなった。中間市民層の諸権利がいつの間にか、「一般庶民」の権利に追随することとなった。毎年、市参事会と補佐役会とが別々に作業をして、それぞれ十二人の名をかかげたリストを作成することとなった。このリストの上には、少くとも二十四歳以上という条件づきで、「金利もしくは適法の商売で生活を立てており、自分の腕を使ってする職業に従事していない、有力な市民」の名だけがのせられるはずであった。これら二十四人の有力者の中から、司教が次年度の十二人の補佐役を選び、こうして構成された補佐役会のみが市の行政にたずさわるのである。職人たちは、完全に除外されていた。

しかしながら、この制度は、いざ実行にかかってみると、非常に度外れであることがわかってきて、作成者自身が、その改正を承認せずにはいられなくなった。一四一七年には、事の勢いによって活力を回復しつつあった職人たちにも分け前を与えることに同意した。住民の中には当時、十七の職業別があって、各職業は、ふたりの議員とふたりの金利生活者を指名する権利を得た。この三十四人の議員が、補佐役会と参事会と協力して働き、三つの機関が合同で、市の行政に当るための「最高顧問」二名を任命した。おそらく司教は、リエージュがかれの興味を引くことがなくなったので、こういう譲歩をしたのであろう。一四一七年九月、かれは、前年五月三十一日に死んだ兄弟ギヨームの相続権を主張するため、司教帽をぬぎ捨てた。こんなわけで、教会とはまったくなんの関係もなくなったこの元司教が、世俗の政治に必死のていで没入して行くさまが見られることとなったのである。

＊

われらが第二代の大公の、かくも波瀾に富んだ治世について、どういう結論を出せばよいだろうか。

確かに、かれは、自分が受け継いだ国家の拡張をなおざりにはしなかった。かのすぐれたベルギーの歴史学者アンリ・ピレンヌが言ったように、かれは、父フィリップ・ル・アルディより以上に、ブルゴーニュ人だったのか。ともかくも、父以上にフランドル人であったことは間違いない。

内政において、また外政において、何人もの優秀な、献身的な政治家に助けられ、――その第一列めには、クールティヴロン殿の大書記官ジャン・ド・ソー、その人の後継者となるトゥルネ司教ジャン・ド・トワジイ、ティエリー・ゲルボート、そして、のちのニコラ・ロランとなるもうひとりの大書記官がいる――また、勇敢で、装備も万全の軍人たち――ラノワ、クロワ、リュクサンブール、ヴィリエ・ド・リラダン、ボーフルモン、ポー、ポンタイエ、ヴェルジイ、サヴーズ、その他の面々――にも助けられ、恐れ知らずの大公は、それでもともかく、フランスに関する事柄、政治一般に対して深い関心を寄せていた。ディジョンやブリュッセルよりもパリの方へと、その目は引きつけられていた。結局、秘められたままであったが、かれの死の真の原因となった協約を、ロンドンと結びはしたものの、それは、フランスの全的な支配がそうする以外には不可能だったいら立ちに押されてのことだった。アルマニャック派の中に、かれが第一に欲望の対象とする百合の花の王国の支配を、絶対にかれにさせまいとする不屈の反抗心を見てとっていた。この反抗心がさいごに、王太子シャルル――未来の国王シャルル七世のうちに具体的に姿をとってあらわれてきたのを打ち砕くため、大公は、「フランス王にして英国王」と称し、フランス国土の征服を企てるヘンリー五世の側に傾くのを不可欠と判断したのだった。トロワ条約は、カレーの協約のうちに潜在的に存在していた。その戦略は、このような定式に要約できる、

「フランスがアルマニャック派の手に落ちるのを見るくらいなら、フランスは滅びる方がよい」と。おそらく、大公にとっては、沖の方からの風の一吹きによって、対立相手を吹きとばしてやればたりたのである。おそらく、署名もされなかったあの協約は、完全に実行に移される以前に、破棄されたことであろう。それでもやはり、ヘンリー五世のような人のもとでの英国びいきの政策は、危険な賭けであった(38)。

この政治は、いったいどこまで推進されて行ったのだろう。最小限、ともかく、血につながる義務と父祖の教えを忘れ果てていたと言いうるこのフランス人の王侯にとって、どんな結末が残されていたのだったか。

王太子配下の狂信者どもが、モントローの橋上でかれの命をたち切ってしまったため、以上のような気にかかる疑問に答えを見出すことは永遠に禁じられてしまった。空想好きの方が、いくらでも仮説を出してみられるのはご自由である。その治世は、謎にみち、悲痛さにみちたあいまいさのうちに終って行った。あたかも、あいまいさこそが、――相対立する要素を宿しつつも――この王侯の一生の主調音であり、それが極端まで、いまわの息の際までつづいて、未来を中絶状態のままにしておくことが、運命の配意であったようである。

第7章　フィリップ・ル・ボン

ジャン・サン・プールの継承者は、その独り子、シャロレ伯フィリップであった。父がモントローの宿命の橋上で倒されたとき、若き妻、シャルル六世の娘ミシェル・ド・フランスと共に、ガンに居住していた。

「シャロレに、おそろしい知らせを、だれが告げるのか。陽気で、頑健で、ただしその頃は蒲柳《ほりゅう》の質で、熱病にかかりやすかった、この背の高い若者に、近づくことができるのはだれか。すべての人々の見る所、この困難な役目は、ジャン・ド・トワジイにゆだねられるほかはないのだった……モントローから逃れてきたブルゴーニュ人たちは、ジャン・ド・トワジイとアティス・ド・ブリムーとに、ジャン・サン・プールの横死をひそかに耳打ちしておいた。二人はそこで、さっそくにも報告をすべきであると相談をまとめた……シャロレの部屋へと入った、「気を引きしめ、言葉を吟味して」……若い樹木、この公太子の上に、嵐が吹き過ぎようとしていた(1)」

ブルゴーニュの修史官ジョルジュ・シャストランは、トワジイの口に、かれが実際には

ブルゴーニュ大公フィリップ・ル・ボン
(ロヒール・ファン・デル・ウェイデン画)

発言もしなかったはずの長々しい弁舌をのせた。それでも、いくらか言葉が多すぎるにしても、この大惨事の知らせを継承者の夫妻はどんな感じで受けとめたかをまずはそれらしく書きとめている。わたしたちがさっきその数行を借用したP・シャンピヨンとP・ド・トワジイは、シャストランの報告を、迫真的な表現で要約してみせた。「フィリップは、おそろしい叫び声をあげた。その顔がけいれんし、目がひきつるのが見えた。まるで死人のように、歯をかみしめ、唇はかわきはてた。その衣服を脱がせ、口をむりに開けさせねばならなかった。かれが息詰まらせている部屋では何人もの人々が一しょに泣きくずれていた。その妻であり、殺人者の姉であるミシェルは、死んだ者のように、夫のそばに倒れた(2)」。ジョルジュ・シャストランが用いた言葉をそのままにうつすなら、その部屋は、「哀号、叫び、泣き声にみちみちて、二つの死体が置かれているようだった」。

＊

このように悲歎のうちに、歴史上もっとも長く続くこととなる治世の一つは始まったのだった。なにしろ、半世紀を、あるいは、ほとんど半世紀近くを包みこむこととなる治世だったのだから。

モントローの悲劇により新ブルゴーニュ公となったシャロレ伯は、一三九六年七月三十一日、ディジョンに生まれた。父と違って、背は高く、風采は立派、人並みすぐれ、見栄えのする容姿の持主だった。かれが二十三歳のとき、すなわち、大公の座にすわったときの様子ではなくて、熟年に達したとき、何にもましてかれに仕えた歴史家、かのジョルジュ・シャストランが、有名な一ページに書き残し、もろもろの画家たちの手に成る真正の肖像画もこれをはっきり裏書きしているあの姿を描き出してみたい(3)。

第三代の大公は、かれの公式記録官（シャストラン）によると、「藺草のように真直ぐ伸び、背骨と両腕はがっしりと強く、腕を伸ばしたときの恰好が美しい」と表現されている。髪はふさふさと豊かで、額は広く、まなざしは、太い眉毛のもとで、――「その毛は、怒ったときは、角のように突っ立つのだった」――鋭く傲然としていた。重々しい歩き方、昂然たる態度。まことに堂々の風姿だった。「見かけからすると、皇帝とも思われる程だった。自然の恵みの上に王冠をいただかれるにもあたいする程だった」

こういう見方は一致している。この人を美辞でかざったのは、臣下や、御用作家だけではなかった。一四三八年、ブリュッセルで拝謁をゆるされたスペインの一小貴族も、「大公は、そのご人品いとも高貴で、精力にみち、この上なくお優しく、お姿は良く、背丈があり、優雅で、溌剌として、騎士の面目躍如」と証言してくれている。

フィリップは、「非常な自尊心の持主、過敏に反応し、激しく怒る君侯」であった。豪華好みで、「宝石、名馬、精巧な武器をそろえて、身を飾るすべを心得ておられた。町へご入城の際の盛儀は、人々の目を奪った。祝祭の企画についてもぬきんでておられた。騎馬槍試合、トーナメント、宴会、ご自身以前に行なわれてきたいっさいの催しにおいて。ご自身の装身具、綴れ織、食器、黄金の一ぱい入った手箱等々は、客たちを仰天させる程のものだった」。私生活も、度外れの自由奔放さであった。「非常な艶福家であられ、知られているだけで三十人の愛人がおられ、公認の私生子は十七人、その中にはコルネイユとか、アントワーヌ——金羊毛騎士団員となられた——のような〈偉大な私生子〉から、ユトレヒトの司教座へ相次いで上られたダヴィド、またフィリップのような方もおられた」

しかし、いったん怒りに火がつくと、おそろしかったにせよ、根は、良い人間だった。「ほんの些細な言葉ひとつで、心をお鎮めになった……」と、シャストランは言っている。こういう「節制の徳」、総体的にかれが示していた自己抑制は、同時代人によって、「腹のすわった人」との異名を奉られるにあたいするものだった。後世は、かれのことを「フィリップ・ル・ボン（善良公）と呼ぶ方を好んだ(4)。

さらにその上「激しい淫欲につかれた」性質に加え、なかなか同情心も厚かったのだ。その信仰心の熱心さは、かれのそば近く仕えていた有名なジャック・ド・ラランのような模範的騎士のことを思い起させ、騎士的な徳の持主という点からいうなら、それ相応の勇敢さをそなえた貴人の名にあたいする人でもあった。記録作者オリヴィエ・ド・ラ・マルシュは、ガンの市民と戦うかれの姿を描いて、こう述べる。「単に王侯、すぐれた立派な人というだけでなく、真の騎士、武勇に秀で、勲功の輝きを放つ人であった(5)」

快活で、活気に溢れ、外で動きまわるのが大好きであった反面に、熱心な読書家でもあった。歴史を尊重していて、自分の治世下の出来事を記録させるため、特にシャストランをかかえていたのもそのためだった。その図書室は、タペストリーの間《ま》と同様に、ぎっしりと詰まっていた。だからこそ、ブルゴーニュ芸術史には、先代の二人の大公、ことに初代大公、その名にあたいする文芸保護家だった大公の継承者にふさわしかったこの人が大きく立ちあらわれてくることとなる。

もっとも、こういうはっきりしたもろもろの特徴にもかかわらず、一つの謎が残る。ふしぎな謎、かれのはるかな先祖のひとり、同じ名を持つ、カペ王朝のフィリップ・ル・ベル（美王）が、鋭く見通す歴史家の眼の前にあらわしてくる謎とも通じる謎である。

フィリップ・ル・ボンは、実のところ、政治をとり行なえる人間だったのか。かれ個人がその政治を動かしてきたのか。もしかすると、その政治は、かれの大臣たちの政治、なかんずく、かの著名なかれの大書記官ニコラ・ロランの政治ではなかったのか。おびただしくインクを流させるもととなった、この厄介至極な問題は、本書の結論まで、その検討を保留しておこう。だから今はともかく、味のある無頓着さで威厳を和らげつつ、もろもろの出来事を処理してきたこの人の固有の役割を——もし見究められるものなら——見究めるとして、その前に、この治世を段階を追ってたどりつくしてみる方がよかろう。

＊

ジャン・サン・プールの死はまず、新大公を英国王の腕の中深くとびこませるという反動を生んだ。実際かれは、父の復讐を果たさねばという思いの中に、父が秘密裡にヘンリー五世と結んだ取り決めを公々然たる協定に変えてもよいのだとする十分な理由を見出していたのである。確かなところ、これまでは多く、この協定が単に怒りの発作のあらわれという角度からしか見られなかったのだが、本当はそうでなかったのである。なんども、顧問会での討議が重ねられ、親族間の協議を経、決定の前には王太子との折衝も試みられた上であった。フランスのあわれな状況が真剣に考慮されていたのである。本当のところ、すぐ前の先代がはっきりとたどってきた線を守って、公国の政治を動かして行くことは、感情的にも、理性的にも納得されていることと見えたのである。フランスが分裂し、アルマニャック派により奈落へと突き落されて行くとの不安があった以上、そんなフランスが英国人に抵抗することができるはずがないのは自明の理であった。利益からも、義務からも、勝つ方の側に賭けるのは当然との考えが一般的であった。フィリップが次のように納得していたのは間違いない。おぞましい恥辱をそそがねばならぬと絶対に命令する名誉心に応じてのわが決心は、また、ブルゴーニュの死活にかかわるのみか、フランス自体の死活問題ともからんでくる権益を守る思いとつながっているのだと。このとき、すべてを考量した末、若き大公は、同時によき息子として、よきブルゴーニュ人として、また、よきフランス人として行動しようとの決意を真剣に固めたのである(6)。

モントローの悲劇の知らせのパリでの受けとめられようはまさしく、ブルゴーニュ宮廷での評定を一つの方向へと動かせるにたる重みを持っていた。「おそろしくいまわしい暗殺という、このいとも不誠実で背信的な裏切り行為」は、首都でも、王国全体においても、非常な激動をまきおこし、すさまじい怒りを生じさせた。「無残な死」を、「痛みをもって」人々は感じとった。大学、上流市民層、高等法院が決起し、聖アンデレの十字架が再びあらわれ、ブルゴーニュ派が、かつての君臨の美しい日々さながらに――それは、かくも悲劇的に絶ち切られてしまったのだが――またもいたる所で、力と栄光をとり戻した。

ヘンリー五世は、王太子からも、新ブルゴーニュ公からも働きかけを受け、あい交錯する誘いをうまく利用して、自分の要求をいっそう強めようとしていた。当然至極の作戦だった。もはや向う所自分にかなう敵なしの、有能な君主にしてみれば、成功まちがいなしの作戦だった。あちこちに使者がとんだが、効はなかった(7)。根本的に、勝負はついていたのである。王太子シャルルとアルマニャック派――この時期には、排斥されていた者たち――をはずして、すべての者が勝者のまわりに集結し、勝者の事業を助け、勝者にフランスを明け渡す用意をしていたのである。

トロワ——そこには、シャルル六世、王妃イザボー、ジャン・サン・プールが作った分立政府のメンバーがいた。今は、正当性を欠いたにせものの政府にすぎなかったが——は、王太子——望むにせよ、望まぬにせよ、歴史的フランスの真の代表である王太子に反対するすべての者の集合地であった(8)。シャルル六世は、一四二〇年一月十七日、パリ市民たちに王太子への服従を禁止し、王太子の指示を重んじてはならぬとする勅書を発した。ジャン・サン・プールによるブルゴーニュ側の宣伝活動が十二分に行きわたっていたのが大いにあずかって、この訓令はたちまち広く普及し、人々の感情をかき立てるのに効果があった。バルベット地区での犯罪のときには人々は、そう昂奮しなかったのに、モントローの犯罪にはいきり立つ者が多かった。こうして一般的な倦怠感もあずかり、貧窮が耐えられぬ状態にまでなり、貨幣価値が一直線に急落し、不安が絶頂にまで達したこと等々もあって、パリ市民たち、またフランス国民の一部も、精神的自暴自棄の中へとおとし入れられて行って、解決策の中でももっとも背理的、もっとも不当、伝統にも、理性にも、原理原則にももっとも相反する策を自然なもの、受入れ可能なものと思うようになってくるのである。こうして、悪夢の雰囲気の中で、あのいまわしく、不可解きわまるトロワ条約が着々準備される。戦争の敗北とおびただしい物質的犠牲をそのまま受け入れたばかりか、一つの国民の良心と意志の放棄を容認したという点で、フランスの歴史上最大の悲惨事となるはずのトロワ条約が。

条約は、一四二〇年五月二十一日火曜日に締結された。思い切った相続権剝奪によって、王太子シャルルはばっさり切り捨てられた。実の両親がわが子を、「王太子ヴィエノワと称する者」と形容し、モントローの暗殺を王太子個人の責任とし、「おそるべき、極悪の犯罪」のかどで追及した。予備交渉において予め了解ずみであったように、シャルル六世の娘カトリーヌ・ド・フランスは、ヘンリー五世と結婚することと定められ、以後、王および王妃は、なんのはばかりもなくヘンリーをわが子と呼ぶこととなる。ヘンリーは、さしあたりは、フランスの摂政となり、シャルル六世の死によってフランス王となるはずである。この瞬間から、フランスの王冠と英国の王冠とがあいともに同じひとりの人の頭上に永遠にのせられることとなった。カトリーヌの継承者が、父亡きあと、あるいは父に代わって、王座につくこととなる。

こうして、男性による王位継承の伝統は、打ち砕かれた。ことの必要上、王冠は、女性の家系に移されたというわけである。いったい、狂気に取りつかれた王が、このような形で、王国の基本法（サリカ法）を破り、歴史の連続性をたち切ってよいものなのか、それは有効なのかを、途方もない条約文の作成に加担した者のだれもが自問してみたことがないふうに見える。情念と利得の思いにただただ押しやられるままであった。精神的にも肉体的にもすっかり打ちのめされていて、パリも、国家の枢要機関も、この降伏条約を歓呼して迎え、行列と歌とダンスとで祝ったのだった。

しかし、侵入者とのこのような慣れ合いにすべての者が加担したわけではない。フランスの土地の一部は、なお王太子に忠誠を守りつづけていて、この時期にはほとんどなんの力も持たなかった王太子を中心に、抵抗の一派が形作られつつあった。

フィリップ・ル・ボンは、トロワで結構な約束の数々を受けた。実際の所は、ヘンリー五世は、ただ、「ソンム川沿いの諸都市」、ペロンヌ、ロワイユ、モンディディエの領地を与えると約したにとどまる。いずれも、ジャン・サン・プールが、シャルル六世からその娘ミシェル、今はブルゴーニュ公夫人の婚資の担保として受けとっていた土地である。フィリップは、新フランス政府において無に等しい存在だった。英国王は、パリに入城すると、ジャン・サン・プールが任命した守備隊長、若きブルゴーニュ公のいとこ、フィリップ・ド・サン゠ポル伯を、自分の兄弟クラレンス公に代えた。このような辱しめも以前からの英国びいきの男が大公の側近に仕えていたおかげで、なんとかがまんできた。すなわち、トゥルネの司教ジャン・ド・トワジイである。このジャン・サン・プールの顧問官は、主人の子、弟子筋に当るフィリップにより、一四一九年十二月七日、ジャン・ド・ソーに代わり、ブルゴーニュ大書記官に取り立てられた。

フィリップ・ル・ボン⑨は、一四二〇年三月、クレピイ゠アン゠ラネを奪ったあと、引き続き義兄ヘンリー五世のかたわらにあって、次々と戦功を立てていた――ヘンリーとカトリーヌ・ド・フランスとの結婚式は、六月二日、トロワであげられた。かれらは協力して、六月十一日サンスを、二十三日モントローを手中に収める。ジャン・サン・プールの埋葬は、モントロー占領の成果をまって行なわれることとなり、七月十二日、ディジョンのシャンモルにおいて、重い喪のヴェールをかぶった未亡人列席のもと、それなりの盛儀をもって、葬儀が執行された。この間、七月七日には、ムラン包囲戦が行なわれた。筋金入りの王太子派バルバザン侯は、勇敢に防戦したものの空しく、十一月十七日、兵糧攻めによってこの要害は落ちた。そして、十二月一日、ヘンリー五世とフィリップは、シャルル六世ともども、パリ入城を果たす。

シャルル六世は、首都に帰りつくとただちに、モントローでの犯罪について裁きを下す必要に迫られる。豪華な入城式の夢もさめやらぬうち飢えと寒さが猛威をふるうパリの町に、凍りつくクリスマスが近づいてきて一四二〇年十二月二十三日、なかなかに教訓的な場面がくりひろげられた。

王直々の裁きの座は、高等法院法廷で開かれた。めったにないことだが、二人の王が玉座についた。シャルル六世と、義父の右に座を占めた婿どのヘンリー五世。足もとには、フランス大書記官ジャン・ル・クレールルと高等法院長フィリップ・ド・モルヴィリエがすわる。相対して、ブルゴーニュ公が、英国王の兄弟クラレンス公、ベッドフォード公と同列に並ぶ。トワジイ大書記官、アミアン、テルーアヌ、ボーヴェの各司教、さいごに、ブルゴーニュに仕える有能にして大胆な隊長ジャン・ド・リュクサンブールが、華やかに座席をみたす。このさいごの男こそは、したたかな刺客、良心よりも血統を大事にする輩であって、のちの日、オルレアンの少女（ジャンヌ・ダルク）を売る役目を果たす。また、ここに臨席しているボーヴェの司教はピエール・コションの名を持ち、その名こそは、ジャンヌを火刑台へと追いやるにいたった判決文のゆえに有名となった、宿運の聖職者の名である。

　時代のこの一瞬の切れ目にあって、歴史のダイナミズムのふしぎを深く思わせられずにはすまない。これ見よがしのこの場面に臨場した人々の目には分厚いヴェールがかかっていて、そんな中にも着々切迫しつつある未来の姿は何も見えず、一四〇七年、一四一六年、一四一九年と生み出されてきて、一四三一年を準備しようとしている一連の犯罪から、否応なく当然ながらに引き出されてくるに決まっている今後の経過は隠されたままだったのである。

　ブルゴーニュ大書記官としてやがてトワジイの後を継ぐはずのニコラ・ロランが、大公の弁護に立つ。大公の名において、「裏切りの殺人」を追及する。名誉剝奪の刑、明白な賠償、つぐないのための礼拝堂の建設――その一々が詳細にわたって列挙された――等が強く要求された。

　根底において、まったく政治的な裁判であった[10]。フランス大書記官が約束した法的制裁はついに行なわれることはなかった。この実体のない約束こそは、見せびらかしだけのこの催しの欺瞞性を明らかにする。最初の犯罪のあとのオルレアン一派の連中のやったことが思い合わされる。豪華をきわめ、演劇さながらのこの催しは、結局、別な種類の、もっと影響力の大きい犯罪的行為をおおい隠そうとするだけのものであった。すなわち、まさにこの瞬間、フランスの未来をあやうくする形で行なわれつつあった犯罪的行為を(11)。

なぜなら、今までより以上に、ヘンリーが試合に力を入れ出していたからである。補佐するフィリップは、この英国のために働くこととなる。高等法院の判決により王太子は追放され、王位継承の権利なしを宣告される。しかし、王太子は敢然とこれに立ち向かい、ここで「占領下フランス」に、「自由フランス」が対立するにいたる(12)。英国＝ブルゴーニュの同盟の結果、フランス人の愛国心が浮びあがってくる。以前のアルマニャック党は、王太子党となり、ここでかくれもなく愛国党となる傾きを示す。このことこそ、一四一七年の犯罪的取り決めと狂気のトロワ条約に対しての不確定要因がもたらした報復だった。

このとき以後、戦いは混乱のうちに展開する。ときに英国軍、ときにブルゴーニュ勢、ときに王太子派が、点をかせぐ。しかし、初めのうちは、長い間、どちらが勝つとも不明であったのに、さいごには、ジャンヌ・ダルクのおかげで、また、民衆の奮起のおかげで、真に正しい者の側の勝利に、——まだまだ疑わしいものではあったが、ともかくも勝利に終ることとなる。

＊

ヘンリー五世という、この油断のならぬ大将の存命中、英国の大義は前進を止めない。侵入者と同盟するブルゴーニュ公は、この同盟が自分をどこへ連れて行くのかに疑問を抱くいとまもなく、このヘンリーのために戦う。一四二一年八月三十日、モンス゠アン゠ヴィムーで勝利を収め、サン゠リキエを占領し、クロトワとノワイエルの線上でかれの前面に立ちはだかった、ジャック・ダルクールをくだす。

しかし、王太子派の最前線部隊が、シャロレとマコネの方で、ブルゴーニュに脅威を及ぼしていた。そのむかし、夫存命の頃の危機の日々と同じに、フィリップの母なる公妃がこれに直面し、救いを呼び求めてくる。そこで、フィリップは、ディジョンへと戻ることとし、一四二二年二月十九日、市に入る。熱狂的に迎えられた。もろもろの特権の追認をし、いまだかれ自身はつかみとっていなかった忠誠の誓いを受ける。しかし、かれが、王ヘンリーの名において、誓いを立てさせようとしたとき、重大な抵抗に出あう。いずれにもせよ、人々がどのような権威を認めていたのかを知らねばならない。根本的には、トロワ条約への賛同が要求されているのである。ディジョンの市長も、市の補佐役たちも、これには反発を感じずにいられなかった。何かをあいまいなままにしておいて、当面の窮地

ジャン・ド・リュクサンブール

を切り抜けようとしたのだった。かれらが王として認めると決めたのは、ブルゴーニュ公が選ぶだろう人に限るとしたが、その名はあえて言わなかった。英国人らは、――英国側の査察要員が何人も来ていた――この決定をしりぞけた。「結局さいごに、大公宮殿では、英国王に誓いを立て、公式文書には、フィリップ・ル・ボンによりこのことが指図された旨の記入がされるとの決定が下された[13]」

こんなふうに、大公の都市ディジョンでは、親英感情には、おのずと限界があった。フィリップ・ル・ボン自身も、かれの大書記官ジャン・ド・トワジイに比べれば、そんなに英国びいきではなかったのである。かれは、アザンクールで、たとい殺されることになろうと、その叔父たちアントワーヌやフィリップのように、フランスのために戦うことをしなかったのを、一生の間、後悔していたのでなかったろうか[14]。心内にこういうわだかまりを抱いていたことがずっと後になっての反転の予兆であった。自分たちの君主の名にかけての誓いをディジョンへ求めに来ていた英国側要員は、その及ぶ所も、未来における影響もまったく察知できなかったのである。

それにまた、王太子軍の攻撃を迎え打つブルゴーニュ公の態度にも、何かしら英国人らを安心させるものがあったふうなのである。フィリップ・ル・ボンは、一四二二年七月八日ガンで妻ミシェル・ド・フランスの死去という憂き目にあったのにもかかわらず、サヴォワ公とロレーヌ公に加えてベッドフォード公に助けを求め、自分の軍勢を、アヴァロンに集結させる。あわせて、ジャン・ド・リュクサンブールの率いるピカルディ軍をもそこへ呼び寄せる。ベッドフォードの徴集兵を加えてふくらんだ、この連合軍を、大公みずから八月六日ヴェズレーで指揮につき、王太子に包囲されているコーヌへと進軍する。一万二千人のこの大軍の接近で、王太子は包囲をとき、陣地を引き払い、退却する。これは、フィリップ・ル・ボンの望む所だった。リュクサンブールは、シャリテにまで攻め入ったが、英国＝ブルゴーニュ軍の主力は、後方に退き、大公は、トロワへ引返し、ベッドフォードは、そこからパリへと舞い戻った。突然、その兄ヘンリー五世の病状が急変して、ヴァンセンヌで危篤におちいったために呼び返されたのである。八月三十一日、三十四歳でヘンリーは死ぬ。

＊

「二重の王国」という理念を推進してきた者の死により、この理念はどうなるのか。あらたに開いた局面の中で、ブルゴーニュ公がどういう役割を果そうとするのか。

幼児のヘンリー六世、狂った王シャルル六世というふたりの無能力者に対しては摂政をおく必要があった。しかし、ベッドフォードのすすめを、フィリップ・ル・ボンは拒絶する。代わりに、ベッドフォードがその地位を占め、一四二二年十月二十一日、シャルル六世が五十三歳で死んで、カトリーヌの子（ヘンリー六世）が、先にウェストミンスターで公認されたとおりフランス王になったときにも、依然、その地位を保ちつづける。モンストルレは、若きランカスター（ヘンリー六世）が、パリの母方祖父の墓でした公式の即位宣言の記録を、これ以上望みがたいまでの冷やかな調子で記しとどめた。

「それから、臨席していた国王儀仗兵らが、銘々持参の小枝を折り、墓穴の中へと次々に投げ入れ、穴の中に積み重ねた。次いで、何人もの式部官、従者を伴ったベリー長官が、穴の上で叫んだ。「神よ、いと気高く、いとすぐれたフランス王、シャルル六世の名を持った王、われらの正統の元首であられた君侯をあわれみ、その魂を恵みたまえ」と。そのあと、あらためて、同長官は、叫んだ。「神よ、フランスと英国の王、われらの元首である君侯、ヘンリーによき生涯を与えたまえ」と」

英仏海峡の両側で同じひとりの君侯が、同じ一つの王権を代表し、同じ一つの王権を史上初めて実際に行使するに至ったということこそ、曲り角のこの危機の時期、「二重の王国」が歩み出したしるしであった。

＊

シャルル六世の葬儀では、ベッドフォードが葬列の先頭に立った。フィリップ・ル・ボンは、頑としてアラスにとどまっていて、参列しなかった。「摂政」に先をゆずるのは、意にみたぬことであった。不満顔があらわに見えたこともあって、教皇特使で枢機卿のバール公と、初代サヴォワ公アメデーオ八世とは、ブルク＝アン＝ブレスで、フィリップと王太子シャルルとの歩み寄りをはかった。しかし、まだ機が熟してはいなかった。それでも話し合いが行なわれたということは、既に一つのきざしである。とぎれとぎれながら、対話はつづけられる。何十度も試みが重ねられ、決して断念されることはなかった。

シャルルは、ムアン＝シュル＝イエーヴルで、十月三十日、王の即位宣言をした。以後、年代記作者ピエール・ド・フェナンの言うように、「フランスにはふたりの王がいる」こととなる。一方には、「ブールジュの王」、もう一方には「パリの王」が。二つの命令系統と、二つのフランスとが。そのどちらもが、前例のない、肉体的・精神的危機のために衰退しきっていた。

今は、この精神的貧窮と不安とについて述べている場合ではない(15)。しかし、この暗黒の時期人々がどのような迷路の中をさまよっていたかを、理解するためには、この悲しむべき情景をつねに思い浮べている必要がある。

ブルゴーニュ公は、同盟する英国人らに対しそれほど義理立てする必要は感じていなかったが、それでも自分が取ってしまったゆがんだ立場には具合悪さを感じていた。その中でかれはこれまでにも、またこれから先にも、気楽になれることはついになかったのである。

ブルク＝アン＝ブレスでの会談が失敗に終った結果として王太子側の攻撃があい次ぎ、ブルゴーニュの境界にも火の手がのびてくるに及んで、大公は、幼い国王に対する腹立ちとうかうかと与えてしまった言質にはさまれ、――シャストランの言によるなら、「純金さながらに、融通がきかず、卵さながらに頑固で」――自分から進んで無為をきめこんでいたのに、そうも行かなくなった。前年と同様に、一四二三年七月には、英国＝ブルゴーニュ軍が、戦場にくり出すこととなる。ブルゴーニュの元帥ジャン・ド・トゥロンジョンは、シャンパーニュを襲おうとしていた一万五千のフランス、ミラノ軍を迎撃に出る。これを打ち破り、配下の総督クロード・ド・シャステリュクスが防衛に苦戦していたクラヴァンを解放した。ところが、八月二十七日、トゥロンジョン元帥は、ラ・ビュシェールでユベール・ド・ラ・グロレ指揮下の王太子軍の捕虜となった。元帥の兄弟アントワーヌ・ド・トゥロンジョンは、マコネ地方の国境線を確保するのに苦労していたが、折よく、英国のサフォークがジェルモル、ヴァンゼル、レイルといった城を奪取してかれの掩護をしてくれた。フィリップはその頃、否応なく自領を守らねばならぬ状況下で、自分がフランス王と認めた英国のヘンリー、それもベッドフォードひとりに政治を操られているヘンリーの事業にかかわらずに——せめても最小限しかかかわらずにすむ言いぬけが簡単に見つかるものと容易にきめこんでいたようである。クリスマスの前日、ブルゴーニュ側御用の輸送部隊長ペリネ・グレサールは、重要な戦略上の要衝ラ・シャリテ゠シュル゠ロワールを奪い、ベリー地方に面した国境線の閉鎖をなしとげた。

ベッドフォードとシャルル七世の間で自分がとるべき路線がなかなか見定められず、ジャン・サン・プールの子は、何より第一にブルゴーニュ国の首長としての政治を進める方向へとますます傾いてくる。それが決して変節ではなく、自分のもともとのつとめなのだと見ていたのだとすれば、だからといってなにも驚くことはなくなる。

＊

フィリップ・ル・ボンの対フランス政策が、——一四一七年の密約の結果でもあり、それがさらにトロワ条約でいっそう険悪化して——遠回しの、ぎごちないものになればなるほど、ネーデルラントでの政治は、明確になり、みのり豊かなものとなった。アンリ・ピレンヌがいみじくも言ったように、「モントローの殺害は、新しい時代の出発点をしるしづける。以後は、フランスの中でもなく、フランスによってでもなく、フランスの外で、フランスに対抗して、ブルゴーニュ公家はその計画の実現に向かって進んで行く」。このような進展は、部分的には本意でなく、知らず知らずそうなったのである。フィリップは、自分をフランス人であると感じ、そうでありたいと望んでいる。そうでありながら、かれが行なうのは全体としてロタリンギアの政治なのである。

かれを必要としていて、そのことはちゃんと承知の上のベッドフォードとの流動的な関係が続いていたおかげで、大公は、せめてもソンム川沿いの町々を自分のものとして認めさせることができた。これらの町は、ミシェルの婚資の担保として与えられたもので、ミシェルの死後もかれが保持していた。かれが、叔母に当るボンヌ・ダルトワ[16]と再婚しても、それは妨げにならなかった。ボンヌは、ほんのわずかの間大公夫人であっただけで死没、かれは、イザベル・ド・ポルチュガルと三どめの結婚をするが、この場合もそうだった。

一四二〇年以来、アルザスが、フィリップの注意を引きつけていた。叔母であり、フィリップ・ル・アルディの娘であるカトリーヌは、父の命でレオポルド・ドートリッシュと結婚していたが、夫をなくし、今はひとり身だった。アルザスの領主マクシミリアン・ド・リボーピエールとの再婚を考えていた。大公は、これに反対した。カトリーヌに結婚計画を断念させたばかりか、自分に対し生前贈与をさせ、その全遺産がブルゴーニュ家の当主に渡るように画策した。彼女が死ぬときには、当然そうするのが予定の行動だった。

一四二一年には、これに劣らぬ有利な取引をして、ナミュール伯領の虚有権を確保し、一四二九年、ナミュール伯ジャン三世が死ぬと、伯領はかれのものとなる。

ネーデルラントでは、まず第一に、厄介きわまるブラバン問題を引き継いだ。先にも見たように、父の生前から、ブラバン監察の任務を与えられていただけに、問題の性質はよく知っていた。

ブラバンのジャン四世とジャックリーヌ・ド・エノーの結婚は、ピレンヌの根拠もあり、したがって権威もある判断に従うと、ジャン・サン・プールの「もっとも輝かしい外交上の勝利」であった。ところが、このふたりの結びつきは、およそ考えられるかぎり不釣り合いそのものだった。ブルゴーニュ家では、唯一のふしぎな例外として、ジャン四世は、ひ弱で、鬱病質だった。シャストランの言う所では、この虚弱な男は、「とてもきれいで、非常に陽気、体つきも頑丈、弱虫男にはまったく向いていない[17]」女性と、とても合うはずがなかったのである。情熱的で官能的で、感じやすい性質だったジャックリーヌは、夫に満足できなかった。ふたりのあいだの性格の不一致は完璧だった。

性格の不一致に加えて、考え方の相違があった。ジャン四世は、自分自身の平穏無事ばかりにかまけていて、その封臣であり、元司教、今はエリーザベト・フォン・ゲーリッツと結婚しているジャン・ド・バヴィエールに、譲歩に次ぐ譲歩を重ねた。一四二〇年には、ホラントの統治をもまかせた。ジャックリーヌはこれに憤慨した。ブラバンの内部でも、ジャン四世の、札つきの無能力をいいことに、ブラバン諸国連合議会が自由にふるまっていた。議会は、ジャンから不当に甘やかされてわがもの顔にふるまっている寵臣どもに反抗し、行政を牛耳っていたばかりか、サン゠ポル伯、ジャン四世の末弟、故アントワーヌ公の次男を摂政フィリップと同地位にまで、祭り上げた。ジャックリーヌは、ほとほと嫌気がさし、見下げはてた、無能力な夫と別れる決心をした。いったんエノー伯領へ向かったあと、英国へ渡った。なんともあきれはてた図々しさで、ほかならぬ摂政ベッドフォード――英国国王の代理権をゆだねられていたこの男――の弟に当るグロスターと、多少ともベッドフォード自身から高圧的に操られるままに、くっついてしまったのである。この挑戦的な結婚は、一四二二年秋に行なわれた。「当時ロタリンギア王国の思い出がしみついていて、ブルゴーニュ公の政策の成功こそは王国回復の予兆とみて、その事業をロテール二世の事業にもなぞらえていたネーデルラントの人々に非常の怒りをかきたてた」。フランドルの年代記作者エドモン・ド・ダンテルをふまえての、このピレンヌの言葉は、ジャックリーヌ伯夫人の行動に対しどんな反応が生じたかを正確に見究めている。

グロスターは、エドワード三世のフランドル政策を再現するのだと誇称していた。が、何よりことに、かれは、大陸に自分の地歩を固めるという、利己的な目的をねらっていた。ジャックリーヌの相続財産のことをプランタジネット家がブルゴーニュのヴァロワ家にそっと耳打ちしたのも、同じ目的のためだったに違いない。

しかし、この政策は、ベッドフォードが進めてきた政策、英国＝ブルゴーニュ間の同盟にもとづいて立てられていた政策とは一致しないものだった。「フランスの摂政」どの（ベッドフォード）は、ブルゴーニュ宮廷が明らかに反グロスターの立場をとるのを見てとり、フィリップ・ル・ボンを反動的にシャルル七世側になびかせまいかとおそれて、弟が自ら進んで入りこんで行こうとする争いの解決にのり出す。一四二三年、みずから、ジャン・サン・プールの娘、アンヌ・ド・ブルゴーニュと結婚し、外交的手段によって事態の解決をはかった。

グロスターの気まぐれは、ブルゴーニュ側からの拒否だけでなく、ジャン・ド・バヴィエールの反対にもぶつかった。凡庸ないとこジャン四世ばかりか、それ以上にジャックリーヌの軽挙にも損害をこうむっていたのである。

フィリップ・ル・ボンは、ジャン四世のことを役立たずとみて、見放していた。グロスターは、このあわれなブラバン公と尻軽のジャックリーヌとの結婚の無効をアヴィニョンの教会に認めさせるのに成功していた。しかし、フィリップ・ル・ボンは、ベッドフォードの助けも得て、このジャックリーヌとグロスターとの結婚の取消しをローマでかちとることに成功した。さらに進んで、この移り気な男ジャン・ド・バヴィエールとの結束を固め、ジャンに子がないのをよいことに、自分をかれの相続人として認めさせた。これによって、フィリップは、ジャックリーヌ、グロスターの権限に対抗して、自分も諸権利をふりまわすことができるようになった。もっともグロスターはこれでひるまなかった。武力でおどしをかけようとすらした。一四二四年十月、かれは、カレーに上陸、六千の弓手でもってエノーを占領し、エノー伯としての自分に誓いを立てさせた。しかし、フィリップ・ル・ボンは、配下の隊長の中でも最も勇敢なジャン・ド・リュクサンブールを、ジャン・ド・バヴィエールのもとへ派遣した。ジャックリーヌの英国心酔を好ましく思わぬエノーの連中に支えられ、グロスターを早々と退却させ、帰国の止むなきに追いこんだ。

ジャックリーヌの方は、なおもしつこく、さいごまであがきぬいた。だが、三度も結婚したのに夫を持たぬこの権柄ずくの高慢な女も、モンスで包囲され、ブルゴーニュ公の勢力に屈服した。大公は、ガンに住居をあてがってやった。その時突然、一四二五年一月六日、ジャン・ド・バヴィエールが死に、フィリップ・ル・ボンがあの巧みな外交政策によって着々進めてきた手配が何もかもブルゴーニュ公国に有利に運ぶこととなった。ブルゴーニュは勝ったのである。

なるほど、ジギスムントが、今一度帝国の権利を言い立ててきたことはある。結局は、むだな脅迫にすぎなかった。ジャックリーヌは、近習の服装をしてガンを脱出して、ホラントを蜂起させようと努めたがうまく行かなかった。ジギスムントは、この時ボヘミアにあって動けず、彼女に効果的な援助を送ることができなかった。

フィリップはさらに、手早く、精力的に動いた。ユトレヒト司教スヴェーダー・ファン・トウレンボルク、ヘルダーラント公アルノルト・ファン・エフモントと結び、ホラントの大党派のうち、ホエクス党が相手側陣営についたのに対して、カビリアウス党の支持をとりつけて、力をたくわえ、何より重要な都市、ドルトレヒト、レイデン、ハールレム、アムステルダム等々をわが方の味方とした。これらの都市のすべてが、ピカルディ人、ブルゴーニュ人の隊長を、城壁内に迎えていた。交易で金を儲けた上流市民層にとっては、ブルゴーニュの支配は商売の発展に都合がよいというので大いに歓迎だった。他方、地方貴族はジャックリーヌのまわりに寄り集まったが、結局、彼女の一族郎党を、時代おくれの、封建的党派に仕立てただけのことだった。

ここで、一つの奇妙なエピソードがはさまる。人の好い歴史家たちをはぐらかせたものである。フィリップ・ル・ボン暗殺計画があったというのである。しかも、グロスターのみか、ベッドフォードまでが、このひそかに企てられた陰謀に一枚加わっていたという。リシュモンとその弟、ジャン・ド・ブルターニュ公が、この一件を嗅ぎつけて、これをばらし、ブルゴーニュ公に迫って英国との同盟から足を洗わせ、シャルル七世と和解させるきっかけにしようとしたという。だが、この企てに、かれらは成功しなかった。もっとも、この物語全体が信憑性の乏しいもので、その史実性を認める理由がない[18]。

確かなことは、ホラントにおけるブルゴーニュの勝利は、長い努力の成果であり、フィリップ・ル・ボンの驚くべき執念によって得られたものだということである。一四二六年から二八年にかけて、かれは、ほとんどずっとホラントにいた。騎士としてつねに自軍の先頭に立ち、この張りつめた努力の栄えのすべてをわが手に収めた。味方をはげまし、手ごわいジャックリーヌの熱狂的な激しい動きを打ち砕き、陸戦を精一ぱいに戦いぬき、海岸線を完全に封鎖した。

グロスターが、英国側からの公式抵抗の域を越えて、あくまで自分の妻とみなしつづけていた女を助けにはせ参じてきたが、むだであった。個人的には、フランドルの遊弋艦隊をまいて侵入を果たしした。しかし、ごくごくわずかの部隊を通過させえただけであった。しょせん、無力であった。アドルフ・ド・ジュリエが、皇帝ジギスムントの訴えを聞き、ブルゴーニュの仲間アルノルト・ファン・ヘルダーラントの攻撃にかかった。骨折り損だった。ブルゴーニュ勢を圧倒できる者はだれもいなかった。

ブルゴーニュ軍は、一四二六年一月、ブラウウェルスハーフェンで、英国勢を破った。アメルスフォールトの前で包囲陣を敷いた。ウィーリンゲンで、ジャックリーヌを倒した。

グロスターはこんどこそ、妻から離れようとしていた。妻との結婚の破棄を宣告した一四二四年一月九日の教皇会よりも心にかかるのは、出口の見えぬ事件への疲れ、また、自分の生来の移り気な性質だった。かれは、だんだんと愛人である、陰謀家のエレノア・コブハムに強く引かれて行く心の傾きにまかせるようになってきた。そして、ついに、多くの人々をあぜんとさせておいて、彼女と結婚したのである。

見棄てられ、裏切られた妻にすれば、これは、とどめの一撃だった。とうとう、ジャックリーヌは、デルフト条約の下部にわが名を署名するまで追いつめられた。一四二八年七月三日付のこの条約によって、彼女は、伯爵位を保持できることになったが、「レウァルト」すなわち「摂政」の名のもとに、事実上はフィリップ・ル・ボンが彼女の領地（ホラント、ゼーラント、フリースラント、エノー）を所有することを認めたのだった。全要塞をかれに引き渡し、三度にわたる結婚を経て、以後は大公の同意なしに新たな縁組を結ばぬ旨を約束した。

たちまち、ホエクス党は、ホラント全域にわたり、崩壊した。ジギスムントが激しい非難を浴びせてきたにもかかわらず、中小都市も、大都市の先例にならって、摂政である大公に誓いを立てた。ネーデルラントきってのすばらしいウィッテルスバハ領も完全に、ブルゴーニュの手に帰した。

私生児大アントワーヌ
フィリップ・ル・ボンの庶出の息子

冒険好きのジャックリーヌが最後に打った大芝居で、彼女の波瀾にみちた一生も終りとなったが、先の結果にはなんの変化も及ぼさなかった。かえって、相続財産譲渡の時期を早めただけのことだった。

どこまでも凝りないこの伯爵夫人は、三度に及ぶやもめ暮しの侘しさを癒やそうと、四人めの夫を持とうと思いついたのである。目をつけたのは、ブルゴーニュの総督フランク・ファン・ボルセレンであり、この男を義務にそむかせて、反抗へと追いやったのである。二人にとって、まずいことになった。夫婦は捕えられ、女は、伴侶の首を切られるのに甘んじるか、あるいは、自分の伯爵位を捨てるかの選択に迫られた。彼女は第二の選択をとることにした。

ここで、一四三三年四月十二日、フィリップ・ル・ボンは、「摂政《レウァルト》」の称号を、伯爵の称号と取りかえた。何もかもをすっかり取り上げられた、元伯爵夫人は、レイデン付近のティリンゲン城へと退き、だれにも知られず、ひっそり朽ちて行った。肺結核にかかり、すべての望みを失い、一四三六年十月九日、そこで命の火を消すこととなる。

デルフト条約署名の二年後、フィリップは、ブラバンの遺産を受けとった。いたる所で、ブルゴーニュは、勝者だった。

一四二七年四月十七日、ブラバンのジャン四世が、あわれな一生を終えた。その弟であるサン゠ポル伯フィリップは、既に摂政でもあり、当然のこととして、公爵の地位を得た。そのむかしの、父アントワーヌ同様に、この末弟は、公領に属する諸国にも、人民にも、好かれる器量の持主だった。ただ、父とは違って、公爵になると、自己流の政策を行なおうとした。ブルゴーニュに楯つくことになろうと、そんなことはどうでもよいことだった。

こうしてアンジュー家と結ぼうとするかれの姿が見られることとなる。それは、シャルル七世に近づけることになり、ひいては必然的に、従兄弟フィリップ・ル・ボンとの対立にみちびくことになるはずだった。フィリップの方は、この裏切りをゆるさず、罰する構えを既にとっていた。しかし、サン゠ポルはこの道へと向かい始めたばかりで――それは、確かに危険な道ではあったが、たぶん救いに通ずる道だった――一四三〇年八月四日、死んでしまった。一部でとやかく言う者はあったが、自然死であることは、間違いなかった。かれは、継承者を残さなかった。そこで、叔父に当る亡きアントワーヌ公の甥としてフィリップ・ル・ボンが、法規に従って実の従兄弟の跡継ぎとなった。

ジギスムントの方からは相変らず激しく、それでいて効き目のないくりかえしての抗議をしかけてきたが、これに頓着なく、フィリップは、ブラバン諸国からも認知をかちとった。故人の叔母マルグリット・ド・バヴィエールがしゃしゃり出てきたが、退けられた。十月五日になると、ブルゴーニュ家の当主は、ルーヴェンの町に晴れがましく入城をした。ここに、大学を創立した。まもなく、隆盛をきわめるにいたるあの大学である。

こうして、次々と肩書が増えて行ったのだが、恐れ知らずの大公の子は、こんどは、これらにつけ加え「ロティエ、ブラバン、ランブール公、神聖ローマ帝国侯爵」の称号をも持つ身となった。

「かれが、一四二一年にはノーロワを購入したこと、ユトレヒト司教区でも絶対権力をにぎっていたこと、ヘルダーラントでは、競争相手アドルフ・ド・ジュリエに対抗して。アルノルト・ファン・エフモント公を支持していたこと、カンブレーとトゥルネの司教区では自由に采配をふるっていて、ルクセンブルクに公然とおどしをかけていたことなどを考えてみよう。併合によりわがものとした地方での新しい臣下たちの心服を信じきって、いかなる対立者をもおそれなかったこと、ともかくも、フランス王の宗主権からも、ローマ王の宗主権からも脱け出していて、フランス王に対しては勝利の戦いをすすめ、神聖ローマ帝国に対しては、ブラバン、エノー、ゼーラント、フリースラントを要求して、独立の王侯にふさわしい振舞いをやってのけたことをもつらつら考え合わせてみよう。この新興国家の建設者だった人——たかだか十五年足らずの内に築かれ、西欧最大の都市群ともっとも豊かな領土の数々を含む国家をうち建てたこの人が、どんなに強い上昇運に恵まれていたかは、容易にわかってくるはずである(19)」

*

こうして、大公の政治の軸は、北方へと方角を変えた。公家の関心の的が移動したのである。フランスでの政策遂行はもはや、二代目大公の時代にそうであったように、主要な関心事、たえず付きまとって離れぬ執念ではなくなった。三代目の時代となって、公国が広大となり、強化されるにつけ、その主要目標も、ブルゴーニュ宮廷の活動にふり向けられてくる。ここでようやく、打算からでなくむしろ、幸運な諸事情に迫られて、ジャン・ル・ボンに由来するブルゴーニュ公家が一四一七年と一四二〇年の法令によりあやうく落ちこむところだった危地から回復するのに必要な手段が見つかったのである。

このことは、フィリップ・ル・ボンと、フランスを奪い合いしているとも見える二つの王家との関係をたどってみることで——今こそ、それをしてみるときであろう——はっきり感じとれるはずである。

要するに、ヴァロワ家とランカスター家の争いをできるだけ長く続けさせることが、フランスとドイツのあいだに一独立国家を建てることを究極の目標とするロタリンギア政策にとって何よりも有利な方法ではなかっただろうか。この窮極目標を完全になしとげるためには、既にかくも長い間続いて、終りの見えぬ二者間の争いの、すべてを麻痺させることの未解決状態ほどに効果的なものはなにもなかったのかもしれない。

フィリップは、同盟者のベッドフォードを援助しつづけるが、それもほんのわずかな出費で、あえて言うなら、ちびちびと出し惜しみしながらだった。英仏戦争への協力が少くなればなるだけホラント問題に自由に主たる努力を傾けることができる。

こうして、援助の手は限られ、とぎれとぎれであったにもせよ、それでも、そのおかげで、ベッドフォードは、シャルル七世に対し軍事的優位に立つことができた。両者間の戦いは、果てしなくつづき、一四二二年と二九年の間には、二重の王国を「摂政」（ベッドフォード）が受け継いだこともあって、マイナスになるよりもむしろプラス効果をあげた。ヘンリー五世治下より速度は遅かったが、ヘンリー六世治下にも占領地帯はほとんどたえず、非占領地帯を侵しつづけた。ブールジュの王に従う者は減り、パリの王に従う者は増えた。一四二七年八月十七日、ヴェルヌイユの一日は、百年戦争のフランスでの一連の大惨事にまたも、クレシー、ポワティエ、アザンクールにまさるとも劣らぬ一つの死の悲劇をつけ加えた。

フィリップ・ル・ボンは、これを利して、マコネ地方に十月まで作戦を継続し、ポリニャックの休戦にまでいたらせる。

グロスターがいい調子になって大暴れしているとき、しばらくフィリップの熱がさめていたせいもあって、ランカスターの進軍も勢いが衰えたふうだった。これは、ブルターニュのジャン五世の弟リシュモンが、自分の妻マルグリット・ド・ブルゴーニュの主君の国ブルゴーニュに関心を寄せだしたこともあっただけに、目立った。このとき、リシュモンは、シャルル七世の総元帥となり、メーヌ地方で作戦を展開し、英国方に非常な損害をこうむらせた。ベッドフォードとフィリップの間で和解が進んでいたこともあって、――その原因はわかっている――また、シャルル七世ごひいきのラ・トレモワイユに対する嫉妬もあずかって、リシュモンは戦線を離脱するにいたる。身を引き、あとは、ブルターニュの国内政治にかまけることに甘んじる。

フィリップの妹アンヌ・ド・ブルゴーニュとの結婚を果たし、エノーでのグロスターの横暴も抑えこんで、「フランスの摂政」どのはしばらくの間、義兄弟の間柄となったこの有力な大公との思想の一致を取り戻していた。

ベッドフォードはそのときも、前線を進めていた。かれの士官サフォークとウォーウィックは、いたる所で押されぎみのシャルル七世の軍をいたぶりつづけていた。そして、ついに、オルレアン包囲によって、ブールジュの王の不幸はきわまるところまで行った。かれは、自分に王となる権利があるのかも疑っていた。かれは私生児なのだという噂が広まっていて、それがかれの気力を奪った。絶望してすべてを投げ出す一歩手前にいた。かれがそうしなかったという保証はない。ゲームからおりてしまわずにすんだとは、だれも言えない。もし、オルレアンが屈してしまっていたら、もし、オルレアンの少女があらわれなかったら。もし、前例のないあの奇跡によって、突然、歴史のためらいがちの歩みがただされ、正統の君主に有利なふうに動いて行かなかったとしたら[20]……

ここは、ジャンヌ・ダルクの驚異の叙事詩を一々順序立てて並べ直している場所ではない。オルレアン、パテー、ランスでの戴冠、パリの城壁の下での失敗、またラ・シャリテ＝シュル＝ロワールの城壁の下での失敗——そこでかのペリネ・グレサールが、——その動きは本書の先の方でもはや見えていたところだ——ヒロインのさらなる飛躍を押しとどめたのだった――それから、コンピエーニュ、ルーアン、逮捕、裁判、殉教の死と。ただここでは、直接にブルゴーニュとその大公とを巻き添えにしたいくつかの出来事を書きとめるだけにしておこう。

おそらくは多分、フィリップ・ル・ボンもその時期には、ドンレミの乙女の神聖な使命を信じなかった人々に属していた。ベッドフォードと同様に、乙女が国王方の人々を燃やし立て、おさえようもなく愛国心にふるい立たせた霊感を、神よりもむしろ悪魔のしわざと見ていた。当時、ラ・トレモワイユの奸計により、ブールジュの宮廷と大公の宮廷との間で行なわれた交渉はただ当座の感興に終った。ラ・トレモワイユは、ジャンヌに嫉妬し、かれ自身にとってもあまりにうまく運ぶ一方だったその軍事計画を阻むことしか念頭になかった。フランスとブルゴーニュの和解の時期は、まだ来ていなかったのである。

一四三〇年五月二十四日の運命の夜、コンピエーニュの城壁の下で、ウァンドンヌの私生児は、騎士の誠意を信じて身をゆだねた乙女から剣を受けとると、ただちに、乙女の身柄を隊長ジャン・ド・リュクサンブール――攻囲された要塞の前でブルゴーニュ軍の指揮に当っていた――に引き渡した。リュクサンブールはすぐさま、当時クーダンにいたフィリップ・ル・ボンに知らせ、フィリップは急いではせつけた。大公と捕われの乙女との会見が行なわれた。このことについては歴史は何も知っていない。年代記作者モンストルレは、その場にいたはずだが、どういう言葉が交わされたかについて、何も思い出さぬと言う。この健忘症こそはまさしく意味ありげで、空想をさそうものである。年代記作者のいる前で交わされたやりとりは、その主人のほまれになるものではなかったのか。ともかくも、大公は、シャルル七世側と戦う面々にずいぶんと恐怖を与えてきた女の逮捕を知らせるべく、熱に浮かされたような回状を発する。この機会を利用して、できるかぎり、オルレアンを解放したこの女の神聖な使命への信を人々の心からぬぐい去ろうとする。

ブルゴーニュ公夫人もまた、多くの噂の種になっていたこの並み外れた女を見たいと望んだ。ジャン・ド・リュクサンブールは、それでもなかなかの心の広い家臣であったから、好奇心をみたしたいとの夫人の望みをむげにしりぞけるようなことはしなかった。

リュクサンブールとフィリップ・ル・ボンとの間で、何よりことにベッドフォードが黒幕となって行なわれた裏工作は、これに応じた者のだれの名誉にもならぬものだった。ともかく最終的には、ジャンヌは、金貨一万エキューという巨額でもって、英国人に売られたのである。ジャンヌは、リュクサンブールに閉じこめられていたボールヴォワール城からアラス、ル・クロトワ、サン゠ヴァレリー、ユー、そしてディエップを経て、ルーアンへと引き廻されてきた。

処刑に先立つ裁判のことは、十二分に知れわたっているから、あの胸をえぐる急転直下の結末を思いおこしてみる必要はあるまい。ただ、裁判長ピエール・コションが、ジャン・サン・プールの取り巻きであり、何でもやってのける聖職者のひとりだったことだけを書きとめておこう。策謀と政略と大公の寵愛によりボーヴェ司教となり、カボッシュの革命時にも、最悪のテロリストどもとつるんでいたことでも極立っていた。残忍な対英協力派、英国人に雇われた男、利得だけを何ものにもまして大事とするたぐいの人間のひとりであった。

フィリップ・ル・ボンは、ジャンヌの裁判をも、その断罪をも、責め苦をももちろん、ちゃんと知らされていたのであり、かれの内心に動いていたものが何であれ、その生前からまた死後にはいっそう、ジャンヌにより引き起された愛国心の波はブルゴーニュ宮廷にも及んできた。大公の軍隊自体がその影響をこうむっていた。フィリップの政策はロレーヌでは一応成功した。――公領内でルネ・ダンジューと競いあうヴォーデモン伯の味方となって、ルネに当り、ルネは、ビュルニェヴィルで捕われ、六カ月間ディジョンで捕虜の身となった。かれの幽閉のあとが、「バール塔」に残っている（一四三一年）――ところが、逆にフランス相手では、大公の軍は、次々と敗北を喫した。六月十一日、アントンの敗北、オランジュ公が、ドーフィネ攻撃を試みたが、失敗に終った。一四三〇年十月二十四日には、コンピエーニュ包囲の解除。ベッドフォードは、大公をよろこばそうとつとめ、マコネ――どう考えてみても、ブルゴーニュと密接なつながりのある地方――でも譲与を重ね、ついには、シャンパーニュとブリーもかれに譲り渡したが、むだであった。これらは、ブルゴーニュの北方領土圏に加わることとなる。また、英国は、結婚のきずなでもってフィリップをつなぎとめようと画策し、第三どめの結婚相手として、ロンドンと盟約関係にある、ルシタニア（ポルトガルの古名）のアヴィス家出身のイザベル・ド・ポルチュガル――ランカスター家初代ジョン・オブ・ゴーントの子孫に当る――と結ばせたがこれも効がなかった[21]。式は一四三〇年一月七日に挙行された。しかし、一方で、フィリップとシャルル七世との間では、たえず決裂しながらも、裏面工作がずっと続けられていた[22]のに対し、他方、ベッドフォード側では、後退があい次ぎ、無力感と、財政上の窮乏がつのり、もはや幻想を抱くことはできなくなっていた。オルレアンの乙女によりかき立てられた国民的感情には、もはや抵抗できなかった。一四三一年十二月十六日、ヘンリー六世のフランス王としての戴冠が行なわれ、ベッドフォードはこれによって、一四二九年のランスの戴冠は無効になったとご自慢であったが、ブルゴーニュ公はこれに参列することを慎重に差し控えた。オルレアンの少女がうけ合い、みずからの死をもって確立したシャルル七世の権利は、次第にはっきりと、すべての善意の人々を結集させつつあった。パリは、あえいでいた。フランス全体がゆらいでいた。

フィリップ・ル・ボンの三番目の妻イザベル・ド・ポルチュガル（ポルトガル王女）

　ところで、フィリップ・ル・ボンは、父親

ゆずりで、パリ市民の間に、何よりもレ・アル地区において人気を博したが、この民衆人気にひどく執着していた。北方諸国にどんなに魅力があったにせよ、かれはあくまで、フランス人の血が流れる貴族だった。感情に流され、利得に押しやられてきた。シャルル七世ひとりを屈服させたいとの望みを捨てるわけにいかなかった。むかしは英国びいきであったブルゴーニュの大書記官ニコラ・ロランは、さすが抜け目のない政治家であっただけに、方向転換の必要をさとらずにいられなかった。

本当のところ、どこから見ても、真っ向うからの変化が必要であった。

シャルル七世は、ジギスムント、オーストリアのフリードリヒ、神聖帝国の諸侯との同盟を着々進めていた。アンヌ・ド・ブルゴーニュは、一四三二年十一月十四日に死んでいて、この女の手を介して、ベッドフォードとその義兄との間に結ばれていたきずなも、今は緩められていた。パリがシャルル六世の継承者に明け渡されるのを見のがしにし、フランスからも、その首都からも忌避されている外国の強奪者の同盟者のままでいて、いつの日か、自分ひとりが怒った宗主の前へ、裏切り者の家臣としておずおずと出て行かねばならぬリスクを負っているべきだろうか。完全な権力を回復したフランス王とドイツ帝国《ライヒ》との間にはさまれ、ブルゴーニュはここで、取返しのつかぬ破滅的状況下へとわが運命を探って行こうとしていたのではないのか。

こうした危険に対して、しかるべき手を打つときが来ていた。自己の利になるようにはからうこと、端的に言って、一四一七年の協定とトロワ条約を破棄するのは、簡単なことだった。

オリヴィエ・ド・ラ・マルシュは、大公の心情の変化をうつし上げてみせた。フランス人としての血が「胃にも、心臓のまわりにも沸々とたぎっていた」のだった。シャストランは、フランスにおける愛国心の高まりと相呼応して、主君においても国民的感情が一段と増進したことを見てとっている。「時が経つにつれて一そう、まさしくフランス人としての誠心をあらわしたいとお思いになってきた」。民族の呼び声が、――先にも言ったように、アザンクールで味方の側について戦わなかったのを悔いていた――このヴァロワの男の魂にひときわ高くひびいてきたのは事実であったとしても、大公の顧問会議では、何よりことに利害得失の点からの議論がいっそう声高に交わされていただろうことも疑い得ない。

大公は、英国のガーター勲章をついに受けようとしなかった。金羊毛騎士団の創設は、英国のガーター勲章騎士団への対抗意識から構想され、実現されたものである。この騎士団がブルゴーニュ宮廷にどれほどの輝きを添えるにいたったかは、後で見てみたい。

事実上、決心はついていたのだった。あとはただ、以前の諸協定の破棄通告に際してうしろ指をさされぬやり方をすることだけにかかっていた。ヌヴェールで、次いでアラスで聞かれた会議の役目はこのことだった。

＊

ブルゴーニュ、フランスの二つの宮廷の仲介役をつとめたのは、今度は、バール公ルネ・ダンジューであった。ディジョンで鄭重に扱われていたきのうの捕囚が、今日は仲間うちとなったのである。フィリップ・ル・ボンは、一四三五年一月十六日、ヌヴェールに到着した。伴として連れていたのがシャルル七世の大書記官、ランス大司教ルニョー・ド・シャルトル、総元帥アルチュール・ド・リシュモン、元帥ラ・ファイエット、クリストフ・ダルクールから成るフランス使節団だった。これまでにもたびたび一歩手前まで行った解決へとすべてが向かうことは、了解ずみだった。「いまだかつて、共に戦争などしなかったふうに思えた」と人々は言った。こんな教訓までが引き出されてきた。「戦争で打ち合いをし、殺されたりしたやつは馬鹿だった(23)」との。こういう言葉が出てくるのは、人々がいい加減あきあきし、みなが平和を望んでいたことを感じさせる。

もっとも難しい問題は、モントローの犯罪に関してのブルゴーニュ側からの苦情申し立てにあった。フィリップは、これを引っ込めることをいさぎよしとしなかった。しかし、問題がなんら解決不可能ではないという了解が成り立ったのだった。同時に、争いにより対立し合っていた、ブルゴーニュ＝ブルボン両家の和解も行なわれた。

こうしてだいぶ晴れ上ってきた雰囲気の中で、和平を願う思いも次第に高まり、二月六日には予備折衝にまでこぎつけた。さいごに、七日、アラスでの会合が約束されて、互いにあい別れた。モンストルレの言うところでは、アラスでは、「最終的条約の締結」を目あてに、「一日をかけて、大会議が」行なわれるはずであった。

ヌヴェールでの予備折衝は、和解に向けての一歩をしるしづけた。誓いを破ることなしに英国側から離れるために、大公は一つの策略を用いることにした。どこでもかしこでも全面的和平をと訴える人々の願い、また、教皇庁やバーゼル公会議での聖職者たちの声を通じてなんども表明されてきたこの願いを拠りどころにして、フランスの王位を争い合う二つの勢力の調停役として教皇の仲介を求めることを提案したのである。英国側がこのような仲裁を拒否するという態度に出たことで、大公も、ふっきれた気分になれたのだった。

結局のところは、大公の臣下も、王の臣下も、平和を望んでいることが、いよいよはっきりしてきたのである。ヌヴェールからフランドルに戻る途中パリを通過するころに、大公は、外国の支配に従いたくないとする首都も、大学それ自体も、重臣中の最古参者である大公と正統の国王とのこれ以上続く対立は理解しがたいとしているのをさとったのだった。人々は、正統の国王を再び仰ぎたいと熱望していた。フランドル人も、同じ心だった。いくつもの圧力がともに働いて、始まり出した急旋回はいっそう加速されることとなる。

こうして、アラスが、ヌヴェールでの約束を実現する。原則的には、アラス会議はヨーロッパの平和回復を目ざす総会の性格をもっていた。会議の全権代表を任命するに当り、個人的にはなお種々の幻想を抱いていたものの、信仰心の厚いヘンリー六世は、キリストの言葉を思い出していた。「わたしは平和をあなたがたに残し、わたしの平和を与える（ヨハネ一四・二七）」。英国も、代表を送るようにと招かれていた。教皇は、特使としてサント＝クロワ枢機卿を巡遣し、バーゼル公会議の方でも、レフコシア大司教、サン＝アドリアヌスの称号を有する枢機卿、キプロス枢機卿ともいわれるユーグ・ド・リュジニアンを指名し、これに司教二名、メスの司教代理、クラコフの市長を随伴させた。多数の供廻りを従えたヨーク大司教、それにウインチェスター司教、英国王の伯父ヘンリー・ビューフォート、というところが、英国使節団の主だった連中だった。フランス使節団も、劣らずに豪勢であった。ブルターニュ公ジャン五世(24)、アンジュー公ルイ三世、この機会に英国の獄舎から戻されたオルレアン公シャルル、アランソン公、ランス大司教ルニョー・ド・シャルトル、ラ・ファイエット、ムーイ、クリストフ・ダルクール、顧問官ジャン・チュデールといった面々。シチリア王妃も出席していた。パリ大学、パリ市、多くの「大都市」も、代表を派遣していた。

　ブルゴーニュ公と公妃イザベル・ド・ポルチュガルも親しく、移動の時のいつもの例で豪華けんらんのいでたちで、臨席した。ブルゴーニュの大書記官ニコラ・ロランは、すぐれたまとめ役であった。かれのかたわらには、カンブレ、アラス、オセールの司教、リニイ伯、シャルニーの殿方、コミーヌ（歴史家コミーヌの父）、クロワ、クレキー、アリュアン、クレーヴの若殿が控えていた。

このおごそかにして盛大な国際総会は、一四三五年八月五日午後、サン゠ヴァースト修道院において、厳粛な儀式をもって開会された。トーナメント、騎馬槍試合が、会議と交々《こもごも》に行なわれた。当然、予想されていたように、ヴァロワとランカスターが協調点に達するのは不可能なことが明白となった。枢機卿らの努力にかかわらず、仏英両国使節団の会談は十九日に一たん中止され、三十一日、決裂の形で終った。

そこで、九月一日、大公は、英国人たちのために、ブルゴーニュ宮廷では慣例の大宴会を催した(25)。食事の初めに、英国の高位聖職者二名とフィリップ・ル・ボンとの対話がかなり激し、ビューフォートは、大粒の汗を流したと伝えられる。

全面的和平は、実現不可能であり、個別の和平に甘んじるほかはなかった。サント゠クロワ枢機卿が、大公がなおも感じていたはずのいっさいの懸念を取り去ってくれた。九月六日、英国人たちの出発後も、会議は続行した。問題は今は、フランスとブルゴーニュの間の和解であった。十四日、ベッドフォードがルーアンで死んだとの知らせが、十六日夕方アラスにとどいたことは、何よりも決着を早めるのに役立った。アラス条約は、二十日に締結され、二十一日に公表された。一四一七年の協定と一四二〇年のトロワ条約は、解消された。加えて、アルマニャック派とブルゴーニュ派の争いは終りを告げた。どちらの

金羊毛騎士団の正装をしたブルゴーニュ大公フィリップ・ル・ボン

側にも、もはやただ、フランス人しかいなかった。

アラス条約に従って、シャルル七世は、一四一九年の犯罪をきっぱりと否認し、ジャン・サン・プール殺しの補償を申し出た。被害者の息子に、オセール、オセロワ地方、バール゠シュル゠セーヌ、リュクスイユ、ソンム川沿岸の町々、ポンチュー地方、ブーローニュ゠シュル゠メールを譲与した。ただし、ソンム川沿岸の町々については、将来、金貨四十万エキュをもって買戻すこともありうるという一条がつけ加えられた。これらの町々を所有する者の手のしめつけ具合如何がパリの防備にかかわる最重要の戦略地帯に属するからであった。さいごに、第二十八条の文言によると、国王の勢力圏内のブルゴーニュ封臣は、条約締結の当事者二名の存命中は、臣従の礼を免除されていた。

ブルゴーニュ公の名誉も損害も、十分につぐなわれた。条文は、王に対して苛酷であったのは確かだった。しかしながら、こうして古い盟約の破棄が実現されたことが、王国にとってどれほどに大きい意味をもったかを考え合わせるとき、どんな犠牲を払っても惜しくないと言えた。

九月二十一日、フランス使節団の一員であったジャン・チュデールが、大公の前に来てひざまずき、ジャン・サン・プール暗殺の件にからんで出されていた要求にこたえるため、条約に予め書かれていたのに従い、罪を認めて謝罪する旨の文言を読み上げた。そこで大公は、被害のすべてを忘れ、締結された平和を守る旨の誓いを述べた。むだな儀式ではなかった。なぜなら、ブルゴーニュ外交が、論理的帰結として求められたこの急転回に、どこまで、ゆるしと勝利のよそおいをまとわせることに成功したかをこのことが明らかにしているからである。

＊

フィリップ・ル・ボンは、公式にヘンリー六世あてに、自分がアラスでシャルル七世と取り決めたばかりの「個別の和平」が、ブルゴーニュと英国との間の戦争を誘発するものではないこと、それどころか、自分の意図は、全面的和平の締結を追求することであることを通告させた。しかし、おそらく誠心からというより、多分に見せびらかしの性格が強いこの楽観はついに期待通りに運ばず、そのあとには予想外のことが起ってきた。ロンドンでは、アラスの和平は、怒りの爆発を呼んだ。群衆は、デモ行進をかけ、フランドルやピカルディの多数の商人が血祭にあげられ、ブルゴーニュの外交団までもあやうく命を失うところだった(26)。ヘンリー六世は、ブルゴーニュ家の持つフランス内封土のすべての没収を宣告した。グロスターは、カレー守備隊長となり、ネーデルラント諸公国の攻略のための軍備が強化されるとともに、フランドルの艦船が英国海軍により海上で追撃拿捕《だほ》された。リエージュ司教、ドイツ諸侯、ホラント諸郡市は、さかんに煽動されて、いたる所で、かつての同盟国に対抗するための共同戦線の結成が求められた。

大公は、この燃え上ったわらの火に立ち向おうとしていた。全力をふるって、英国人らに、もっとも痛烈にこたえる一撃を加えようとしていた。すなわち、パリ解放である。イル＝ド＝フランスで作戦中の総元帥アルチュール・ド・リシュモンに増援部隊が送られたばかりか、ずっと以前からブルゴーニュの政治的協力者であった隊長、リラダンの殿、ジャン・ド・ヴィリエが、この決定的な一幕において主要な役割を演じた。ジャン・ド・ヴィリエと会計法院判事ミシェル・ラリエが、一四三六年四月三十一日のパリの反乱のお膳立てをしたのであって、これが総元帥にこの要衝内への突入を助けたのである。だから、シャストランが、フィリップは「パリとサン＝ドニとを英国人から取り上げ、王シャルルに返した」と言ったのは、さして誇張ではなかった。ブルゴーニュ軍の隊長の中でも、だれより騎士の徳にすぐれ、勇敢であったひとり、テルナンの殿が、パリ市長に任じられた。

大公は、カレーの奪回をも考えていて、この港を自領に加えるのが夢だったことは、疑えない。カレー市場とは、何よりも、英国産羊毛の集散地ということではなかったろうか。英国の毛織物業は、ネーデルラントの業界と競争関係にあったのだが、その進出ぶりたるやおそるべきものだったので、大公は、一四三四年六月十九日、英国産毛織物の輸入を禁止したのだった。

しかしながら、カレー攻略作戦は、すぐに空想だということがわかった。ガン人から成る軍隊はいちはやく気勢をそがれてしまった。それに英国人の反抗も猛烈だった。カレーは、かれらにとってあまりにも貴重だったのである。一四三七年六月九日に始まった攻囲戦は、やっと二十日間ほど続いただけだった。グロスターは、ポペリンへとサン＝トメールまで、一帯を荒らしつくした。英国艦隊は、ツウィンの海岸に損害を与えた。十一月には、ル・クロトワ包囲戦がまたも、ブルゴーニュ側の敗北に終った。大公の隊長たちの中にも、無視できぬ抵抗の気配が見えてきた。リニイ伯は、英国人との戦いにくみしようとしなかった。ホラントの各都市は大公の命にそむいて、これらの隊長たちと裏取引を始めようとしていた。

フランドルでも、英国との決裂の結果として、大公の権力がゆらぎ出していた。戦争に駆り出されていた兵士たちが帰還すると、ブリュージュ市とガン市とが、どっと沸きかえった。ブリュージュは、かつてスロイスに対して行使していた支配権の回復を要求した。一四三六年八月に起ったこの事件は、譲歩に譲歩を重ねてやっと鎮静できたが、一四三七年に再発し、怒りの波が高まってきて、五月二十一日、大公がこの都市へ入ろうとしたとき、攻撃を受けた。何人もの犠牲者が、大公のそば近くで斃れた。リラダン元帥もその中にいた。

そういう中で、怨みから生じたこういう敵対行為のせいで、英国との交易も、ベルギーやオランダとの交易と同じく、損害を受けていた。これは長引いてはならなかった。公妃、イザベル・ド・ポルチュガル——美人ではなかったが、愛想がよく、繊細な心の人だった——が、なにより必要な交渉の段取りをし、うまく運ぶ任を買って出た。会談のため選ばれた場所は、グラヴリーヌだった。大公は、すぐ近くのサン＝トメールに滞留していた。英国側代表としては、ヘンリー・ビューフォートがことに当った。

並行して、フランドルでは状況も改善に向かっていた。ルイ・ド・マルの時代と同じく、都市間の分裂が、領主の権力にうまうまと乗せられる結果になった。ブリュージュは孤立し、一四三八年三月四日、ついに降服の止むなきに至った。

ジギスムントは、フィリップ・ル・ボンが難場に陥っているのを利用して、一泡ふかせてやろうともくろんだが、フィリップに敵対していた他の者たちと同様、うまく行かなかった。かれは、ヘッセン方伯ルートヴィヒを使おうとした。この男は、むかしのブラバン公の子孫であると自称し、一四三七年九月、ランブールへと大軍をもって押し寄せた。この時期に、シャルル五世時代の一大集団にも匹敵するほどの「皮剝ぎ屋」の連中が、マコネからピカルディ、オセロワからエノーにいたる、ブルゴーニュ領内を荒らしまわった。

大公にとってさいわいなことに、ランブールの農民たちが団結して、攻撃軍に当った。攻撃軍をエクス＝ラ＝シャペル（アーヘン）の城壁の下まで押し戻した。一四三七年十二月九日、ジギスムントが死に、東方での脅威はなくなった。ブルゴーニュ宮廷にとって、胸を圧する不安のひとときだった。

英国＝ブルゴーニュ間の対話は、以後、平穏裡に進んで、結論に達した。グラヴリーヌでは、三点が公示された。両国間での通商関係の回復、アラスでは保留された英仏間の講和の締結、英国＝ブルゴーニュ間の今も続く敵対関係の廃絶。

このうち第三点は、ブーロネとアルトワにおいて実施される休戦協定の締結という形で部分的に実現をみた。一四三九年九月二十九日、三年の期限付きで、一方は英国、他方はフランドル、ブラバン、メヘーレンとの間で、商品の交流と通商の安全を約した協定が結ばれた。一四四〇年一月十二日、この協定はさらに五年間延長され、つづく二月六日には、大公のフランス内封土にも適用されることとなり、延長に延長があい次ぎ、この処置の恩典は、一四六四年十一月一日まで、持続されることとなった。しかしながら、英国産毛織物のネーデルラントへの流入は、ずっと禁止され続けた。しかも、この禁止は一四三九年十二月一日の法令によりあらためて明白に確認されたのだった。

ただ一点、あらためて交渉がはかばかしく行かず、望みをつないでいるしかないものがあった。どちらもフランスの王座をねらって競い合う、ヴァロワ、ランカスター両家の講和であって、これはまだみのっていなかった。それでも、折衝はずっと続けられていて、部分的には成果もあがっていた。一四四三年四月二十三日、期限は明確にされないままに、英国王、ブルゴーニュ公双方の所領は全部保全するという条件で、休戦協定が成立した。一四四四年五月二十八日、フランスと英国との間に結ばれた休戦協定により、事実上、百年戦争は終結を見た。さいごに一四四五年四月十日の通商協定で、英国＝ホラント間の経済関係が定まった。

こうした和平をめざしての会談とは別に、イザベル・ド・ポルチュガルは、オルレアン公シャルルの釈放をめざして裏面工作にとりかかっていた。アザンクールの捕虜中で最大のこの著名人は、身代金を払うことで解放された。かれは、フィリップ・ル・ボンの姪、マリー・ド・クレーヴと結婚した。この結婚は、ブルゴーニュ宮廷にとって歓迎すべきものので、ジャン・サン・プールの被害者の子が、ほかならぬ加害者の子の友人となったのである。マリー・ド・クレーヴは、ルイ十二世の母親になるはずである。

＊

ジギスムントとその婿オーストリアのアルブレヒト二世が帝位についたあと、皇帝の称号はドイツのアルブレヒトのいとこに当る、シュタイアーマルクのフリードリヒの手に落ち、ハプスブルク家の皇帝フリードリヒ三世となった。

カール五世の先祖にあたるこの人と、フィリップは、奇妙な交渉を進め、もう少しでフィリップ・ル・アルディの孫の公爵位が王位にかわるところだった。

一四四〇年二月二日、皇帝に選ばれたフリードリヒの登場によって、フィリップ・ル・

ボンのドイツ勢力圏をねらう企画がめったにない好運に恵まれることになった。既に一四三九年、カンブレの司教席が空き、死去した司教ジャン・ド・ガベールに代えて、自分の庶子のひとりジャン・ド・ブルゴーニュをすえることができた。この若者はまだ、ルーヴァン大学の学生の身分ではあった。一四四一年、大公の婿エタンプ伯がカンブレ市の防衛官＝参事官となった。カンブレ城主の肩書は、フィリップ・ル・ボンがジャックリーヌ・ド・バヴィエールから受け継いだ資産に含まれていたものだが、今や完全にその実をみのらせることとなった。

大公は、間もなくかねてからねらっていたルクセンブルクに手をつけた。ルクセンブルク大公国は、その属領、アルザス公認領とも、エリーザベト・フォン・ゲーリッツが借り受けていた。先に見てきたように、エリーザベトは、アントワーヌ・ド・ブラバン、次いでジャン・ド・バヴィエールと次々に夫を失い、子もなかったので、叔母と甥の関係ということでフィリップ・ル・ボンが相続人となった。フィリップは、一四二七年三月十四日付の証書で、ブラバンの相続権を認めさせた。しかしながら、いとこに当るフィリップ・ド・サン＝ポルが異議を申し立てたので、一四二七年九月三日、リエールの協定で、この男のため相続放棄をするのが得策と判断した。しかし、一四三〇年、周知のように、フィリップ・ド・サン＝ポルが突然死に、状況が一変して、ブラバンはその結果、ブルゴーニュ公に帰することとなった。

エリーザベトが単に借地人であったというだけの土地のことでは、事情はもっと複雑だった。

この公妃は、たいへんな浪費家で借金にしばりつけられていたため、一四三五年大公に、自分の権利を売る約束をしていたのだった。しかし、そのあと、大公と仲たがいしたため、一四四一年五月一日、トレーヴ大司教に売ってしまったのである。フィリップは、巧みに動いて再び叔母の好意をかちとり、一四四二年一月十日、ヘスディンで作成された証書により自分を包括受遺人と認めさせることに成功した。

しかし、エリーザベトが実際には所有権を持たぬ領地の貸借契約によれば、この領地の正式の所有者の権利はなお存続していた。すなわち、ジギスムント、次にその娘エリーザベト、その婿アルブレヒト——さらに、その娘でザクセン選定侯フリードリヒ一世の兄弟ザクセンのヴィルヘルムに嫁したアンナであった。

この紛糾をときほぐすには、戦争が必要だった。一四四三年八月、シモン・ド・ラランがブルゴーニュ軍の指揮に当ったが、ルクセンブルクに入る前にブザンソンで、フィリップ・ル・ボンとフリードリヒ三世が事前折衝をしておいた。シモン・ド・ラランは、ティオンヴィルで抵抗にぶつかった。そこで、大公自身が作戦の指揮をとった。多くの町々を奪った。とくにアルロンなど。しかしルクセンブルクは持ち堪えた。そのとき突然、ブルゴーニュ公は騎士らしく、ザクセンのヴィルヘルムに対し、一対一の戦いでこの紛争に決着をつけたいとの申し入れをすることを思いついた。この申し出は聞き入れられず、軍の進攻は続けられた。そしてついに、一四四三年十一月二十一日から二十二日にかけて、急襲をしかけ、ルクセンブルクを、ブルゴーニュ勢の軍門に降らせた。ブルゴーニュ公夫妻は、二十二日、ここに入城する。エリーザベト・フォン・ゲーリッツが同伴した。城内のザクセン守備隊は強化されていたが、十二月一日、降服した。ティオンヴィルは、それでも屈しなかった。しかしながら、ザクセンのヴィルヘルムは、交渉に入る必要を認めた。ハンガリー貨十二万フロリンと引き換えに、すべてを放棄した。実のところ、買戻し権はアンナの弟ハンガリーのラディスラウスに有利なように取り決められたのである。だが、この買戻しは、エリーザベト・フォン・ゲーリッツの死後にのみ行なわれることになっており、フィリップ・ル・ボンが支払った全金額を、エリーザベトなり、ザクセンのヴィルヘルムなりに返還しなければならなかったはずだから、このみごとな資産のすべてがブルゴーニュ家から逃げて行くのをむざむざ見のがしにする大きい危険はなかったのである。

これだけの拡張でも、非常にすばらしいことであるのに、ネーデルラントにおけるブルゴーニュ国の発展は、これで終りではなかった。大公は、ユトレヒトとヘルダーラントの間に介入した。その義兄弟クレーヴ公とケルン大司教の争いに首をつっこんだ。この地方の大貴族はみながみな、直接・間接に、ブルゴーニュの勢力圏に入っていた。そして、大公の継承者シャロレ伯シャルル——最初の妻、シャルル七世の娘カトリーヌ・ド・フランスを亡くして独身であった――と、ハンガリーのラディスラウスの姉オーストリアのエリーザベトとの結婚も取沙汰された。

この結婚交渉が進行中に、皇帝フリードリヒ三世の大書記官ガスパルド・シュリックが一四四七年、三代目のブルゴーニュ公に重大な突破口を開いてみせた。大公の目に、王冠の光をちらつかせてみせたのである。もし、それがお望みならば、とかれは言ったものだ。「王となり、この地方のどこか――たとえば、フリースラント――そのむかしは王国であった――もしくは、ブラバン――全キリスト教世界のうちで最も古く、最もすぐれた大公国であり、最も著名なキリスト教徒の王侯の誕生の地――の肩書のついた王冠をいただくようになさるといい、有終の美をかざれるとの希望をお持ちになれる」と。言うまでもないことだが、もしこのことが実現すれば、たっぷりとごほうびが下されて、フリードリヒはその恩恵に浴せるだろうし、あわせて、誠実な仲介役シュリック自身も分け前にあずかれるというわけである。

シュリックの申し出は、ブルゴーニュ宮廷で声を高めたり低めたりしながらささやかれていたことに応じただけのものだという推測がほぼ一般的だった。はっきりそうだとも、そうでないとも言えない。少くとも、取りあげるまでにはいたらなかったが、この問題が大いに大公の関心をそそったことは明白である。したがって、当然、しっかと記憶にとどめたことはいうまでもない。だが、シュリックの誘いは、餌であったにせよ、大公の目には不十分とうつった。ブルゴーニュの拡大は、ロタリンギアの復活をめざすものである。フリースラント王国ひとつ、ブラバン王国ひとつがその代用となることはできない。王国としてうち建てるにふさわしいのは、ドイツ勢力圏の全所領を含むものでなくてはならないだろう。さらに、フィリップは、この王国には、ロレーヌからヘルダーラント、もしくは、マルク伯領にいたる、低ドイツの教会領を除いた大公国全部が属するべきだと考えていたはずである。要するに、王となった大公のために、神聖帝国《ライヒ》が分割されることであった。「こうして、ヴォージュ山地からヴェーザー河口にまで、シェルデからラインのかなたまで、ヴェストファーレンの中央部まで……フランスを越えて、フィリップの野心は広がるのである」(27)。ブルゴーニュの大書記官府では、ロテールその人の名を呼び出すこともためらわなかった。明らかに、フランスとドイツの中間に、ヴェルダン条約におけるように、独立の王国をよみがえらせるのが目的だったのである。こうして形作られた一大ブロックに、公国ブルゴーニュも、その属領ともども、遅かれ早かれ結集することとなったはずである。

このエピソードは、歴代大公が真に目ざしていたところを、むき出しの光のもとにあらわしてくれるのは明らかである。これでもう、なんら疑いをさしはさむこともない。フランス領内の封土について、いつの日か同様の独立がかちとられようとまた奪い去られようと、どうでもよいことなのである。これまではただ夢の中で見るだけだった強力な国家が、実質を持った現実となろうとしていたのである。その機会はいついつだったのか、どれほどの広がりを持つものだったのかはともに、章をあらためて考え直してみたい。

ところで、フリードリヒ三世は、早々と、こういう危険な建国計画に後退の姿勢を見せ始めた。個人的には、その構想を受け入れてもいい弱さも持っていたのだろうが、帝国の全部から、越権と非難されることになるはずだった。だから、せいぜい、大公が入手した帝国領の封土をつけ加えて、ブラバン帝国でも作るというところでお茶を濁しておいた。ところが、この留保がなかなかの曲者であって、ザクセンのヴィルヘルムやハンガリーのラディスラウスがルクセンブルクに対して有する権利を、オーストリアのエリーザベトの婚資に含めることは認められないとの意味がこもっていたのである。

交渉は低迷し、そして中断された。フィリップは、事実上自分の得た権力だけでよしとした。といっても、それはどの点からみても王権に劣るものではなかった。もっとも、かれ自身はいかなる王冠もついにかぶることはなかったのだが。

フリードリヒ三世はこうして、フィリップ・ル・ボンに王冠をいただかせるという義務をうまくのがれることができた。しかしルクセンブルクの併合を阻むことはできなかった。ラディスラウスは、一四五七年十一月二十三日、十七歳の若さで死んだ。シャルル七世は、自分の獲得していたいくつかの権利を引き合いに出して、紛争の種になりそうだからという口実で、その領土を庇護下においたが、ルイ十一世は一四六二年になると、伯父のためにこの土地に関してはいっさい異議をさしはさむことはせぬとし、ブルゴーニュ家の要求をのむにいたる。

*

ブリュージュは、先にも見てきたように、一四三八年以来制圧されてきた。十二年後、こんどはガンの番であった。

ガンは、半分は怖さ、半分は嫉妬から、ブリュージュを支持することを控えてきた。ところで、フィリップ・ル・ボンは、一四五一年、ガン市民に対しても、ブリュージュ市民に課してきたのと同様の施策を行なうことを思いついた。その計画というのは、国家の管理統制ということだった。ガン市場は、「公共の益の一構成要素」であると宣言された。すなわち、他の所でと同じく、保税制度は、一地方市民の独占物でなく、伯領全体の機関であるフランドル評議会に属するべきものとしたのである。既に、以前から摩擦は次第に大きくなってきていて、市当局と宗主直属の役人との争いに化していた。要は、ここで出会うのは、自主独立の思想と、権力による一元化の思想との衝突なのであった。そのあげくに、反乱が起った。ピレンヌがみごとに本質をつかんだように、今この時代、都市の反抗はもはや、国民的な運動と一致していなかった。それは、もはや、時代遅れの特権を固守するための悪あがきにすぎなかったのである。全体の利益を代表するのは、大公であり、このことが、かれに力を与えていたのである。[28]

フランドルは、全体としては動かなかった。というのに、ガンは反抗して立ち、大公は、この挑戦に応じた。

先にも、貴族の戦いとして、比喩に富んだ言葉づかいで戦いの描写をし、反抗した臣下らと戦う「大公さま」の姿を描いたオリヴィエ・ド・ラ・マルシュを引用しておいた。[29] 勇敢なる大公の不屈の勇気のほどは、勝利を伝える一つの報告書によっても裏書きされている。一四五三年七月二十三日、ガンの市民兵は、ガヴールの戦いで粉砕された。大公の乗っていた馬も負傷した。ブルゴーニュのこの騎士どのは、思うさまに楽しまれた。オリヴィエ・ド・ラ・マルシュの言うように、「若い、潑剌とした騎士たちにとっては、恰好の喧嘩騒ぎであり、獲物だった」。記録作者は、いみじくも言ったものだ、「人間狩り」だと。この楽しさ一ぱいの野遊びの果ては、二千人の市民が、七月三十日、シャツ一枚きりのあわれな姿で、勝者の前に出て、ひざまずく場面で終った。かれらは、「フランス語で」、平身低頭してお慈悲を乞うた。フィリップは、自分にたてついた、これらの不愉快きわまる高慢なやつらがぺこぺこするさまを、たっぷり楽しんだあと、屈服した町に、威風堂々の入城をした。その様子を、オリヴィエ・ド・ラ・マルシュがこのように伝える。「大公は、よろいかぶとに身を固め、ガン人らに痛めつけられた馬にまたがっておられた。その馬には、まだ傷の手当てのために何か所も布が貼ってあった」。まさしく、この馬も、騎士の報復戦を共に戦ったのだった。

ガンの自治制は、うち砕かれた。アルテフェルデの都市は、かつてのブリュージュ同様に、倒れた。職人代表は、首長の選挙から除外された。補佐役の権限は見直され、一そう制限されたものとなった。さらに、市は、金貨三十五万リッデルを支払い、恭順のしるしに、城門の一つを壁でふさがねばならなかった。

しかし、思い誤ってはならない。思い上った、専制的な、産業界の貴族のみが、これらの処置でうちのめされたのである。一四五七年、大公がガンへ再び来たとき、大衆は、一四五一―五三年のリーダーたちとはほとんどなんの連帯感も持たぬさまを見せつけにしたのだった。みなが、「足を踏み鳴らし踊っていた」と、ジョルジュ・シャストランは、書いている。「いたるところに、花火とお祭り騒ぎがあった」と。

*

リエージュは、ジャン・サン・プールの時代に、ガンやブリュージュより先に、おとなしくなっていた。ところが、フィリップ・ル・ボンの治世下になって、いくつかあらたに目立った事件が発生した。大公＝司教としてジャン・ド・バヴィエールの後を継いだジャン・ド・アンスベルクは、先任者とは逆に、住民たちに対して恩情政策をとろうとした。一四二四年七月十六日に制定布告された「制度」では、職人たちの要求と上層市民の主張とに、かなりうまくバランスがとれるように配慮していた。リエージュの繁栄は、ずいぶんとそのおかげをこうむっていた。この町とフランドルの諸都市——経済上の競争相手——との間には、対立意識があった。それも、あまり笑っていられない対立意識が。ネーデルラントでの都市と都市との関係は、しばしば一触即発のあやうさを宿していた。

とくに、ナミュール伯領に位置するブーヴィーニュと隣接する大公領の町ディナンとは、どちらもが、何よりも真鍮製品製造業の中心地であったが、互いに最悪の関係にあり、つねに緊張をはらんで対立していた。

ブルゴーニュがまだ英国の同盟国だった頃、フランス宮廷が面白半分にリエージュを大公に反抗させせようとし、リエージュ人の血気の激しさがこの策謀を容易にした。

こうして、一四三〇年六月十日、司教アンスベルクは、臣下である信徒らにあと押しされ、大公に挑戦をしかけ、リエージュ人らは、ブーヴィーニュに火を放った。

援軍の派遣を求められたフィリップ・ド・サン゠ポルは、攻撃軍の手から武器をたたき落した。アンスベルク司教は、面くらい、一四三一年九月十五日、講和を結ばねばならぬ破目に陥った。それにより十万ノーブルという巨額の罰金——当然ながら、市民の負担になる——の支払いとモンオルグイユ塔の取り壊しをも余儀なくされた。

一四二四年の「制度」ではまだ、「手仕事をする人々」の領域、すなわち、「労働者」たちの世界は視野に入っていなかった。ところが、ちょうどこの時期に近い頃、石炭が脚光を浴び、開発されて、――この経済史上の事実の利点については、のちにあらためて考えたいが、その注目すべき第一段階が、まさにフィリップの時代に当る――炭坑夫たちが、時代のスターに祭り上げられた。かれらは、公事万般において自分たちが除け者にされていたのに驚いて、不平の声をあげ始めた。鍛冶屋、徒弟、職人など、かれらと同じく選挙権を奪われていた人々から、熱い共感をもって迎えられた。初めのうちは、不満の声も高くあがらず、おそれられもせず、強者の側の市民たちも、そこに一つの力が秘められているることに気づこうともせぬほどだった。そしてついに、一部野心家たちが、この潜在エネルギーを結集させようとはかる日が来た。一四三二年、金持ちの石炭業者ダタン一家が煽動家の役につくことに賭けた。選挙暴動を引き起そうとした。労働者たちは通りへと出て、通常の投票業務の実施を邪魔立てし、強権をもって人民投票を行なわせようとした。この反抗的なコミューンは、一四三三年一月十六日、上流市民層により鎮圧された。だが、逃亡してフィリップ・ル・ボンのもとに身を寄せたダタン一族の優遇のされ方から、貴族たちが共謀し同情を寄せているのではないかとの疑いが流れた。

さらに、これは序の口にすぎなかった。大公は、リエージュを監視しつつ、機をうかがっていたのだった。待つとなれば、その忍耐に不足はなく、行動するとなれば、その活力はすばやく動いた。

何年もが過ぎた。ほかにもいくつか心にかかることがあって、注意がそがれていた。そんな中でもリエージュでは、反ブルジョワ感情はやわらいでいなかった。ダタン一族のことは忘れられていなかった。ガンでの蜂起は、騒然としたデモ行進の機会となり、もし一四五三年、ガヴールでブルゴーニュの騎士たちが敗れていたら、革命に変ったかもしれなかった。この民衆大暴動のニュースを伝えようとした使者たちは、あやうくムーズ川に突き落とされるところだった。

こうした状況下、ガンの自治体制の抑圧は当然の順序として、リエージュにもその波紋を及ぼすはずだった。

一四五二年、大公は、その政策をこの方面へ向ける。甥ルイ・ド・ブルボンを、サン＝ランベール司教座聖堂参事会へ入らせようとたくらむ。この加入の交渉に来た代理人は、群衆から追い払われた。参事会員たち自身もブラバンに所持する自分たちの資産への課税に不満を言い立て、ルイの加入希望に反対の意思表示をした。

ブルゴーニュ公がこれほどまでに手ひどい失敗に我慢することはありえなかった。あまり争い好きでなく、おそらくはまるめこまれて、アンスベルク司教は、困難な時節の到来を感じとって、みずから座をおりることの方を望んだ。

既に、フィリップ・ル・ボンは、カンブレとテルーアヌ司教区を抑えていた。それらをかれの私生児ふたり、ジャン（一四四〇年）とダヴィド（一四五一年）に与えるように命じた。そのむかしジャン・ド・トワジイが占めていた、トゥルネ司教区は、ジャン・シュヴロの保有するところだった。前任者と同じく、その経歴の最後は、ブルゴーニュ公顧問会議議長だった。ユトレヒトの司教座は、司教ロドルフ・ド・ディーホルトの死で空席になっていた。教皇は、職権をもってそこに、テルーアヌ司教ダヴィドを配転させた。ここできっと大公は、リエージュでしたのと同じかけ引きをやってみたいとの誘惑にかられたのに違いない。ローマでは、願い通りにルイ・ド・ブルボンを叙任する旨の回勅が出た。

こうして、司教座聖堂参事会からは一員として迎えるのを拒まれた人が、その長になった。こうして一群の司教区がことに騒がしくなり始めた。もっとも、フィリップ・ル・ボンのあとのシャルル・ル・テメレールの時代までおそるべき揉めごとの起るのは、なんとか持ちこたえられた。知っておきたいことは、ルイ・ド・ブルボンを用い、また、むかしはジャン・ド・バヴィエールを用いて、同じような方法により、ブルゴーニュ宮廷は、事実上、リエージュという飛び地につねに細心の、緊密な管理を行きとどかせるべく万全の策を講じてきたのだということである。

*

アラス条約がフィリップ・ル・ボンにとって、フランスに介入の手を延ばす時期の再来とはならなかっただけに、条約以後も、ネーデルラントに大公はますます熱心な注意を向けるにいたった。シャルル七世は、自分に屈辱感を味わわせてきたこのあまりに強大な封臣に、王国の政治を牛耳られまいと気をつけていた。要は、王と大公との間には、気質の上でも、苦い思い出の点でも、あまりにも大きい違いがありすぎたのである。一四四一年、ブルゴーニュ使節団は「国王顧問官らが、ブルゴーニュ公を容れる気持が少しもない」ことに気づき、その事実を観察している。これは、辛辣で、非常に意味深い観察である。アラス条約以後ふたりのいとこは、二度と決してあいまみえることはなく、シャルル七世が死んでから、フィリップ・ル・ボンはやっと、パリ市民たちのところへやってくる。

こういう状態だったから、ヴァロワ朝フランスと、ヴァロワ朝ブルゴーニュとの間で、ときにいかにも友愛の関係を示すかのような公的催しが行なわれたことにも、どれほどの価値があったのかを見きわめておかねばならない。ガヴールの勝者が王あてに送った手紙の中に見出されるのも、真の共感よりもむしろ、皮肉である。大公は言う。「これらは、そこもとにとっても大事なことかと思われる――余は、確《しか》と信じきっておるゆえに。そこもとが、ちまたの噂にきっとよろこんでおられることを」

シャルル七世の方としても、できるだけアラス条約の諸規定を思い出さずにいようとしていた。かれが、一四三五年のこの条約の正式承認をしたのは、「これを承認しておかないとブルゴーニュ公がこれをないがしろにしそうだと思った」からにほかならなかった。ジャン・サン・プール殺しの容疑者の訴追を決めた条項は、決して適用されることがなかったし、つぐないのために建てられるはずの宗教的な建物のことは、死文のままだった。税金の徴集、貨幣鋳造権の行使、パリ高等法院への上訴権などは、いずれもたえず摩擦の種であった。大公は、むかしのブラバン諸公の習慣にのっとり、「神の恵みにより……」という定式を再び取り入れていた。これを不快としたフランス宮廷をなだめるために、この定式はただ、フランスの勢力圏外にある領地だけに適用されるのだと、苦心して説明しなければならなかった。

ブルゴーニュ公位の継承者、シャロレ伯シャルルと、シャルル七世の娘カトリーヌとの結婚は、一四三八年に決定された。しかし、この公妃は、一四四〇年、まだまだ年も若いのに死んだ。結婚により期待されていたような成果を上げることはできなくなった。

他方、シャルル七世に敵対してなんども各地領主たちが連合を組んでいたが、フィリップ・ル・ボンの態度はその中で、かなりあいまいであり、同じくかれの東方政策は、助けを得られるよりもむしろ妨害されることが多かった。とどのつまり、一四四四年のトゥール休戦協定の破棄により、シャルル七世治下、百年戦争最後の戦いが勃発したが、一四五〇年のノルマンディ、一四五二年から五三年にいたるギュイエンヌ奪回作戦において、ブルゴーニュは、公国独自で休戦を守るという口実で公けには、中立を守り、家臣が望むなら王にお仕えするべく参戦することは自由とするにとどまった。

アラスで取り決められた臣従の礼の免除のおかげで、援軍を送るつとめもなくなったかのような、フランスの一封臣のこういう中立的態度には、独立への芽生えが見てとれた。すなわち、これこそ、分離主義の端緒であり、他面から言えば、大公が現在、将来ともフランス人の血につらなる貴族であろうとする意図とは背馳することではなかったのか問うてみることができたのだった。

シャルル七世とフィリップ・ル・ボンとの間に誠意が欠けていたという最後の証拠は、王太子ルイ——未来のルイ十一世——とその父との間のいざこざの際に見てとれる。このことは、すぐこの先で述べるはずである。

*

シャルル七世が派遣した使者団に対して、フィリップ・ル・ボンが言ったという言葉がしばしば引用される。「王ではいませぬが、すべての国々を統《す》べたもう殿よ」と言いかけた者たちに対して、かれはこのように答えたのだという。「その口ずから、すべての人の前で、わたしは望んだなら王でありうるのだとみなに知ってもらいたい」と。

大公は、ある種の王冠は自分の器量にふさわしくないとみなして、これをしりぞけたが、別な栄光、すなわち、キリスト教徒騎兵団の先頭に立ってオリエントに向かい、そこでトルコ人と戦う栄光を得たいとはしきりにねがった。ニコポリスの復讐をすることは、真剣にかれの夢だった。第三代ブルゴーニュ公の治世下になんどか行なわれた十字軍計画は、十分まじめに取り上げられるに足るものである。

確かに、フィリップは子どもの頃、ジャン・サン・プールの栄誉ある敗北と捕われに強烈な印象を与えられたことは間違いない。ただいろんな出来事が次々と起って、騎士なる大公が強く望んでいた報復戦がかなえられなかっただけのことである。

信仰から発したこの企ては、フィリップの波瀾の生涯の折々にきまってあらわれてきた。そこで、かれは、廷臣のひとり、南仏出身のベルトランドン・ド・ラ・ブロキエール(30)を使者として、エルサレムへと派遣するにいたる。東方教会と西方教会の合同が主として論じられたフェラーラの公会議にも代表を送った。ビザンティン皇帝ヨアニス八世パレオロゴスとどういう準備工作に入ればよいかも研究した。ニースではサヴォワ公の仲介で何隻もの大船を建造させ、ヴェネツィアでは船の借り上げをし、これらの一部でジョフロワ・ド・トワジイの指揮下に、また一部をヴァルラン・ド・ヴァヴランの指揮下におき、その成果として、大公の船隊は、ロードスに攻め寄せたエジプト人を押し返し、ヴァヴランはダニューブ川をも遡ってハンガリー人に強力な助けの手をさしのべ、一四四五年には、ニコポリスにも到達したのだった。

フィリップは一時、オリエントにおけるブルゴーニュの将来の作戦基地とするため、ジェノヴァを手に入れることも考えた。このかれの狙いは不成功に終った。しかし、ビザンティン帝国の危機がつのるにつけ、大公の騎士団、金羊毛騎士団の会議席上で、一四五一年、騎士団の総監督シャロン司教ジャン・ジェルマンが、近々に十字軍を出発させよと熱烈な演説をやってのけた。ジャン・ジェルマンは、シャルル七世のもとへつかわされ、共同作戦を組むための働きかけをするが、シャルル七世はただ、口先だけの約束しか与えなかった。

ガンの反抗にフィリップが注意力のすべてを奪いとられているうちに、コンスタンティノープルは、時宜を得た助けを得られず、消え去った。一四五三年、トルコ人が勝利を占め、ビザンティンが異教の都イスタンブールに変わったことは、西欧に想像しがたい一大センセーションをまきおこした。この大破局の知らせが鳴りひびく中で、大公は、王と再び接触する。ガン人に勝ってきたかれが語ることはもはやただ一つ、「聖なる旅」の企てだけであった。この旅に身をささげることを形の上で表現しようとしたのが、一四五四年二月二十七日、リールで催された、「雉《きじ》の誓い」と称される、スペクタクルであり、宴会である。これについては後ほど、宮廷生活について述べる際、その豪華けんらんのさまを明らかにしてみよう。

そして、教皇の呼びかけに応じ、フリードリヒ三世がつづく四月二十三日、トルコ人に対する合同十字軍を組織するためにキリスト教徒の王侯たちをレーゲンスブルクに召集したとき、フィリップも出発した。足どりも意気揚々と、ドイツを横断した。なぜなら、「かれは通過するところいずこにおいても、まるでかれ自身が皇帝であるかのように、あらゆる特権を行使した」から。フリードリヒ三世は、いつものとき以上に、身をひそめて出てこず、秘書官アエネアス・シルウィウス・ピッコローミニ——のちの教皇ピオ二世——を派遣するにとどめた。秘書官の名で、神聖帝国の十字軍への協力という名目で、二十万人の動員を号令した。フィリップはその時突然、病気になり、トゥルの司教ギヨーム・フィラステルに、ブルゴーニュからの援軍を引率して行く役目をまかせた。かれ自身も、やむを得ぬ支障さえなければ、遠征隊に参加することを約していた。企ての実現のために、ありとあらゆる措置がとられた。大小の旗が作られた。シャロレ伯はこのとき妻を亡くしてひとり身だったが、父が万一近々に死ぬようなことになった場合、公国の首長として政策に反する結婚をせぬようにとの配慮から、父は再婚相手に、いとこに当るイザベル・ド・ブルボンをあてがうという用意もしていた。新教皇でスペイン出身のカリストゥス三世は、アッピールを発し、十字軍の出発を一四五六年三月と定めた。この出発を前に、大公はシャルル七世のもとに、かれの顧問会の主要メンバーふたり、大書記官ニコラ・ロランと侍従アントワーヌ・ド・クロワを派遣する。そして、国家元首にフランスの旗、サン＝ドニのオリフラム（王旗）を、——この旗印のもとで、不信者と戦うために——下付されたいと求める。シャルルは、フランス＝英国間にはいまだ、どんな和平条約も締結されていず、戦争継続中だからという理由をあげて、拒絶する。しかし、まさにその時、父王との仲がこじれ、ブルゴーニュ宮廷に隠れ家を求めに来て、ジュナップの城にいた王太子が、「カトリック信仰を守るため、トルコ人の地へと戦いに出で立つ決心」の、ブルゴーニュの伯父の供をするという信仰上の願いを持ち出して、自分の逃亡の理由づけにした。

幾度も宣言ばかりがくりかえし発されたのにもかかわらず、この一応は立派な企てはついに実行されなかった。十字軍は行なわれなかったのである。大公は、さまざまな公務のために西欧に引きとめられていた上、健康状態もあって、――実際既にそこなわれてもいた――このあとも、引き続き計画はありながら、いざ出発ということのかなわぬ身の上だった。しかし、次に見るように、こんどは、その子シャルル、最後の大公が父の例にならい、西欧騎士世界の長、また、キリストの栄えある戦士として世にうって出ようとする夢想をはぐくむこととなる。

＊

フィリップ・ル・ボンは、王太子ルイを迎え入れた(31)。フランス王位のこの継承者は、父王が討伐軍をさし向けてきたドーフィネをのがれて、半ば反抗の形で、ブラバンのジュナップ城に居を定めた。この地で、ブルゴーニュの伯父と、王太子妃シャルロット・ド・サヴォワに支えられ、待ちこがれている王座への登壇の時をうかがっていた。一四六一年七月二十二日ムアンで突然シャルル七世が死んだとの知らせがジュナップに届いたとき、シャルロットは、戴冠式に列するべくランスに赴くため、シャロレ伯夫人の馬を借りなければならなかった。

突然の王の交替によって、強力な大公の心中には、フランスにおいて一つの役割を演じてみたいとの欲望が再びむくむくと湧き上がってきた。ルイ十一世が、あまり仰々しいいでたちでランスに来てくれぬようにと頼んだのも効がなかった。フィリップは、きらびやかに武具・装備をととのえた四千人の家中の者を従えて出発した。十分な資金がないため、貧寒とした供廻りしか持てぬ元首と比べると、そのへだたりは屈辱的ですらあった。伯父なる大公は、身をちぢめた甥なる国王のかたわらで、さながら保護者といったさまであった。それればかりか国王は、これまでの自分の窮乏ぶりを包み隠さず告白した。「きのうはまだ、わたしは、これまでいた王子の中で、一ばんあわれな王子よとわが身を見ておりました……子どもの頃から、今日この日まで、ただ苦痛と難儀だけしか味わってこなかった……乞食みたいな境遇の中で、妻も……わたしも……休息するための家もなく、びた一文の金もなく、五年もの間、こんなわたしを養ってくださった伯父さま方の、お恵みとご慈悲がありませせなんだら……」。これほどまで誇りを持てぬ王がかつていただろうか。シャルル七世の息子には確かに、その父ほどにあくまで人に弱味を見せぬ高貴さはなかった。大公はよろこんでいた。これほどに謙虚と感謝の念にみたされた甥にささげるというなら、臣従の礼とて、不快さは一挙に消え去るようだった。

ランスでフィリップは、重臣中の最年長者として、儀式の中でそれなりの役割を演じた。戴冠の儀の際にも、この王冠はかかってわが手にありと全会衆に見せつけるかのように、ルイの額に黄金の環をのせる前に高々とその腕をあげる仕ぐさをした。荘厳ミサののちに、臣下としての誓いをささげた。しかし、わざとのように、大仰にふるまい、恩着せがましい寛大さを見せつけにして、この定石通りの儀礼が自尊心に及ぼしてきそうないまいましさを拭い去れるようにした。どっさり持ち込んだ荷物の中には、自分用の豪華な銀製、金製の食器までがちゃんと入っていたのではなかったか。祝宴用として、自家の貯蔵庫から、極上の特産ワインをたっぷりと送らせておいたのではなかったか。

ルイのパリ入りは、同時に、フィリップのパリ入りとなるはずだった。八月三十一日、盛儀の組織総元締である大公は、行列の先頭を進んだ。黒ビロードずくめのそのみごとな衣服、いくつものルビーがきらめく羽根飾りつきの帽子、金銀細工の傑作で飾りつけられた白馬は、人々の讃嘆の的であった。この馬とその上に乗った騎士がつけた宝石類は、三百万もの値うちものだと、人々はうわさし合った。シャロレ伯の方は、真紅のビロードをまとっていた。父と子は、ダマスク織りの黒い絹物を着た小姓たち、この上ない美々しさのビロード服装の貴族たちに取り巻かれていた。

続く日々、大公は、王を独占する。同時に民衆の人気も得ておこうとする。自分の豪華なアルトワ館の部屋という部屋に人々を導き入れ、数ある逸品類の中でもとりわけ、金羊毛騎士団の守護聖人ギデオンの物語を織り上げた壮麗なタペストリーを鑑賞させる。ヌヴェールでの会議の年以来出てきたことがないパリ市中をかけめぐって楽しむ。馬を駆り、自分の後に姪に当るオルレアン公夫人を乗せて散歩する姿も見られた。中央市場を訪問するようなときですら、いつも豪奢そのものの服装だった。ある日、そこで、ひとりの肉屋——たぶん、ルゴワの敵対者か、カボッシュの仲間かの流れを引く者だったろう——が、いきなり乱暴な声をかけてきた。「これはこれは、公正で尊いブルゴーニュのお殿さま、パリの町にようこそ」と。新王ルイ十一世の首都も、ジャン・サン・プールを忘れてはいなかったのだ。

王自身も、アルトワ館へ招待され、馳走にあずかった。なるほど、かれは、あまりに騒々しいパーティは辞退した。とくに、シャストランが、王の欠席を注記しているあの豪勢だった宴会など。「そこでは、人々はきそって栄誉を見せつけにした」。トゥレーヌへ出発する前、ルイは伯父上のところへ来て、その心づかいの数々を謝し、あわせて、自分が「もし、伯父さまのもとにいなかったなら」、「とても命はなかったかもしれない」とつけ加えた。パリを去ることは、ともかくも大公にもそれとなく、ご自分の国へお帰りになるようにとほのめかす無難なやり方だった。ルイ十一世は、ブルゴーニュ宮廷とは別な所にいて、自分でことを決めて行くこととなる。シャルル七世とはまた違った、自分流のやり方を持つにいたる。といっても、有効さの点ではひけをとらないやり方を。重臣中のだれであろうと、その保護を頼りにせぬ独自のやり方を。

＊

それにフィリップ・ル・ボンが老い衰えてきたことも、その保護を免れたいとねがう王の意向を助けた。大公も、余りに体力を消耗しつくしたのだった。衰えはて、ほとんど老人ぼけの状態に落ちこんだ(32)。そのかたわらでは、クロワ一族が、大公の治世の終り、圧倒的な支配力を持つようになり、大書記官ニコラ・ロランを半ば引退の形に追い込み、公位を継ぐはずのシャロレ伯に不安の影を投げかけていた。

クロワ家は、正真正銘の名門である。一族の長は、大公の幼友達であり、第一侍従であるポルシアン伯アントワーヌである。その弟、シメー殿ジャンも兄と同様、金羊毛騎士団の騎士であった。ジャンの子フィリップ——サンピー殿、次にはキエヴラン殿の称を持つ——は、父と同じく、すぐれた書物、芸術作品の愛好家であった。だれもがみな、欲望さかんであり、すべての役得を独占し、すべてを取り仕切りたいとはやっていた。かれらと縁戚関係にあるララン家、ランノワ家が、かれらの支援をした。

ルイ十一世は非常に巧妙に、クロワ一族の信用をあてこんで賭けに出た。かれらの仲介により、シャロレ伯の反対をもかえりみず、一四六三年九月、アラス条約に記載されていたソンム川流域の町々の買戻し条項をうまく利用するのに成功したのである。規定の四十万エキュを支払い、この戦略地点をわが手に取り戻した。

こうして一歩を譲ってしまった腹立たしさが、クロワ一家との個人的ないさかいにつけ加わり、シャロレ伯はさいごには、父とも仲たがいすることになった。父は、能力こそは衰えていたものの、クロワ一家が王の思うつぼにはまったことはとにかくさとったのだった。かれは、反省してみて、ソンム川の町々を失ったことを後悔し、子と仲直りした。子を「公益」連盟と呼ばれる領主たちの連盟の長につけ、ルイ十一世に対して戦線を張らせたが、その劇的な転変については、次章で追ってみたい。

老いた大公の死のうわさは、なんども流れたが、そのつど、うそだということが判った。大公は、一四六五年四月二十七日以来、その後継ぎを「代理官」に任じていた。かれが息を引きとったのは、一四六七年六月十五日、ブリュージュにおいてであった。一四七三年、シャルル・ル・テメレールは、父と母、イザベル・ド・ポルチュガル――一四七一年十二月十七日に死んだ――の遺体をシャンモルのカルトゥジオ会修道院へ移葬させた。しかし、ブルゴーニュ芸術史がその理由を示しているように、三代目大公は、先代ふたりのように、栄光輝く存在でありながら、真に自分にふさわしい奥津城に死んだわが身を休らわせることができなかった。

＊

さて、今は、かくも長く続き、かくもみごとに充実していたこの大公の治世について結論を下すことが残されている。

同時代人はわれ勝ちにきそって、フィリップの信仰心(33)、威光、豪勢、権力の程を強調した。

一五八四年に執筆活動を始めた古い歴史家ポントゥス・ヘウテルスも言っていたように、大公は、ネーデルラントの建設者、「コンディトル・インペリー・ベルギキー（ベルギー帝国の創造者）」だった。この讃辞は、現代の偉大なベルギーの歴史家アンリ・ピレンヌによっても裏づけられている。ブルゴーニュ国とは何であったかを描きつくすことができるなら、この創造物のみごとさは、どれほどの輝かしさであらわれてくることだろうか。

しかしながら、フィリップは、栄光輝く、驚くべき作品を作り上げたと同時に、先にも言ったように、一つの解決されるべき謎をも残した。すなわち、かれひとりが、このみのり豊かな政治のほまれをになうのか。それともこの恩恵は、かれの顧問官たちのおかげなのか。

三代の大公が、まわりに卓越した人物たちをそなえていたことは、異論の余地がない。ジャン・サン・プールの大書記官ジャン・ド・トワジイは年老いて、一四二二年には、大書記官職をニコラ・ロランにゆずったが、一種の名誉職として公国顧問会議議長となり、いぜん引き続いて、死に至るまで――一四三三年五月末、もしくは六月初めのこととみられる(34)――有益な意見の具申者であった。クロワ一族、コミーヌ、ポーの一族、その他まだ多くの人々が大公に仕えていた。多数の隊長たちの名も引用してきた。かれらの剣のおかげで、この輝かしい半世紀間のもろもろの勝利が華々しく成就されてきたのであり、この間、幾多の勝ちいくさと、その成果としての有利な条約とがくりかえし実現されてきたのである。

これらの勝ちいくさ、有利な条約において大公はどんな役割を果たしてきたのか。

かれの騎士としての勇敢さの程は、公式の証言、具体例によって証拠立てられている。その中のいくつかは、本書の中でも随時とり上げ、読者と感動をともにしてきた。戦場において、また、都市の攻略戦において、フィリップは配下のどの士官にもひけをとらなかった。かれが自分の標識にえらんだのは、「銃」、すなわち、火縄銃に火をつけるための「火打ち石」であり、これに銘句「他の者を持たぬ」を添えた。軍人としての素質は、一級だった。だが、他方では、かれの修史官シャストランのコメントにもあるように、実務に「無頓着」で、大書記官ニコラ・ロランをことさらにおだて上げ、賞め上げ、この大臣を公国の政治の一大推進者に仕立て上げることに寄与したふうでもある。

シャストランは言う。「この大書記官は、ただひとりで、すべてを治めることのできる人であった。平和だろうと、戦争だろうと、財政に関することだろうと、自分ひとりですべてを自在に操り、引き受けることのできる人だった。すべてについて、すべてにわたって、公はかれに期待をし、かれを主な頼りとして、かれに委ねた。どんな務めであろうと、実りある事業であろうと、町といわず、田舎といわず、ありとあらゆる地方にわたって、贈与であろうと、借入れであろうと、かれによってすべてがなされ、運ばれ、かれが責任を負わぬことはひとつもなかった」

残された文書はいつもすべて、大公の文書であるから、大書記官の活動を正確に把握することは非常にむつかしいのだが、また、シャストランの証言に重きをおかぬことも困難ではなかろうかと思われる。その反証に持ち出されるのは、バーゼル公会議の報告に、会議に出席した神父やブルゴーニュ側使節が大公あてに発言し、大書記官あてではなかったとの記録があることである。なにしろ、大公は非常に自尊心が強く、その意にそむこうなどと考えつく者がいたら、自分に敬意を払うよう強制しただろうから。会議の出席者たちも大公をないがしろにした行動はできなかったはずとの目配りをしていない意見である。だから、このような指摘はとり上げるにもあたいしない。(35) 真実は、大公が果たした正確な役割を、正しく見きわめるのは不可能だということである。しかし、フィリップ・ル・ベルに対する場合と同様に、次の推定はできる。集中的な事務仕事にあまり向いていなかったフィリップ・ル・ボンは、信頼する部下たちに多くをまかせたにしても、重要な決定はかれによって、――かれひとりによってなされたということ。トロワ条約はジャン・ド・トワジイが、アラス条約はニコラ・ロランによって準備されたのだったが、少くとも、後者の準備中に作られ、保存されてきた文書の量の厖大さから見て、その方法は火を見るよりはっきりと示されている。すなわち、重大事を采配しまた歴史の前で責任をとる配慮を自分以外のだれにもゆだねまいと決意した国家首長の意識が先にあり、次に出てきたすべての判断要因をとりこんで下されたのが公家の決定だったということである。

第8章　シャルル・ル・テメレール――最盛期

フィリップ・ル・ボンのひとり子であり、四代目の、最後の大公であり、歴史上シャルル・ル・テメレール（突進公、向こう見ずのシャルル）と慣習的に呼ばれてきた人は、一四三三年十一月十一日、ディジョンで生まれた。

フィリップ・ル・ボンは、初婚の際には子を得なかった。かれがずいぶん若いときに結婚した、シャルル六世の娘ミシェル・ド・フランスは、一四二二年七月八日に死んでいた。大公のボンヌ・ダルトワとの再婚は、他にもいろいろと動機があったが、何より早急に子孫を作るという期待が寄せられていた。「この婦人は、子どもを孕むように大いに拍車を入れられていた」と言われている通りである。不幸なことにこの希望はいちはやく裏切られねばならなかった。新大公夫人は、一四二五年九月十七日、産褥の床で死んだのである。そこで、フィリップ・ル・ボンは仕方なく、相互譲与の条件で、いとこに当り、叔父アントワーヌの子である、フィリップ・ド・サン＝ポルを継承者として認めざるをえなくなった。ところが、サン＝ポル伯は、ブラバン公となったのち、一四三〇年八月四日、正体不

ブルゴーニュ大公シャルル・ル・テメレール
（ロヒール・ファン・デル・ウェイデン画）

明の病気で死んでしまった。この時既に、フィリップ・ル・ボンは、――サン゠ポルには何かと無視できぬ不満の種を与えられてもいた――三たび結婚していて、こんどの妻、イザベル・ド・ポルチュガルは妊娠中であった。イザベルが夫にもたらした息子は、一四三〇年十二月三十日に呱々《ここ》の声をあげたが、一歳で死に、一四三一年に生まれた次の男の子も、兄より長く生きなかった。フィリップがそろそろ望みを失いかけていた時、第三子が与えられた。こうして、以後、公家の未来はこの子シャルルの肩にかかることとなった。その母は、当時の慣習にそむいて、みずから自分の乳で養育することとし、父も自分ながらに感心するくらい愛情をこめていつくしみ、さっそくにこの子をシャロレ伯、金羊毛騎士団の一員にした。シャロレ伯の称号は、先に三代目大公に授けられていたものであった。この称号が四代目につけられたということは、一三九〇年初代大公が得ていたものを、公位継承者の正式呼称とするという慣例の確定を示すものだった(1)。

未来の大公の教育は、格別に念入りに行なわれた。教師の中では、アルトワの学者アントワーヌ・アヌロン――ルーヴェン大学にサン゠ドナ学院を建設した人――がことに傑出していた。四代目に武術を教えたブルゴーニュの騎士たちの中では、オクシイ殿とジャン・ド・ロジムボスが、歴史に記録されるにあたいする。

フィリップ・ル・ボンは、息子がフランドル語を話すことができるようにと望んだ。十三歳のときには、ブリュージュのホエトボーフ・ギルドの王（弩《いしゆみ》隊の長）とした。

自分の跡継ぎを当然ながらに愛していたものの、気質の上ではかなり違っていた父の影響とならんで、きまじめで、内省的な大公夫人イザベル・ド・ポルチュガルもシャルル・ル・テメレールに強い影響を及ぼした。ピレンヌは書いている。「フィリップ・ル・ボンがネーデルラントで人気者となることのできた、少くも外面での人のよさを、かれ（シャルル）はついに持つことができなかった。激し易く、内にこもる性質のかれは、友人も腹心の供もなく、宮廷内で孤立して生きた」[2]。ただ母だけが、かれに影響力を及ぼした。

肉体的特徴からいうと、多血質で、かなり背は高く、少し前かがみの体つき、がっしりした肩、すぐにも活発な手振りのでそうな長い手、黒々とした髪、日に焼けた顔色、青く澄んだ目、取りすました口もとといった姿を想像してみるといい。のちに子孫たちの特徴となる、はやくも際立って突き出した顎ともあいまってその顔つきに、「同時代人たちが見てとった、嵐と波さわぐ海へのかれの好みと完全に適合した、なにかしら猛々しい感じ」[3]を与えていた。

フィリップとは反対に、猛烈な働き手だった。「これほどの王侯にしては必要以上に」とシャストランは観察している。父と同じくかっとなる性質だったのに、心動かされて後悔するなどということはなかった。感情に駆られ易く、「欲望が激しく、言葉づかいがとげとげしかった」。何にましても、野心家、慢心家、頑固者で、分をわきまえ抑制するなどということを知らなかった。「ヨーロッパの半ばを得ても満足しなかったろう」と、コミーヌは言った。人に対する不信感を抑えることができず、そのために傷つくことも多かった。これは母親ゆずりで、母親も、老大公が微笑まじりに言ったように「自分がこれまでに知った中で、一ばん疑い深い女」(4)だった。自分にも、他人にもきびしく、我慢を知らず、粗暴で、執念深く、すぐに逆上するシャルルは、問題をきちんと整理し、目的と手段とをうまく調整して行くことができなかった。

若い時代の大公は、克己的で、勉強家だった。勉学や古典作家のものを読むことを好んだ。歴史に夢中になった。アレクサンドロス大王の覇業に、とりわけ熱中した。大王もまたフィリップにたぐえてよい人の子であったから。大王と肩を並べるのが、かれの夢であったのだろう。かれは、生まれながらにして弁がたち、この才能をさらに伸ばすべくつとめた。聴衆を自分の熱弁で引きつけ、引きまわし、燃やし立てながら、ときとして自分で自分に酔った。芸術や音楽にも熱をあげた。完全に純潔を守ったが、――この点では、父とはふしぎにはっきりと対照的だった――三代目大公が誇りにしていた騎士道的信義の念は必ずしも持っていなかった。のちの日には、かれに向かって立ちはだかってくるルイ十一世とは悪意と悪意の対立をすることにもなる。かれは、つねにルイ十一世が嫌いだったし、先方も同じ反感を返してきた。

さらに加えて、「ブルゴーニュ家は、フランスから出たのにもかかわらず、世代を経るごとにフランスとは次第に縁が薄くなり、シャルル・ル・テメレールの治下に、その出自の最後の痕跡を払い捨ててしまう」(5)。シャルルは、あるときには、ジョン・オブ・ゴーントという先祖との関連で、英国人だと自称し、また、あるときには、母にかこつけて、「ポルトガル人」だなどとも言ったりする。ある日には、自分はフランスを非常に愛していて、ひとりの王でなくて六人の王がいるのを見たいほどであると言ってのけたりした。このような願望はいったい、どんな信仰告白とつながっているのだろうか。王国フランスが崩れ去ったら、その上に自分の夢想するブルゴーニュ王国を決定的にうち建てるのだというのが、最後の大公が心に抱く願いだったのだろう。一四七四年、ディジョンでの記憶すべき施政方針演説の中に、意味ありげなその構図が見てとれるはず。

*

フィリップ・ル・ボンが余りに長生きしたため、シャロレ伯は、いらだたしいほどに待たされてしまった。同じく、シャルル七世が望みのまま、余りに長く君臨したことでついに辛抱できず、父王に対する陰謀を企てるに至った王太子ルイ——今はルイ十一世——のいらいらにまさるとも劣らぬほどだった。そこまで行かなくても、シャルル・ル・テメレールも、先にその利己的なまでのさばりようを見てきたように、クロワ一族の過度な重用に怒り狂い、次第にこの危険な寵臣と優越を争うようになった。あるときは遠ざけられ、あるときは再び寵を取り戻しという形で、とぎれとぎれに少しずつ、公務にも慣れてきた。この学びには、生来の勤勉な精神のすべてを注いで努力してきた。もし、父の企てた十字軍計画が、健康状態の悪化で頓挫しなかったならば、おそらく父の生前から、はやくも権力を手中にしたかもしれない。(6)

さて、ブルゴーニュ国のこの継承者が、こうして正式の肩書もなしの摂政役をつとめていたとき、ルイ十一世の明暗交々の治世をしるしづける危機の第一のそれが発生した。すなわち、「公益戦争」といわれる戦争である。諸侯の連合体という意識が高まって元首の権力への反対勢力が盛り上っていた封建制下フランスの名実共に首領として、シャルルはこのとき初めて、おのれの力量を発揮した。

シャルル七世の子の方も、あまりにも長い間あまりにもいらいらと待たされてきた果てでの王座への君臨に酔いしれ、事を進めるのにあまりにも性急になっていた。父の統治への反発が、あまりにもむきだしだった。「いきなりから、復讐しか考えていなかった」と、コミーヌは言ったものだ。役人どもの大量の解任、指導的人物の突然の更迭、教会関係者に対する財政的圧迫、大学人に向かってのあらわな無視、もろもろの特権や年金の完全な撤廃、狩猟権の制限、臣従の礼と宗教法の問題に関連してブルターニュとの間の紛争の発火、ソンム川流域の諸都市のブルゴーニュへの買戻し、など。これらに反抗する不満分子は、呼びかけ合い、寄り合う。そして団結する。このとき、蜂起した諸階層が、世論を味方に引きこもうとして「公共の益」を旗印にかかげたことこそは、封建制下、権力に対するなんともあてつけがましい敬意のあらわし方であった。

危機は迫った。ルイは初め、第一に正体をあらわしたブルボン公をつぶしにかかろうとしたが、陰謀に加担した首謀者三名——シャルル・ル・テメレール、ブルターニュのフランソワ二世、シャルル七世の末子で、旗上げの名目上の首領ベリー公、シャルル・ド・フランスの三名——がこぞってパリへの進軍を始めたためにやむなく帰京を強いられる。

シャロレ伯シャルルは、約一万二千の兵を動かしていた。この大軍が、ブルターニュとベリーの側からも、隊伍を組んでくり出されてくる、およそ五千の兵と合流することになるのだろうか。そうはさせまいとして、ふだんは一か八かの戦闘に踏み切るのを避けてきたルイも、モンテリーでシャロレを迎え撃つ決心をする。モンテリーの一日は、この戦争全体を通じ決定的な一日となるはずである。

サン゠ポル伯、ルクセンブルクのルイがブルゴーニュ軍団の一つの指揮をまかされていて、モンテリーの古めかしい、巨大な主塔の下へと兵を進めていた。国王軍の接近を知らされたサン゠ポルは直ちに、ロンジュモーにいたシャロレに報告する。シャロレは、私生児大アントワーヌを援軍として派遣する。サン゠ポルとアントワーヌは、国王のパリへの道を遮断する役目を引き受けようとする。しかし、ルイは、一戦を交える覚悟だった。やがて、シャロレ伯のもとへ、国王軍は、トルフーの森の方面から、「列をなして」進んでくるとの知らせが入る。「テメレール（突進公）」にとってこれは、抑え切れぬ誘惑だった。なるほど確かに、この場合は衝突を避け、ブルターニュとベリーの同盟軍を待ち、全軍が結集した上で敵の掃討に当った方がよかったのだろう。伯は、逆の手に出たのである。雄牛は突進したのである。こういう衝動的な人間に対しては、いつの場合にも、挑発が勝ちを占めるのである。

こうして、戦いが始まった。シャロレは、持ち前の激しい気性に駆られてすさまじい勢いで飛び込んで行く。それは、敵味方入りみだれての乱戦だった。こういう場では、明確な観察をしようとしてもむだである。なにしろ、その場にいたフィリップ・ド・コミーヌのような人々でも、こま切れの個々の印象だけしか拾い集めることはできなかったのだから。

ル・テメレールは、小姓のシモン・ド・キャンジェイ、黒色と紫色の大きい絹製の旗を高々とかかげ持った旗持ちのデュボワ、同色の服をまとい、胸に聖アンデレの十字架形を縫いつけた護衛の弓手たちとともに、ひたすら前進した。

「王の軍隊は、モンテリーの城の方角へと向かっていた。前方には、高い垣と堀とがあった。さらに、小麦やそら豆や、よく実った穀物のぎっしり植わった畑が広がっていた。そこは、地味豊かな土地だったのである」。コミーヌはさすが、手なれた筆致で、このように舞台を描き出している。

国王軍は、垣を乗り越えた。じりじりしていたブルゴーニュ勢は、自軍の弓兵隊を押しのけて、攻撃にかかる。ルイ十一世が布陣した兵へと突撃する。メーヌ伯、元帥ジャン・ド・モントーバン、侍従長ガルグサルが、「卑怯にも」逃亡する。臆病風に吹かれたのか。それとも裏切りなのか。突如、叫ぶ声がする、「王を捕えたぞ」と。そのとき、王は、かぶとの前びさしをあげて、みなに自分の顔がよく見えるようにし、叫んだ。「よく見ろ、みなの者、余は捕えられておらぬぞ」と。そして、つけ加えた。「戻れ、おそれるな。勝利は、われらのものだぞ。ブルゴーニュのやつらをやっつけるのには、六人もいれば十分だ」と。

戦いは、非常な激しさで続いた。王の言葉で、まわりのパニック状態はやんだ。サン＝ポルとラヴァンスタン伯の兵らは優勢をたのんでいたのに、ものすごい勢いでもとの陣地まで押し返される。ブルゴーニュ騎馬隊の一部は散りぢりになり、サン＝クルーとポン＝サント＝マルサンスまで落ちのびる。

別な場所では、逆に、国王軍の方が逃げをうつ。シャロレは、とどめようのない自分の猛進の前で敵が散りぢりになるのを見てとる。かれは、自分の成功に酔っていた。「もっと追いかけて捕えてやるぞ」。この言葉を聞いて、かれのすぐそばにいたコミーヌは、かれが進んで追い打ちをかけるつもりなのだなとさとった。「アントワーヌ・ル・ブルトンの名をもつ、年老いたルクセンブルクの一貴族が、かれをさがしに来て、言った。フランス勢は、戦場で態勢を立て直そうとしていると。これ以上、後追いをすると、身を亡ぼすことになるかもしれないと」。なんの役にもたたなかった。コンティ殿もこれ以上、耳を貸そうともしなかった。おそらく、国王軍が救われたのは、既に完敗状態の側面部隊をそのまま逃がしてやった上、中央を突破して、別の側面部隊を背後からたたくという戦術がとられずに、なおも深追いに執着したためであった。

さて、シャロレが戻ってきて、「城の脇を」通りかかると、なんとも驚いたことに、王の弓兵らが城の主塔の下にずらりと並んでいるのに出あった。ルイの軍隊は全部が敗走中と信じきっていたのだった。それどころか、大部分がまだ持ちこたえていた。しかし、今となっては、首領が歯向かいたくとも部下たちは、あまりにも疲れきり、あまりに四散していて、到底、あらたに戦いを交えることはできぬさまであった。「戦場には……一本の草木もみられなかった。つい半時間前までは、丈の高い小麦が生い茂っていたのに。……一面にしかばねと死んだ馬が散らばっていた」。これが、二枚折りの絵の裏面である。二枚のその絵は、「戦いの前と後」と題をつけてもよいだろう。コミーヌはまさしく確かに、すぐれた画家である。

双方ともが逃げをうち、双方ともが頑張り通した。だから、対抗するどちらの側もが、自分たちこそ勝利者なのだと言い張ることができたのである。(7)

現実には、どちらが勝ったともいえぬ戦闘だった。だが、パリは、ゆるぎなく、王国は安泰だった。ルイは、ノルマンディへ出かけ、増援部隊を引き連れて戻ってきた。これに、スフォルツァの送ってくれたミラノの徴集兵が加わった。この軍勢は、ブルゴーニュとベリーが到着したというのに、いや、むしろ、かれらの到着のゆえに、王侯派の陣営へと寝返りをうってしまう。城壁の下では、人々が待ちこがれていた。なにしろ、いくら同じ政治目的を持つ者同士が結合しようとしても心を一つにすることはむつかしいのである。精神力も衰えていた。忍耐心とは、ついに封建時代の徳とはなりえなかった。既に王の方でも、――「分割して支配せよ」の行動基準を心得ていた王の方でも、相手方を割る手段に出ていた。

シャロレは、王の遊撃弓兵隊が戦闘に不慣れなのを利してシャラントンの橋でこれを制し、コンフランまで進出していた。かれの砲兵隊は、圧倒的な力を持っていた。おそらくは、「隊長ギロー」の指揮する王の砲兵隊と同じ程度に。双方から激しい砲撃が続いた。だが、唸りを発しての砲丸の打ち合いにも倦んできた。「何日間も、休戦が続き、双方ともに、和平を締結しようとして会議がくりかえされた」

コミーヌは、王が「ある日の朝、水路をとって」、相手勢の面前まで来たことを語っている。王の船には、船頭は別として、四、五人の士官だけしか乗っていなかった。シャロレとサン゠ポルは、セーヌ川の岸べで待ち受けた。王が、シャロレに「兄弟よ、余の安全を保障してくれるかな」と問うた。伯は、「もちろんです、陛下」と答えた。そこで、王と、連れの者たちは、上陸した。シャロレとサン゠ポルは、「それが当然であるかのように」、うやうやしく王に敬意を表した。王は、「言葉を出すのももどかしい」という感じで、さっそくこんなふうに会話を切り出した。「兄弟よ、そなたが、フランス王家に属する貴族であることは、よく承知しておる」――「どうしてそんなことを、陛下」。これに対し、王は、次のように応じた。「余がリールへ使者を派遣した折、あのモルヴィリエのばか者めが口出しをして何やかやと余計なことを言いおったそうな。そなたは、ナルボンヌ大司教を通じて、こう伝えてこられた。一年もたたぬ間に、あのモルヴィリエの奴がそなたに言いよったことにつき余が反省することになろうかと。そなたの言われた通りになった」。王は、「晴れやかに、笑みをたたえて」話していた。シャルル・ド・シャロレは、すっかり気分がほぐれ、構えをといていた。ルイは、かれを「兄弟」と呼んだが、伯の初婚の相手であり、王自身の姉、亡きカトリーヌとの関係をふまえてのことだった。王は、むかしシャロレに余計な言葉を吐いて不快感を与えたモルヴィリエの僭越を非難した。そして、とても愛想よく、ル・テメレールとサン゠ポルとにはさまれて、散歩をはじめた。これには、見る人みな、唖然とせずにいられなかった。王侯軍前衛部隊の兵たちも、パリ市城門を守る衛兵たちも。

こうして、はっきりと和平が軌道に乗った。十月九日と二十九日のコンフラン条約とサン゠モール条約によって、締結された。王侯側連合軍は、それぞれに分け前を得た。王は、なかなか気前がよかったのである。ブルゴーニュは、たっぷりと恩恵にあずかった。王はブルゴーニュに、最近買い戻したばかりの、ソンム川沿いの町々を返却した上、ギーヌ伯領とブーローニュ伯領まで添えてくれた。

＊

一四六七年六月十五日、フィリップ・ル・ボンの死により、事実上摂政だったシャロレは名実ともに、ブルゴーニュ公となった。イザベル・ド・ブルボンの死で再度妻を失うことなったシャルルは、英国王エドワード四世の妹マーガレット・オブ・ヨークを結婚相手に求め、ここで、あらたな英国＝ブルゴーニュ間の盟約の可能性がひらけてきた。これはアラス条約の破棄通告前夜という状況だったのか。あらたなトロワ条約の亡霊の出現だったのか。

実のところ、情勢は緊迫していた。企図されている盟約が実現するなら、ヴァロワ王朝に対するあらたな攻撃は避けられぬこととなる。

英国においても、アラス条約以後、いろいろと重大事件があい次いでいた。ヘンリー六世とその妻、ルイ十一世のいとこに当る、マルグリット・ダンジューは失脚させられていた。ヨーク家のエドワードがランカスターにとって代わり、ヘンリーはロンドン塔に幽閉され、アンジュー出の妻は逃亡した。ランカスター家の初代プランタジネット公ジョン・オブ・ゴーントの子孫に当るシャルル・ル・テメレールは、ずっとヨークを忌避してきた。かれが血族としてこれと結ぶことを考えつくとすれば、国家的理由からやむなくという以外になかった。エドワードとシャルルが結びつくなら、これはまさしく、ルイにとって非常な脅威となるはずだった。ルイは、二人の接近を阻止しようと精一ぱいに努めたが、むだであった。一四六八年七月三日、ブリュージュで、大げさなまでの華々しさで結婚式がとり行なわれた。オリヴィエ・ド・ラ・マルシュが、その『回想録』において、その詳細を語ってくれている。だから、わたしたちも、宮廷生活について述べる際に、この年代記作者が最後の大公の治世全体にふりあてた百五十ページのうちこの結婚式のくだくだしい描写に用いた百ページを参照することとしよう。行列、宴会、槍試合、騎馬試合、劇の上演等に、このブルゴーニュの栄華の壮麗にして贅をつくした見せびらかしには何ひとつ欠

(上) シャルル・ル・テメレールの二番目の妻イザベル・ド・ブルボン (ブルボン侯女)
(下) シャルル・ル・テメレールの三番目の妻マーガレット・オブ・ヨーク(ヨーク家系イングランド王女)

けていない。オリヴィエの饒舌はゆるしてやらねばならない。歴史家であって同時に宮廷に仕える役人でもあったかれは、その上に、この忘れがたい日々の演出家でもあった。個人的な虚栄心からして、かれは、これらの儀式の輝きとその組織者たる自分の声望を高めうるものなら何ひとつはぶこうとせぬ報告を、後代の人々に伝え残すことに熱中している。

こうした歓楽の最中にも見えはじめてきている危険を前に、どうしたらよいのか。ルイ十一世は、心に問うていた。あらたな嵐の到来をはや感じとっていた。ふと、ひょっとするとすばらしい思いつき、しかし、破滅的となるやもしれぬ思いつきが浮んだ。いや、ささやきかけられた。ペロンヌ……だった。

＊

バリュー枢機卿がルイ十一世に対して、ブルゴーニュ公に会いにペロンヌへ行くようにと提案したとか、しなかったとかされているが、確かな事実としては、枢機卿がすべてを準備し、すべてを手配したのにもかかわらず、筋書通りにことが運ばなかったために枢機卿失脚の原因になったということなのである。

王は、あらたに諸侯間の提携が画策されているらしいのを感じていた。ノルマンディはいったんシャルル・ド・フランスに与えられていたのに、エドワード四世と内通しているとのかどで、召し上げられた。突進公がエドワード四世の義兄弟となったにしても、軍事的にヨーク家の英国と結ぶことは、どんなことがあろうとも避けさせねばならなかった。そのためにまず直接的な交渉が行なわれることとなる。ルイは、自分の説得力に絶対の自信を抱いていた。会談の用意がととのえられる。

王は、ノワイヨンにいた。そしてアムへと赴く。サン＝ポル伯の城があるところだ。一四六八年十月九日、狩猟の会の名目で、ルイ十一世は馬を駆って、ペロンヌへと真直ぐに向かう。王と一しょに五十人ほどの騎士たちも馬を走らせる。その中には、王の兄弟リヨンの司教＝枢機卿、ブルボン公、またサン＝ポルその人の姿もある。

ブルゴーニュ公は、王の接近を知らされると、「十分な供廻りを引き連れて」、ペロンヌを出る。元首を、自分の都市、最近修復の成ったばかりの重要なこの要害の地へと案内する。「城の近くに、美しい邸宅を持つ」市の収入役の家に宿舎をあてがう。というのも、城それ自体は、貧弱な本館の上に塔が一つ立っているだけのものにすぎなかったから。

その場にいたコミーヌの、じきじきの、委曲をつくした見聞にさらに聞き入ってみよう。ともかくもその出来事を細大もらさず報告しておこうとする。それが自分のあわれな職務上の責務であるかのように。それにしても、よくやってくれたものである。

王が収入役の快適な家に落ちつくとすぐに、ブルゴーニュの一隊がやってきた。王の義兄弟フィリップ・ド・ブレスが、ブルゴーニュ元帥と共に先頭に立っていた。士官たちは、これ見よがしに胸の上に、かの有名な聖アンデレの十字架のしるしをつけていた。すべての者が、城壁のまわりに宿営した。王は、隊長らの中に、自分への服務を捨ててきた者たち――アントワーヌ・ド・ローとか、ポンセ・ド・リヴィエールとか――がいるのを認めた。ルイは、心穏やかではなかった。しかし、この場合は、ブルゴーニュ公をたらしこむためには、信頼感を持たせておくのが得策であったから、周囲の状況からかもし出されてくる不安をおし殺し、「兄弟」に対して、城へ泊めてくれるように頼む。これは、ルイ十一世に関してもっともうちこんだ歴史をものにしたひとり、ピエール・シャンピヨンも言っているように、「狐はみずから、狼の口の中へ飛びこもうとする」ことだったのである。コミーヌも、この言い方を知っていたら、よろこんでその通りと同意の署名をしたことだろう。

要するに、ルイ十一世は、きわめて鄭重な歓迎と扱いを受けたので、あとはただ自分の所期の目的を貫くためにどううまく運ぶかにかかっているだけだとついつい信じこんでしまった。兄弟とマーガレット・オブ・ヨークの夫は、別のものと考えなければならない。議論の筋書きはでき上っていた。フィリップ・ル・ボンの息子の心理は十分に知りつくしていたから、心の琴線をゆさぶることはできるはず。

しかし、このとき突然、苦心して組み上げた足場が、がらがらと崩れ落ちる。リエージュが反乱の渦中にあり、「王さま万歳」の叫びをあげて一斉に蜂起したという知らせが、ペロンヌにとどくのである。

何が起ったのか。

*

フィリップ・ル・ボンがリエージュのサン＝ランベール司教座聖堂参事会に、自分の甥ルイ・ド・ブルボンを、主司教の肩書で押し込もうとした経緯は、先にも見てきた。老大公は、いっさいの反抗を力ずくでおしつぶし、コミーヌその人も「美食と歓楽にあけくれ、何が善か悪かの判断もよくできぬ」と評している、十七歳の若い聖職者をこの地位にすえることに成功した。絶対主義体制を阻もうとするいっさいの試みは失敗に帰していた。「生粋のリエージュびと」らが、秘密裡にシャルル六世の支持を得て陰謀を企んだがむだに終った。首領にラエス・ファン・ヘーレスをかつぎ出し、先にガヴールの戦い後にガンの追放者らが選びとった「緑の幕舎の仲間たち」の名をいただいたが、むだであった。この点では、いぜん先王の政策を継続していたルイ十一世は、コンフラン条約以後も、フィリップ・ル・ボンの名で行動するシャロレが思いのままに怨みつらみを晴らすのを放置しておくほかはなかった。シャロレは、その時点ではほとんど何も知らぬままに、一四六六年八月、旅の最中に、ディナンの町の大火に際会する破目になった。次の年、シャルル・

ル・テメレールは、ブルゴーニュ公となり、一四六七年十月二十八日ブルステムでリエージュの民兵を壊滅させ、十一月二十八日、敗者に対して、いっさいの自由を剝奪し、慣習法を廃止してローマ法をもって代えるまでにいたる和平案を押しつけた。自主独立のシンボルであったリエージュの石段は、ブリュージュへと持ち去られ、戦利品としてそのブールス広場の飾りとなった。大公は、その冷徹厳格な気質を完全に発揮して、シャストランの言ったように、反抗する者には「王者のひげづらの威容」を見せつけようとし、なんの手加減もなく勝者の利をほしいままにした。追われていた司教ルイ・ド・ブルボンは、一四六八年四月三十日に帰還し、統治の任を、ブルゴーニュ人アンベルクールにゆだねることとした。実際上、リエージュ大公国の併合にもひとしいこととなった。

こうして、リエージュの城壁が破壊者らのふるう鶴嘴《つるはし》の下でくずれ落ち、大公が要求する金貨十二万枚の罰金をととのえるため税金額は六倍とされる一方で、司教は、司教館の正面入口から視界をさえぎる露店群を一掃させ、歌舞音曲にうつつをぬかし、ムーズ川での舟遊び用としてレジャー用ヨットを註文したりしていた。

ところで、ルイ十一世は、いぜん地下工作を続けていて、リエージュでの反ブルゴーニュ感情が高まれば高まるほど、これをうまく利用して、適当な時機に大公の権力にいわば背面攻撃をしかけるのが得策と見定め、あらたな反乱を煽り立てるべく何人もの密使を派遣していた。そうすることで、強力な政治を敷いて他の封建諸侯に自分の力を知らしめて、コンフランやサン゠モールでの譲歩を事実上撤回させるように仕向ける一方、ル・テメレールを自国領内にしばりつけておくことができそうだったからである。

王の密使らの努力は、どうやらルイの見込みよりも早く成功にみちびき、一四六八年の騒乱がひきおこされることとなった。こうしてまきおこった「王さま万歳」の叫びこそはあらたな蜂起をきわだたせるしるしとなったのだが、不幸なことにそれは王がペロンヌにいた時期と一致したのだった。

なるほど、フィリップ・ド・コミーヌは、この時期的な一致を単なる物忘れということで説明している。「王はペロンヌへ来られたとき、ご自分がリエージュをくだんの大公にそむかせるため、そこへ使者を派遣していたことをすっかり忘れておられた」と。この説明は、ルイ十一世がコミーヌに教えこんだものなのだろうか。それとも、コミーヌは、他の理由をさがすのが面倒なために、自分で勝手に考え出したのだろうか。事実は、もっと複雑で微妙であったのにちがいない。王は、事柄の運びがうまく行くようにと按配しておいたのに、それが次々と裏目に出て、本来リエージュでの騒動はもう少しあとに起るはずだったのだと考えることができる。突如として、ルイ十一世は、リエージュ司教公国における武装革命の主謀者として、――ときもとき、同公国じきじきの元首の客となっていて、その上、この元首が愛想よく、城内のわがかたわらに泊めてくれているまさにそのときに――告発されることとなったのだった。

さて、このたびのリエージュの蜂起は非常に深刻であった。二千を数える民兵がトングルを占領し、そこにいたリエージュ司教を捕え、コミーヌの言によると、「この愚かな民衆どもは、自分たちのお殿さまをつかまえて、非常に楽しそう」だった。ペロンヌには、事件の経過をめぐって次々と、ニュース、――それも正確なニュース、でっち上げのニュース、しかしいずれも危急を告げるニュース――をたずさえた使者が殺到した。「ある者は、全員が死んだと告げ、別な者は全然逆を告げた」。少くとも、この暴動における王の責任は確かとなった。「王の使者ども」が、反乱者とぐるになっているのを見たという証言がなされはしなかっただろうか。「こういうことすべてが大公に告げられ、大公は直ちにこれを信じ、非常な怒りを発し、王は、自分をあざむくために来たのだと言った」。悲劇であった。シャルル・ル・テメレールは、衝動的な激しい人間だったから、たちまち怒りにわれを忘れた。ということは、これほどまでの激怒の発作におそわれた以上は、どこまで極端に走って行くか知れたものではないということになる。

かれがまず考えたことは、――証言はコミーヌ――町の門も城の門も閉めさせることであった。この命令を正当化するため、「あまりよくない理由」を持ち出した。「上等の指環と金」が入っていた「箱」が無くなったと言いふらしたのである。王は突然、外出禁止をくらった。城――「とてもちっぽけ」だった――から、外に出ることができなくなった。大公の命で、「門には、大勢の弓手」が配備された。禁錮も同然だった。辛うじて取りつくろわれていたものの、牢に入れられたにひとしかった。ルイ十一世は、「怖気づかぬ」わけはなかった。つまり、こわくないわけはなかった。ふと、むかしの出来事を思い出して、不安は一そうつのった。自分が「先祖のフランス王がヴェルマンドワ伯に殺されたあの巨塔と、ほとんど同じ所に入れられているのがわかった」のである。九二九年のシャルル単純王の運命（捕えられて死んだのだが、病死であって、伝えられているように、殺されたのではない）を、ルイ十一世もわが運命とすることになるのか。

コミーヌは当時、シャルル・ル・テメレールの侍従であった。主君に対しても、非常になれなれしくしていた。フィリップ・ル・ボンの高級召使いの子であって、亡き大公の継承者にも例外的な信用を得ていた。歴史家とその主君とがこういう親しい関係にあったからこの物語をここまで精確に細部まで描き出せる理由も納得できるのだが、それだけでなく、歴史家その人がこの微妙な状況にあって、暗黙裡に決定的な役割を演じようとしていたこともうかがえるというものである。

大公は配下の者に対し、王が「自分を裏切るために、ここへ来たのだ」と、ずばりと言い切った。リエージュからもたらされたニュースを伝え、すべてを王の責任であると説明した。かれは、「王に対して、兇暴な態度をあらわし、王に強い脅迫を加えた」。たちまち、この捕われびとに対し、何か不吉な処分がなされるのではないかとの噂がとび、その噂は、「おびえきった王のいる部屋にまで」とどいた。

まさしくこの時、王のいた状況は、悲劇的であった。王は、自分のもっとも強力な封臣、フランス封建諸侯のかしらに当る者が、自分に対しはっきりと確かな不満の種を抱いている時期に、その者に生殺与奪の権をにぎられているのを感じていた。リエージュでの狼藉に加え、コンフラン条約とサン＝モール条約の不履行、ノルマンディの奪回、その他、一四六五年このかた、「公益」戦争のときにこうむった屈辱を回復しようとする王の意志をむき出しにした行為、行動が重なっていた。

しかし、ブルゴーニュ公にあっては、怒りが政治意識に先立つ。とはいえ、どんな怒りも、やがては鎮まる。「最初の日は、町中に恐怖が走り、ささやきが交わされた。次の日、大公どのは、いくらか冷静になられた」。コミーヌはこれ以上何も言っていない。ちゃんと聞きとったのである。主人を知りつくしていた。最初の怒りの発作をおし殺さねば、ほんのわずかな事実を認めただけで狂気の爆発となることを知っていた。会議が持たれた。いくつかの解決策が検討された。ある者は、王は「迅速に、あれこれ勿体をつけずに」幽閉されるべしと主張した。また、王の弟シャルル・ド・フランスを呼び、「フランスの全諸侯に益のある和平条約」が結べるように、過去の条約の見直しにかかるべきだと言う者もあった。後の方の意見が、優勢となったらしかった。ひとりの騎士が、馬に鞍をつけ、出発準備をしていた。ブルターニュへ向かうはずだった。そこに、シャルル・ド・フランスは、ノルマンディの自領を接収されたあと、避難していたのだった。使者は、ブルゴーニュ公の親書を待つばかりだった。ところが、公は考えがかわり、出発を止めるよう言ってきた。

それというのは、王が「歩み寄りをしてきた」からであると、コミーヌは言う。どうやら、このように言う人が仲介役となったのらしい。はっきりとは言っていない。かれは、職業上の秘密を守る人である。残念なことである。それにもかかわらず、王の側からの和解の申入れで、大公のふらついていた意志がふっ切れたのである。切れかかっていた糸がつながった。

城門の閉鎖から、三晩たっていた。大公は衣服を脱ぐこともしなかった。コミーヌは、部屋の中を、そのままの恰好でうろうろと歩きまわる大公の姿を描いている。ときどき、衣服をつけたまま、ベッドにからだを投げ出した。それから、不意にまた立ちあがる。そういうせかせかした動作に、神経のいらだちがよくあらわれていた。コミーヌの描写にうそいつわりがないことは、疑えない。かれは言うのだ、「わたしも、その夜は、大公の部屋で寝た。大公と一しょになんども、歩きまわった」。どういう話が交わされたかについて、いくらかでも知ることができたらいいのだが。「朝になると、以前にもましていっそう怒りは大きくなっていた」。大公の侍従でもあるこの有能な政治家の心理操作がなければ、――このおそろしい男の怒りを、ときには爆発させることもゆるしながら、なんとかなだめて行くことはできないのだった。侍従と王との間に共謀があったと信じられるふしもないではない。コミーヌは、「王には、そのことについて知らせてくれる友人がいた」とも言う。これ以上に控え目な言い方はできない。結局ともかくも、その「友人」なる者は、ルイとシャルルの双方に和解策を受け入れさせる方法を見つけたのである。ブルゴーニュの方には、いくらかの譲歩、シャルル・ド・フランスには、あらたな領土の贈与。リエージュ人を見棄てるばかりか、その懲罰にも加わるという屈辱をのむこと。こういった話題が、会談でとり上げられた。

実際、当事者双方はこのあとも接触をつづけねばならなかった。双方へ行き来しながら親切な「友人」が非公式にすべてを準備した。それにしても、会見は、とても王が望んでいたようなものではなかった。「大公は王の前へやってこられたが、そのお声は震えていた。それほどまで、感情は高ぶり、すぐにもお怒りがでそうだったのだ。外向きにはできるだけお顔色にあらわすまいとしておられたが、その仕ぐさも、お言葉も、とげとげしかった」。ルイ十一世は、問いかけられたどの質問にも「よろしいとお答えになった」。

一四六八年十月十四日付のペロンヌ協定、そしてこの協定にともなって交わされた文書によって、ブルゴーニュは、一四六五年に得ていた権益のすべてを確かなものとしたのだった。その上に、ピカルディでは新しい収入源、モルターニュの領地、アミアンの選挙人任命権、ポンチュー、ヴィムー、ボーヴェイジなど多くの新しい封臣からの臣従の礼、パリ高等法院がマコネ地方に行使している控訴権の廃棄、大公に仕える家臣らの王国防衛への個人的役務の免除等々がつけ加えられた。ことわることができただろうか。すべてに、「よろしい」と言うほかはなかった。

シャンパーニュとブリーとが、押収されたノルマンディの代償として、シャルル・ド・フランスの領地とされることとなった。さいごに王は、リエージュへの報復討伐行に、ブルゴーニュ公に同行することをも承諾した。

そしていよいよ、ムーズ川沿いのその司教公国への進軍開始である。王は、スコットランド兵、部下の何人かの軍人を連れ、大公は、自軍の一部をともない、残り部隊は麾下の元帥が率いて、全軍がこれから、独立への跳ね上りの代償を高価に支払わねばならぬ不幸な都市に向かって進む。「王も、その部下も、不平を言いながらも、みなが聖アンデレの十字架をつけた」。十月二十六日、「リエージュの連中」は、フランス＝ブルゴーニュ連合軍の到着を見た。王は、無慈悲なこの軍事行動に、すなわち、自分の密使たちを信頼するという罪をおかした人々への残虐な弾圧にくみするという屈辱をなめつくす。見境なしの殺戮、そして川への突き落とし。いたる所から焔があがり、すべてが崩れ落ちる。「倒れて行く家々から放たれてくる物音に聞き入るのは、それはそれはおそろしかった」。コミーヌはまた、教会での略奪、夜に入ってのアルデンヌへのわれ先にの逃避行、捕えられた主導者らの処刑をも描いてみせてくれている。そして、「この住民の一人残らずが、飢えと、寒さと、睡眠不足で死んだ」とつけ加える。これが、四日間にわたる英雄的戦い、激しい市街戦の結末であった。十月三十日日曜日、大公の軍は、廃墟と化した町に入った。そのとき、全ブルゴーニュにおいて大公の特別の命令により、反抗者を罰しえたことに合わせ、平和の実現を祝って、よろこびの火がたかれた。

*

ペロンヌの次の日、シャルル・ル・テメレールは、権力の絶頂に達していた。数年間は何もかも忘れてその果実に酔うていたものの心中を責めさいなむ野心に焦がれ、フィリップ・ル・ボンと同世代の人々をともかく驚嘆させていたこの平安の大事さを知らず、またた、不安な想像をたくましゅうして、自分が今持っているものよりも、自分に欠けているものの方に思いをはせていた。広大なロタリンギア、過去の全ブルゴーニュを包括する大ブルゴーニュが、四代の大公の目に、ちらついていた。なるほど、この先新たにいくつかの益多い領地を加えて行けば、ブルゴーニュはさらに伸びて行けるかもしれない。しかし、限度をわきまえられぬこの野心のかなたにははや、おそろしいその結果が見えてきていたのである。

フィリップ・ル・アルディ以来、ブルゴーニュの触手がアルザスの方へと方角を向けるのがあらわになってきていた。フィリップ・ル・ボンが自分を叔母カトリーヌの権利の推定相続人にした経緯は、先にも見てきた。一四六九年、この歩みをさらに先へと進める非常によいチャンスがおとずれた。スイス諸州と紛争中だったオーストリア＝チロルのジギスムントが、シャルル・ル・テメレールとの同盟を求めてきたのである。それを得るため、五月には、サン＝トメール条約をかれと結んだ。この条約の取り決めによると、ジギスムントは、金と引きかえに、アルザス、シュンドゴー、フェレット伯領（プフィルト）をブルゴーニュ公家に与えることを約束していた。オーストリア・ハプスブルク家は代々ずっと貧乏だったためもあり、いったん与えた土地の買い戻しはまずありえないことが保証されているとみてよかった。

これらの領土の併合は、重要な意味を持っていた。ブルゴーニュの所領とネーデルラントとの連絡交通が容易になるという、貴重な便益があった。さらに、サン＝トメール条約によって、特別に広い展望が開けることとなったのである。それは、ハプスブルク家とヴァロワ＝ブルゴーニュを結びつけることで、まさにマリー・ド・ブルゴーニュとマクシミリアン、すなわち、カール五世の祖父となるはずのこの人との将来の結婚を準備することになったからである。

マリー・ド・ブルゴーニュは、一四五七年二月十三日に生まれ、シャルル・ル・テメレールのひとり娘であって、そのむかしの先祖マルグリット・ド・フランドルにまさるとも劣らぬ豊かな富を継ぐはずの人であった。ピレンヌも書いたように、「マリー・ド・ブルゴーニュの七回に及ぶ婚約は、十五世紀外交史のもっとも興味深い一章となるであろう。あるいは英国人、あるいはフランス人、あるいはオーストリア人と、ずらりと居並ぶ彼女への求婚者の列に、彼女の父親なる人の企図と同盟関係の多彩さが見てとれる(8)」。

皇帝フリードリヒ三世の子マクシミリアンとの結婚を目的とする最初の談合は、サン＝トメール条約にすぐ続いてなんどか行なわれた。既に実現しているシャルル・ル・テメレールとマーガレット・オブ・ヨークの結婚を補完するものとしてのこの企てには、ルイ十一世にしてみればいろいろと考えなければならぬ性質のものであった。ブルゴーニュ家は、ヨークの英国とならんで、ドイツ帝国の支えをも得て、真におそるべき存在になろうとしていた。ヴァロワ朝フランス王国の横腹に形作られ、以上の同盟の支持を得たブルゴーニュ国は、以後、百合の花の安全をおびやかす存在になろうとしていた。

なるほど、突進公の心変りによって、ドイツ＝ブルゴーニュ間を結ぶ計画が、まったく違った結合にとって代わられたのは事実である。こんどは、マリーを、ルイ十一世の弟シャルル・ド・フランスと一しょにさせ、ルイ十一世に対立させようとの計画だった。

ペロンヌで、シャンパーニュとブリーのシャルル・ド・フランスへの帰属を求めた大公はシャルルを自分の監督下におくことをもくろんでいた。そうすることでシャルルがあらたに得る領地——ブルゴーニュの土地とつながっていた——は事実上、蔽われた形で公国の拡張となるはずだったからである。

ルイ十一世はこの危険を、なかなか巧妙な仕方で防ぐことを考えた。パリへ帰る前、突進公と別れる前に、ペロンヌではともかく肩を組んだこの男に対して、罠のある問いを放った。コミーヌが、それを記録しておいた。「もし、ブルゴーニュにいる余の弟がたまたま、そちへの愛ゆえにわたしが与えたあの分け前に満足せなんだとしたら、余はどうしたものだろうか」。大公は、いきなり、なんの考えもなしに、こう答えた。「もし、弟殿があれをお取りにならず、陛下の方は弟殿に満足させたいとおぼしめしなら、どうするかは、お二人におまかせしましょう」と。ルイは、シャルル・ド・フランスがシャンパーニュとブリーのかわりにギュイエンヌをもらってしまっていたからそのようにふるまったのだった。災いは少い。しかし、危険は同じだ。シャルル・ド・ギュイエンヌがマリー・ド・ブルゴーニュと結婚することになれば、英国＝ブルゴーニュの結託という亡霊は、いよいよおそるべきものとなるはず。

マリー・ド・ブルゴーニュ。シャルル・ル・テメレールの娘で、マクシミリアン１世の妻となった

　この危険を、ルイ十一世はペロンヌで解決したと思いこんでいた。ところが、いっそう一触即発のものにしただけだった。反フランス連合が

結成されつつあった。ルイ十一世は、カタロニアで危険な賭けに出ようとしていたアンジュー家を支持しつつ、これに対し、非常に有能な外交官、アラゴンのファン二世——英国やブルゴーニュと結んでいた——をさし向けた。(9) まぎれもない三国同盟があらわになっていた。ファン二世、エドワード四世、シャルル・ル・テメレールは、脅威の盟約で結ばれていた。この結束の堅いグループに対抗して、附随的な動きがいくつも起り、ブルターニュ始め、フランス各地の諸侯の団結が生じていた。地平線にははや、あらたに「公益」のための旗印をもかざしての奇妙な戦争のきざしがあらわれていた。ファン二世は、一四六九年十月十七日バリャドリッドで、息子カトリック王フェルディナンドを、カスティーリャの継承者イサベールと結婚させた。環が広がった。ルイ十一世は、仲間たちに引きずりこまれるまま、エドワードが戦争への坂道をころがり落ちようとするのを制止しようと手をつくしていたが、うまく行かなかった。ヨーク家を王座へのせた、「王さま作りの名人」ウォリック伯を動かせば、なんとか成功すると思っていた。ところが、ニヴィル一族の長のウォリックは、女王の親族のウッドヴィル家——その長が、エドワードの義兄弟リヴァーズ卿だった——と衝突してしまった。百年戦争の亡霊が、地平線に再びあらわれた。あの大戦は終了したわけではなかった。シャルル七世は、何もかもを取り決めておいたわけではなかった。前代において、この英仏間の一大決闘の終りをはっきりと示す和平条約はまったく締結されていなかった。ルイ十一世の代になっても、この長い戦いの最終局面の展開が見られることとなる。

英国＝ブルゴーニュの結託を打破するため、ルイは、反撃に出た。エドワードを王位からおろし、ヘンリー六世をロンドンに返り咲かせること、これが、あらわとなった大胆な方策だった。

ウォリックは、エドワードと衝突し、フランスに逃れた。ルイ十一世はこれを迎え入れ、マルグリット・ダンジューとも和解させ、英国への派遣軍の資金を支出した。ウォリックは再び、英仏海峡を渡って、上陸作戦を敢行する。エドワードは不意を打たれ、海上をホラントへ逃げる。そこで、「王さま作りの名人」は、ロンドンの主人となり、ヘンリー六世を牢獄から出して、一四七〇年十月六日、王座へと戻す。これではフランスに対する英国＝ブルゴーニュの結託どころか、ブルゴーニュに対抗してフランスと英国が同盟したとも見えてくるではないか。

こんなふうに舞台背景が一変したということもあって、シャルル・ル・テメレールも、ここはともかく、慎重に行動せねばと感じていた。エドワードが引退したゼーラントのミデルブルクで凍えているのをこれ見よがしに放置しておいて、復位したヘンリーを認めた。そして、英国の諸侯あてに文書を送った。「おお、わが友なる諸君……わたしは、英国王室の紛争において、自分がいつも除け者にされているのに抗議する……聖ジョージは知っていてくださる……このわたしが……諸君たちよりも上質の英国人であることを」。そして、このエドワード・オブ・ヨークの義兄弟は、ことのついでに思い出しておくのだ。「ランカスターの血から、わたしはまぬがれている」ことを。母イザベル公妃は、ジョン・オブ・ゴーントの流れを引いていなかったのだろうか。

しかし、ルイ十一世は、なおも攻め進む。英国でのランカスター朝の再興から、英仏共同での徹底して反ブルゴーニュ的な行動を引き出そうとはかる。フランス側の一使節が、この妙案をさらに練り上げるべく、英仏海峡を渡る。戦争になったら、ブルゴーニュ国の破壊にまでおし進めること。戦利品は山分けにすること。ネーデルラントは、勝利ののちの分配にあったり、英国の取り分となること、など。

突然、予期せぬニュースが、落雷のように大陸にとどく。エドワード四世が、ゼーラントの避難地を出たというのである。そして、英国の地に上陸したというのである。シャルル・ル・テメレールは、当初は躊躇していたものの、中立はなんの効もないこと、自分は妻の兄弟を支持すべきであることをさとった。ひそかに、兄弟の報復戦に必要な艦船と金を送りとどけさせた。エドワードは、戦いを再開する。ウォリックは打たれ、一四七一年四月十四日、バーネットで殺された。五月四日には、チューケスベリーで、マルグリット・ダンジューの子、エドワード・オブ・ランカスターが殺された。マルグリット自身も捕われの身となった。ヘンリー六世は、またもやロンドン塔へ送りこまれて、エドワードが再び、英国王となった。

今は、大事の前夜である。エドワード四世とシャルル・ル・テメレールは、再び一四六八—六九年の絆を固める。一四七一年十一月一日、サン＝トメールの条約により、アラゴン、ブルゴーニュ、ナポリは、三国同盟を結ぶ。アラゴン王フアン二世は、既に英国王もそうであったように、金羊毛騎士団の一員となった。こうして、フランスへの英国の侵攻、百年戦争の再開が、巷で取沙汰されるようになる。どこでもかしこでも、同時代の人々はおそろしいばかりな国際的騒乱になりそうだと感じていた。ミラノの大使ベッティーニも書いているように「苛烈で、恐怖の戦争」となりそうだった。エドワード四世は、ヘンリー五世の再来となるのではないか。

しかしながら、英国は、十分時間をかけて戦力をととのえないうちは、闘技に加わらないのがならわしだった。コミーヌ自身も、議会政治の国は、てきぱきと事を進めることがないと指摘している。

突進公の方では、いらいらと待ちこがれていた。仲間たちの準備ができるのを待つだけの知恵はなかった。不意の攻撃をしかけて、エドワード四世とウェストミンスターを本拠とする議会をむりにも動かすことを考えていた。ギュイエンヌ公、マリー・ド・ブルゴーニュの婚約者であったシャルル・ド・フランスが、一四七二年五月二十八日に息を引きとるという出来事があり、この死は自然死だったのに、暗殺ときめつけられた。毒をもられたとのうわさが飛び、ルイ十一世が仕組んだとされた。このうわさは本気で受けとめられ、シャルル・ル・テメレールは、非難の声明を発し、武器を取った。アラスに自軍を集め、発効中の休戦協定の期限切れを利して、ヴェルマンドワに侵入した。残虐きわまる戦争となった。みな殺し、総しばり首だった。ロワイユーは火災となった。ボーヴェ包囲戦は、一四七二年のブルゴーニュ戦争を、もっとも特徴づけるエピソードである。大公がくりひろげてみせる残酷さは、相手方の意気をくじくどころか、かえって怒りをかきたて、奮い立たせた。ボーヴェは抵抗し、ジャンヌ・アシェット——実の名は、ジャンヌ・レーネー——の伝説は、城内を守る人々の勇敢さのシンボルだった。城中の女性たちみなが、立派にその例にならった。

ボーヴェを前にしての失敗、王の臣下たちの動ぜぬさま、いまだ時が来ぬとの理由での同盟者たちの無行動——そうした理由が重なって、さすがの大公も、一四七三年初めには一時武器をおさめることを承諾せねばならなくなる。

もっとも、それは、大公の目には、一時の休止にすぎなかった。シャルル・ル・テメレールは、心中に、現に統治するブルゴーニュ国よりずっと広く、さらに圧倒的な国家を夢みていた。フィリップ・ル・ボンの受けられなかった王冠が、その子からのがれることはありえないのだ。そして、その王冠がさし出されるときが来た。

皇帝フリードリヒ三世は、ブルゴーニュとハンガリー王マーチャーシュ一世とからはさみ打ちにされるのをおそれ、大公を友人として持つことの方を選び、フィリップ・ル・ボン当時の策謀をまたもや持ち出して、公領を王国に格上げする案を再び提案してきた。皇帝からのこの提案が、トレーヴを舞台とする一幕の喜劇の題材となるはずである。

＊

ブルゴーニュ公は、提案されてきたそのままの趣旨においては、これをはねつけたが、対話はつづけていた。父親もそうしたように。そして、三代目大公が失敗したところで、自分は成功するのだと期していた。

そのチャンスを一そう増やすために、北方での優位をさらに高めようとした。ヘルダーラント公アルヌールとその子、アドルフ・ファン・エフモントとの間に介入して、比類のない兇暴な行動をあえてし、息子を牢に閉じこめ、父親には自分の意志を押しつけ、一四七二年十二月三十日、ブリュージュ条約により、アルヌールの財産継承という名目で、ヘルダーラントとジュトヘンをむりやりに譲渡させた。

フリードリヒは、自分の封臣のこうした不意打ちにショックを受け、今はもっと鷹揚なところを見せる方が賢明と判断した。(10) 間もなく、一段と実質的な計画が編み出されてきた。マクシミリアンとマリー・ド・ブルゴーニュとを結婚させるという案に舞い戻ることとなったのである。マリーの父は、マクシミリアンの父からローマ人の王の肩書きと皇帝の冠の約束を受けることとなる。ふたりの王侯の間でトリーアの会見が行なわれ、一切を取り決めることとなる。

そうこうしている間に、一四七三年七月二十七日、ロレーヌ公ニコラの突然の死が起った。すぐさま、ブルゴーニュ公は赤裸な野心をはっきりとあらわにした。すなわち、ロレーヌ公領に手をつけること、ロタリンギアのみならず、できればプロヴァンスをも含むむかしのブルグンディアをも包みこむ一大国家の主となり、ロテールとゴンドボーの双方の思い出のすべてを今によみがえらせること。アンジュー公にしてプロヴァンス伯ルネの遺産をだましとり、うまうまとプロヴァンスにも権利請求権を持つように仕向ける策略が、地下でふくらんで行った。五世紀のあの時と同じに、ブルゴーニュの港マルセイユが再現する日がくるのだろうか。少くとも、どう呼んでいいかわからないというので、「西ヨーロッパの大公」とか、「ポナンの大公」とか呼びなされていた人の脳裡に、長い間ぼんやりと浮ぶだけだった王者の夢想が今はまったく驚くばかり鮮かに花開きつつあった。

一四七三年九月二十日、フリードリヒ三世は、トリーアに到着した。双方とも、会見の理由として、マリーとマクシミリアンの婚約をかかげていた。皇帝側の供奉の者は、大公の眩いばかりに豪奢ないで立ちに比べるとまことに貧弱だった。大公は、皇帝到着の次の日、フィナーレを飾って、会見場所に来た。フリードリヒが、客人を迎えに出た。シャルルは、皇帝が近づくのを見ると、馬を降り、ひざを折って、あいさつをした。二人の王侯は、くつわを並べて、民衆の大群が熱烈に歓迎する中を、この古い町へと入城行進をした。相互に儀礼訪問ののち、サン＝マクシマン修道院で、盛大な会議が開かれた。双方の大書記官の演説が賑々しく行なわれた。帝国側は、マイエンツ大司教、ブルゴーニュ側は、ギヨーム・ユゴネ。

ブルゴーニュとフランスの間の平和を再び確立し、トルコ人に対する十字軍を組織することが、交渉の表向きの目的だった。十字軍において全ヨーロッパ騎士団を指揮するのは、大公のよろこびだった。たえず夢想していたのは、そのことだった。だが、当面の目論見はそこにはなかった。秘密会談での真の関心は、別のところにあった。すなわち、会談は、すぐにも公国を王国に格上げすることをめぐって展開していた。

さて、話が進むにつれ、大公の野望はふくらんで行った(11)。なにしろ身の程知らずの要求であったため、一時は、うまく行くかに見えても、めぐってきたせっかくの機会もことごとく期待外れに終った。それにおそらく、ルイ十一世のひそかな、巧妙な策謀もあって失敗へとみちびく原因になった。どうすればいいかとあれこれ論じ合い、悩んでいたところで、はかが行かない、それに突然フリードリヒが、おじけづいた。いちばんぶざまな形で、逃げを打った。

十一月二十四日から翌二十五日への夜間に、皇帝は、トリーアを離れた。客人には、自分の出発を予め知らせておかなかった。借金も払わずに立ち去ったのである。霧にけむるラインの川波の上を、舟を漕がせて遠くへと去ったのである。

突進公は、今度こそは、自分の事業の成功を間違いなしと信じていた。一切を準備してもいた。王座、戴冠式の衣裳、こうした場合にブルゴーニュ流の、豪華な儀式に要求される一切を。十一月の失望の味は苦かった。しかしながら、これしきのことで、元首の称号をねらってやまぬこの男の執着心がいささかなりとなえるわけはなかった。以前にもまして激しく、「王国をひねり出す」ことを始めた。だから、かれの銘句、「余はそれを試みた」の意味は、明快である。

一四七四年一月二十三日、シャルルは、ディジョンへの入城式をした。ディジョンには、権力の座にすわって以来、儀式ばって入城したことはなかった。フィリップ・ル・ボンの子はこの機会をとらえて、公然と、かつてどこにおいてもしなかったほどにきっぱりと、野心的なおのが計画、おのが大望を言い表わした。今日、市庁舎の大階段がある場所で述べた演説の中で、まわりで聞き入る人々にむかい、「古いブルゴーニュ王国、フランス人に久しく簒奪されたままになっており、公爵領とかえられた王国、家臣たる者のすべてが哀惜を寄せねばならぬ王国」のことを思い起させた。(12)

迫ってくる大戦争の前夜にあって、意味深重な言葉であり、真の信仰告白である。この鳴りわたる宣言を通して、ロタリンギアのまったき回復の決心を見てとるのはやさしく、ここにブルゴーニュ家の目標が形をとり、華々しい実現まであと一歩まで来たと見えた。

フリードリヒは、おそらくルイ十一世とひそかに打ち合わせた上で、トリーアで逃げを打ってしまったのだったが、エドワード四世の大胆な義兄弟（シャルル・ル・テメレール）が、ジャン・サン・プールやフィリップ・ル・ボンの時代と同じ攻撃同盟を再び英国との間に結び、これを利用して最終的な勝利を占めることがあったとしたら、これと組んでいるかぎり皇帝にはもはや、なんら逃げ口上はなくなってしまったに違いない。ジャン・サン・プールとヘンリー五世も生きていたら、そうしたに決まっている。百年戦争は、ヨーク家とブルゴーニュの利益のために終るはずのものに決まっていたのだから。

第9章　歴史家と作家たち

歴代ブルゴーニュ公の側近では、豊かで華々しい歴史編纂事業が花ざかりだった。大公たち自身が、それを望んだし、そのために力も尽した。専門の歴史家を金を払って雇っていた。シャルル七世の歴史家ボークール侯が「歴史はブルゴーニュ史となってしまった」と言ったぐらいである。それほどまで、大公宮廷の庇護下で花咲いていた年代記作者や回想録作者たちは、当代のもろもろの出来事の証言を記す数多くの、あちこちにいる作家たちの中でも特に大きい場所を占めていたのである。

ピカルディの人アンゲラン・ド・モンストルレが、その『年代記』により、一連の作家たちの先頭を切る[1]。かれの『年代記』は、一四〇〇年から一四四四年に及ぶもので、フロワサールの続篇であろうとした二巻をも含む。しかし、このブルゴーニュの作家が、十五世紀のだれより輝かしい年代記作者（フロワサール）の後継ぎであるにしても、かれの才能はとても先生とは比較にならない。かれの物語はなかなか有用ではあるが、語り口に生彩がない。語り手その人が、凡庸な精神の持主であることを暴露している。「誠実で、穏やかな人」

と、かれの死を記録したカンブレの死亡者名簿は、そのように形容する。短いが、そのものずばりの追悼文である。アンゲランは、自分の属する世代の悩みの種であった争いごとの渦中にありながら、巻き添えになるまいとするのを第一の努力目標としてきた。むろん、かれの意見はブルゴーニュのそれと一致する。これ以上なくはっきりとそうだと言ってよい。しかし、問題が手のつけようもなく厄介となったときには、余りにそれに固執することは避けた。もしもの場合には、必要以上にそれを言い張るよりはむしろ、何も言わぬことの方を選んだ。ジャンヌ・ダルクの一件のとき、フィリップ・ル・ボンとこのヒロインと会見の場に臨席しながら、かれらの間に交わされた話をまったく伝えようとせず、その口実として記憶にないという逃げをうった次第は、先にも指摘しておいたところではなかったか。モンストルレの作品として、興味少なしとせぬ第三巻めをつけ加える人もあるが、第一巻、第二巻の作者と同じ作者のものとはとても思えない。今までのところ、この生彩を欠く付録がだれの手によって書かれたかはつきとめられていない。

本当にモンストルレの続篇を作った人というなら、それはこの氏名不詳の人ではなく、はっきりとその名も明らかな、マチュー・デスクーシーその人である。モンストルレと同様にピカルディ人で一四四四年から一四六一年にかけ、モンストルレを追いつめた。その才能は――ミシュレも、一四四四年八月二十六日、王太子ルイがスイス軍に勝ったサン＝ジャックの戦いの叙述に関して、讃辞を呈している――さいわいにも、先輩モンストルレの文才の凡庸さに比べて隔絶していた。かれの語り方には、生命があった。マチューの各ページには、中間的位置にあるモンストルレを通り越して、フロワサールの息吹きが流れているようだと言ってはいけないだろうか。

以上二人と並んで、多くの貴重な情報がくみ出せるという点で、良心の作家ピエール・ド・フェナン、金羊毛騎士団の紋章師範、すぐれた紋章学者ル・フェーヴル・ド・サン＝レミ、著書の題名として『古英国年代記』を採用した、多産のジャン・ド・ヴァヴランなどの名もあげておこう。そして一時もはやく、ブルゴーニュ修史官中の偉大な名にたどりつこうではないか。

そのすべての名の中で、異論なく、もっとも代表的な名は、栄光輝くジョルジュ・シャストランである(2)。オリヴィエ・ド・ラ・マルシュ——その人の名は、すぐ後に引き続いてあげたいと思うが——は、シャストランのうちに「全修史官の真珠また星」を見てとることをおそれなかった。ロベルテも、これに異論をとなえず、かれのうちに「光り輝く星」を見てたたえ、古代人と肩を並べさせ、近代人のかしらの位置にすえた。

しかし、今生きている者たちみなに、まさしく、ジョルジュは立ちまさる。

人呼んで「偉大なジョルジュ」としてきたその人は、一四一五年、「アールスト皇帝伯領」に生まれた。一四七五年に七十歳で死んだとしている墓碑銘の写しを信じて、生まれ年を一四〇五年としてきたのが間違いであることは確かである――死んだ時、六十歳を過ぎていなかったはずである（最近の伝記でリュク・オメル氏の証明した通りである）。シャストラン自身が語っているように、七歳の時、「幼稚な学校」に入れられ、まず「主の祈り」から勉強を始めた。まだ年も若いのに、一四三〇年には、ルーヴェン――フィリップ・ル・ボンにより、一四二六年に創設されたルーヴェン大学の学生になっていた。しかし、どのように推測してみたところで、「マスター・オブ・アーツ」の学位を得たとは思われないし、ついにそんな学位は持たずに終った。書物による教養を、なんどもの旅によって補った。かれのあだ名「冒険家のジョルジュ」は、多分そこから来ている。ただし、この呼び名が、一四三五年から四六年にかけ、フランスに仕えて英国との戦争に加わったことと関連しているなら、別である。

既に、一四三四年に「侍従」として大公に仕えていて、一四四六年ブルゴーニュ宮廷に帰り咲き、以後ずっと、そこを離れなかった。その時、食糧調達官＝侍従となった。いくつもの外交的任務を委ねられ、肉切り役、酌人、相談役といった肩書を与えられた。軍人にして外交官、宮廷人であった。幾種類もの手当を支給されていて、種々さまざまの要務をこなし、さいごに、終身職として、公家の修史編纂官ないし記録官の官職を与えられた。一四五五年六月二十五日、ルーヴァンで交付されたフィリップ公の署名入りの開封勅書により、かれに対し、年間六五七リーヴル一六ソルを支給し、「本人が専門とし、熟知している、めずらしい、精神的出来事を記録にとどめ、以前に起ったことのみならず、現に起りつつあり、また将来に何度も起り得る、記憶にあたいする顕著な事実を年代記の形にととのえる」役目を与える旨が告げられた。さらに加えて、ヴァランシェンヌのサル＝ル＝コント公邸内に「住居」も与えられた。以後、この住居を離れることは、ほとんどなかった（幾度か、任務を委託されたときを別として）。ひたすら文筆の仕事に没頭していたからである。ことに、あの記念碑的な年代記の仕事に。それは、完成すると、二つ折版《フォリオ》で一万丁《ちょう》をくだらぬものとなるはずだった。

かれが、この大部の作品の序言を書いたのは、一四五三年のトルコ軍によるコンスタンティノープル攻略の少し後であった。第二巻は、一四六五年頃の作と見られるが、のちに手が加えられた。

一四六七年にフィリップ・ル・ボンが死に、歴史編纂の仕事に打ち込むことを可能としてくれていた保護の手が取り去られたとき、既に年代記の執筆はだいぶ進んでいた。さいわいなことに後を継いだシャルル・ル・テメレールも、この忠実で勤勉な調査官のため前任者が作った職務をそのまま残してくれた。それ以上のことまでしてくれたのだった。すなわち、一四七三年五月二日、ヴァランシェンヌで開かれた会議で、金羊毛騎士団付歴史編纂官に任命され、騎士団の「記録官」に昇進させてもらえたのである。

これほどの優遇と支持を受けていたジョルジュ・シャストランだから、最期の時まで仕事を続けた。死んだのは一四七五年二月十三日とも、二十日ともいわれる。かれはいち早く死んだので、自分が不眠不休の献身をささげてきた公家に不幸が見舞うのを見ずにすんだ(3)。

シャストランの歴史上の著作は、『年代記、または、紀元二十年から現代（すなわち、事実上一四七四年まで）にいたる、キリスト教世界、何より特に、この高貴なフランス王国およびその属領のすべての偉業に関する書』という題を持つ。不幸なことに、編纂された作品のごく一部分しか残っていない。救い出された部分の見事さからしても、消滅してしまったものの取りかえしようのなさがいよいよもって惜しまれる。資料としては、諸文献、何より特に口伝によるもののいずれもが、方法的に意を用い、細心の配慮をつくして用いられた。著者は、最後の二代の大公とその取り巻きを十分よく知りつくしていた。すべてに通じていたのであって、かれの証言に比肩できるほどのものは他になかった。

ところで、シャストランは、哲学者でもあり、また、高潔の士でもあった。歴史の尊厳、その使命について、高度の見識を持っていた。反省心に富み、公正な判断力の持主だった。その作品は、官職にある者の作でありながら、穏当な平静さを保っていた。文学的価値の点から、相応の評価が与えられていないのは、古めかしい言語が使われているからであった。ラテン語文章を忠実に模倣した古色蒼然たるリズムが、かれの同時代人コミーヌの軽快な語りと対照をなしていた。しかしながら、誤ってはならない。十五世紀の見方からすれば、このふたりの作家の間にはいかなる比較も成立しないはずなのである。ただシャストランだけが、その名にあたいする著作家と認められていたらしいのであり、コミーヌその人もこの判定に承服していたようなのである。

シャストランの序言は、驚くべき一ページである。かれは、歴史家の三大務め――広範囲に及ぶ緻密な調査、総合、表現形式の整備――について、鋭い明察をもって分析する。文献批判、公正さ、客観性、クリオ（歴史の神）に仕える者に求められる一切の義務を、それぞれにふさわしい場所に位置づける。この至高の一ページにこもっている謙虚さも決してよそおわれたものでないのはむろんだが、ここでは、作者自身も言うように、「真実の吟味」をなし得たとする作者の確信を感じとらずにはすまないのである。中世の作者のだれひとりとして、このような言葉を行使することはできなかった。だれひとりとして、歴史という沈澱物の本質に進み入ることのできた者はいなかった。シャストランは、第一級の年代記作者というだけではなかった。この人がいなければ、十五世紀に関するわたしたちの知識は、まさしく非常に不完全なものとなったであろう。かれこそは真実の歴史家だったのである。あまたいるヘロドトス――フランス中世の歴史編纂官の中には、そうした者がわんさといた――の中にあって、多少とも上質の、フランスのツキュディデスだったのだと言いたい。かれひとりでもって、最後の二代のブルゴーニュ公の記録は、ブルゴーニュ国の修史編纂事業にまたとない栄光を加え得たのである。

オリヴィエ・ド・ラ・マルシュ(4)は、ひとりの素朴な回想録作者として、さらにつつましく、さらに庶民的な場所へとわたしたちを連れ戻してくれる。とはいえ、このブレスの人が、同業の友人シャストランほどの器量を持ち合わせていなかったのは事実としても、少くとも非常に栄誉ある地位を占めていて、あらゆる点で同輩たちの敬意を得ていた人であるのは間違いない。シャストランと同じく、かれも宮廷の高位高官の中を昇進の道をかけのぼった、食糧調達官であった。数多くの祝典を取りしきった。なかでもことに、シャルル・ル・テメレールとマーガレット・オブ・ヨークの結婚式を。その記録を綴るのをよろこびとした。いくつかの外交上の任務を委ねられた。しかし、わたしたちはこの点でかれに不満を呈さざるをえないのだが、どちらかというと、関役人らの騎馬試合だとか、凱旋行進だとか、宴会だとかの方に手を延ばしすぎた。シャストランが、ブルゴーニュ国没落前に消えてしまったのに対して、オリヴィエ・ド・ラ・マルシュは、一五〇二年まで命を長らえ、大公たちの帝国の瓦解に際会した。かれにとって、それは、言い知れぬ悲しみであったが、だからといって、そのことのために、忠信の念がゆらぐことはなかった。マリー・ド・ブルゴーニュとマクシミリアンの結婚の際には、重要な役割を果たすよろこびも与えられた。かれの最後の主人は、ハプスブルク家の人間だったが、かつてフィリップ・

ル・ボンやシャルル・ル・テメレールに対してささげたのとかわらぬ忠誠心をもってこれに仕えた。忠義の人オリヴィエの、誠実で正確な著作『回想録』は、ブルゴーニュ史のもっとも貴重で魅力にみちた原資料の一つである。

これら一級資料に加えて、ブルゴーニュ領ネーデルラントに関して、専門的な著作をものした人たちがいる。たとえば、エドモン・ド・ダンテル、アドリアン・ド・ビュット、ジャン・ド・エナン、ジャック・ド・アンリクールなど[5]。

*

歴史にならって、十五世紀に流行していたあらゆる文学ジャンルは、散文であれ、詩であれ、ブルゴーニュ公の周辺で開発されたものであった[6]。

まず、叙事詩と中世趣味の小説がある。『セーヌ族とサクソン族のうた』の冒頭で、わたしたちは、叙事詩の主要な作品系《シークル》の数が三つであることを、まさに正式に告げ知らされるのである。

なんぴとにも聞えてくるのは、ただ三つの韻律法のみ、
フランスのと、ブルターニュのと、大ローマのと、

この三つの韻律法に類するほどのものはほかにまったくない。

フランスの国民的叙事詩をも——それは、「歴史の最初のかたち」と呼んでよいものであったし、また、封建時代の人々の目には、文字通り、小説や詩にうつされた歴史と映じていたのである——ここで別扱いにしてはならないのだろう。十五世紀には少々流行遅れになっていたが、それは、ブルターニュの叙事詩とも、また古典古代から直々の影響力を受けたとまで言えなくても、少くともそのきっかけを提供されたとしてよい叙事詩とも、なんらかのかかわりを持つものだった。だからこそ、先にフィリップ・ル・アルディの書庫を訪ねた折、この種の詩がどんなに大きい位置を占めているかを見てきたのである。ブルゴーニュの地方文学でなく、広く中世文学に属するもの、世界文学に属するといってよいもの、それでいて、こんなにまで読みこなされた結果、わが大公の周辺に、文学的な雰囲気、独特の精神的気風を作り出すにいたった作品群なのであった。大公のまわりにいた貴族、エリートたちがいわばこの雰囲気のうちにひたっていたのを認めずにいることはできない。

そして、読者や収書家たちの好みが特にジラール・ド・ルシヨン——まさに、広義のブルグンディアに属するこの人——に向かっていたのを知るとき、ことのついでながらこのことは強調しておいてよいだろう(7)。このことはブルゴーニュ公家の野心とつながりがないのだろうか。ヴォークランによるジラールの散文訳が、とくに注目にあたいする。それは、非常に広く迎えられた。すなわち、それは、ブルゴーニュの大修道院であるヴェズレーへのマグダラの聖マリアの遺骨の移葬というあの伝説と関連しているからである。

これらの叙事詩文学の次には、当代の趣味、すなわち、多少とも騎士道の精神から生み出され、政治的な、また時代的な強い関心がこめられた、韻文あるいは散文の作品群がくる。

この種の作品として、『歴代ブルターニュ公の偉業』と『よき騎士ジャック・ド・ララン ン殿のいさおしの書』がある。

『歴代ブルゴーニュ公の偉業』は、韻文の年代記である。「これこそは、衰えて行く時代が最後の努力をそそぎこんで営々と編み上げた叙事詩である」と、G・ドゥトルポンはいみじくも言った。四人の大公のうち最初のふたりの偉業をたたえるこの詩作品の作者がだれかはわからない。ここでは、この二代の治世下の主な軍事上の功業がたたえられている。たとえば、フィリップ・ル・アルディ治下でのアウデナールデの攻略（一三八四年五月二十五日）、ジャン・サン・プールがリエージュの王侯＝司教、義兄弟ジャン・ド・バヴィエールを助けて復位させた戦い（一四〇八年）、あるいはまた、パリでのブルゴーニュ支配下の栄光の日々など。恐れ知らずのかの大公の民衆人気は、この無名の詩人の限りない讃嘆の的となっている。

石屋だろうと、屋根屋だろうと、大工だろうと、
織工だろうと、絨毯工だろうと、紙屋だろうと、ラシャ屋だろうと、
紋章工、金銀細工師、居酒屋、パン屋のだれであろうと、
女だろうと、子どもだろうと、この大公のため、
「ノエル」の声を高々とあげない者はひとりもいなかった。

「ノエル」とは、今日の「ブラボー（いいぞ）」に当る叫び声で、知っての通り、とりわけ、気前のよい大公の味方である民衆、ことに「手仕事の人々」たちがしきりに発していたものだった。作者は、この親分の支え手となった子分たちを持ち上げている。大公とならんで、そのパリ長官ピエール・デ・ゼサールがスター扱いされ、ひときわ目立つ存在に引き上げられている。

この無名の詩人がペンをとったのは、かねてから想定されてきたように、自分の父と祖父との名誉を高めたいと望んだフィリップ・ル・ボンの頼みによるのだろうか。はっきりそうとは言い切れないが、おおいにその仮定は成り立つとみてよい。

『よき騎士ジャック・ド・ララン殿のいさおしの書』は、ブーシコーを主人公とする『いさおしの書』と比べうるものだが、よく知られた騎士道の典型といっていい、この偉大な

（左）シャルル・ル・テメレールに自著を献呈するジャン・エネカール
（下）フィリップ・ル・ボンへ自著を献呈するジャン・ヴォークラン

ラランの数々の勲功を熱い調子をこめて記録にとどめようとする。この人こそは何よりすぐれて、騎士道の鑑《かがみ》であり、あとで宮廷生活をさぐる中で、この人の魅力的な風貌と美徳の数々が明らかにされることだろう。

ブルゴーニュの広報宣伝の傾向といえるものがはや、これまでに一覧してきた作品の中にもあらわれている。しかし、それは特に、詩『パストラレ』の中にあらわに見えている。オルレアン公、このブルゴーニュの敵対者に関する一切の権威を失わしめることを目的とする詩である。作者は、あえて偏向を隠し立てしようとしない。すなわち、「主にフランドル伯にしてアルトワ伯、いと高貴でいとすぐれたジャン公の栄えと賛美のために」書くのだと言ってはばからない。「作りごと」、すなわち「牧人文学」であるパストラル(今日の言い方)を通じて、作者が描き出してみせるのに、自分の見たままのフランスのさま、あるいは、人にもそのように見させせようとするフランスの姿である。登場する人物たちには、仮名がつけられている。すなわち、フロランタンはシャルル六世、ベリジェールはイザボー、トリスティフェールはルイ・ドルレアン、レオネはジャン・サン・プール、リュパルはベルナール七世といった具合である。もちろん、トリスティフェールは、ベリジェールの愛人としてあらわされる。ご両人とも、ありとあらゆる悪徳、ふてぶてしさの限りの持主である。トリスティフェールは、フロランタンを毒殺しようとはやる。この仮装でかためた小冊子には、すんでのところでシャルル六世が焼殺されそうになった、あのアルダンの舞踏会の一ページもある。レオネことジャン・サン・プールに都合のいい角度から、すべての出来事がうつし出されている。

やはり無名作者の手になるこの作品の文学的価値を高めているのは、叙事詩ジャンルの重々しく固苦しい詩句にかえて、軽快で、耳にも快く、記憶にも残りやすい、田園情緒ゆたかな詩句を用いていることである。次に一例として、野原で跳ね回って楽しむトリスティフェールとベリジェールの対話をかかげる。

かわいい羊飼いのお嬢ちゃん、
ワインを持って、さあいこうよ、
緑の深い森かげへ。
——連れてって、ねえ、あなた、
遊んで暮らすのは、
いつだって、わたし大好き。

こんなふうな夏の一日、
楽しくはしゃいで、
笑ったり、歌ったりするのは。

——ぼくもそうさ、これが健康のもと、
ぼくの生き方の信条、
お祭りさわぎをくりかえすのは。

天真らんまんの告白。ちょっと悪ふざけが過ぎる感じである。これは戯画《カリカチユア》だと感じない人はなかろう。しかし、ここで、ベリジェールは、不実な愛人にだまされたと思いこむ。そこで、不満をもらす。

心が、ちりぢりに飛んで行くみたいよ、
風が吹いて、布切れが飛んで行くふうに。

作者のいたずらっ気は、二人の登場人物をそっちのけで、のびのびと自在にふるまっている。

アントワーヌ・ド・ラ・サル（一三八六―一四六〇頃）には、また別なやり口があった。一四五九年一月四日、かれは、「むかしの騎馬試合と武勲について」という論説を書き上げた。そこでは、ブルゴーニュ宮廷を舞台とした数々の、記念すべき騎馬試合の栄光がたたえられている。作者は、リュクサンブール宮やサン＝ポル宮へしきりと出入りしていた。当代のもっとも有名な小説『小姓ジャン・ド・サントレ』の著名作家がブルゴーニュの権力の軌道をまわるさまを見るのは、興味深い。

　ブルゴーニュ宮廷につながる作家のだれひとりとして、聖アンデレ――その十字架こそは、周知のように、ブルゴーニュの政治史において、非常に大きい役割を演じてきた――に対して夜ごとの仕事の時間をささげてこなかったことは、驚きであったし、また、理由のないことでもない(8)。オリヴィエ・ド・ラ・マルシュは、ブルゴーニュの「この上なくよきカトリック」である「むかしの王のひとり」が、マルセイユへこの使徒（聖アンデレ）の十字架を持ってこさせ、これを「非常にうやうやしく、尊敬をこめて」受けとり、「これを、自国の軍隊の標識とした」と語っている。いずれにせよ、公家の軍隊の紋章とされたのであった。聖アンデレの十字架は、軍旗の飾りとなり、アルマニャック派に対する戦いにおいて、自派のマークとなった(9)。

　聖アンデレを讃える作品はなかったけれども、ブルゴーニュ産の聖人伝文学の中には、ジャン・ジェルマンの『霊的地図』が含まれていて、大いに愛好された。

　この壮大な編集物の著者は、マルグリット・ド・バヴィエールとフィリップ・ル・ボンの財務援助によって育てられた人であった。一生涯この母子とのつながりが非常に密接であった。一四二九年からは、大公の顧問官であった。イザベル・ド・ポルチュガルの聴罪司祭、ヌヴェールの司教、金羊毛騎士団の初代書記官、さいごには、一四三六年、シャロン゠シュル゠ソーヌ司教となった。バーゼルとフェラーラ公会議では、この教養ある聖職者がブルゴーニュ国首長の代表をつとめた。十字軍計画を活発に推進している最中、一四六〇年二月二日に死んだ。

かれの『霊的地図』は、フィリップ・ル・ボンにささげられた。それは、「われらの聖なるキリスト教信仰に益ならしめ、この信仰の敵どもを混乱させるため」に編まれた。著者は、世界の地理を叙述し、諸国と諸民族を総覧し、次に、キリスト、聖母、聖なる使徒たち、「広く世に知られた殉教者たち、信仰の証人たち、処女たち、寡婦たち」の生と死によって有名となった土地を列挙して行く。G・ドゥトルポンも言うように、一言で言うなら、「たとえば、ベルギーのいくつかの都市と関連する諸データがからみ合って出てくるような、百科全書的作品、非常に広汎な知識を感じさせ、非常な成功を博したと見える作品を実現した」のだった。

アラール師は、クリュソストモスの翻訳（ラテン語からフランス語への訳）においてはもう少しつつましい姿を見せている。それはただ、『罪びとのつぐない』という表題であらわされたこのギリシアの偉大な説教家の「いとも有益な小論」を、読者の目の前に送るだけなのだという。アラールは、「いとも高名なブルゴーニュ公フィリップ殿下のご指命のもと、ルーズの教会の首席司祭・聖堂参事会員」をつとめた。

つねにブルゴーニュ宮廷のほまれのためにと企てられた十字軍の計画で、オリエントへの関心がかき立てられ、多くの作品を生むもととなったが、その大部分は、独創性に欠けるものの、非常に時代感覚に即したものといえる。少くともその中のいくつかは、ここでも触れておくにあたいする。

わたしたちはこれまでにも、フィリップ・ル・ボンによりエルサレムへと派遣された、ブロキエールの――実際は、ラブロキエールの――ベルトランドン作『東方への旅』に既に出会ってきた。(10) ベルトランドンは、パレスティナ、北部シリア、小アジア、コンスタンティノープル、セルビアなどを歴訪してきた。帰途には、ハンガリー、バヴァリア、スイスなどを通過することができた。文学者を気取るつもりはなかったものの、才能に欠けていず、言葉を適切に用い、思慮に富む観察者の姿も見せている。ユスタシュ・デシャンは、フランス文学史の中にいくつもの興味深い詩作品を残していて、公家とも多くのつながりのあった人だが、ラテン語原本から、『今日の非常に荒廃した教会の歎き』を訳出した。著者自身、「ブルゴーニュ公殿のお言いつけで」翻訳したと明言している。

ニコポリスは、著作家たちの社会をも無関心のままにうちすごすことをゆるさなかった。大敗と報復への熱い願いとが、果てしなく冗長な題名を持つ、(11)「嘆きの手紙」を生み出した。その作者は、「その大いなる罪のゆえに、その名をかかげるにあたいしない」とされながらも、実は、大いなる名を持つ人であった。すなわち、フィリップ・ド・メズィエール、キプロス王国の元大書記官、シャルル五世の知己に当る人であった。
あい次ぐ十字軍計画の結果、生み出されてきた無数の文書・論説の中では、ミエロの『聖地』(一四五六年刊)、ベルトランドンの『旅行記』にあわせて、トルゼロの「はしがき」がのせられている、みごとな羊皮紙の写本をぜひともあげておきたい。いずれも、一四六七年のフィリップ・ル・ボンの蔵書目録によって知られる。

*

さて、こんどは、世俗文学、教訓文学とでも呼びうるものの番である。狩猟の本、チェス競戯教本、戦略書、百科辞典といったものも、十五世紀の王侯貴族の書庫では大きい場所を占めていた。しかし、われらの大公どののいずれの「図書室」においても、確かに収蔵されていたとおぼしいこの種のおびただしい写本の中にあって、はっきりブルゴーニュ産と見られる作品、――それも傑出した作品は一冊も見当らないのである。

少くとも、クリスチーヌ・ド・ピザンの『運命の転変』がフィリップ・ル・アルディの注文によるものだったことは想起しておこう。

この列に並べ得るものとして、一四〇七年の暴君殺害を正当化し、その犯罪を礼賛したジャン・プティの『弁明』はぜひとも逸してはならないだろう。もっとも、既にこの作品については言及する機会もあったことだし、今さら二度手間にふけるのはむだであろう。ただ、つけ加えておきたいこととして――主題は別として――、ジャン・サン・プールを取り巻いていた学僧連中、――何にでも手を出し、何事でも書く連中――の仕事場で生まれた作品中の、もっとも代表的なこの作品こそは、当代のスコラ的詭弁のもっとも典型的な規則にもとづいて構想され展開されたものだったということがある。中世の「論説」には、それ相応の法則がある。三段論法による構造(『弁明』の場合は、「バルバラ」型)を複雑に組み上げつつ、いかにも勿体ぶった思想をくりひろげて行くのである。このような論述の組み立て方も、その道に通じた者たちには、独特の美的価値があったのである。当時の知識人たちにとって、「必要な変化を加えるならば」、音楽コンクールでフーガの一曲が演奏されるとき、審査員席の一同が感じるのとほぼ同じたぐいの印象が感じられたのにちがいない。今日のわたしたちは、この一種独特の愉悦にまったく不感症になっている。だから、ジャン・プティの作品のようなものは、魅惑されるよりは苛立たせられることが多い。だが、これが流行の様式だったのを理解したいと望むならそのおもしろさを味わっていた人たちの位置に自分を置いてみるべく必要な努力をしてみなければならない。そうでなければ、わたしたちには実につまらぬと思えるのにこれほどに賞め上げられていることれらの「博士」がたの人気の秘密がわからないであろう。すなわち、わたしたちには、鈍重、雑駁、錯乱そのもののように見えるかれらの文章が、逆に、崇拝者らにとっては学識豊かで、精緻をきわめ、称賛おくあたわざるものとうつっていたのである。

わたしたちがさらに高く評価するのは、一四四二年、マルタン・ル・フランがフィリップ・ル・ボンにささげた『貴婦人がたの第一人者』である。そこでは、一四三五年のアラス協定が祝福をもってむかえられている。作者にとって、イザベル・ド・ポルチュガルこそは、まさしく平和の推進者である。

この人によって、おそろしい戦争はやみ、
平和がふたたび、動き出した。
いとも高き大公夫人、万歳。
ブルゴーニュの奥方さま、万歳。

しかしながら、作品は、予期した成功を得られなかった。なにしろ、作者は、文学者の権利ということにすっかり入れあげ、その擁護をすることに熱心だったからである。だから、その題名にいわく、『貴婦人がたの第一人者の書、その作者マルタン・ル・フランによる嘆きぶし』。

同じジャンルに属するものとして、『シャルル公に申し上げる、ご自身がご自身の言にお聞き入りになるという趣向のもとに』がある。歴史編纂官シャストランその人の筆に成るとされている。

シャルル・ル・テメレールが、大公位についたばかりの時であった。作者は、「尊厳みちみてるフィリップ公、偉大なる獅子、ブルゴーニュの大公、フランスの栄誉の柱、キリスト教徒諸侯の真珠」であられる方の死によりしぼり出されてくる涙を思うさまに流れ出させるために自分は、「閉じられた場所にこもった」と語る。さて、シャストランは、一つの幻を見る。シャルルが、多数の人々に取り巻かれて、出現する。人々の中に、「よき分別」と呼ばれる若者がいるのに気づく。そのかたわらにいるのは、「汝自身を知ること」と呼ばれる婦人である。若者は、作者の身代りなのだろう。若者は、シャルルに、自分の連れ合い、「他の人みなに至るとびらまた、出口」を紹介する。そして、公家のほまれの輝かしさを思いおこさせる。人間の声をもってしては、フィリップ・ル・ボンをほめたたえる力がないと見ているふうである。それに、人々がほとんど神とあがめてきた方は、死んでしまわれたのではなかったか。この地上に、先代大公おふたりは、今話し手が語りかけているそのお人を、跡継ぎとして残されたのだった。されば、あなたさまこそは、全キリスト教界において、もっともよき「血筋を受け」、もっとも恵まれたお方であると、話し手は言う。こういった前置きのあと、「よき分別」と「汝自身を知ること」の、男女の連れたちが列を作って通り過ぎる。実行すべき美徳と避けるべき悪徳の列が続く。さいごに、作者は、四代目として統治を始める若き大公にはげましを送る。「善を悪へとおとしめ、人々の平安と救いを落胆へとつきおとすような人間には、ゆめ、なられますな」と。跡継ぎのあなたさまは先代のお三人と同じ運命を負うておられる。「三人のお方は、それぞれのつとめを果たされた。あなたさまも、ご自身のつとめをお果たしになるがよい。ご自身のお帽子を着て、お働きになりこれを美しい花で飾られるがよい」。「よき分別」のはげましのあとで、一同は散会する。作者は、目を覚ます。さいわいにも、自分が見聞きできたことをすぐにも書きとめておきたいと思う。以上でわかるが、弁論家シャストランは、歴史家シャストランほどの価値はないようである。

同様のもう一つの作品、無名の作者の『王冠をいただく獅子』も同じく、——ただし、これは散文が半分、韻文が半分で——三代目大公の死を嘆く。そして次に、その後を継いだ人を激励する。フィリップは、「ついに敗れたことのないカエサル、キリスト教徒王侯の中の真珠、すべての貴族のほまれ、まっすぐな鏡、騎士的勇敢さの守護者であり模範……」とされる。詩人に、一つの宮殿の幻があらわれる。貴婦人がふたり、そこから出てくる。「嫉み」と「誠意」とである。ふたりの間には、若い一匹の獅子がいて、彼女たちおのおのを取り巻く属性たちのみなが、なんとか獅子を引きつけようと心を砕く。ところが、「誠意」には、うまい具合に助けがやってくる。「ひたすらな追求」「豊かな能力」「忍耐力」「輝かしい結果」といった面々の助けが。「嫉み」の方は一団となったこれほど多数の相手を前にして無力をさとり、絶望のあげくに、井戸に身を投げようとする。

シャルル・ル・テメレールの名付け子であり秘書官でもあったシャルル・ソワイヨの名も、最後の大公の教育に当った人々の中に見出される。かれは、その目的のために、『真の幸福論争』を編み、そこには、散文、韻文の入りまじった対話の形で、マダム教会、マダム高貴、マダム労働——すなわち、三つの階級——が参加する。この三人の論争者のうち、だれが幸福を所有するのだろうか。諸学法廷に裁断がゆだねられる。法廷は、真の幸福はただ天にしかないと言って、論争を打ち切る。

アメ・ド・モンジュソワ伯爵も、同じ形式のものを書いた。かれの『死への歩み』では、——シャストランも自分の論考の一つにこの題名を借用した——作者がふたりの騎士、「突発的事件」と「弱りはてた老い」とに囲まれて出てくる。このふたりこそが、死をもたらす大ものなのである。

＊

宮廷生活に興を添え、楽しみをもたらした吟唱詩人たちもまた、ときには作者となった。いずれ、宮廷生活を論じるときに、かれらがどのように重宝がられたかを見て行きたい。作者であり、役者であったかれらは、非常に活動的な同業組合を作っていた。いくつもの流派ができていた。一つの専門職だった。

むかしのフランドルの多くの大都市は、「言葉の教室」を持っていた。いわば、それは演劇団体みたいなものだった。フィリップ・ル・ボンもシャルル・ル・テメレールも、こういう団体に関心を寄せた。実際、そこで生み出されるものは、世論に影響を及ぼすことがあった。かれらを奨励するとともに、監督し、必要な場合には統制を加えねばならなかった。フィリップは一四五五年、反体制的な詩を禁止した。そんなものを公にするというだけでも、大それたことだった。シャルル・ル・テメレールは、さらに父よりも厳しく、悪意のある詩作品を弾圧した。だから、ときに、かれは詩人たちの標的にされた。しかし、他方では大公たちは、祝祭やレセプションや入城式などでは詩人たちのコンクールを催し、そういう際には、たっぷりと賞金をはずんだ。

一四二一年、ドゥエの劇団が、フィリップ・ル・ボンのため、お座興にこの町で、「笑劇」一篇を上演した。残念なことに、そういう記録は残っていても、——他の同種のものと同様に——上演題目が何であったかまでは、知らされていない。しかし、はっきりとしていることは、この種の民衆的な劇が非常に好まれていたこと、記録されている作品数からうかがわれる俳優の数の多さであり、俳優たちは、「笑劇役者」「セリフ言い」「お飾り屋」などと呼ばれ、また、「登場人物」とか、「ムーア人踊りのダンサー」とかの形容も与えられていた。そのメンバーとして名前が出ているのは、フロ・ダンフェール（一四二八年）、ボルケール、ペラン・ボワクマン（一四三四年）、ムーシュ親方（一四三四年）、ハンス・クラフルその他多くの面々である。その中のひとり、ミショー・タイユヴァン[12]は、大公の召使いで、正規の給与を受けて仕える身でもあった。

ディジョンでは、一四二二年二月、フィリップ・ル・ボンを迎えた際、いろいろな余興をお見せした中に、「いくつもの聖史劇といくつもの殉教劇」をも上演した。一四三二年四月十四日、フィリップの子ジョッス誕生のときにも、同様の催しが行なわれた。ガン市が主催して、フランドル諸都市間のコンクールが行なわれたこともあり、ガン市自体も出場し、「飛んだり跳ねたり」の劇を演じた。メヘーレンが一等賞、アウデナールデが二等賞を得た。

文献にはしばしば、同じ趣好の「一大饗宴」が伝えられている。たとえば、一四五五年一月三日、シャロレ伯の新夫人イザベル・ド・ブルボンのリール市への入城は、「お祭り騒ぎ」で祝われた。一四五七年、彼女が生みおとした娘、マリー・ド・ブルゴーニュ誕生のときも、リールやベチューヌで、同じ祝祭が行なわれた。一四五八年四月二十三日、フィリップ・ル・ボンは、かつて自分に承服していたガンへ再び戻るが、このときには、先にも特記しておいたように大公の政治とのからみで熱烈な迎えられ方をし、驚くばかりな数々の楽しみごと攻めで興が添えられた。行列の通路沿いに、いくつもの「演芸台」が組み立てられ、即席のこれらの劇場で、誠意をこめた寸劇が上演された。たとえば、ユリウス・カエサル。十二人の元老院議員に取り巻かれ、キケロがその先頭に立ち、ローマ占領後、多くの囚人らを解放した仁慈をたたえて歩いた。また、ティグラネスに赦しを与えるポンペイウス。また、国の三階級をさし示すかのように、三種類の衣服を着こんだマルス神など。活人画では、ファン・エイクの祭壇画「神秘の小羊」が実物そっくりに表現された。大公の前を、黒人たちの乗りこんだやぐらをつけて一頭の象が通りかかると、弓に矢をつがえた黒人たちはいっせいに、大声あげてうたうのだった。

ブルゴーニュ万々歳、これが、おいらの叫び声。

トゥルネの「愛の王子」劇団は、一四六一年、北部のル・ケノワで祝祭を催したシャロレ伯夫人イザベルに当地へ招かれた。一四六八年には、『パリスの裁き』が、リールのシャルル・ル・テメレールの前で上演された。だが、これはパロディーであって、パリスをめぐって恋のさや当てをする三人が三人とも王冠を獲得するが、伝えられる所によると、ヴィーナスは、百キロもあるデブの巨人で、これに対するジュノンも、背丈は同じ位なのに、透き通るほどに痩せており、ミネルヴァは、体の前にも後にもコブのある女だった。どっという笑いが起った。

同じ一四六八年、リエージュの感動的な壊滅すらも、演劇の専門家たちの手にかからずにはすまなかった。「ベチューヌの狂人」ジョルジュ・ド・ブレルブは、「リエージュの崩壊」を上演したことにより、賞金を得ている。

以上のような民衆的な芸術に加えて、さらに上質の劇芸術もあった。聖史劇《ミステール》は、落ち目になっていたものの、まだまだ人気はあった。この種の文学に属するのが『オルレアン包囲の聖史劇《ミステール》』であって、作者は、歴史に奇妙な、ちょっとした粉飾をほどこし、フィリップ公になんとかして一つの役割をふり当てようとはやる。(13)

シャストランその人も、舞台用として、『フィリップ公の死』と、『ペロンヌの和平』とを書いた。G・ドゥトルポンも見てとったように、これらの作品は、「聖史劇《ミステール》」と銘打たれているものの、むしろ、「歴史教訓劇」もしくは、政治劇と言った方がよいものである。(14)

右の第一作において、作者は、終末を迎えたばかりの一代の栄華をたたえ、死は偉大さも栄光も尊重しようとせぬとうたいこめて、教訓としている。天、地、天使たち、人間たちにそれぞれひとりの俳優が扮し、かわるがわる出てきて、息を引きとったばかりの偉大な大公についておのおの感慨を述べる。「人間たち」と名のる登場人物は、天球から、「貴い宝石のちりばめられた」小びんが降ってきて、みながその前で頭を下げていたと語る。ところが、この小びんを吊り下げていた糸が切れ、小びんは下に落ち、粉々に割れてしまった。それこそは、運命のしるしであった。ホザンナの声が起って、幕は降りる。

『ペロンヌの和平』は、一四六八年、奇跡的につかの間の和解が成就したあの時期に、エール城にて、シャルル・ル・テメレールとルイ十一世の前で、上演された。それは、「良き意志にもとづくこの平和のため、この平和を両陣営がともに守らねばならぬとの思いをこめて作られた、聖史劇」なのであった。楽天主義の下に、不信感がすけて見える。それにしても、大公と国王とのこの感激にみちみちた結び合い、リエージュに犠牲を払わせてのこの感動の友愛関係をよろこばずにはおかれようか。

うたえや、踊れ、子どもらよ、
手と手をつなげ、おとならも。
　そんなに背中をかがめてさ、
田畑で働くあわれなみんな、
元気を出しなよ、めでたい時だ、
　根っこがかわった、めでたい時。
うたおうよ、豪勢にやろうよ、
楽しい連中が集ってきた。
　台所で燃える火のまわりへ
ふたりのお殿さま、お慈悲のお方が
みなにたっぷりふるまってやろうと、

お心づもりのこの場所へ。

古代のコーラス隊と同じで、ここでそれぞれ役割を演じる「口」と「心」、「忠告」と「感覚」とが、ペロンヌの和合でのすべての取り決めをほめたたえるのだ。シャルル・ル・テメレールの信奉者らは、明日のないこの一日、晴れていても、たちまち黒い雲に閉ざされてしまったこの一日の、当てにならない夜明けを、本当に信じていたのだろうか。

*

あとは、抒情詩が残っている。フィリップ・ル・ボン自身も、抒情詩人のリストの劈頭にその名を記入する資格があるかもしれない。その名のもとに書かれた詩、すなわち、シャルル・ドルレアン——正真正銘のこの詩人——が、ブルゴーニュの助けを得て、しかるべく取りなしをしてもらい、英国での囚われの身から解放してもらおうとして送ってよこした詩による依頼に応えた詩がいくつか残っていて、その作者であったことは間違いないのだから。ともかくも、フィリップがシャルルに応答したのは事実であって、その詩に魅力もないわけでない。

わたしのつもりは、こんな所だ。
わたしの友よ、まちがいなく、
どう見た所で、大丈夫だよ、
きみの一身に、危険はないよ。
そのうちきっと、早いうちに、
きみは必ず、牢獄を出られる。
要するに、すべてをゆるされ、
この世の春にめぐり合えるよ。

第一のバラッドは、こんなふうに始まり、第二のバラッドは、次の一節をもって幕が開く。

こころと、からだと、精魂こめて、
きみには、心から感謝している。
このぼくのこと、ここまで親身に、
よくまあ、おぼえてくれたもの。
だから、いいかい、思うまま

心の底から、ぼくを頼りにしてくれていい。
きみの心の望むがままに。
ぼくの気持は、かわりはしないよ。
どんなに運命がかわって行こうと。

ここには、第一級のものはまったくないと言っていい。しかし、シャストランほどの人でも、詩に手を染めたりしたときは、そんなにすぐれた成果をあげたわけではない。「要するに、この作者が、実際にフィリップであるとしても、かれの雇っていた唄い手たちと比べて遜色はなかったこと、マエケナスはこの場合、ホラティウスと同等の価値を有していたことを認めなければならない[15]」

しかし、またG・ドゥトルポンが見てとっているように、――おそらく少々楽観的にすぎるその判断は、右に引用したとおりだが――「メセナが著作をするのは、例外的な場合にすぎない。メセナは、詩人たちの保護者であって、その競争相手ではない」。

ひとりのへぼ詩人が、大公邸の「ならず者らの親玉」コラン・ブールの滑稽な紋章を詩にしている。紋章というのは各人さまざまであるが、最近の裁判所は無差別に、だれもかれもを出頭させる。

教皇も、皇帝も、司教も、公爵も、伯爵も。
神さまは、すべての者に対して、公平であられる。
拍子木の音で、開廷されるとき、
ご自身の大きく、広い大法廷が。

これこそは、「最近の裁判所」について、新しく、適切な紹介をしてみせた一例である。シャストランには、多数の詩作品があり、——重ねて言っておきたいが、不幸なことに、かれには、散文でくり広げてみせたような才能を詩ではあらわすことがなかった——少くとも種類別にすれば、抒情詩の部に並べうる。たとえば、「目隠しをされた獅子」など。これら詩作品のいくつかは、技法の点で仲々工夫をこらしていて、同時代の人々を夢中によろこばせたものであった。現代のわたしたちには、生彩を欠いたものとしか思えないのだが。たとえば、フィリッピュスをめぐる折句である。そこでは各詩節は、すべて大公の名前に含まれる同一の文字で始まる詩行から成り立っていて（各文字が同じ列に並ぶ）その上、各詩節が、ブルゴーニュ公国中の大封土の一つによってうたわれるという形式になっている。文字Sとフランシュ＝コンテとを取り入れている最終詩節は、次のような構造になっている。（以下、音効果を活かして試訳）

その名は名高く、世にひびけり。
その名を残して、今は地中に、
その名にそむかぬいさおし果たし、
その名はほろびず、死によっても。
その名はとどろく、地中の霊とし、
その名は聖なり、たたえよ、大いに。
その名のもとに祈れや、伯領コンテ。

歴史編纂官シャストランの後継者モリネもまた、フィリップ・ル・ボンと、その「栄光の座」を抒情詩ふうにうたった。「花の中の花」とそれをたたえ、何ものにも打ち倒されることがないとうたい上げた。

＊

歴代大公のひとりびとりがこういうみごとに美しい文学活動を直々に主宰する存在であったことは、だれにも疑うことができない。たとい、目立った傑作は一篇も生み出すことがなく、また、次章でその驚くべき成果を総覧するはずの諸芸術の輝きをともなわずにいたとしても、生み出された作品中のいくつかのものの価値をそれなりに評価しないのは正しくないだろう。

先にも一章をさいて、フィリップ・ル・アルディ治下の大公図書室の充実ぶりがどれほどのものだったかを見てきた。ジャン・サン・プールも、さらにはなおのこと、フィリップ・ル・ボンも、その後に続くシャルル・ル・テメレールも、愛書の趣味をこの上なくいきいきと持ち続けていた。図書室の棚はたえず、豊かに埋めつくされていたし、何冊もの挿画入り写本がまばゆい光を放ちつづけていた。これまでにも言われてきたように、歴代大公の身近に特に公家御用の筆写の工房が存在したと推定することはできぬとしても、大公たちのふだんの注文のおかげで、公国諸領内やパリにあった、多種多様の工房が恩恵を受けて潤っていたということは認めていい。王国の首都ということに関係なく、ディジョンで、公領内の諸都市で、さらには、ネーデルラントの諸都市で、リールで、何より特にブリュッセルで、モンスで、グラモンで、ガンで、ブリュージュで、アウデナールデで、ハーグで、その他多くの場所で、大公たちのための仕事が果たされてきたのである。ブリュッセルにあるブルゴーニュ図書館は、散逸し、流出していた各地の蔵書を一つにまとめるべく作られたものだが、今日でもなお、この高貴な志のあとがよくうかがわれる。

とどのつまりは、こういう美事な蔵書類がどの程度まで貴重品扱いされていたかは、次の一つの事実によっても明らかである。すなわち、書物の保護管理はときに、公家の宝石類管理官に委ねられることがあったということである。[16] しかじかの書物が貸出し中もしくは贈与ずみであるといった場合に、書物のありかをつきとめ、照合点検をする、図書館の日常的サービスも行なわれていた。ディジョンの大公邸で実施されていた書庫の「巡回検査」も特記しておくにたる。多数の目録が残っていて、ある特定の日にどの本がどこへ寄託されているかがわかる。

大公たち自身はそれぞれ、読書家であったのか。本を集めるというより以上のことをしていたのか。なるほど、政治上の責務、宮廷生活の諸義務のためふだんは、大公たちは大領主や仕事のない大富豪——お望みなら何時間でも自分の書斎にこもっていられる特権の持ち主たちと同じだけの閑暇を持つことはできなかった。しかし、証言はこぞって、書庫に蔵される写本類が「使いこなされている」とわたしたちに信じこませようとしている。フィリップ・ル・アルディは、シャルル五世と同様に、自分の持つ宝物を楽しみたいという気持があった。恐れ知らずの大公は、波瀾の人生を送っていて、休息にあてる時間はほとんどなかったかもしれないのだが、フィリップ・ル・ボンは、ことにその老年期は、「書物での勉強」[17] に多大の関心を寄せていた。そして、シャルル・ル・テメレールについては、回想録作者オリヴィエ・ド・ラ・マルシュが、若い日々の大公が格別に勉強好きの生徒であったと述べており、熟年に達してからも、つねに自分の教養を増やしたいと心を砕くさまを描いてみせてくれている。「二時間は本を読ませないかぎり、寝につかれることはなかった。とくに、アンベルクール殿が、本を読まれる場合が多かった。とても上手にお読みになり、引きつけられた」。大公夫人たちも、劣らずに自己啓発に心がけた。とくに、マルグリット・ド・バヴィエールとマーガレット・オブ・ヨークとが。イザベル・ド・ポルチュガルは、クセノフォンやクウィントゥス・クルティウスの翻訳をしたあのヴァスコ・ダ・ルセーナなどのような[18]、ポルトガルの学者を何人も呼び寄せた。

大公たちに著作家たちを大いに歓待する気持があったことは、予算の支出額によってもわかる。学者たちは大公たちのそばでは大歓迎され、しばしば、名誉にもなり、収入にもなる公職を授かった。近習、伝令使、侍従、顧問などに任じられた何人もの作家たちの例は、既に見てきた。ただし、金羊毛騎士団員とされたのは、シャストランただひとりであることは確かである。

第10章　芸術

ブルゴーニュこそは、いつの時期にも、芸術の祖国という点では、もっとも輝かしい名の一つであった。まばゆいばかりのロマネスク芸術の一派がここに花咲き、クリュニーによって全キリスト教世界にその光があまねく及ぼされた。ゴチック芸術もブルゴーニュにおいて、独特の魅力をまとって開花した。美事な宝石、ディジョンのノートル＝ダムは、聖ルイのサント＝シャペル（パリ）とともに、フランス建築のもっとも完全な、完成された逸品といってよいのだろう。しかしながら、絶対的な意味で「ブルゴーニュ芸術」という場合、当然、すぐ思いうかべられるのは、大公たちの時代の芸術、すなわち、偉大なスリューテルの一派である。この時期、ブルゴーニュ国は、異論の余地なく、美的には最高の頂きに達していた[1]。

メセナとしての大公が、この壮麗な開花の原動力だった。だからこそ、ヴァロワ朝ブルゴーニュの栄光が前面に照り映えるのであり、何より特に、フィリップ・ル・アルディの先導が大きかった。カルトゥジオ会修道院が芸術家たちの働きを独占していたわけではないにしても、何よりことに、この修道院が、ディジョンの工房、一つの様式を完成させたこの特権的な工房に養分を与えてきたのである。

もちろん、この成功には、ブルゴーニュ人の彫刻家としての天性も一役買っていることはいうまでもないが、数ある有利な条件の中でも、公国の首都に隣接して、質のよい石材を産出する、優秀で豊富な切り出し場があったことを言い落しては不当であろう。しかし、どんな要因であろうと、大公その人の意志から発する要因にまさるものはない。工房は、公的な機関なのであった。工房は、常時活動を続けるという使命を授けられていたことにより、将来性の保証も与えられていた。そこで、公家の予算により明日の糧を保障されて、悠然と仕事のできたお頭《かしら》には、さまざまの手法を探し求め、練り上げ、応用してみるだけの余裕もあった。実現された成果は、この比類なき好条件の恵みをよく示している。

それでもやはり、一つの芸術様式は、いわば同時代の芸術的環境の中を浮きただよう、ばらばらの諸要素を調和ある統合へと持っていける力のあるひとりの大芸術家の天分なしには、真にその効果を発揮することができない。この点で、ディジョンの工房が、頭《かしら》として当代一級の彫刻家クラウス・スリューテルを持ち得たことは、まさしく幸運であった。

＊

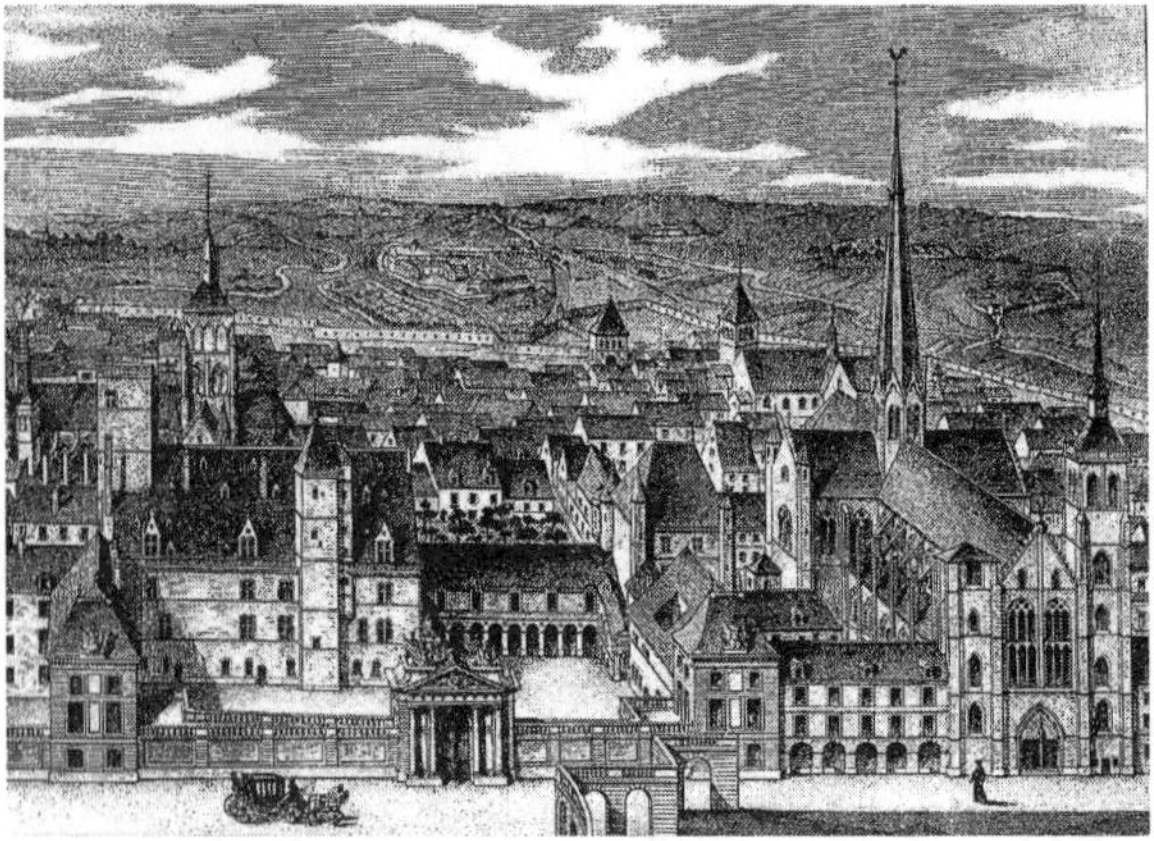

ディジョンのブルゴーニュ大公邸

シャンモル・カルトゥジオ会修道院の彫刻制作は、ジャン・ド・マルヴィル——正面扉口の聖母像の作者は、おそらくこの人である——に委ねられたが、一三八九年、師匠の後を継いだその弟子スリューテルこそは、まさしく新しい一派の長となった。ブルゴーニュ工房の栄光を築いたのは、何よりかれであった。

スリューテルは、ハールレムの出身であった。ネーデルラントに生まれたかれがブルゴーニュの国民であることに違いはない。だから、一部の批評家があげつらってきたように、ネーデルラント人が「ブルゴーニュ」芸術を創造したはずはないなどと言うのはおろかである。大公につらなる諸国民は、大公の芸術的栄光に協力する権利を有する。大公の政治

「預言者たちの井戸」のモーセ（シャンモル・カルトゥジオ会修道院）
クラウス・スリューテル作

的・経済的権力に協力するのとまったく同様に。

それに、結局のところ、スリューテルは、どんな地方的同業組合組織をもはるかにはみ出すスケールの大きい芸術家なのである。かれの鑿《のみ》は、かつて人間の手に操られたどんな鑿よりも自由奔放に動いた。この最高級の鑿が彫り上げた作品の数はおびただしかった。ただし、その記録が残っているだけで、不幸にも失われてしまった。しかし、今に残されているわずかなもの、カルトゥジオ会修道院の扉口に、あるいは、「預言者たちの井戸」に、あるいは、フィリップ・ル・アルディの墓廟に見るものだけでも、その作者がどれほどの人だったかを知るにたりる。ミケランジェロに匹敵するほどの人だった。

かれこそは、もろもろの多様な要素を総合した人であるが、その中の一部は、かれの出身地ネーデルラント――この時期には、専売特許のように、客観的で勝ち誇ったリアリズムの祖国だった――のものであり、一部はかれが縁を結んだ国にほかならぬブルゴーニュに属するものであった。ブルゴーニュもまた、伝統的に、同じく強力で、いわば、さらに人間的なリアリズム、――思想も応分の役割を果たしていて、同時に平衡感覚と構成美への愛が固有の気質からおのずと滲み出てこずにおかぬリアリズムを有していた。さらに一部は、パリと、ブールジュに由来するものであった。ここでは、霊感の熱さを、フランス精神の持ち前のセンスと節度で和らげつつ、独自のフランス的な芸術の確立が試みられ、実現をみていた。さいごに一部は、作者その人のもっとも深い所から来たものだった。

キリストの頭
クラウス・スリューテル作

種々雑多とみえる美的要素のうちで最良のものを採り入れ、モデルの物質的特性とともに、人物の純な精神的本質をうつし上げ、さまざまな類型を作り出しながらも全体としての統一性を生み出しうるような賜物がそれである。

「預言者たちの井戸」――それはまさしく衣裳からしても明らかなように、聖史劇の一場面をあらわしたものだが、――のためにモデルとなったユダヤ人たちは、ゲットー（ユダヤ人居住区）から出てきた人のように見える。(2) モデルが生身《なまみ》のまま、冷酷なまでに再現されていると感じられる。しかし、これら一群の像中でももっとも衝撃的なモーセの像のモデルとして選ばれた、ユダヤ人の一老人が具体的に現実にどんな人であったかということは、この彫刻家が、骨肉をそなえたモデルを通して、民族を率いてシナイの山を下った人についてのあくまで自分自身の想念をうつし上げるさまたげにはならなかった。神ヤーウェと語り合ったあとの昂奮をとどめるこの立役者の目は、神のまなざしの超自然的反映をとどめている。スリューテルのモーセとミケランジェロのモーセを比較してみるがいい。このふたりの芸術家が好一対であると、はっきり感じとることができよう。

このモニュメントの各面を飾っている、他の五人の預言者おのおのが、同じ見事な技法で処理されている。ひとしくかわらぬ綿密さ、細部におけるリアリズム、一つの型をあらわし出す力など。(3) キリストの処刑の預言が、作品の主題である。この宣告の作品化が、井戸の上に、十字架刑像《カルヴェール》の形で、なされたのである。(4)

不幸なことに、カルヴェールは、破壊されてしまった。取り返しのつかぬ損失だった。せめてもの事に、一断片だけが救われた。十字架上のキリストの頭《かしら》であり、ディジョンの考古学博物館に保存されている。

実際、どんな断片であろうと、これ以上に重要な意味をあらわしているものはない。

批評家たちは、スリューテルをリアリストときめつけてきた。かれの芸術においては、思想《パンセ》が演ずる役割があまりに簡単にないがしろにされてきたとする。ところが、目を閉じた十字架上のこのキリストの顔は、何よりもすぐれて、思想の産物なのである。もっとも高いキリスト教的霊感が、それをみちびいている。むき出しの、安易なリアリズムに迎合して、苦しむ死刑囚の顔を苦痛にゆがんだものに仕上げたり、あるいはまた、無表情な、ありきたりの伝統的形式に逃げこむことをせずに、スリューテルは、神聖にして深遠、しかも、晴朗であってかぎりなく静穏な苦しむキリストの顔を彫り上げた。これこそがキリスト、キリストのうちなる神である。人間の死がキリストを襲うことはない。人間が死によって打ちのめされるようなぐあいには。死んだ神は、死体ではない。生命は、かれのうちに眠りこんでいるようであり、滅び去ってはいない。人間の外皮は、人

カルトゥジオ会修道院の扉口

間としての命を取り去られようと、あくまで外皮としてとどまっているだけにすぎない。ひとたび神が住まわれたことがあり、再びあらたに住まわれるやもしれぬ外皮として。つまり、要するに、受肉の秘義と復活の奇跡が、この石の中にひそみ隠れているのである。それなら、彫刻家は果たしてどこから、この崇高な頭像の霊感をくみとってきたのであろうか。誠実で、活々と働くキリスト教信仰、ついにはかれ自身をも、一つの修道院で命を終えるにいたらしめるような信仰以外のどこからでもなかったのではないか。

キリストの頭のような完成された作品は、芸術家の熟達ぶりをよくあらわす。クラウス・スリューテルも、ひととびに、これほどの高みへ到達したのではない。ディジョンへ来てジャン・ド・マルヴィルと共同制作に入る前には、ブリュッセルで仕事をしていた。公家の会計簿によれば、かれの作品のいくつかの制作年代が判明する。シャンモル扉口の中央柱を飾る聖母像は、会計簿には出ていない。しかし、この扉口のその他の彫像を見ると、年代の経過に相応じての進歩のあとがよく示されているようである。守護聖人の像——聖カタリナと洗礼者聖ヨハネ——とは、大公夫妻——フィリップ・ル・アルディとマルグリット・ド・フランドルの肖像において確立されている技法の冴えがない。これらすべての彫像の中でもっとも美しいものはどれかをあげねばならぬとするなら、衆目の一致するところ、フィリップ・ル・アルディのそれであることは間違いない。

実際に、扉口のフィリップ・ル・アルディ像は、美事の一語につき、彫像史の一傑作である。

スリューテルによる、ひざまずいた大公は、行動の人の祈りの姿である。まさしく、天に向かって高まって行く熱情は、特徴的な顔かたち、ふっくらした形姿ともあいまち、一心に思いをこらしているこの人の風貌に、信仰の高貴さをもたらし、そこに、並み外れた光を放つ目が輝きを添えている。しかし、大公は、その祈りの中でも、この世のことを忘れていない。それは神の前に謙虚となった罪びとでなく、祈願の向かう先の聖母と語り合う国家首長の姿である。そして、閉じられた唇の間からもれ出す祈りがどのような文句となるにせよ、公家の政治上の成功がそこから除去されることはありえない。さらに言おう。彫刻家は、鑿の魔術をふるい、彫像が一史料となるまでにしたのである。作品が、過去の呼び起しをする。あの特徴的な、ゆったりした「外套《ウープランド》」にいたるまで、ひと目で、ヴァロワ朝ブルゴーニュ公家の祖をそれと明示しないものはない。スリューテルは、衣服の下のからだを浮き出させるという、この上ない技法、すなわち衣服の布に、単純に、巧妙に、しかも品よく波形のヒダを入れるという比類のない技法を用いて、この像を仕上げた。おそらくは、スリューテル一派以上に、布にヒダを入れることで、運動のみか、感情をも表現しうるようにする技術をここまでおし進めることができた一派はない。

そんなわけで、フィリップ・ル・アルディの墓においても、この技術が、最高の名人芸といえる所まで用いつくされた。

なるほど、スリューテルは、大公により墓廟制作の注文を受けたジャン・ド・マルヴィルの仕事を継承したのだったが、完成にこぎつけるいとまがなく、未完成のまま、甥であり弟子であるクラウス・ド・ヴェルヴにこれをゆだねて、仕事を継続させた。巨匠の死の日付は、厳密には確定できないが、一四〇五年九月二十四日と一四〇六年一月三十一日との間におくことができるようだが、この時点でのモニュメントの進捗度がどの位だったのかは精確に言うことはできない。それでもとにかく、そこにはかれの手のあとが、消しがたく残されている。まわりを取り巻く「泣き像」のうちの最初の二体の模型を作ったのは、かれである。四十人の行列という案を作ったのも——細部までの設計にいたらないまでも——また、一つの像が、優美な雪花石膏製のニッチ（くぼみ）におかれるという配列法を考えたのも、かれである。

実際の葬列をうつし出したようなこの行列こそ、この作品のはっと驚かせる独創性である。ディジョン派は、定式として固まってしまっていた一つのテーマを、新しくし、命を吹き入れたのである。すなわち、ほかの所でなら没個性化し、単なる装飾と化している彫像がここでは、個人の命をとりもどし、生命の息を吹きこまれ、歩み出し、ひとつびとつに表情、性格、姿勢が与えられているのである。

「泣き像」のパントマイムにおいて、「身ぶりをもってする悲しみの表現がすべて使いつくされたかのように見える。いやむしろ、ここで、彫刻家が自然と人生という、くめど尽きせぬ表現の一大宝庫から見てとってきたものを添加してこなかったなら、使いつくされてしまったことだろう」。ブルゴーニュの鑿は、「限りなく精妙な技術をこらして、衣裳そのものを利用したにとどまらず、同時に、衣服にひだを入れることで、精神的・劇的な表現をも可能にした[5]」のである。

「泣き像」を調査してクラウス・ド・ヴェルヴとクラウス・スリューテルの分担部分とを区分するのが、不可能だということは、まったく甥であるこの人の名誉となることだったのは異論の余地がない。この人は、伯父の教えをここまで完璧にわがものとし、伯父と匹敵するまでになった——あるいは、ほとんど匹敵するまでになったのだからである。甥は、熱心な教育を授けてくれたこの偉大な人の方法のみならず、その芸術観をも自分のものとすることができた。一派のつながりとまとまりを保持するという点では、こういう責任態勢ほどに大事なものはなにもない。

クラウス・ド・ヴェルヴはそれでも、凋落期の到来のきざしに遭わなくてはならなくなる。ジャン・サン・プールはその父親ほどに、ディジョンの工房の方に目を向けることはしなくなった。工房の頭《かしら》は、給与が減らされたのを知る。回復不可能な愛想づかしの、なんとも不安な徴候だった。それでも、ジャン大公には自分自身とマルグリット・ド・バヴィエールのために、フィリップ・ル・アルディとマルグリット・ド・フランドルのそれに張り合えるような墓廟を持ちたいとの思いがあったから、なお、長い年月、初代大公の作った機構はともかくも保持された。

芸術的には、ディジョン美術館でフィリップ・ル・アルディの墓と隣り合わせに置かれているジャン・サン・プールの墓は、時代の趣味にあわせ、建築様式としてはたぶん装飾過剰の気味があるものの、まったく忠実に原物の形をなぞった複製品であるにすぎない。この忠実さは、クラウス・ド・ヴェルヴの後を引き継ぎ、この第二作の制作に当った芸術家たちの出身地が多様であっただけに、ことに目立つ。たとえば、ジャン・ド・ラ・ユエルタはアラゴンの人、アントワーヌ・ル・モワチュリエはアヴィニョン人という具合である。後者が少くともディジョン――この芸術上の首都とあこがれる町――に来た理由は、ディジョン派が既に大きく光彩を放っていて、早くからブルゴーニュふうの趣味を各方面に、とくにプロヴァンスに広げていたからであった(6)。

＊

フィリップ・ポの墓碑

実際に、スリューテルによりその名が高められたこの一派ほどに広く影響を及ぼした派はそんなに多くない。本当のところ、フランスの全地方、すべての外国において、ブルゴーニュ芸術の片鱗が見出せ、ブルゴーニュの影響が発見できるのである。ブルボン大公たちの墓廟も、異様なほどに評判となり、あちこちに模造品を生み出した。ブルボネのスーヴィニーに、ブールジュに、いたる所に、何よりことに、ブルゴーニュで。

この形式は、改良を加えられつつ、美しいものとして完成されて行く。たとえば、一四八四年の三部会で有名な弁舌をふるった、家令フィリップ・ポの驚くべき墓碑などをじっくりと鑑賞してみるといい。

この墓碑は、ルーヴル美術館にあり、そこに置かれるだけの価値があるものである。無名の芸術家は、スリューテルの原物を大胆で独創的な仕方でうつしとった。ここでは、泣き像は、自然な身の丈にまで高くされ、かつぎ手とされている。八人の男たちはそれぞれ、独自の姿勢をとって、歩調をとって進み、フードをおろした下に、おのおのの心の動きをもうかがわせながら、肩に石板をになう。石板の上には、あらゆる武器を帯びたまま、亡き人が気品ある姿で横たわる(7)。

*

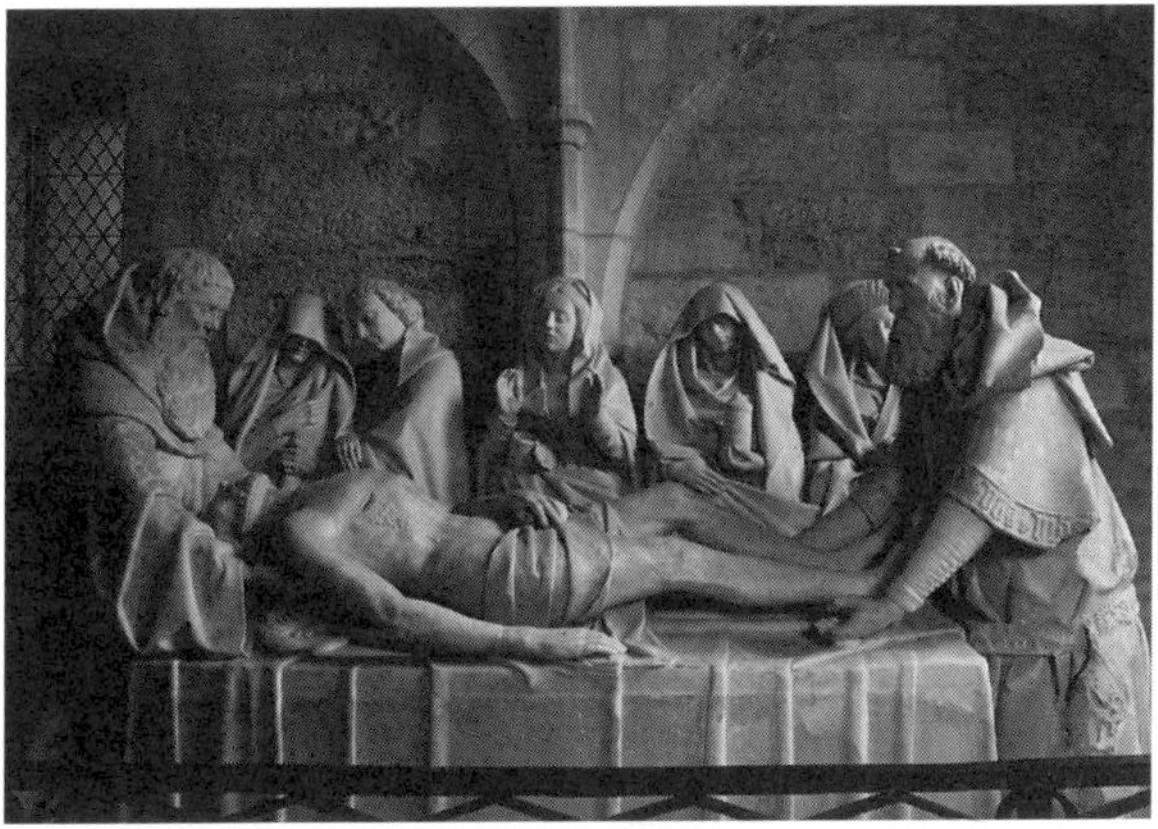

トネールの聖墳墓

スリューテルの弟子たちは、有名人の墓廟の制作に当っていただけではない。いくつかの他の主題をも扱ったのであり、その中では、キリストの聖墳墓が大きい場所を占めている。

もっとも注目すべき一例が、トネールの聖墳墓である。この聖墳墓には、ジャン・ミシェル、ジョルジュ・ド・ラ・ソネットなど何人かの作者があずかってい て、確かな制作年代は、一四五四年である。墓の中に置かれたキリストは、わざの冴えの見事な裸体像の習作であって、死体のしどけなさを滅多にない正確さで表現している。最前面にいる他の二つの人物像（イエスを埋葬するアリマタヤのヨセフとニコデモ）の扱い方には、力がこもる。作者たちが慎重に作りだした動きのうち深くにこもる悲しみの影が、このふたりの顔に気品を添え、下手にやればモデルの俗っぽさが見えすいたであろうに、個性の真実性を活かすことに成功している。同様に、この場面にはいつも登場する五人の他の人物（聖母マリア、聖ヨハネ、マグダラのマリア、マリア・サロメ、マリア・クレオパ）にあっては、それぞれに変化のある形で悲しみが表現されて、空疎な叫びも、いたずらな誇張もなく、深い効果をあげている。

数知れぬ乙女の像、多数の聖人像が、一派に属する多くの工房から生み出され、制作品は、十五世紀が進むにつれ、おびただしく各地に広まって行った。スリューテルの作品から霊感を受けた芸術家たちの活動がめざましかったことに違いはない。なぜなら、数えることもできぬほどの損失がありながらも、今なお、各地の美術館、教会、個人コレクションなどには、まさしく「ブルゴーニュ芸術」とつなげられるにたる多くの作品が残されている。

地方の都市や町村に、その例が多い。サン＝ジャン＝ド＝ローヌの聖母、そのむかしは、ほかならぬディジョンのポルト＝オー＝リオン通りの壁の小さなくぼみをかわいらしく飾っていて、この隠れ家を追われてからはルーヴルに逃げ場を見つけたバラの聖母、そのほか多くの多くの聖母像、聖人像、さまざまなその他の主題の像等々、枚挙にいとまがなく、とてもここに全部をあげることなんてできない。その全体の目録はいまだかつて作成されたことはないのだが、企画されるだけの価値はあるだろう。

つけ加えておきたいが、ブルゴーニュ派が生み出したのはすべて傑作ばかりだったと考えるならば、誤りであろう。事情もあって、この派はどんどんと制作品の数を増やして行くことになったが、たいていの場合、作品価値は二の次となることが多かった。

＊

この種の価値の低い作品例においては、技術の用い方に問題があるのがすぐにわかる。どんな派でも創始者が初めに長所であったものが欠点になってしまっているのがわかる。人気を得ることに避けが天才であったにせよ、やがて職業集団にかわって行くのである。ブルゴーニュのたくともなう代償である。マニエリスム的な気取りの時がくるのである。ふしぶ聖母像は、ひと目でそれと見分けがつく。小さく縮こまり、肥っていて背が低い。しは太い。顔つきは、真に迫っているので、俗っぽくなりがちである。波打って垂れた衣服はゆったりしているが、二流の芸術家の手にかかると、ともすると豊かすぎ、重々しくなりすぎる。そのために、形が覆い包まれてしまう。むかしは、むしろ形が透けて見え、布地に命を与えているふうだったのに。十五世紀の凡庸な聖母像として目立つ一例は、大公専用の礼拝堂の破壊からまぬがれ、ディジョンのノートル＝ダム教会扉口中央柱に見出されるものがある。

こうして、いわば産業と化してしまった芸術の模造品を量産するのに熱中していた芸術家が忘れられて行ったのは当然であるが、その逆に、巨匠たちの最良の弟子たちは世に知られ、人々の注目の的となるだけの価値を有するはずである。もっとも、今日までに真価を見出された人々は、ごくわずかである。例をあげると、ジャック・モレル、また、アントワーヌ・ル・モルティィエその人にならって、カルトゥジオ会の芸術のにない手となった、放浪の芸術家ラ・ソネット兄弟、また、フィリップ・ド・ブルゴーニュの異名を持ち、トレドで鑿をふるって名声を高め、十六世紀のさ中、スペインをイタリアの影響から雄々しく守ろうとつとめたフィリップ・ビゲルニーなど(8)。

＊

ちょうど、この派の放つ光がもっとも遠くにまで及んでいたその頃、一派の領分のまさにただ中で、いくつかの新勢力の台頭が見えはじめてきた。

はやクラウス・スリューテルの時代に、周辺各地でも活動が始まっていた。一三九三年、ディジョン工房の頭《かしら》は、大公によってムアン゠シュル゠イエーヴルへ派遣され、かれがその地でつぶさに観察した輝きが、たぶんかれの天才の開花をうながすのに寄与したらしい(9)。いずれにせよ、十五世紀末には、さらに次の世紀の初頭になるといっそう、ロワール地方の一派、イタリアの一派がブルゴーニュ芸術に浸透してきた。なるほど、ロワール派自体も、当初には、広く行き渡っていたカルトゥジオ会の芸術から影響を受けたこともあったのだが、別な多くの源泉からも供給を受け、これに加工してきたことも事実である。芸術界に覇をとなえようときそうさまざまな流派相互間に交配が生まれつつあった時期だった。たとえば、オータンの聖母像(ビュイヨの聖母と言われる)には、かつては対立関係にあった芸術上の諸派の融合があらわれている。また、いくつかの墓廟などにおいても(ブルーの墓廟など)、こういう相互浸透から生まれた、混合様式の傑作とみてよいものがある。ディジョン派はよく考えてみると、多様な源泉を持つこういう芸術の中にまでもその力を及ぼしていたのであり、やがてそれは、近代の初めに、フランスにおいて明らかになってくるはずである。豪華に君臨していたあと死んでしまったというのでなく、生きのび、さらに広い規模で、さらにフランス化されて、新しい芸術の開花にあずかるのである。だから、結論的に、ディジョン派こそはフランス彫刻の偉大なルネサンスの第一段階をなすものだったと言って間違いはない。

＊

彫刻の才こそはブルゴーニュ芸術史のもっとも目立った特徴であるのだが、まさしくブルゴーニュ美術が存在したといえるのも、ただ彫像制作の面においてだけであったという理由も、たぶんここから出てくる。大公時代の宗教建築は、独自の様式を完成していたようには思えない。それに、大公たちの城館も、仮に存続していたとしても、美術史家たちに言わせるなら、同じ評価がくだせるのではなかろうかと思えるのである。この時代のものとして唯一残存しているモニュメントは、——しかも、その美事さたるや比類がない——かの壮麗なボーヌの施療院だけである。ブルゴーニュの大書記官ニコラ・ロランの創設に成り、奇跡的に保存されてきて、こよなく美しい過去を偲ばせてくれる逸品、そこには、フランス＝フランドル絵画の一大傑作、ロヒール・ファン・デル・ウェイデンのものとされる祭壇画もあり、画中には、ひざまずき、寄進者として祈りの姿をとる大書記官その人と妻ギゴーヌ・ド・サランも描きこまれている。

この美しい一枚の絵により、わたしたちはおのずと彫刻から絵画にと思いを移すこととなる。

ブルゴーニュに見出される驚くべき絵画作品の数々——そのいくつかは、先ほどから思いおこしてきた——は、いずれも輸入ものである。これらが、現場で模造作品を生み出さなかったとは結論づけられないが、絵画に関するかぎり、北方の王権はその勢威をゆずりわたすことはなかったと信じないわけにおれない。絵は、持ち運びも簡単である。だから、ディジョンに彫刻の工房とならんで絵画のアトリエを設ける必要はなかったのである。大公たちも、ネーデルラントの領地内で十分に注文をみたしてくれる相手がいたとみては間違いなのだろうか。

少くとも、「大公たちのものは、大公たちに返す」ことが必要だろう。ホラントも、フランドルも、公領ブルゴーニュ、伯領ブルゴーニュと同じ資格でブルゴーニュ国に属していたこと、したがって、フランドル美術も、オランダ美術もブルゴーニュ美術といわれるものと同様に、大公たちに依存するものであること、を考え合わせなければならない。

だからといってもちろん、ここから結論して、美術史全体の中で非常に重要な位置を占めるこの美術の全般的な叙述を本章に入れなくてはならないということにはならないだろう。本書の規模からしても、またその他の理由からしても、到底そういうことはできない。しかしながら、主要ないくつかの系列はひろい上げておいて、本来の意味のブルゴーニュ内に、この美術が深く浸透していたことをあかしだてる何人かの人々の現存のしるしを示しておくのは、本書の趣旨にもかなうことだろう。

ネーデルラントは、大公たちが政治上の機構として建設中の時期、まさにいきいきと独創的な美術が花咲く時を迎えていた。フランドル美術、ネーデルラント美術である。ところで、ブルゴーニュの芸術的才能は本質的に表現手段として鑿《のみ》を使うことにあったが、ネーデルラントの芸術的才能は、本質として、絵筆による自己表現をめざした。

スリューテルと肩を並べうる人の名をあげなければならないとするなら、文句なしに、スターの座を占めうるのは、ファン・エイク兄弟である。ヤン・ファン・エイク――一三八五年頃に生まれ、一四四一年に死ぬ――は、フィリップ・ル・ボンにやとわれ、いくつもの外交上の使命を果たした。ポルトガル、スペイン、ハーグなどに赴いた。イタリアを訪ねたという証拠はない。かれは、十分な宗教的霊感を持っていたとはいえないが、肖像画家としてのその才能はすばらしかった。正しくものを見、見たものを正確にうつしとった。その目の鋭さと、その手のしなやかさとは相応していた。それに兄弟ユベールとかれとの仕事の分担をいくらかでも正確に見定めることはできない。多くの作品が、つねに一しょだったこのふたりの画工の協同作業に成るものだと信じられている。その証拠になるのが、この二つの人生が仕上げた、だれ知らぬ人もない逸品、かの美事な「仔羊の祭壇画」（ガン、サン＝バヴォン教会）である。[10]

そこで言えるのは、ファン・エイク兄弟の栄光は、たぶんかれらの残した作品にあるというよりは、かれらが育て上げた弟子たちにあるということである。ハーグは、まさにこの派の中心だった。有名な「ラザロの復活」の作者アルブレヒト・ファン・アウヴァテル、ヘラルト・ファン・ハールレム、おなじくハールレム出身のティエリー・ブーツといった弟子たちが、師の教えの根底をなすリアリズムへの熱烈な帰依をとことんまで追求したのだった。

ロヒール・ファン・デル・ウェイデン――フランス語名ではロジェ・ド・ラ・パスチュ

ール――そのブリュッセルのアトリエは、一四三五年から六四年にかけて、驚くほどの繁栄ぶりだった――は、たぶんファン・エイクの直弟子ではなかった。その悲壮さ好みは、ともかくも、この一流の師たちが穏和で哲学的な平静を好んだのと、衝撃的なほどの違いを示す。しかし、なんぴとであろうと、ロヒール以上に強い激情をうつし上げることのできた者はいない。マドリッドのプラド美術館が蔵する、驚くべき「十字架よりの降下」に明白に示されている通りである。先にも指摘したように、ボーヌの祭壇画も同じくかれの手に成るものと見てよい。この絵を、あくまでも澄んだ明るさを持つ、ルーヴル所蔵の「大書記官ロランの聖母」[11]におけるファン・エイクのロラン像と比べ合わせてみるのも一興である。

十五世紀後半は、ネーデルラント絵画にとって、とりわけすぐれて豊かな時期であった。ロヒール・ファン・デル・ウェイデンとならんで、また、かれ以後にも、フレマールの画家の名で知られる芸術家その人だとされている、ジャック・ダレ（ダレの師ロベール・カンパンが「フレマールの画家」であるとする説もある）、アミアンのシモン・マルミヨン、ゼーランドの人フーゴー・ファン・デル・グース――「狂気の淵に沈むこととなる、この不安の人」――などの画工たちが仕事をしていた。さらにまた、市民の屋内風景を美事に描きとどめたクエンティン・メッツイス、さいごに、偉大なるメムリンクがいた。その他、このリストにつけ加えるべき、あまたの人々の名はあげずにおくとしても。ファン・エイクの後楯のもとに育て上げられてきたこれら画家たちの独自の魅力がやっとかげりだすのはただ、イタリアふうの趣味がやがて溢れ出してきて、はっきりと異った影響力を及ぼし始めたとき、そしてフランス伝来の風味をまじえて北方の芸術家たちが独自の才で生み出していた霊感とのアマルガムが作り出されてくるときになってからであった。

*

大公たちが、その広大な支配下の「諸国」で擾乱と花を咲かせていた芸術の中でも特に、ここまでの力強さで内なる魂を表現しうる絵画芸術に引きつけられていた事実は、否定することができない(12)。大公たちのメセナぶりは、――何ものをも受け入れる趣味の広さを先にも評価してきたフィリップ・ル・アルディのあり方を始めとして――絵画に対してもたちまち、気前のよさを見せることとなった。

だから、十五世紀彫刻においてブルゴーニュ産のものにあっては、絵画がそれなりの役目を果たしている。大公たちの墓廟の人物像は、彩色されていた。シャンモルの井戸の預言者像もそうだった。たとえば、モーセ像は、赤色のチュニック(円筒形の上着)、青色の裏をつけた金色のマントを着ていた。ザカリヤもまた、赤い服をつけていた。ダビデは、金色の星を散りばめた青色の服装だった。エレミヤは、濃い青色の服、みなの中で一ばん悲しそうなイザヤは、ブロケード（錦）を着ていた。エレミヤのめがねは、アヌカン・ド・アクトの作で、金メッキされた銅製だった。すべての者が、金色のマントをまとって、緑色の台上に立っていた。さらに、こういう絵画と彫刻の協力は、十五世紀を通じて行なわれたのであり、ドレの城からディジョン美術館に移された、アントワーヌ・ド・フォンテットの魅力的な影像にその例が見られる通りである。

　ところで、絵画は、彫刻の補助役であるというだけに満足しなかった。絵画もまた、固有の権利を要求したのだった。ディジョンのノートル＝ダムのフレスコ画が、その証拠である。北方の影響がそこには明らかに見てとれる。

　しかし、さらにそれ以上のことがある。会計帳簿と残っている作品とから見ても、北方絵画の多くの代表者らが公国内で、公国のために働いていたという証拠がたくさんある。

　メセナとしてのフィリップ・ル・アルディとの関連で、わたしたちは先に、ジャン・ド・ボーメッツの名を知った。かれは、アルトワの出で、大公はかれを高く買っていた。スリューテルが一三九三年、ムアン＝シュル＝イエーヴルへ旅したとき、スリューテルの付き添いにかれを任命したことでもわかる。ヘルダーラント出身のジャン・マルウェルは、シャンモルの預言者像に彩色した画家であり、ジャン・サン・プールの肖像をも描いた[13]。ブラバン人のアンリ・ベルショーズ、ジャック・ド・ラ・バエルツ、メルキオール・ブルーデルラムは、多くの作品をもって公国ブルゴーニュの芸術遺産を富ませた。たとえば、ディジョン美術館蔵の有名な祭壇のシャッターとなっている二枚のとびらを輝かしい絵で飾ったのは、メルキオールの功績である。既に一三八四年、この芸術家はスロイスにおいて、英国への遠征用として作られた大公の船に彩色をほどこしていた。この船は、紺色と金色であった。甲板上の後方やぐらは、大きい楯形紋にかこまれており、帆には、夫妻のイニシャル、PとMと、銘句「余は待遠しい」に加えて、マーガレットの花が散りばめられていた。

絵画とタペストリーとは、関連がある。タペストリーこそは、十五世紀におけるもっとも活気のある芸術であって、わたしたちは、初代大公のメセナ活動について触れたとき、豪華な掛け物を諸方に送り出していたいくつものセンターがあったことを見てきた。アラスとフランドルは、競争相手だった。フィリップ・ル・アルディの蒐集品について、先に調べあげた経緯もあり[14]、今さらことごとしく、扱われている主題の多様さを言い立てる必要はあるまい。高級織り物師の作品は、ディジョンの彫刻作品やネーデルラントの絵画作品と同様に、フランスのみならず、ヨーロッパを制覇した。

金銀細工、音楽[15]、種々の群小芸術、えり抜きの工芸品等にも、ありとあらゆる芸術様式が花を開かせていた中でそれぞれの役割を果たしてきた。だから、ヴァロワ家の政治的夢想が実現していたなら——すなわち、世界地図の上に大ブルゴーニュが、具体的に明確に姿を現わしていたならば、多様でしかも整合的な表現形態をもった偉大な芸術の世紀が、文明の歴史の中で、所期の目的をとげようとする大ブルゴーニュ国の運命にともなってきっと起っていたに違いない。

第11章　宮廷生活

ブルゴーニュ宮廷は、十五世紀において、稀に見る輝きを発した。それは、あきらかに他の王侯の宮廷の影を薄くさせることをねらうものだった。王者の尊厳と華美の追求が、あたかも宗教信仰にひとしい絶対的な唯一の目標とされていたかに見えるこの時代にあって、国家としてのブルゴーニュは、あらゆる記録を打ち破ることを課題としているようであった。豪華をきわめた舞台装置、目にもまばゆい数々の祝祭、華やかな騎馬試合、たっぷりと内容豊かな宴席といったもので、自分が王冠を持たぬという弱味をおぎない、おこがましくも王冠を専有する者どもを、この剛腹さで凌駕し、自分の方こそが実は王冠をいただくにあたいするとそれとなしに示そうとしたのだろうか。そのように信じたくなってくる。公家をキリスト教世界の支配者であるもろもろの王家のうちもっとも壮麗なものに仕上げ、君臨する諸国の名門中第一等の列にまで高め、津々浦々にいたるまで「ブルゴーニュびと」の富裕、寛容、美的趣味を賞めそやさせようとしてやまぬこのたえざる執念の背後には、一種の政治的誇大妄想癖がひそみ隠れているようにも思える。(1)

祝宴は、公家のお得意芸の一つだった。アラス条約のときにも大盤振舞いがなされたし、いついかなる時を問わず、大公の客人たちを懐柔するのに大いに利用された。今日なお、大公宮殿に残っている、巨大な煙突つきの途方もなくだだっ広い台所を見ると、こういう美食の供給所で調製されるパンタグリュエル的な、すさまじい食欲をみたすメニューがどんなものだったかがまざまざと実感される。食事という食事が、ものすごい分量の、凝りに凝ったもので、料理の質と多様さをよく物語るものであった。それでも果てしなく続けられる一大饗宴も、次々に出されてくる料理のあい間にアントルメがはさみこまれなかったら――すなわち、儀典長の工夫をこらした出し物が供されなかったら、武勇で鳴らしている人たちを退屈させたことだろう。その出し物とはパントマイム、複雑で、新機軸の仕掛けをこらした芝居、人体を組み上げて作るお城、軽業の見世物、珍獣や空想動物の展示といったものである。ある日、巨大な肉パイが持ちこまれたこともあった。その内部には、十二人の楽師から成るオーケストラが入っていたのだった。

宮中で催された宴会で一ばん有名なのは、「雉の誓い」といわれている、名高い祝宴だった。一四五四年二月十七日に、リールで行なわれた。年代記作者たちは、その豪勢さにきそって讃辞を寄せている。この夜会の主人公は、羽根という羽根で飾り立てられ、首に金と宝石の首飾りをつけた、一羽の生きた雉だった。巨人のハンスが「トルコ人の大男」の役をつとめた。そして、「マダム教会」が涙にくれて登場し、綿々と「歎き」ぶしを歌

フィリップ・ル・ボンの宮廷

った。参会者一同に助けを求め、オスマントルコによるコンスタンティノープル占領という、最近での一大惨事をみなに思い出させた。まず、大公に、次いで出席者一同に、何よりも特に、大公の騎士団々員たちに、訴えが放たれるのだった。

　あなたがた、金羊毛を身につけた騎士たちよ、
　神に仕える、いとも尊いつとめを忘れるなよ、

と。そのとき、大公フィリップ・ル・ボンは、みなの前で、十字軍に出でたつとの、おごそかな誓いを立てた。次には、シャロレ伯が、そのあとその場にいた諸侯おのおのが、席次順に誓いを立てた。誓いは、神と、聖母と、「事をなすもの《フザン》（雉《フザン》）」とに対してなされた。演劇さながらの演出だった。装置は豪華だし、宝石や上等の布をたっぷりと使い、大公の権威をいやが上にも高める仕立てだった。しかも、いかにも誠心からの演技と見えても、サルタンに対するキリスト教徒側の報復に加わるとの意思表示ではなかったのである。大公その人を第一に、誓いを立てた者たちは、ちゃんと抜けめなく、不可抗力のせいで実行不可能となる場合も折り込みずみであったのだ。

　こういう豪奢な宴会になると、単にご馳走とか出し物とかを誇るだけにとどまらなかった。さらに高い狙いがあった。出席者各自の衣裳までも、大公の金庫からの支出とされた。

いろいろな資料に、すべての織り物、刺繡、総《ふさ》もの、諸侯、仕官、宴席に招かれた一般兵士に至るまでに供された衣服、装飾品の詳細がこまかく記録されている。採用された色は、白色、灰色、黒色であった。「百十二着の衣服を作るために、黒色と灰色の毛織物を半分ずつ、四百五十六オーヌ半（一オーヌは約一・二メートル）、……これらの服の袖にフリルをつけるための白布を三百五十オーヌ半、……同じく灰色と黒色の絹織物四十七着の服の裏をつける用に、別な白布三百五十オーヌ半」の支弁をしなければならなかった。このうちの最後のものは、宴会に招待された、当城館の騎士と貴族用のものであった[2]。

*

騎馬槍試合は、封建時代の競技の王であった。十三世紀からそうなった。ギヨーム・ル・マレシァルの詩の作者が早くも、この「フランス流の戦い」（コンフリクトゥス・ガリクス）について語っており、それによると、試合の勝者は馬や捕虜をたっぷりともらえるので学識ある聖職者を雇い、特別に帳簿につけておいてもらわねばならぬほどだったという。百年戦争を通じて、騎馬槍試合は何にもまして武勇をきそいあう場として、一段とさかんに行なわれ、その上に、輪をかけて費用のかさむ贅沢趣味がこれにともなってきた。豪華に飾り立てた馬にまたがった騎士は、よろいかぶとで完全に武装し、槍や剣を敏捷にあやつったが、その槍や剣もまた、刃への焼きの入れ具合ばかりか、彫刻の細やかさでもってもきそい合いの対象となった。高価な代金を払って、オルレアン、イタリア、スペインなどから運ばせたものであった。ブルゴーニュ宮廷は、大々的に騎馬槍試合を催すべく、あらゆる機会を利用した。試合には、ずいぶん遠方から、スコットランド、カスティーリャ、ハンガリー、英国、ポルトガル、アラゴンからも参加した。大選手たちは、前もって挑戦状を交わしたのち、ここで相まみえた。いわば、出会いの場であり、高貴なスポーツ試合だった。

馬に乗るにせよ、あるいは徒歩《かち》のままにせよ、少々ありきたりの試合形式に、変化がつけられ、新機軸がもりこまれ、楽しいものに仕立てられた。まさしく想像力の産み出した傑作だった。毎度、そのたび、既知のものに見栄えと独創性においてまさる、なんらかの奇抜な趣向を考え出さねばならないのだった。たとえば、「シャルルマーニュの木の試合」「黄金の木の試合」、あるいは「美わしのペリーヌの試合」「涙の泉の試合」等々、その他たくさんのものがあった。

一例として、「シャルルマーニュの木の試合」は、一四四三年七月から八月にかけ、ディジョン近くのマルサネイ＝ラ＝コートで行なわれたものである。「シャルルマーニュの木」といわれる一本の木に、象徴的な二枚の楯が吊り下げられていた。二つの競技場、一つは徒歩《かち》による試合にあてられ、もう一つは、馬上での試合用の場所が設けられた。上流の賓客のために、立派に飾り立てられた観客席がわざわざ特設された。各地からやってくる客人に、快適で、贅をつくした宿を確保するため、あらかじめ近隣の城館、ペリニー、マルサネイ、クゥシェイなどをふりあて、ぬかりなく準備一切がととのえられた。なんとも仲々見ごたえのある試合が行なわれ、専門家の講評があった。第一日めはまず、徒歩《かち》で、斧と細身の剣を使っての、ブルゴーニュのシャルニーとカスティーリャのサーベドラの一騎討ちで始まった。木に吊り下げられた楯は、勝者によって、派手に勿体ぶって、ディジヨンのノートル゠ダムへと運ばれた。

「涙の泉の試合」は、シャロン゠シュル゠ソーヌの野原で催された。聖母マリアの絵の下方に、「大そう品よく、華やかに着飾り、顔にもちゃんと化粧をほどこした婦人が描きこまれていた。婦人は、泣いているふうで、涙が流れて、左側へと落ち、そこに泉がひとつ描かれていた」。判定官、すなわち、試合の審判者用の宿、騎士たちの宿である天幕、競技場、観客席など、要するに、必要な、費用もかかる一切の設備がととのえられ、そういう中で、いくつも記憶されるにたる試合が行なわれ、毎日、くりかえされ、最後は、行列が行なわれて、いよいよ、少し忘れられていた感じの「涙の婦人」の出番となって終るのだった。

騎馬槍試合のやり過ぎは、批判の的になった。あのユスタシュ・デシャンのような気むずかしい精神は、——作家たちの中からたまたま見つけ出してきたのだが——体力を消耗させ、貴重な資源を浪費するのにあえて異をとなえるうるさい連中の声を代弁している。その詩を引用してみよう。形式よりも内容が秀逸といえるものだが、といって形式もなかなか凝ったものである。

わずかな楽しみごとのために、身を滅ぼし合うとは、
よいことは一つもなし、愚かさと狂気のきわみ、
驕りの心、むなしい誉れ、むだな浪費、
そんなものを名誉と呼びたがる卑しいやつばら、
みなが死ぬというのに、公共の財はないがしろにされ、
野育ちの馬鹿者どもに使いつくされる。
騎馬試合は、戦争のまねごと、大きい間違い、
虚栄を美徳ととり違えて、何になろうか。

＊

デシャンのこういうリアルな見方が未来を先取りするものだということは、今をときめく勇士ども、試合の場の専門家どもには夢にも考えつかぬことだった。かれらにとって、

騎馬槍試合は、実際の戦争への最良の備えになることだった。

だから、試合から試合とかけめぐる、騎士中の騎士は、時代の歴史的状況が少しでもそれをゆるすかぎりは、また戦争から戦争へとかけめぐるのだった。

なかんずく、こうして作り出されてきたのが、人呼んで「良き騎士」と言い、さらには「当代の騎士の範」と言うにたるジャック・ド・ラランであった。この人こそは、終りにさしかかろうとする騎士道の理想の型だった。パリスのように美男子で、アエネアスのように信心深く、オデュッセウスのように賢明で、ヘクトールのように情熱的、しかも、戦いがすめば、優しく、謙虚で、いつのときも礼儀正しいララン、一日たりと、早朝のミサへの参列を欠かさず、戦うことのほかにどんな熱情も持っていなかったラランこそは。

散文家も、詩人も、きそってかれの武勲をうたい上げた。かれの墓碑銘は、ジョルジュ・シャストランの作成したものだが、記憶されるにたる。

象牙にもましてまじりけなく、
貞潔をおのが栄光の柱としていた人、ここに眠る

まさしく、中世は、「高貴さ」の、香りも高い樹液をくみつくしたわけではなかった。バイヤールが、十六世紀の輝きを作りだし、コンデが、偉大な王（ルイ十四世）の時代、ヴァイオ

リンの音に合わせ、フランシュ＝コンテの要害攻略に当るはず。さらに、その後には、優雅なレース戦争のヒーローたちが、先祖の勇士たちのふるまいを再びまねぶこととなる。それでも、都市攻囲の戦術や砲弾の性能の発達は、十五世紀のたそがれ、騎士道精神にとっておそるべき競争相手となったことに違いない。ジャック・ド・ラランが、みごとな槍の一突きをくらって死んだのでなく、貴族の家柄の出身でもない、無名の一砲兵が放った砲丸に当って死んだのを見ると、これもはや、時代の徴候の一つ、心に迫るしるしの一つと思わずにおれない。

＊

騎士と並んで、女も、宮廷という舞台では、はっきりと大事な地位を占める。女は、もろもろの宴会や、騎馬槍試合の女王である。騎士たちは、女のために、武具をつけ、戦うのである。

中世という時代は、女性に関して、二つの流れを示す。一つは、反女性的な流れ、文学においては、少々愛想に欠けた『薔薇物語』の詩に表現されている流れであって、もしいくらかでもそこから引用をあえてするなら、古フランス語には、模範としていたラテン語と同じく、慎しみ深さへの挑戦といった要素もないではなかったのがたちまち明らかになったろう。ほかにもう一つの流れがあり、女性に対して好意的で、折あらば、いちはやくフェミニズムにも向かおうとする傾向である。フィリップ・ル・アルディに保護されていたクリスティーヌ・ド・ピザンは、自分のペンだけで生きることをねがい、未亡人となってからも誇り高く、自足の誉れを保ちたいと求めた。

独りのわたしなのだ、独りでありたい。

彼女が国を救ったジャンヌ・ダルクの栄光をたたえるときには、

ひとりの男もしなかったこと

をたたえて、自分もまたそのひとりである女性の讃歌をうたい上げ、はっきりとこの事実をわきまえた上で——すなわち、これまでどんな歴史の一ページにも女性の英雄がオルレアンの少女がかちとった栄光の座にまで達したとの記述はなかったと見きわめた上で——そうしたのだった。

クリスティーヌ・ド・ピザンの自信はゆるがず、はるかな未来をも見通している。

彼女は、チュル、そしてカトンだった。
チュルとはすなわち弁舌さわやかなこと、
彼女にはその才（ラバ）も、素質（ツボミ）もあった。
カトンとは、「知恵」の点でもそうだということ。

しかしながら、文筆に生きるこの種の女よりもオリヴィエ・ド・ラ・マルシュに言わせると家庭的で、客あしらいの上手な女の方がよいとする。

あなたがた、名誉をほしがるお嬢さんたち、
文学だとか、本だとか、学校だとかは、捨てておしまい、
家庭を立派に保つこと、それこそ本当に価値のあること、
その勉強をおし。本当にまじめにやるんだよ。
軽やかに、走ったり、飛んだりの楽しい場所があったらいいのに。
もちろん、わたしの言うのは、精神と言葉上でのこと。
世の中に、これにまさるお宝はなし、
女にとって、愛嬌のある顔、これが一ばんのもの。

この点に関して、素行定まらぬルイ十一世治下のあの人間、フランソワ・ヴィヨンと名のるあの人間を引き合いに出すことはよしておこう。ここで単刀直入に、「永遠に女性的なもの」、すべての時代のすべての詩人がきそってうたってきたものに引き戻される。

女のからだ、とてもやわらかくて、
すべすべして、なめらかで、なかなかの逸品……

『薔薇物語』論争は、フェミニズム問題をめぐっての意見の多種多様さとつながる。ブーシコー元帥は、婦人をあがめる目的の騎士団、「白い貴婦人を描いた緑の盾の騎士団」を構想していた。ところで、フィリップ・ル・アルディは、一四〇一年二月十四日、「すべての貴婦人・令嬢に敬意、称賛、推挙、奉仕をささげる目的で」、パリのアルトワ館に、偉大な「恋愛法廷」を設けた。そこでは、恋愛事件の裁判が行なわれ、女性を悪しざまに言う『薔薇物語』に対抗して、女性の栄光と美徳をたたえる精神のこもった詩作品に栄冠がさずけられた。この法廷の開設は、しょせんわらの火だった。開設の協力者のひとりアントワーヌ・ド・ブラバンはじめ、かれの仲間たちの多くも、女性の誉れの守り手として立ちあがるにふさわしいだけの資質はまったく持ち合わせていなかったのだった。

＊

宮廷生活の年代記を通じて、ことに目立つ公国史上の数ある出来事の中でも、金羊毛騎士団の設立には特別の地位がふりあてられねばならない。

フィリップ・ル・ボンの三どめの結婚、すなわち、イザベル・ド・ポルチュガルとの結婚により、一四二九年、そのきっかけがもたらされた。英国との同盟は当時なお発効中であったが、英国の「ガーター勲章」への対抗という意味合いがあった。新騎士団の騎士たちの金の首飾りには、その中央部あたりに、金の羊毛が吊り下げられていた。フランドル派のなぞの一巨匠（おそらくは、ファン・エイク）が、シャンティ所蔵の美しい肖像画、騎士団員のひとり、私生児大アントワーヌを描いたみごとな絵（二八五ページ参照）にとりわけ見る通りである。

騎士団の創設は、豪華な祝宴をもって祝われ、その会議はつねに、鳴物入りの華やかさで開催された。騎士叙任権は、相続によりカール五世に委譲され、この王以後は、スペインとオーストリアが保持した。

金羊毛騎士団の最初の守護者は、いうまでもなくイアソンであった。アルゴ船の伝説が騎士団創設のそもそもの出発点にあった。しかし、やがてこういう異教徒を守護者に祭り上げているのは、あまり望ましくないとの反省が起きた。その伝説をさらに仔細に探ってみて、そこに少々信義にはずれるおそれのある奸計がひそむのを発見した。イアソンが妻メデイアに対し一向に配慮を払わぬさまと、フランスに対するブルゴーニュの政治とのあいだに通じる所があると感じとったらしい人々がいたのである。そこで、イアソンをギデオンに代えた。この取り替えをかなり苦労して説明している。(3) 取り替えの当の責任者となったのは、シャロン＝シュル＝ソーヌの司教、騎士団の初代監督となったジャン・ジェルマンであった。この学問のある司教は、聖書に拠り所を求めた。つまり正確には士師記第六章を参照したのである。「酒ぶねの中で小麦を打っていた」ギデオンは、土の上に羊一匹分の毛を置き、土の上に露がおりても、羊の毛の上にはおりぬようにして下さいと神に祈った故事を持ち出したのである。奇跡が生じた。次には、同じような別な羊毛を地面に置き、こんどは、露が羊の毛の上にだけおりて、土の上にはおりぬようにとねがうと、このねがいもやはり聞かれた。この証言をもとにして、司教は、騎士団の守護聖人として、イアソンに代えて、ギデオンを選ばせたのである。こういうわけで、ついにはタペストリーに仕立てられたギデオンの物語が、パリのアルトワ館を飾るにいたったのである。(4)

金羊毛騎士団の首飾りは、英国王だとか、アラゴン王だとかの友邦国の元首や、ついには、公家の従者の主だった者たち——たとえば、私生児大アントワーヌなど——にも与え

シャルル・ル・テメレールと金羊毛騎士団

られた。

ふつう慣いとして、紋章を捧持する紋章官が、騎士団員に供奉をした。紋章官の長は「金羊毛」の名で呼ばれた。紋章官はそれぞれに、シャロレとか、ゼーラントとかの、大公に臣従した諸国の名をいただいていた。お供の者の中の最初の者は、フィリップ・ル・ボンの紋章との関連から、「鉄砲《フュジ》」と呼ばれていた。

＊

宮廷生活は、あらゆる行事にわたって、それはそれは、仰々しさをきわめた。非常に細かく規定された儀式によってリズミカルに進んだ。宮中席次は、厳密に定められていて、宮廷内高官の階級制は複雑をきわめ、多種多様な業務と関連していて、ジョルジュ・シャストランとかオルヴィエ・ド・ラ・マルシュが段階を追って昇進して行くさまを見ると、どのようにして立派な善意の人が一段ずつ階級を登りながら出世して行くかがよくわかる。宮内での「お仕え」の仕事で業績をあげれば、特別な使命を与えられることもあった。すなわち大公は、何かと報酬でたらしこんではある人物を育て上げ、かかえこみ、自分と切っても切れぬものとし、その心底が信頼できると見きわめたならば、最大の機密に属する仕事の達成をこれに委ねることにしていた。

オリヴィエ・ド・ラ・マルシュこそは、どのような献身的行為をも託するにたる、すぐれた廷臣の範といってよい人物だった。かれは、ただ義務によって「仕えた」というだけではなかったからである。かれは、性向からいって、社交生活、宮廷生活に向いた人だった。かれの忠誠心を受け入れてくれた公家の威光を増し加えるのに、華麗な舞台装置、贅をつくした「お祭りさわぎ」が必要なことを、かれ以上によくわかっていた人はだれもなかった。ブルゴーニュの文学は一般に、わたしに言わせれば無限に細部描写をするよりも要約してもらった方がありがたいと思えるような語り方で、長々とこうした場面を描き出しているものが多い。オリヴィエが好んで延々と自分の語りをくりひろげて行くやり方に接すると、どうやらこのようにすることを非常なよろこびとしているふうに思えてくる。まさに、こういうよろこびようが特徴なのである。単語も、文章も、くめどつきせぬという感じである。作者は、微に入り細を穿って、わたしたちを放免してくれようとしない。

同様に、とても厳密に規定されていた公家での日常生活の一々の立居振舞いにともなう儀礼についても、かれの叙述が残る。

一例として、ここに大へん適切な一ページがある。パン管理官の仕事に関したものである。この一ページこそは、ぜひとも切り抜いておかねばなるまい。

「大公は、ひとりの筆頭パン管理官と五十人のパン管理官をかかえておられ、この五十人は、戦時中も、平和の時も筆頭パン管理官の指揮下に動き、大公ご指命の五人の室長に統率されていて、各室長はそれぞれ、九人の管理官を配下にかかえ、全員が一隊をなして、筆頭管理官の捧げる旗のもとに行進をした……

大公が昼食をとることを望まれ、食器一式が置かれると、衛兵のひとりが、その日の給士番に当っているパン管理官を呼びに行き、パン貯蔵所へと連れ出す。そこで、貯蔵所の膳部官が、この管理官にナプキンを渡し、保証のしるしに、唇をあてる。すると、管理官はナプキンを左肩にかけ、両端が前後にぶら下がるようにする。それから、膳部官が、蓋をした塩壺を与えると、管理官は、これを指でつかみ、塩壺の脚部と腹の部分をおさえながら運ばねばならない。ただし、水飲み用のコップは、脚部をつかんで運ばねばならない。こうして、衛兵の後について、パン管理官は、帽子はぬいだままで、進む（……）

パン管理官は、食卓の上に肉の皿を置くとまずみずからその試食をし、それを次々に、別な人々にも手渡して行く。そのあと、管理官は食卓の端の、船形香料入れの前に立ち、大公に料理をさし上げる。料理は二回にわたるがそのつど、十二皿ないし十三皿の内容である。

ただし、夕食の料理は一回きりである。

そして、パン管理官は、一丁のナイフを取り上げ、大きい塩壺の中の塩を小さい壺にうつしかえ、試食をし、大公の前に置く(5)。

パン管理官は、食器戸棚からウェファースを取り出し、宴会に集った人々が多い時には、大公のテーブルにすわった人々みなの前には、ウェファースを給仕してもよいが、他のテーブルにはしてはならない」

宴会での料理の出し方ときたら、「料理材料についてみると、それこそパンタグリュエル的な途方もない食欲のあらわれを示している」と、J・ホイジンガが、その著『中世の秋』において述べたのは正しかった。この本から、数行を引用してみよう。

「シャルル・ル・テメレールの食事は、ほとんど典礼にもひとしい荘厳さでととのえられ、何人ものパン管理官、庖丁官、酌人、コックによって調製されたもので、演劇の一大上演にも似ていた。宮廷では、十人ごとのグループに分れて、別々の部屋で、それぞれ主人扱いの給仕を受け、全体が地位と身分に応じ細心に秩序づけられて、食事をした。食事がすむと、「自分に敬意を表しにこさせる」べく、なおも食卓についたままでいる大公のところへあいさつに来た。台所では、（……）炉と食器戸棚との間に、部屋全体を監視できるような高い椅子に、コック長がすわっていた。手には、大きい木のスプーンを持っていて、二つの用にこれを用いた。一つは、ポタージュやソースの味を見るため、もう一つは、見習いコックを仕事に追いやるため、必要な時には、これで叩くためであった。コック長自身が燭台を手にして、直々料理にあたることはよほどの場合しかなかった。たとえば、トリュフの初物とかとれたての新鮮な鰊などが食卓に上る日などである」

こんなわけで、コック長の職にだれがつくかは、一つの事件だった。ここでもまた、オリヴィエ・ド・ラ・マルシュを引き合いに出すと、それがどのように行なわれたかを教えてくれる。「大公邸においてコック長の席が空位になると、給仕頭は、料理担当官をはじめ台所で働くすべての者を招集し、かれら全員の勿体ぶった投票により、誓いまで立てさせた上で、コック長を任命した」

これほど多くの人間をかかえこみ、まるでだれかれなしに饗応するのかと思わせるほど、易々と気前よく招待ばかりしている大公が、信じられないほどの金額を費していたことは、台所にある巨大な炉より以上に、ディジョンの古文書館にある支出帳が雄弁に証言している通りであるが、それればかりか、大公は、身分上の義務としてたえず見栄を張りつづけねばならぬわが宿運を知ってもいたのである。ルイ十一世ならば、そんな宿運を甘んじて受け忍ぶことはなかったろうが、歴代四人の大公は、何ともうまく切り抜けて行く才もそなえていたようである。いざという場合には、一種のプロとしての名誉意識によってこの重荷を軽くすることもできたのだった。

要するに、先にメセナとしてのフィリップ・ル・アルディを見てきたわたしたちは、ブルゴーニュ国の首長たるほどの者ならどんな豪奢に包まれていても当然と受けとれる。既に拾い上げてきたその特徴の数々——ことに、銀器や飲用具の豪華について、くりかえし述べ立てることはやめて、女性用・男性用の装身具、個人の細々した生活用品にわたる分野からいくつかの注目すべき点を補足しておこう。(6)

マルグリット・ド・フランドルが息子の結婚式の時どんな服装をしていたかとの質問があったとする。わたしたちの使える文献によってこの質問に答えることができる。どうやら、つつましい服装だったようだ。

大公夫人は、真紅の絹の打掛けをまとっていて、その下には、白色の地に金色の星を散らしたビロードを着ているのがすけて見えた。同じこの結婚の儀では、男たちの仕着せは、ビロードと繻子を取り合わせ、左右を緑色と白色に分けた織物でできていた。

大公はどうだったか。緑と白のダマスカス産の絹製であって、「細かい四角のチェック模様」に「金色の小片が飾りつけられて」いた。

婚礼の招待客には、引き出物が配られた。「衣服の留め金具、絹布、宝石」など。

のちのブラバン公ジャン四世となる、ジャン・ルテルは、一四〇三年六月十一日、月足らずで生まれた。

この人の生誕に当ってなされた準備全般こそは、富裕な一家ならどういう準備をととのえるものだったかの一好例となる。「出産のために必要なもの一式」が取り寄せられた。その中には、二つの新生児用ベッド、――小ベッドと装飾用ベッドも含まれていた。装飾

*

用のそれは、華美を見せびらかすもので、パリの木工家具師ジャン・ド・リエージュの製造したものであった。付属品一式も用意されていた。植物種子で染められ、キプロスの金糸で紋様を織り出し、十個の金色の十字形を飾りつけた、鮮やかな真紅のビロード製のベルトつきシーツ、アーミンの毛皮製の毛布など。

装飾用ベッドは彩色され、くすんだ色の純金の飾りがつき、木製で赤ん坊の頭を置くための台がそなわっていた。全体は、大公おかかえの画家、侍従であり、その名も知られたクリストフ・バザンにより調製された。

シャルル・ル・テメレールの跡継ぎ、マリー・ド・ブルゴーニュが生まれた時にはその母は、暖炉の前に置かれた小ベッドに横たわり、赤ん坊は揺りかごに寝かされていたが、別に、何台もの装飾用ベッドが作られ、超豪華版ベッドなら備わっているべきすべてを完備していた。赤ん坊のマリーの寝室には二つのベッドがあり、一つは緑、もう一つは紫の布が張ってあった。大公夫人の寝室に設けられた二台のベッドには、緑色のカーテンが掛かっていた。控えの間にももう一つ、大きいベッドがあって、真紅の繻子のカバーがかかっていた。

ブルゴーニュの未婚の女性は、結婚のときみごとな衣服の一そろいを持って行くだけでよかった。シャルル六世の跡継ぎ息子の婚約相手に選ばれたあの娘、二度王太子妃となりながら、ついに王妃とはなれずに終るあのマルグリットが、結婚荷物の中に入れたのは、次のようなものだった。到着の日、未来の夫の前に出るための用に、一そろいの衣服、緑色の絹製の、胸の開いたサーコートつきアンサンブルがあった。結婚の日の朝には、外から見える所は、種子染めのキプロス金糸織りの衣服をまとうはずである。しかし、昼の「正餐」がすむと、着替えをし、所持の服の中で一ばん豪華なもの、やはり同じキプロス金糸織りで、そろいの打ち掛けつきの、ゆったりした袖なし礼服をつける。「結婚式の翌日、教会へと赴くために」――感謝をささげるため、とアンリ・ダヴィドは注記している――こうして、霊的にも結ばれたことを感謝するために――ただし、この結婚は結局「霊的」だけに終ってしまったのである。ブルゴーニュ娘がめあわされた最初の王太子は、十歳にもならぬうちに死んでしまったからである。

こうして、暗い喪の色が、きらきらと輝く色のあとに続くこととなる。しかしながら、「褐色」も「リエールの黒」も、そんなに長くは続かない。略式喪服の白色にかわったかと思うと、すぐにまた婚礼用の真紅に取り替えられる。

フィリップ・ル・ボンその人は、こんなふうになんでもすぐに忘れてしまう性質《たち》ではなかった。父の悲劇的な死にひどく打たれたこともあったから、厳しく喪に服したというだけにとどまらず、一生を通じ、黒をつける好みを守りぬいた。かれの場合は、豪華趣味からそうしたのはむろんだが、簡素にして厳正なこの色をまとうことを習慣としてふだんに守ったのである。

＊

当時は、すべての王侯貴族の宮廷でそれが伝統であったように、退屈を追いのける役目を職業とする、男女の「阿呆（道化）」がどこにも見られた。フィリップ・ル・ボンの治下では、道化師コキネが、たっぷりお手当をはずんでもらっていた。(7) 同じ頃、ひとりの「女道化師」がどうやらまた、見のがしにできぬ人気を博していたらしい。その女は、「なかなかの愛嬌者」と評され、一般に「マダム・ドール（金髪夫人）」と呼ばれていた。帳簿にはなんどもこのブロンドの小人《こびと》の名が出ており、一四二一年から一四三四年にかけて、いろいろと奇抜な芸を演じてみせたらしい。

一四三〇年、新大公夫人イザベル・ド・ポルチュガルのために催された祝宴の際にも、一つの「アントルメ」として余興が上演された。そのさまを、年代記作者ル・フェーヴル・ド・サン＝レミが描いてみせてくれる。

「それは大したアントルメで、大きいパイの中に前身が青色に染められ、角は純金で飾られた生きたままの羊が一頭入っていた」

ハンスという名の巨人――この巨人は、先にも見てきたように、「雉の誓い」の舞台でも役割を演じたことがあった――が、大公夫人のための祝宴の日、パイの中に入れられた羊と共に出演した。巨人は、「野獣のぬいぐるみ」を着ていた。パイが切り開かれると、羊がとび出し、巨人があらわれた。巨人は、「マダム・ドールに戦いをいどみに」行った。巨人と小人の女との戦いというのが、宴会の客たちのために用意された、奇想天外のもてなしなのだった。こんなふうな、新機軸をつねに考え出して、客たちを飽きさせないようにしていたとすると、いわば四六時中、関心を引きつけておくことが必要だったということではないだろうか。

つまりは、たえず工夫をこらしていることがきまりだったのである。アントルメは、お客をよろこばさねばならぬサーカスの経営者の出してくる数々の見世物と同じで、バラエティに富んでいなければならなかった。いくつかの例を引こう。「真紅の絹布で豪華によそおわれた」一頭の馬の上に、「背中合わせに」、鞍もなしにラッパ手が二人すわりこみ、後ずさりに室内を一周する。その間、馬上のふたりは、「ラッパでババチュの調べ」を演奏するといったもの。また、半分グリフォン（獅子の体に鷲の頭と翼を持つ怪物）半分人間の、黙示録に出てくるような怪物が、「一頭の猪に乗って出てきて、そのかたわらに、巧みをこらしたポーズの（つまり、その意味は、「足を上にあげて」ということ）軽業師をひとり連れている」といったもの。あるいは、びっくりするほど大きく、美しく、「真白で、金の長い角《つの》のある」一頭の鹿に、十二歳の男の子が乗っかり、流行のシャンソン「こんなのを見たことがない」をうたうといったふうなもの……

*

これ以上は言わなくても、わかってもらえるだろう。大公宮廷の華やかなこの社交界は、活気にみちた生命力にはずんでいたのである。戦争ものの道具立てが、その魅力の一つとなっていた。国際関係もそこでは、独特の調べを湛えていた。つまり、すべてが大公の宮廷へと流れ入り、すべてがそこから流れ出していたからである。そこへやってくる列強の使臣たちは、政治上の会議と礼儀上出席して色どりを添えねばならぬ余興の暇つぶしをこもごもにこなしていた。大公の宮廷では、同じ時期にルイ十一世という、あまり儀式の好きでないフランス王の側にいる時とはまったく違った形で外交の掛け引きが行なわれていたのである。老いて行くフィリップ・ル・ボンの同時代人たちは、こういう風土のはっきりした違いを感じとっていた。ただの家臣にすぎぬ大公にはひたすら賞賛の念を、宗主である王にはただ軽蔑を抱いていた。人々の目から見れば、王冠をいただくにあたいするのは、伯父の方であって、甥ではなかったのである。できうるなら、その王冠を運命からもぎ取りたいとのひそかな願いを抱き、それ相応の確信をもって歴代大公の列につらなる最後のふたりは、ブルゴーニュの栄光をうち立てた最初の人たちの輝きをさらに一段と高めたのだった。

第12章　ブルゴーニュという国家

シャルル・ル・テメレールが、その父フィリップ・ル・ボンの夢をトリーアまで追い求め、これを手に入れようとしていたとき、いにしえのロタリンギア回復の実現は手の届く所にあるとも思えたのだった。シャルルの望む所は要はただ一つ、事実にそむかぬ、正当の資格を持つ人をすえたいというにつきたのだった。実際に、公国は、王国にも等しいものとなっていた。いや、その人口、富からすれば、十五世紀ヨーロッパの大半の王国を凌駕するものだった。ほかに王国といいながら、はるかに輝きにおいて劣るものがいくらもあった。

ありのままで言えば、この一大権力は、数世代かかって、初めてあらわれてきたのだった。四人の大公が、その巧みなたくましい手で、モザイクの数片をつけ加えたことによって、全体は今や、畏怖の念をも与えるほどの広がりを持つに至ったのだった。それを、どのような名で呼べばよいのかは、だれにだってわかりはしない。西方大公国とかポナン大公国とか、ともかくも仮の呼び名をあてはめておくとしても、——同時代の人々は、躊躇していたのである——建設途上にありながら、はやくも広大にふくれあがり、たえず増大しつづけ、かてて加えて、自然の境界線も見定めがたくなり、大西洋の方へと押しつめられたフランスと、ライン川沿いに圧縮されたドイツとの間にあって、この国はいまだかつてどんな国も、——地上である程度続いた国の占めたことのない場所を取る定めを受けているかに見えたのだった。

それは強い印象を与えずにおかぬ全体、歴史に予期せぬ展望を開けさせた全体だった。現代ヨーロッパの二つの王国、オランダとベルギー（ホラント、ゼーラント、フリースラント、ジュトヘン、フランドル、ブラバン、ランブール、ナミュール、メヘーレン、リエージュ）も、現在のフランス北部各県、ノール県、パ゠ド゠カレー県、ソンム県（フランス領フランドル、アルトワ、ピカルディなど）と融合していながら、なおかつ、そのごくわずかな一部をなしているにすぎない。ソンムからズィデルゼーに至る沿岸帯が、その縁に当る線を描く。なんともみごとなこの海岸線を国境とし、その砂浜にスケルデ川とライン川が穴をあけて河口に開いていて、この海岸の後背地に当る地方が、中世商工業のもっとも活動的な中心地につらなっていることもあって、いやましにさかんとなってくる貿易のための港を提供していたのだった。

ルクセンブルク及びその属領は、ロレーヌ公国とアルザス高地がつけ加わるのを待つ間、フランドル・グループ、狭い意味でのブルゴーニュ・グループとの間に介在する領地群をなしていた。

ブルゴーニュ・グループの核は、公領ブルゴーニュ、伯領ブルゴーニュまたはフランシュ＝コンテであって、そのまわりを、マコネ、オセロワ、あるいは既に見てきたように、公国のドーフィネ（太子領）の役割を演じてきたシャロレ伯領といった、重要度の点でやや劣る属領が取り巻いていた。

これほどに多くの所領の主であった人ならば、ただ王冠だけが――皇帝の冠とまでいかなくても――自身の威厳にふさわしいとふと感じることがなかったらおかしいだろう。スイスの平野のかなたに大アルプスのぎざぎざの連峰が見渡せるジュラの地から、フリースラントの干拓地に至るまで、マコネのぶどう畑からデン・ヘルダーの砂丘まで、ソーヌ川のつつましい岸辺からアントワープの発展してやまぬ交易の場まで、ローヌ川南部の光溢れる地域からゼーラントの深々とたれこめた霧の国まで、種々さまざまな土地と民族とが、この名付けようのない一国の生命に協力し、一つの人格のごとく強力な一団となって、いちはやく相補的な数々の資源を一つに合わせるのである。五百万から七百万の住民がおそらく、この多様なブルゴーニュに群れ集まっていた。それは、十八世紀におけるプロイセンの人口と同じだった。まさしく、ブルゴーニュはある一時期、プロイセンがドイツで果たしていたのと同じ役割を果たしつつあったふうに見えたのである。たといブルゴーニュ公の中から、ひとりのフリードリヒ二世が出たとしても、またブルゴーニュを作っていた各部分がプロイセンを作っていた各部分の結合と同じふうに結合したとしても、おそらく、フランスの統一が、このルネサンスの黎明期に実現したとは思えない。オーストリア＝プロイセンの二元的体制が続いていたあいだは、ドイツの統一が実現しなかったのと同断である。もしブルゴーニュの夢想が形をなしていたとするならば、フランスはただの単なる「一小勢力」になり下っていただろう、とドイツの歴史家ランケは言った。

十五世紀のこの分断されたヨーロッパにあって、まさしく一大勢力のさまを呈していた一国の長として、大公は、すべてにかかり合い、いたる所に自国の代表を送り、要するに汎ヨーロッパ的な政治を行なっていた。

先にも見たように、東方でも、ハンガリーと緊密な関係を維持し、聖地への派遣軍に財政援助をし、ダニューブ沿岸で戦い、黒海に軍船を乗り入れさせた。また、ジェノヴァにも触手をのばすのも見てきた。少くとも、自己の外交の糸が、ミラノ、ヴェネツィア、フィレンツェ、ナポリなどにおける歴代フランス王の糸とからみ合うようにと意を用いていたのである。ナポリの王朝とも同盟を結び、南イタリアを狙うフランスの意図に逆らって、スペインにおけると同様に、これを失敗に導こうとつとめた。スペインへは、ルイ十一世によりルシヨンを奪われようとしていたアラゴンのフアン二世――ナポリ王の叔父――を救いにはせ参じたのだった。

こうしてみると、歴史家たちから一般に軽視されてきたスペインにおけるブルゴーニュ

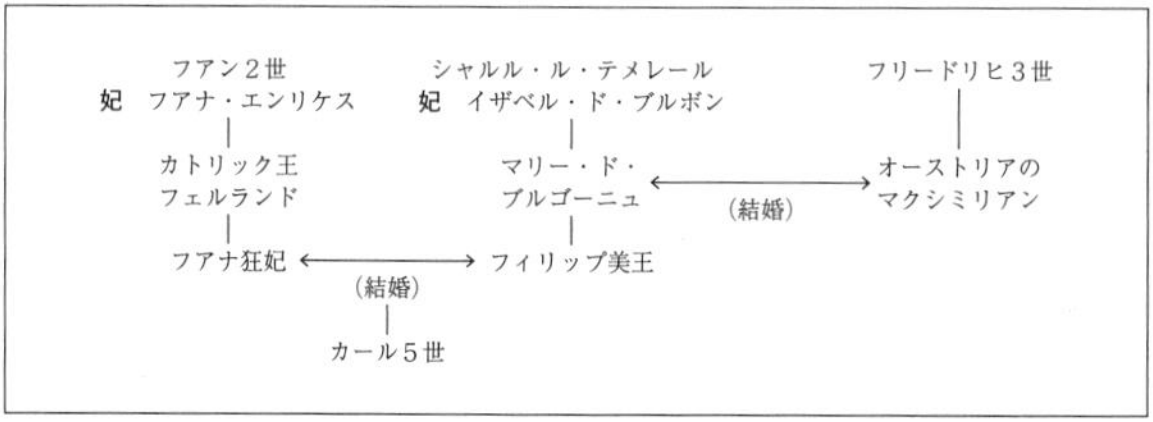

の攻略こそは、大公の国際性のよきあらわれの一つ、大公の外交政策の国際的・普遍的な広がりを示す、何より代表的な一例といえる。

既に、ルイ十一世が王位につく以前から、大公宮廷とアラゴン宮廷との接近のきざしは見えはじめていた。一四六一年頃、シャロレ伯の娘マリー・ド・ブルゴーニュと、フアン二世の息子フェルランドとの結婚計画が練られていた。歴史の驚くべき先取りであって、この時期から早くも、のちにカール五世という権力を生み出すに至るはずの、王家相互間の連繫が着々準備されつつあったのである。しばしの間の婚約者たち、フェルランドとマリーとは、運命の歯車がどのように廻って行くにせよ、ハプスブルク家最大の人の家系図のうちに、相対する位置を占める定めを帯びていたのだと思えてくる。

フアン二世がルイ十一世と、一四六二年五月九日、バイヨンヌで結んだ盟約は、当時カタロニアで起った革命運動[1]の鎮圧のためガストン・ド・フォワ指揮下のフランス軍を投じることを約したものだったが、この結果一時的に、アラゴン＝ブルゴーニュ協約の準備工作は中止された。

しかし、ここで、ピレネーのかなたで、情況が一変する。カタロニア人が帰順しなかったのである。かれらがファン二世に抵抗するためにと寄りすがったカスティーリャのエンリケ四世は、かれらを見捨てて、ルイ十一世の裁定にゆだねてしまい、ルイ十一世の方は、自分ではなんの貢献もしなかったくせにアラゴンから代償として、ルシヨンとセルダーニャを奪い取るだけに満足せず、バルセロナでも自分を領主として認めさせようとの策謀に走った。カタロニア人は、この余りにも危険な保護者を避けるために、モロッコのセウタで戦争中だった、ポルトガルの総司令官、由緒あるウルヘル伯家の継承者ドン・ペドロに頼ろうとした。そこで、ドン・ペドロは、アラゴン王の肩書をいただき、ファン二世の競争者の地位にわが身を置いて、バルセロナに腰をすえた。

ところで、カタロニア人の王、ポルトガルのドン・ペドロは、ブルゴーニュ公妃イザベル・ド・ポルチュガルの甥に当った。こうなると、カタロニアの首都に君臨する王と、ブルゴーニュ宮廷との間に、緊密な関係が結ばれずにはすまなくなるではないか。

古文献には、この関係の記録がよく保存されている。ドン・ペドロは、叔母イザベル・ド・ポルチュガルとフィリップ・ル・ボン公に救いを求める。とりわけ、アラゴンのドン・ハイメが、ブルゴーニュ宮廷に使節として派遣された(2)。その時たまたまバルセロナにいたブルゴーニュの軍人たちは、ウルヘルの戦場で、大公夫人の甥に当る人のために戦うことに同意した(3)。この助力を得ながらも、ドン・ペドロは、数々の敗北をこうむるのを阻止できず、ついには短期間のうちに、その王国を惨めな状態に陥れてしまう。

カタロニアの地に一四六五年、ブルゴーニュ勢の何人かが出現したということは、私生児大アントワーヌの十字軍の企てとつながることは疑う余地がない。

フィリップ・ル・ボンは、年老いて衰えて行くにつけ、自分があれほどなんどもふれ廻っていながら、みずからは聖地派遣軍の先頭に立つことができずにきてしまったひけ目をますます感じるにつけ、自分の代わりにオリエントへ出で立つ役目を、数ある私生児の中でも一ばん愛し、一ばん能力にも秀でた男にゆだねたのだった(4)。もっとも、それは先発隊にすぎなかった。十二隻の軍船から成り、一四六四年五月二十一日、スロイス港から鳴物入りで華々しく、二千人がこれに乗りこんだ。しかし、私生児は、目的地にたどりつくことはない。ポルトガル王が助けを求めていたセウタに寄港した。力を貸して、モロッコ人の包囲していた要塞を解放した。激しい逆風が吹き、かれの軍の主力はマルセイユまで押し戻された。いくつかの分遣隊がともかくもドン・ペドロのための増援部隊となってくれたが、本当の所はそう大きい勢力でもなかった。それでも、ドン・ペドロの兵は弱兵ばかりだったから、相応の支えとはなった。

そしてまた、ブルゴーニュ軍の加勢は、カタロニア王に対して、軍事上それほど大きい寄与はしなかったにせよ、結婚関係の取決めの機会になった。

ドン・ペドロは、結婚していなかった。フランス王妃の妹シャルロット・ド・サヴォワを意中の人として思い描いていた。この線で交渉も始めていたのである。ところが、かれがバルセロナで、大した考えもなくルイ十一世の要衝を奪い取ってしまったため、王の激しい恨みを買ってしまい、カタロニア国の若き君主をフランス王の義兄弟にする結婚はたちまち、一場の夢物語と化したかにみえた。話を持ち出してみても、なんの返答もなかった。そこで、ドン・ペドロは、英国王家との縁組を思いついた。いや、そうするように他から吹き込まれたのである。ブルゴーニュ公妃が、彼女の甥をそのように仕向け、そそのかしたことは、ほとんど疑いない。甥の妃に、マーガレット・オブ・ヨークをあてがうということだった。のちにシャルル・ル・テメレールの第三ばんめの妻となるはずのこの女性は、まず最初は、カタロニア王の婚約者だったのである。カタロニア王は、一四六六年三月二十八日、いかにも趣味人らしく、英国の婚約者に贈るつもりの指環の件で、購入の役を仰せつかった秘書官あてに細かく指示を与えている(5)。領収書によると、ダイヤモンドは、二百リーヴルを下らぬものであったようである。

しかし、この結婚計画は、花むこの死によって、ついに実らぬ結果となった。実際ドン・ペドロは、病気、うちつづく失意、悲しみ、過労にひしがれて、六月二十九日、息を引きとってしまったのである(6)。

カタロニア人はそこで、空位となった王座に、ルネ・ダンジューを招いた。ここで一挙に、ルイ十一世という、少からぬ私利私欲の持主の叔父が王位についたこともあって、直々に支援の手をのばしてくる。折しもブルゴーニュ公となったシャルル・ル・テメレールが、そのスペイン政策をファン二世側の方へと向けかえるには、これで十分だった。そこで、再び最初の構想がとり上げられた。もちろん、縁組の計画をむしかえすことは論外だった。フェルランドは、イサベール・デ・カスティーリャと約束ができていたし、マリーの方は、その父がルイ十一世の弟シャルル・ド・フランスにあてがおうとしていた。先にも、見てきたように、ブルゴーニュ宮廷のねらいは、この男をとりこむことだった。

少くとも、政治上の盟約が準備されつつあった。形式的ないくつもの条約によって、絆は堅められていた。ファン二世の大使、ドン・フーゴー・デ・ウルレアとドン・フランセス・ベレングエルがロンドンへ赴いたあと、ブルゴーニュ宮廷にも来て、一四六九年二月二十二日、同盟の締結を見た。こうしてつながった、アラゴン＝英国＝ブルゴーニュの結合は、一四七一年、エドワード四世の王位回復後、いちだんと緊密になった。十一月一日、正規の三国同盟により、三人の王侯、すなわち、ブルゴーニュ公、英国王、アラゴン王は、一つに結束した。

こんどは、もはや漠然とした友情の確認ではなく、確かで明白な約定であった。十五世紀当時の外交ならそんな所かとも思えるような、あいまい模糊とした条文を通して、フランスにとっては非常な脅威となるはずの、防衛協定の条項がすいて見えた。ルイ十一世は、条約の締結国側からは、終始敵として狙いをつけられていた。王のあくなき野望を見越して、同盟者たちは、自分たちの国土の保全を協同して守ろうとしたのである。ブルゴーニュとアラゴンとの間に、フェルランドとマリーとの婚約が破れたことで、いかなるしこりも残さぬように、新たに結婚したふたり、フェルランドとイサベールとが協定に調印するのがよいとされた[7]。

ところで、一四七一年の同盟は、十五世紀の歴史にはたびたび見られる、実効のない、単に言葉の上でだけの盟約ではなかった。やがて、もろもろの事件が起って、この同盟の実効性がためされる時がやってきた。

まず初めに、ファン二世とシャルル・ル・テメレールの共通の敵ルイ十一世に対する抵抗が、さっそく緊密な連繋のもとに行なわれた。ファン二世は、強力な援助を寄せるとの確約にはげまされ、大胆に攻撃に打って出た。ブルゴーニュ公は、アラゴンではどこでも、自国の元首と協同の作戦を進めている人と見られていた。同盟が一般にこのように評価されていた事実は、ヘロナ（カタロニア）の助任司祭アルフォンセロの次のような考察の中に世論の反響が聞きとれる。かれはこう書く。「フランス王という、このおぞましい暴君に対して、われらのアラゴン王の兄弟、いと高名なブルゴーニュ公を起こされたのは、神である。公は、暴君を非常に激しく追いつめられ、さすがの暴君もその威勢から脱し切れぬ程であった[8]」と。

力を得たファン二世は、バルセロナを奪回し、平定したばかりか、フランス軍が十年間占領していたルシヨンをも取り戻した。

次には、フランス王が、ファン二世みずからが突入していたペルピニャンを攻囲すべくあらたな軍を派遣してきたとき、ファン二世が同盟国に急を告げると、応答は即座に返ってきた。

一四七三年三月二十八日、シャルル・ル・テメレールはその「戦友」あてに、堂々の調べの手紙を一通書き送るが、それは以下にもれなく翻訳してお見せするだけの価値あるものである(9)。

「いとすぐれ、いと強力な君侯、アラゴンとシチリアの王、いと親愛なる殿、従弟なる君に与う。

いと高名にして、いとすぐれたる君侯、一国の主、いと親愛なる従弟よ、

何はさておき第一に、余のことをお心に留められよ。

余のいと親愛なる兄弟にして従弟ブルターニュ公が、われらの共通の敵フランス王の名をあげてたびたび、復活祭から始めて、一四七三年四月一日まで、フランス王と休戦協定を結ぶようにと懇請し、また、フランス王の総元帥も同じ頼みを寄せてきたので、余はこれに同意したく思った。ただし、それには、貴下の名が、貴下の同意のあるなしにかかわらず、余の連盟者・同盟者の中に含まれるとの明白な条件がなくてはならない。

この休戦協定の署名後に、余は、記憶に誤りがなければ、余の従弟、アルマニャック伯が――レクトゥル要塞のもろもろの砦の公式開城後、王が自由な通行を許可し、明らかな承諾を与えたのちに、われらの敵なる王の兵士どもの手にかかり、いまわしくも残忍な殺され方をした由を知らされた。

また、余は、同じこのフランス王が、レクトゥル陥落後手のあいた軍を貴下に向けようとはかっていることをも知らされた。

この知らせを得て、余は即刻、イタリアで徴募した、槍を携えた騎士千人に命令を発し、休戦を利して、ブルゴーニュを通過させた上で、直ちに行動を開始せしめんと計画をした。すなわち、余の腹案では、われらの敵が休戦協定を破って貴下に攻撃をしかけるならば、この軍にブルゴーニュの徴集兵と協力して敵に当らせるつもりなのであった。

余は、全軍の先頭に立ち、敵にいささかの安息をも許さぬつもりである。

かかる意図のもと、余は、いとすぐれ、いと高名な君侯、一国の主にしてわが兄弟なる英国王および先に名をあげたブルターニュ公に協力を呼びかける。文書ならびに使者の派遣により、かれらも余と同じ行動に出て、共通の敵に対し、あい共に圧力をかけるようにと要請する。

まさしく、確かに余は、かれらが、その義務を果たしてくれることと信頼している。ブルターニュ公、英国王の双方ともが、警護と積極的活動のあかしを立ててくれることと確信している。しかしながら、万一、余の期待に反して、かれらがこのつとめを果たすのを妨げられるならば、少くとも余は、――この余に関する限りは、遅滞なく、下心なく、前線に打って出る覚悟である。

したがって、余は、余の大使らを通じて、既にフランス総元帥に対し抗議を発した。なぜなら、余は、貴下と余との立場がこの点において一致し、われらの政策はこの点に関して緊密につながっており、なんぴとたりとわれらの中の一方に害を加えるなら、必ず他方の者がこれを阻止するべく立ち上ることを、われらの共通の敵に知らしめたいとねがうからである。

貴下において起りうる事は、幸運であれ不運であれ、余にとっても同程度にそうである。余は、貴下の王座の危機については、余自身の危険に劣らずに関心を払わざるをえない」

フランス＝ブルゴーニュ間の休戦協定が、五月二十三日、ペルピニャン前面のフランス軍陣営に伝えられたため、否応なく町の攻囲は解かれ、九月十七日にはルイもペルピニャン条約を署名するの止むなきに至った。この条約は、ルシヨンの領地を中立化し、フランスとアラゴン間の外交問題の解決に展望を開くものであった。

これほどの遠隔地にありながら、これほど強力に大公の政治的手腕が発揮されたことは、ブルゴーニュという国の国際性のはっきりした証拠であり、歴代大公の活動の限りない輝きのあらわれであった。

＊

当然考えられるように、ブルゴーニュ国は種々に雑多な断片・部分から成り立っていたため、制度上の一体性はまったく持っていなかった。

ブルゴーニュ国は、十二分に予謀をこらした上で、また、力による征服によって作られたものでなく、巧妙に相続や譲渡による侵出を重ねて、次第に各領地が同一の主のもとに集結されておのずと成立してきたものであるから、複合企業の性格を持っており、大公自身も一連の長々しい肩書をいただいている上、領地が増えたり減ったりするたびたえずその修正をしなくてはならないから、大書記官府が適宜整理をする任を引き受けていた。そんなわけで、一例をあげると、フィリップ・ル・ボンの公文書には、次のような肩書が列記されていた。「ブルゴーニュ公、ロティエール公、ルクセンブルク公、ランブール公、ヘルダーラント公、アルトワ伯、フランドル伯、ブルゴーニュ伯、エノー伯、ホラント伯、ゼーラント伯、ジュトヘン伯、神聖帝国侯爵、フリースラント侯、サラン侯、メヘーレン侯……」[10]。ロティエールというのは、ほぼ低ロレーヌに相当する。

大公は、自分の支配下に入ったどの領地においても、ほとんど[11]例外なく、現行の憲章を追認し、伝統の習慣を維持し、職務の階級制や機構の特性、方言などを尊重し、ただ、この上に宗主としての権威を及ぼして、諸部局の業務の統制をするにとどめていた。その結果、封土ごとの詳細な研究は地方史の領域に入ることとなり、本書のような一般書では触れる余地がない。それでも、公国ブルゴーニュ、伯領ブルゴーニュ、ネーデルラントというこの広大な全体の主要部分にあって機能していた、何よりも重要な制度について点検しておくことは欠かせまい。

まず、公国の場合である。公国ブルゴーニュが、カペ王家からその行政上の枠組をどのように受け継いだかは、既に見てきた。すなわち、それは十三世紀に設けられた、五つの大法官裁判所管区であって、ディジョン、オータンとモンスニ、オーソワ、シャロン、モンターニュ（シャティヨン＝シュル＝セーヌ）の五管区である。これらの大法官は、カペ王朝期と同じくヴァロワ王朝期には、何よりも、大公の権力を代表する人々であった。かれらは、強固な伝統としっかりした司法の原則を身に体して、人民の運命を自在に裁いた。首長の利益のために働く者であるとともに、人民の欲求を代弁する者でもあった。十五世紀における、公国の大法官の多くは、行動的で創造的な、傑出した人物たちであった。ことに、戦争が一時小康状態にあるとき、かれらのおかげで、地方政治はいくつかのこの上なく確実な進展をとげえた。たとえば、オータンとかマコンとかの精力的で根気強い大法官たちであって、司教や司教裁判所の野望や越権行為に対して、大公の権威を優先させるべく、一歩も引かじと戦いぬいた。

司法機関も、大公としても何より特に心にかけていた対象であった。一連のみごとな政令を発して、慣習法の改良につとめた。慣習それ自体が、フィリップ・ル・ボン治下には、吟味の対象であって、一四五九年八月二十六日に公布された、「ブルゴーニュ国の慣習法総覧」の作成がそのあらわれであり、各条項に細分された全十五章において、一つの法典さながらに、民法に相当するさまざまな問題が扱われていた。

中世法の習慣的な規定に従って行なわれる各領地、各町村での裁判に加えて、上訴制度も設けられた。「ジュール・ジェネロー」と言われる上級裁判所である。一部の特権者にとっては第一審の裁判所ともなったこの上告裁判所は、一種の最高法院でもあって、所在地はボーヌであった。裁判所長、二十人ほどの判事、名誉所員といわれる人々から成り立っていた。この人たちは、大公から任命され、会期ごとに手当の形で報酬の支払いを受けた。

しかし他方で、ボーヌでいかなる判決が下されようと、王権は、パリ最高法院に上訴が提起されるならあくまでそれを免れられぬとしていたことをおぼえておきたい。さらに加えて、大公自身、王国の重臣であって、その限りは法的にはパリ最高法院において裁きを受ける人であり、つねにそうであったのである。フィリップ・ル・ボン、後にはシャルル・ル・テメレールも、なんども、パリ最高法院からの召喚を受けたものであった。かれらは、これに応じなかった。[12] ただし、このような召喚により、――よし、それが効果をともなわずとも——宗主権をもつフランス王は、時効消滅に対してあくまでも権利を保留しつづけて、政治状況がどう変わり、ブルゴーニュ国の首長が例外的な権力をふるうようになろうとも、ヴァロワの所領はすべて永久に王国のものであるとする関係を維持しつづけようとした。それはあたかも、そのむかしノルマンディ公が、英国王になってもなおかつ、やはりフランスの封臣としてとどまったことと軌を一にしている。

大法官裁判所の上には、総評議会とブルゴーニュ諸国連合があって、これで公国の主要な機構一覧図は完成する。この二つは、カペ王朝期からの遺産である。

総評議会は、政府の評議機関である。政治・行政上のあらゆる問題を扱う。その法制化は、一四四六年の日付になっている。ところが少くとも、一四二二年以後、ディジョンには評議会議院が設けられていて、これが実際に政治に当った。その長は、「ブルゴーニュ評議会議長」と呼ばれることが多かった。大書記官も、評議会では大きい役割を果たし、その中心的存在であったが、大書記官とははっきり別な、「評議会議長」がいることがあった。トゥルネ司教ジャン・ド・トワジイとジャン・シュヴロとは、この議長職をつとめていた。先に見てきたとおりである。

ブルゴーニュ諸国は、毎年会合を持っており、大ていはディジョンに、ときにはボーヌやシャロンに集まった。[13]聖職者、貴族、および第三階級の代弁者となる主要都市からの選出委員が代表を出していた。会期中に、諸国連合は、税金について賛否の投票をし、徴収を決め、これを諸国の指命する「エリュ（徴税管区長官）」に一任した[14]。

公国ブルゴーニュから伯領ブルゴーニュに移ると、古い呼び方では「コンテ」、すなわち、今日わたしたちが「フランシュ＝コンテ」と呼ぶところに移ると、まずこの封土が、理論上は神聖ローマ帝国の所領に属しながらも実際上は、帝国がなんら介入することのない独自の諸制度を有していたことがわかる。

公国との多くの類似点に、注意がひきつけられる。ことに、大法官制度である。伯領の大法官裁判所は、既にこの地方の領主であったフィリップ・ル・ベルによって確立されていたが、ヴァロワ朝大公の時代に、完全に根をおろした。十四世紀初めのカペ王朝期の二つの大法官裁判所――ヴズールのアモン裁判所とポリニーのアヴァル裁判所につけ加えて、一四四二年、フィリップ・ル・ボンは、アヴァル裁判所の分割により、ドル裁判所を創設した。

伯領の最高法院は、一三九六年五月三十日の大公政令により、最終的にドルへの設置が決まった。この法廷は、折しも主要な男爵連を召喚することで、その権威を確立した。さらに、一四六〇年、「伯領内の慣習法総覧」を公布して、一段と権威を高めた。この法典の編纂により、伯領内の裁判所は、明文化され確定された法にもとづいて審理を進められるようになった。

さらに、司法官僚や裁判官の養成を、公国においても伯領においても、一そう確実に進めるため、フィリップ・ル・ボンは、同じ一四六〇年、ドルに大学を設立した。この大学は、たちまち隆盛をきわめ、ことに法学部の存在で有名となった。

同じく十五世紀、歴代大公の推進のもとに、伯領諸国の連合体の結成が見られるようになった。起源はよく知られないが、自治体の運動から派生して、一三八四年には花を開いた。少くとも、この年に、初めてブルゴーニュ公＝伯は、補助金の要求と徴収のため各都市へ委員を派遣することをやめて、アモン裁判所管区の全市町村代表を一カ所に集めることをしたのである。少し後には、アヴァル裁判所管区でも、この方法が適用された。次には、こうして始められた二つの集会が一つにまとめられる。諸国連合が生まれたのである。それは、納税をする二つの階級、聖職者と市民階級の集合体であった。というのは、貴族階級は、限定されたいくつかの場合を除いて、個人的に奉仕をするということで納税は免除されていたからである。時代が進むにつれ、この三階級が、サランで相共に集うにいたった。シャルル・ル・テメレール治下、補助金支出の要請が次第につのる中で、サランの諸国連合は、周到にも伯領内で徴収された資金はあくまで伯領内のみで使われねばならぬとの条件を明確に打ち出すようになる。こうして、外部への援助はいっさい拒否するとの伝統が確立する。

ヴァロワ期の伯領の権力が強固に組織されていたことがこれでわかる。しかしながら、伯領の中心部に、「神聖ローマ帝国の一都市」が存在していたために、限定を受けていた。

ブザンソンのことである。この自治領は、あたかも飛び地にひとしかった。ブザンソンは、自治がゆるされていたのである。[15]市の役人は、選挙で選ばれた。数々の特権も有していて、そのために一種の共和国をなしていた。実のところは、その独立はおびやかされていた。フィリップ・ル・アルディからシャルル・ル・テメレールにいたる大公たちは、ブザンソンの自治を統制下におこうと、たえず努力してきた。その目的のため、少数のブルジョワ支配階級と庶民大衆とを対立させてきた内部紛争を利用した。大公らの作戦は、リエージュでの策謀を思い起させるものであった。もっとも、ここでは、リエージュと同じような強い危機が原因ではなかったのであるが。事実上、最終的には、一種の保護制度、文献の言うところでは、「管理人システム」が敷かれることとなった。常置される警備隊長と裁判官とが、ブルゴーニュ公＝伯を代表し、ブザンソン共和国を掌握した。もろもろの特権は、理論上は手つかずに残されたが、厳しい、入念な監督下に置かれた。

二つのブルゴーニュの間をつなぐ機関として存続していたのが、ディジョン会計法院であり、その管轄範囲は、公国にも、伯領にも拡がっていた。[16]

もちろん、このように財務管理が共通に行なわれていたからといって、二つのブルゴーニュの併立にかわりはなかった。しかしながら、はっきりと別個の存在であり、ときとして、その精神、その願望の性質からしてある程度まで、嫉妬しあい、対立する存在でありつづけながらも、この二つは互いに協力し合った。おのおの、独自の役割において、家門の栄光に寄与したのである。

＊

二つのブルゴーニュにおけると劣らずに注目にあたいするのが、ネーデルラントにおける行政上の努力であった。

フランドルでは、フィリップ・ル・アルディは、前代までの封建的諸機関の中から、会計法院を活かすことに成功した。加えて、この機関の地理的位置づけをすると、何より、まさしく統一への配慮が見られるということだった。しかしながら、初代大公の継承者らは、次々と領土併合をしながら、先代の作った枠組の中へ成果を取り込んで行こうとしなかった。したがって、ルイ・ド・マルの婿が当初に構想したままの枠組がそのまま存続するのである。

フィリップはそれでもともかく、注目にあたいする改善を加えて、前代までの慣行を破って、会計法院の所在地をリールに定めたばかりか、一日に二回、朝夕に会議を開くことも命じた。そのための場所、人員、給与も割り当てた。別に、司法機関として、フランドル評議会も設けた。

フランドル評議会とは要するに、ブルゴーニュ公国の「ジュール・ジェネロー」に応じたものである。ただ、所在地が特定の地に決められていず、次々とさまざまな土地を転々と移り動いた。すなわち、一四〇五年から七年までは、アウデナルデ、一四〇七年から三九年まではガン、一四三九年はクールトレイ、一四四〇年から四七年までガン、一四四七年から五一年までデンデルモンデ、一四五一年から六三年までイープル、そして最終的にガンという具合で、一四六三年以後は、ガンに常駐ということになった。

評議会は、「フランドル評議会議長」、八人の評議員、主席検事、税務検事、書記、収税吏、何人もの執達吏、文書官などを有していた。文書官は、それこそ文字通りにあらゆる記録に通じていた。

いぜんとして動かずにリールにあった会計法院は、大法官、その他の官職の財務上の仕事を監督することを目的としていた。管轄は、ソンム川流域の全都市に及んでいた。

評議会では二カ国語制であり、フランドル語とフランス語とを同時に、また、かわるがわる用いたが、会計法院ではただ、フランス語だけを用いた。

フランドル各州は、フランス領内の他の大封土、——すなわち、ラングドイル、ラングドック、シャンパーニュ、ノルマンディなどの各州と同じ組織になっていた。各州の総会は、ブリュッセルで、あるいはガンで、あるいはブリュージュで、あるいは、その他のどこかの都市で開催された。大公ひとりが召集の権限を有していた。フランドルの三大都市、——ガン、ブリュージュ、イープル——は、一般に「フランドルの三大メンバー」と呼ばれていた。

フランドルも、ブルゴーニュと同じく、大法官裁判所管区に分けられていた。しかし、これら全大法官裁判所管区の上に、「フランドル最高大法官」の称をもつ、裕福な一種の大法官の長とでもいうべき人の権威がたなびいていて、この人は、大公直属の身分であった。行政官としての輝かしい経歴をもつ人の典型として、歴史家フィリップ・ド・コミーヌの父、ルネスキュールの領主、コラール・ド・コミーヌの一生をあげることができる。コラールは、一四二九年カッセルの知事、一四三二年ガンの大法官、一四三五年フランドルの最高大法官を歴任した。そのあと、金羊毛騎士団員に抜擢され、一四五三年に死んだ。

父フィリップ・ル・アルディの例にならい、ブラバン公となったアントワーヌは、祖母から受け継いだ公領に、緊密で整然とした組織を与えようとつとめていた。

一四〇六年、かれは、ヴィルヴォルドに、一つの会計法院と評議会を作った。会計法院は次に、ホラント、ゼーラント、フリースラント、ルクセンブルクにもその権限を拡大した。しかし、評議会の方には、未来がなかった。アントワーヌの長子、影の薄いジャン四世の弱体を、各州がうまうまと利用した。一四二二年、「軍隊」が介入して、評議会にかわって、貴族および大自治体の一種の代表団が作られた。

要するに、ジャン四世の臆病さを利して各州が独立をかちとり、いっさいの命令から解き放たれたことにより、フィリップ・ル・ボン自身も、ブラバンをわが手におさめると、この愛郷心の強い国に対しては格別の慎重な配慮をせざるをえなくなった。さいわいなことに、三代目大公の機転のおかげで種々の困難はのり越えられた。次々と段階を追って巧みに進められた改革のおかげでかれはブラバンの裁判制度の再整備に成功した。最終的に、「ブラバン法廷」と名づけられる、高等裁判所を設けた。その所長としては、公国の大書記官が当り、主席検事のほかに六人の裁判官がいて、そのうち四人は、州が、二人は大公が任命した。この裁判所はブラバン小公国の上級裁判所であった。

ホラント、ゼーラント、フリースラントでは、同じ任務が「ホラント法廷」にふり当てられ、当初、これは九人のメンバーから成っていた。この法廷は、フィリップ・ル・アルディ治下のフランドル評議会と同じく、出発時には、司法上の役割よりも財務上の役割をになうものだった。しかし、ここでも、権力の分割が行なわれた。唯一つの機関だったものが、二つの組織に分けられたのだ。すなわち、ハーグ会計法院――一四六三年には、ブリュッセル会計法院と合併した――と、本来の意味で、裁判をつかさどる法廷とである。

エノーでは、行政機構は、「大法官」に中央集権化され、ルクセンブルクでは、「代官＝総督」に中央集権化されていた。

一般的には、地方行政は、その地方出身者にゆだねられる規則だった。フランドルはフランドル人に、ブラバンはブラバン人に、エノーはエノー人に、ホラントはホラント人にという具合だった。先に見てきたようにフィリップ・ル・ボンによって創設されたルーヴエン大学は、全ブルゴーニュ国の学生を引きつけていた。

さいごに、かの有名な、一四七三年の「ティヨンヴィルの勅令」によって、注目すべき統合計画が樹立された。すなわち、当時まで総評議会が行使していた役割を受けつぎ、全ネーデルラントで係争中の訴訟の上訴を受けつけることとなったメヘーレン高等法院の創設である。また、リール会計法院、ブリュッセル会計法院の廃止とメヘーレンに全ネーデルラントで唯一の「法廷」を設置することによる財政の再編である。メヘーレンにはあわせて、「国庫院」と「長官院」も置かれることとなる。シャルル・ル・テメレールは、メヘーレンに対してことに好意をはっきりと示した。ひたすらこの都市を行政上の首都とすること、ネーデルラントの首都とすること以外は考えなかった。この点では、かれは、その父以上に深い洞察力を持っていたのである。

＊

ブルゴーニュ国は、諸制度の上では統一されはしなかったが——その証拠は、見てきた通りである、——ある種の中央集権体制によって、すべての領主に対し同じ君侯による統制が行なわれているのが見えてくる、否定しようもない体質を持っていた。

大公と共に移動する総評議会については、本書の中でも既に観察してきたし、大書記官のことではその権限を確かめる仕事がまだ残っているが、この二つは、ブルゴーニュ国の実態を知らしめてくれるよき例となる。

ブルゴーニュ国書記官の、何よりも代表的な典型が、ニコラ・ロランであった。ニコラ・ロランは、一三八〇年頃オータンに生まれた。パリで弁護士となり、次に、ドル高等法院の弁護士となった。ジャン・サン・プール治下に、大書記官ジャン・ド・トワジイの下で働き、自己に委ねられたどんな種類の職務・任務においてもめざましい頭角をあらわし、大書記官という枢要な地位がどんなものかを教えてくれた先任者が高齢のため辞任しなければならなくなった時、ロランは、評議会議長としてとどまりながらも、その地位を襲うこととなった。

大書記官とは、単に国璽（国の公式印）を保管する者、また、書記局の長であるにとどまらなかった。特に、ロランのとき、この地位はまさに、首相のそれと同等のものとなった。ロランは、一四二二年十二月三日、国璽の引き継ぎを受けた。一四六二年一月十八日の死に至るまでこれを保管する任にあった。もっとも、最晩年には、クロワ一族の勢力の台頭によって、老いたフィリップ・ル・ボンのかたわらでその権力は目に見えて衰えを示した。それでも、この巧知にたけ、思慮に富む資産家は、四十年間にわたり、内政、外交ともに、大きい役割を演じた。わたしは具体的ないくつもの事実によってこの点を確かめることができ、その活動の広さについては、ジョルジュ・シャストランの明白な証言を拾ってくることができた。ロランは、すべてにかかり合う。すべてを蔭であやつりうる、秘かな、知りがたい権力を行使し、もしも対応が失敗に終ることがあれば、自分がすべてに責任を負う。多種多様などの部門についても、他のだれにも及びがたい働き手であった。かれの後を継いだのは、ピエール・ド・グーだった。そして、シャルル・ル・テメレール治下では、娘マリー公妃の時代にまで、ギヨーム・ユゴネがこの地位を忠実につとめ上げ、ついには、一命までもささげるに至った。アムベルクール侯とともに、フランドル人の怨みを買ってさいごに血祭りに上げられたのだった。

ニコラ・ロランは、歴代の多くの大臣諸氏と同様疲れを知らずおのが君侯に仕えながら、自分自身の金銭的利害にかけても抜かりなく対処するすべを心得ていた。しかしながら、後世は、このなかなかのやり手の手口をおおらかに受け入れているらしい。かれのパトロンも、かれの弁護役を買って出ている。かれは、かの有名なボーヌ施療院の創設者だった。先にも指摘したように、この余りに名高いボーヌの施設の不朽の誉れをなす、ファン・デル・ウェイデン作と伝える、よく知られたあの三枚続きの祭壇画では、寄進者としてのお

大書記官ニコラ・ロラン
(ヤン・ファン・エイク画)

定まりの姿勢をとり、妻ギゴーヌ・ド・サランと共にひざまずいて祈る姿を見せている。(17)

大書記官の横には、多くの場合、大公領の全体にまでその権限を及ぼす高官たちがずらりと居並ぶ。公国陸軍の長ブルゴーニュ元帥、海軍の長フランドル元帥、侍従長、主馬頭、その他わんさといて、いずれも令名をはせる、宮廷のもろもろの高官というだけの連中のことまでは、ここには言うまい。

*

財政面では、全体として見た国家の一般的需要にこたえうる行政部局が存在した。すなわち、「ブルゴーニュ公国一般財務収入役」や「ネーデルラント収入役」と並んで、「全財務収入役」が設けられていた。その下にはもちろん、個別の収入役は何人もいた。「財務監督官」と呼ばれる役人が、検査官の役目を果たし、会計収支の精確を期した。執行吏が、証明書発行税の徴収をし、会計方が支出に当った。公国国庫主任が、大公およびその高価な邸宅の支出額の厳正な計算をしている。それによると、公国内の収入総額は、およそ一万リーヴルと評価されている。一四五五年の大公の全収入として、九万デュカの数字があげられており、これは、ヴェネツィア共和国の得ていた収入額とほぼ同額である。このとき、フィレンツェ共和国には、大公の収入の四分の一に相当する収入しかなく、教皇も、その半分の収入がすべてであった[18]。

こうして、ブルゴーニュ国の首長は、その高価につく邸宅や複雑な行政機構ばかりでなく、全領土に及び、その政策に応じられるだけの軍隊を維持して行くことができたのだった。

シャルル・ル・テメレールは、シャルル七世にならって、「正規軍」を創設した。部隊数は三十二隊であった。これに家臣および陪臣から必要に応じ徴集する者を加えると、大公は、およそ一万五千の兵を聖アンデレの十字架をつけた軍旗の下に動員することができ、これに三百門の大砲が――要塞や砦の重砲は勘定に入れなくとも――守りを固めた。さらに、大公は、この軍勢にスイス兵やイタリア兵など、俸給を払って傭い入れた者たちをも加えることができた。シャルル・ル・テメレールは、ひとりの軍人であった[19]。ブルゴーニュ軍を、着々と、立派に養成することに成功した。その外交政策が、かれの目論見にそむくことにならなかったら、まれに見る力を備えた戦争の道具をわが軍隊として持つことができたはずであった。かれがイタリア軍の隊長として、イル・コレオーニを得ることに失敗した事実に注目しておこう。馬上の彫像が、サン＝マルコの広場（正確にはサンティ・ジョバンニ・エ・パオロ聖堂前の広場）に立っているあのイル・コレオーニである。しかし、「静謐この上なきヴェネツィア共和国」は、いかにも邪心なきをよそおって、巧妙に外交戦略をさし向けてくる者の企ての実現をゆるそうとしなかった。傭兵の徴集にあたっても、こうしたたぐいの障害にぶつかることがままあった。一般的には、軍資金の枠内で徴集を進めるというだけの規制しかなかった。

さらに、この軍資金というのが、国庫の収入額や国民の税金負担額がどうかわっても毎年、これを上まわるものになった。つまり、赤字が恒常的であったということであり、公国も国債の発行により将来の収入を先に使ってしまう近・現代の国家と同じやり方で、周辺の他の国々と同様に、さまざまな一時しのぎの弥縫策に走った。

王侯への貸付けを看板にかかげる、何人もの金融業者が、前貸しをしてもよいと申し出た。担保を取って、必要額を貸す者たちであった。フィリップ・ル・アルディがこの方法に頼っていたことは、既に見てきた。宝石、食器、さらには王冠なども担保となった。わたしたちは、当時の大領主たちがそこまで窮乏していたのだなどと、そうむやみに同情したりする必要はない。担保を預けてのこういうやりくりでしのぐのは、現在、国の発券銀行がふだんに金の保有高を頼りにしているのと本質的にかわりはないのだから。

困窮のとき、国がすがることのできた大事業家たちの中には、かのラポンド——ディノ・ラポンディの姿もある。わたしたちは、特にニコポリスの賠償金の支払いを負担したその姿を見てきた。なかなかすぐれた技能をもつ専門家だった。その有能さは、フロワサールのほめ言葉によるなら、「財政のいっさいがこの人によって動かされていた」ほどであった。生前から、数々の名誉に包まれてもいた。死後も、かわりはなかった。ディジョンの大公所属のサント゠シャペルに埋葬され、十八世紀にはまだ残っていた一体の彫像は、腰帯に貧者への施物を入れた巾着を下げた姿であらわされていた[20]。ルッカ出身のかれの同国人たちの中には、同じ種類の奉仕をした人々がいた。たとえば、トマス・ポルティナリである。ブリュージュが、かれらの活動の中心である。イタリアの銀行家たち、なかでも特にフィレンツェの銀行家たちは、その強力な国際的信用力をフルに活用して、ネーデルラントという、何より労働と繁栄の地の経済発展を助けた。

＊

以上が、ブルゴーニュという国が最終的にあらわす、その経済的・社会的状況の一面の一覧のざっとしたスケッチであり、本章の目的も、いわばその貸借対照表を提示することにつきた。

歴代大公が主役となってことを動かすこの国の繁栄と豊かさは、同時代の人々をも驚かした。判断の上で有利な位置にあったフィリップ・ド・コミーヌは、「約束の地」と言った。また、「長期にわたって平和を保ち得たこと、よき君侯のもとに生き、臣下が多額の課税で苦しませられることがなかったことが、ブルゴーニュ家を非常な豊かさのうちにとどめた理由であった」ともつけ加えた。

ただ、いよいよという時は例外だった。危機が迫ったときには、事実上、臣下の財布も管理下におかれた。大公は、国境地帯で、なんとか英仏戦争の大波をおしとどめる政策を進め、フランスの勢力圏内の他の地方が非常に苦しんでいたのに自領の臣下たちには、苛酷な試練から免れさせた。逸話ともなった運搬業者どもの暴走があり、収穫不振の年には――一四三八年にみられたように――苦しい時期が続いたことはあるにしても、歴代大公の封土内は平和であり、生活は安泰であった。

すべてが、経済発展をうながすのに寄与した。公国内では、文化や交通の発達が、農民や市民を富ませるもととなった。オセールには、活発な港があった。シャティヨンは、フランドルの都市かとみまがうまでに装いをこらした。河川を航行する船の寄港地である、ソーヌ川の谷の川べりの町々は、流域一帯で産出する、はやくも品質すぐれて、名だたるワインの輸出港であった。大公のその名も高いぶどう圧搾機があるシュノーヴから、メルキュレイにいたるまで、ぶどうの栽培は進み、特産ワインが生み出され、需要は日に日に延びた。フランドルや英国は、高い費用を払ってその輸入をはかった。ボーヌは、衛星都市にかこまれていて、施療院が建設され、芸術作品で美しく飾り立てられた。ディジョンは、一四三六年頃六、七千人の人口だったが、一四六〇年頃には、一万二、三千人にふくらんだ。クラウス・ド・ヴェルヴが装飾を担当した、つつましい「猿の家」がずっと市庁舎として使われていたとすると、七つの教区教会、大公所属のサント゠シャペル、大小修道院の塔、みごとな建築の二十の礼拝堂の塔は、天にむかって誇らしげに槍をふり上げた一隊といったおもむきを呈していた。この都市は、主要街道の宿駅として、にぎわいをきわめた。ますます旅館の数が増えた。町には、戦争好きの「騎馬」にまたがった人たちばかりでなく、あらゆる階級にわたる旅人たち、パリに向かうイタリアの使節たち、数日間コルドリエ派の新設修道院に宿を求めるフランシスコ会の托鉢修道士たち、トロワの市場への行き帰りの途中である金持ちの南仏の商人たちの一団などが、何百人という単位で群がって活況を呈した。ブルゴーニュがいつの時代にも、交通上の一大要衝の名声を博してきたのも、理由のないことではない。

ネーデルラントには、しっかと手をにぎり合った大商業と大工業があった。政治間では対立していたものの、経済活動のこの両形式は、みずから欲すると否とにかかわらず、連帯していた。上層市民階級と労働者たちも、相互依存的だった。

シャストランは、これらの特権的な諸都市をほめたたえる。「数知れぬその住民たち、その豊かさと力、商品の品質、あらゆる富の充満」を。コミーヌは、そこで生きる楽しみをうたい上げる。「他のどの場所におけるよりも、豪華で、たっぷりした食事・宴会、劇場、その他のお祭りごと」を。生活の水準は、並みはずれて向上したと言ってよいだろう。

大公たちの発行してきた貨幣がすぐれて高品位であったことは、この繁栄をふまえてこそ実現できたのである。そしてまた、逆に、貨幣の高品位が繁栄に寄与した。だから、貨幣を健全に保持するように努められ、貨幣の鋳造は厳正な監督下におかれていた。

なるほど、ネーデルラントにおける経済生活の絵にも、影がないわけではなかった。政治がときに、邪魔立てをした(21)。技術の進歩が予想をくつがえすことがあった。ラシャ製造業が落ち込んだのは、英国に、繊維工業がおこり始めたからであった。英国人たちは、原料である羊毛をみずから所持している以上は、未加工のままベルギーの織工場に送り続けているよりも、自国でその加工に当った方がよいと考えついたのであった。英国産羊毛の輸出は、保護貿易主義の導入によって阻止されていた。こうした状態を一時的な危機にすぎぬと、一流の観察者の中にも見ていた連中がいたが、それは誤りであった。重力の中心が取返しようもなく移り動いていたのだった。

しかし、大型織機が不振に陥っていたのに反して、ネーデルラントの小工場は、活発に動いていた。カッセル、バイユール、プロペリンゲ、またトゥルコワンなどは、飛躍的な発展の中にあった。布地の質も向上し、タペストリーがこれにうまく順応した。ガンには、大きい穀物市場があった。ブリュッセルは、奢侈品の製造に熱中していた。リエージュでは、石炭採掘が始まり、金属工業が伸びてくるのが見られた。

ガンは、フランドルの頭だった。「フランドルのかしら《カプト・フランドリアエ》」と、ニュールンベルクからの旅人、医師ヒエロニムス・ミュンツァーも言った。かれは、一四九五年にフランドルを訪ねたのだった。観察眼のあったかれは、一つの塔の上に登り、町が自分の前に、いくつもの風車が元気よくまわる平野の中に「星のように」広がってくるさまを見た。また、もうひとりの旅人、こんどはスペイン人のタフルは、風車を風景を作り出す要素であると記している。別の所では、泥炭は燃料であり、ビールは飲物であるとも記している。さらにまた、いかなる国の軍隊であろうと、ガンの強力な城壁に近づく力は絶対にないはずとも書いている。城壁の後では、六万人の歩兵隊が装備をつけて守りを固めているからである。というのは、つまり、市民ひとりびとりが、槍と中冑を備えているということである。ニユールンベルク人の方は、ガンの周囲は、パリの周囲と同じ位に広いと記録している。しかし、かれの見る所では、人家のやっと半分だけに人が住まっており、はやくも衰微による人口減少が起っていることもつけ加えている。大公たちの時代には、こんなさまではなかった。その上に、ミュンツァーの言う所では、家々は広くて、造りも立派であった。堀の水を氾濫させれば、三時間で全体を一つの島にすることもできた。貴族、織工、機械工がここでは主人であった。町と周辺の田園部との間に、緊密な連係が成り立っていた。人々は商業で生きていた。市《いち》には、多量の布地、亜麻糸、ラシャ、羊毛が集まり、かのバヴァリアの医師の証言によると、ドイツの大半の地方からそれらはここへ運び込まれてきたものらしいということであった。市場は二つあり、穀物市場とその他の産物の市場とであった。二つとも、ザンクト＝ヤコブ教会のまわりに集まっていた。

ブリュージュは、ガンと同じ位に主要都市のさまを呈していた。織り物業の衰退にもかかわらず、なおも幸運の絶頂にあると信じていられるふうだった。芸術がその輝きのほどを示す。ルイ・ド・マルの時代から伝えられてきた文化遺産は、今や、一三九三―九六年建設の壮麗なベフロワ（市の物見やぐら）、一四二七年完成のサン＝セピュルクル（聖墳墓）教会、一四六四年の日付を持つダムの市場、一四六五年に建ったグルートフーズ館といったぐあいに、増える一方だった。祝祭日には、家々は飾り立てられ、美しく照明され、行列が町を練り歩いて、幻想をさそい、内国人をも外国人をもうっとりさせる趣好がこらされるのだった。ミュンツァーのように、ふだんの時にここへやって来た者は、風光の明媚、幾多の記念建造物、経済活動に、強い印象を与えられた。風車が点在する美しい野の中に座をすえた町は、石の壁でかこまれていて、円形のその形は、重要性においてほとんどまさるとも劣らぬ、イタリアの町ミラノを思わせた。ヴェネツィアさながらの運河や小さな橋、入念に舗装された通り、美しい広場、花咲きみだれる公園、着こなしのよい住民たち、血色のいい顔色でぽっちゃりと太って明るい服装の女たち、――彼女たちにあっては恋の情熱と神秘的な宗教信仰とはあい並んで進みうるのだ――こうしたものが、「取引所」の活気とか、商品の溢れる市場とかと同じく、ここを訪問する者を驚かせるのである。世界の「各国」が店を持っていて、――一部は、地下――取引所のアーケードの下で、開店している。オストルラン――すなわち、ハンザ同盟に属する国々――は、ビール、皮革、蜜蠟、ロシアの毛皮、家具や建材となる木材、船舶用のタールなどを持ってきた。スペインは、その羊毛、鉄、絹、果実（主として、いちじく、ぶどう、オレンジなど）、油、米、ワイン、穀類、皮なめし屋からとても求められている小羊の皮などを送ってくる。オレンジとレモンは、今摘まれたのかと思うほどに新鮮なままやってくるというのが、タフルの観察である。英国も、自国の羊皮、鉛、錫、ロンドンの毛織物などを輸出してくる。ヴェネツィアの供給するものは、スパイス、香料、金糸織、銀糸織など。フランスを代表するものは、とりわけ、ワインである。ことに、——そこからだけというわけではないにせよ——ブルゴーニュからくる。量も質も大したもので、ワイン税がブリュージュの主な収入源となっている位である。これに見合うものは、何よりもフランドルの工業製品である。とりどりの色彩に染め上げられたみごとなラシャ布、上等の亜麻布、じゅうたんなど。ミュンツァーはまた、伯爵とか伯爵夫人とかの彫像に飾り立てられた裁判所や、病院についても語っている。波風からよく守られたスロイス港をほめていて、リスボンにくらべたりしている。もっとも、リスボンの方が広くて深いのだが。フランドルのヴェネツィア、ブリュージュは、絵画においてはフィレンツェの好敵手である。このメディチ家の都市と同様に、ブリュージュは、巨大な銀行である。北方でのもっとも強力な銀行の所在地である。イタリア人はここにいくつも支店を持ち、ここから流れ出る金銭によって、アルノ川のほとりでも、百合の花の国でも、幾多のすばらしい事業がおこされて行ったのである。フィリップ・ル・ボンが、一四五〇年、ブリュージュの最盛期にこの町のことを幾分誇らしげに、

「ここに集ってくる商品、ここで養われている商人たちのゆえに、世界中でもっともよく知られた場所」と評したのは、少しも誇張ではなかった。

ブリュッセルは[22]、にぎやかさにおいて劣るものの、大公宮殿があり、一四三八年、タフルはサン＝ポルの私生児、オーブルダン侯、ジャン・ド・リュクサンブールを案内者として、ここを訪うた。二百人を下らぬ女官をかかえていたとされる大公夫人の宮廷に目を見張った。また、通りという通りの「とても美しい家々」、市庁舎、城外では、テルヴューレンの大公邸——四キロにわたる柵で囲まれ、野生の牝鹿、牡鹿が住まう広大な庭園を持つ——などを見て、讃嘆した。ユスタシュ・デシャンもまた、ブリュッセルでの安楽な生活、たっぷり肥えた、美味なチキン、ラインのワインをうたい上げはしなかったか。これらはのちのちまでも、ベルギーの首都となるこの町が、訪問客に供してくれるはずのものである。

ブラバンの都市アントワープは、十四世紀中にやっと重要性が明らかになってきて、やがて近くの競争相手メヘーレンを圧倒するとともに[23]、ブリュージュの港スロイスに取って代わることとなるのだが、ブルゴーニュによる支配を得てその決定的な発展をうながされることとなる。このリンブルク（ランブール）の港町は、この国で鉱業が発達したことに恩恵を受けた[24]。他方では、メヘーレンの「市場町」をもって任じていた。ネーデルラントの他のいずれの都市にもまして、大公との完全な協力関係に生き、他に絶してその愛顧をわがものとした。その二つの市場、ペンテコステ市場とサン＝バヴォン市場とは、むかしのシャンパーニュの市場の域にまでのしあがった。「世界中で一ばん美しいところ」と、タフルもうけ合っている。かれによると、市場の大部分は、一つの大きい広場を占めているそうだったが、ここ以外の場所でも、いろんなものを売っていて、フランシスコ会の一修道院では絵画、聖ヨハネにささげられた一教会ではタペストリー、ドミニコ会の一修道院では金銀細工、その他の教会や修道院でも、いろんな品物を売っている。どこにもかしこにも、人々が溢れている。ここでは、「世界中で一ばん美しいもの」「きちんと用意されたもの」が買えるのだ。町の外、城門からはずれると、一本の道が走って、片側にはずらりと厩舎、片側には旅館が並ぶ。大公も、市場の見物にやってくることはいとわない。タフルは、ジュネーヴやフランクフルトの市場も、見たことがあるので、「どんな市場も、これとは比べものにならぬ」と保証する。実を言うと、アントワープは、発展の最中なのである。エスコー（シェルデ）川とその支流を通じて、土地の産物を、工業製品と同時に集めてまわる。その商業取引所は、他のどこの取引所よりも先にできたもので、一四六〇年の年代がついている。取引所が果たした寄与は、絶大であった。ともかくも、こういうめざましい活動によって、リエージュ地方はくりかえし情熱をかきたてられ、強められ、東部フランドルに海岸部フランドルよりも一段とまさった前進を可能としたのだった。海岸部は、ブリュージュとともにゆるやかな衰退に向かっていたのだったが。

リエージュがふたたび、頭をもたげようとする。フィリップ・ル・ボンの治下に一度打ちのめされ、一四六八年の失望の報復にはやるシャルル・ル・テメレールにはさらにひどい打撃をくらいながら、世紀の終り頃には、町はともかくも、あらたな飛躍の力をとり戻そうとしていた。それは、石炭産業の大いなる未来にも助けられるからだが、また、市を取り巻く田園部の比類のない豊かさにも助けられるからである。ミュンツァーの言うのには、そこでは麦の穂が、馬に乗った人の高さにまで生い育つそうである。そして、ニュルンベルクからのこの旅人は、このように結論する。「これこそは、自然の大いなる賜物である」と。まさしく、地上でも、地下でも、土地はリエージュに、比べようのない宝を与えてくれたのである。

ホラントでは、ハンザ同盟諸国やバルト海沿岸諸国からの船が出入りしていたドルトレヒトが、十五世紀以前ではただ一つ、国際的な交易を受け持っていたが、今や、アムステルダムが、その権利を回復しようとしていた。しかしながら、ホラントも、ゼーラントも、アルトワ、エノー、ブラバンと同様に、何よりことに、あくまでも農業と牧畜の国であった。海岸部では、漁業によって、すばらしい富がもたらされた。フリースラントとズィデルゼーの沿岸地帯は、おかげで大きい利益を得た。にしん漁は、十五世紀初めに用い始められた塩漬けの方法のおかげで発展をとげ、大いなる未来を準備するものとなる。

*

ブルゴーニュ公家の支配下にある「諸国」のこの変化に富んだ多様さこそは、豊かさのもと、裕福さの要因である。ほかにもっと適当な言い方がないため、わたしたちが「ブルゴーニュ国[25]」と呼んできたこのモザイクの多種多様な一片一片に差異を与えている。この種々さまざまな生産物、行動様式が、互いに同じ一つのもののために貢献し合うのである。たとい集団に一つの魂——本当を言うと、そんなものの脈動はとても感じられないのだが——が欠けていても、これをつぐなうのである。だがしかし、歴史上の他の構成体——たとえば、第一次世界大戦時にあまりにも劇的な一撃によって崩れ去るまで存続してきた、ハプスブルク家の混成王朝など——に当ってみるとき、わたしたちは納得するのである。一つの人格による統一があるときには、なんらかの条件をふまえた上で、互いに異っていながら補足し合っている、もろもろの地方に、永続的な生のかたちが与えられるということを。

第13章　シャルル・ル・テメレール——幾多の過誤

シャルル・ル・テメレールにとって、幸運の絶頂をあらわすとみえた、英国＝ブルゴーニュ同盟は、確かに望みにみちたものだった。エドワード四世とシャルルとは、ジャン・サン・プールとヘンリー五世との結束を、再び固めたのだった。すんでの所でシャルル七世のフランスの息の根を止めるところだった合体したこの二つのおそるべき力は、こんどは、ルイ十一世のフランスののどもとを扼《やく》そうと迫っていた。百年戦争は、あらたな段階に入るきざしが見え、ついには、同盟軍の勝利となって終ることになるとも見えた。

危機は切迫していた。ルイ十一世は、ランカスター家のヘンリー五世と結ぶブルゴーニュ国の解体をもくろんだが、ランカスターの二どめの没落のあと、こんどは、ヨーク家とブルゴーニュの提携によってフランス自体の解体を見なければならぬことになるのか。

義兄弟二人も、このことを望んでいた。そのために、一四七四年七月二十五日に、ロンドン条約を結んだ。おそろしい行き先が見えてくる条約であった。一四一七年の秘密協定といまわしい一四二〇年のトロワ条約から引き出された条項に、ブルゴーニュ国が何よりも第一に充足を求めてきたいくつかの約束事がつけ加えられた。ブルゴーニュ公は、エドワードをフランス王と認めることとなる。エドワードが来襲するときには、一万人以上の軍勢をもってその支援をする約束であった。エドワードの方は、一四七五年六月一日以前に、同じく一万を越える軍を率いて上陸の手筈であった。フランスの勢力圏内にある、大公の現在の所領は、いっさいの臣従の礼をまぬがれることとなる。これにつけ加えて、――同じく絶対の主権の枠内に――とくにユー伯領、ピッキニー、ソンム川沿岸の諸都市、サン＝ポル伯のいくつかの所領（王家にも、ノルマンディ公領にも、ギュイエンヌ公領にも属していない土地）トゥルネ司教区、ギーヌ伯領とルテル伯領、バロワ地方のフランス側部分、シャンパーニュ伯領、ラングル司教区、ヌヴェール伯領、ドンジィ男爵領なども広く包含されることとなる。

こうして大公は、神聖ローマ帝国圏内の広大な所領に加えて、細断されたカペ朝フランス王国から次々と奪い取ってきた土地をも含めて、壮大な一大帝国の主となる日も、真近と見えた。その中には、あの威風堂々のランスの大聖堂までも入っていたのである。ただここは、英国とフランスの王が――フランスといっても、ずいぶん縮小され、今はその名にもあたいしないフランスなのだが――条約の特別条項によって、戴冠式の日には、自由に近づきうるとの条件を辛うじて確保していた。

以上の計画はもしかして実現するやも知れなかったのだから、ブルゴーニュの夢想のふくらみがフランスの偉大の崩壊とどこまで相即していたかを、よくうかがうことができる。しかし、夢想するだけでは足りない。条約を結ぶだけでも足りない。実現することができなくてはならない。外交上での取り決めを具体的で明白な結果に変えることができなくてはならない。

向う見ずのテメレールは、ロンドン条約と同じ位に有利な条約文書を手中にしていたのだから、本来なら東方の守りを固め、多様な隣人たちの友でありつづけ、西方、英国の侵入の時に備えてその努力を集中しているべきであった。

ところが、逆のことをしたのである。ヨークの来襲はまだ一四七五年七月に予定されていただけであったから、かれは以前にもまして、ドイツに対し、自己の欲望をむき出しに押しつけたばかりか、一四七四年には、神聖ローマ帝国の領域内で積極的な政治行動に打って出た。軽率さのきわみというべきか、ケルン大司教区をめぐってのドイツ人同士の紛争に介入したのだった。親族の若者のひとり、だれも味方する者のなかった高位聖職者ロベール・ド・バヴィエールを支持するために、自軍をライン川方面へと進ませるのをためらわなかった。一時の気まぐれは、ネウスの包囲へと進んだ。ブルゴーニュ軍の指揮官の多くは、この要塞がそう速かに陥落するとは信じていなかったから、モリネの証言によると、「楽しみ半分」回廊や庭園を持つ城館ふうに、自分たちの幕営を張ったという。

こういう急転回をやってのける向う見ず《テメレール》の常軌を逸した行動を、コミーヌほどに激しく糾弾した者はだれもない。「神がかれの感覚と判断力をかき乱されたのだ。いったい、かれはその生涯を通じ、英国人どもを引き入れようとばかり努めてきたのだった。それが、やつらが着々準備をととのえていたこの矢先に、かれはあいかわらず、執拗に、不可能な一事にしがみついていた……」。今はルイ十一世に仕える身のコミーヌは、むかしの主人の誤りに非常に正確な裁きを下したのである。[1]

＊

さらに、この誤りに加えて、ブルゴーニュの運命の大きい転回をしるしづけた年一四七四年中にはまた別な誤りもおかした。

大公は、アルザスの自己の領地の管理を代官ピエール・ド・アジャンバク（ハーゲンバハ）にゆだねていた。この強欲で粗暴な男は、次々と暴力沙汰を重ね、失策をくりかえした。あげくもろもろの都市、また農村部を自分と自分の主人に対する反抗にかきたてた。

他方で、スイス人たちの心配の種になるような事件が続発し、スイス各州の誇り高き独立がおびやかされそうな状態になってきて、前代未聞の不可思議事ながら、それまでずっと不倶戴天の敵であったオーストリア王家のもとへとスイス人たちを走らせる事態が起った。

こうなれば、ルイ十一世がそこここで盟約をとり結び、暴れまわる大公の封じ込めをめざす作戦に手をつけることになるのは目に見えていた。今では、隣国諸国でも、大公の満たされぬ野望におびえていたのである。

ディジョンで、大公は、将来計画を述べた際ロタリンギアの回復を宣告しはしなかっただろうか。

フリードリヒ三世とオーストリアのジギスムント公は、大公の権力があまりに強大となり、その政策が目立って好戦的となってきたために、フランス王の提案に、進んで耳を貸すようになった。スイス人たちの所で、高給を支払うとの条件付きで兵士の徴用ができると見込んでスイス人と組んだ上で、いよいよ、「世界の蜘蛛」(ルイ十一世をさす)が網を張り始める。ルイは、義兄弟エドワードを締めつけて封じ込め、その上で、万一エドワードが上陸してきても、十分な援助が得られぬまでにこれに手かせ足かせをはめてしまえるだけの展望も見えてきた。

ここで、一四七四年、アルザスのアジャンバクに対する反抗が起る。ジギスムントがフランスからの借款を得て、アルザスの旧領地を買戻すというおまけまでついた。(2) 一挙に、ノイライン上流地域でのテメレールの計画は、失敗に帰し、他方、ライン中流地域では、ノイスが抵抗、攻撃者のひそかな企てを挫折させた。つまり、攻撃者は、先にユトレヒトとリエージュの教会領の保護者であったように、ケルン選帝侯国の保護者になろうともくろんでいたのである。

ピエール・ド・アジャンバクは、自分の主君の信用を失わせるのに大いに貢献した。圧制を続けて、自由をあこがれる人民の側からたえず激しい不満の訴えをひき起した。大公は、単なる強情から、いっさい耳を傾けようとしなかった。逆に、かれの「ラントフォークト」、すなわち、自分の代官を好んでかばおうとした。暴動は突然に起った。不人気の総督は、反乱者側によってブリザックで捕らえられた。ストラスブールが介入してきた。数日を経ずに、この地方からブルゴーニュ勢は一掃された。いたる所で、歓喜がわき起った。「その解放感を、折しもその時節に当っていた復活節の祝いとまぜ合わせ、だれもかれもが、――幼い子どもまでが、うたっていた。

キリストはよみがえられた、総督はつかまった。

よろこぼうよ、さあ、みんな。

ジギスムントが、これからはわたしたちの頼りだ。キリエ・エレイソン[3]」

ジギスムントは、先に拠出していた土地を直ちに再び自分のものとし、大公は、ついに自分の管理下におさめることを得ずに、合法的にその所有権を失ってしまった。要するに、おそるべき急転回であった。

ジギスムントは、一四七四年四月三十日、いそぎブリザックに着き、市の司法当局者に求めて指名してもらった裁判官らに、アジャンバクの裁判をさせた。「ラントフォークト」

に対して、きびしい告発がさし向けられた。

　裁判上の形式をすべてふむために、被告人には弁護士がつけられた。その弁論にいう、「ピエール・ド・アジャンバク殿は、自身に使命を託し、命令を与えられたブルゴーニュ公以外の裁き手、この方以外の主君を認めぬとした。自分には、実行せよと言われた命令をどうこうする権利はまったくない。自分の義務は従うことであるとする。軍人たる者が、お仕えする領主・主君に対してどれほどの服従の義務を負うか、知らぬ者があろうか……」。裁判官らは長い間、法廷に引きとどめられた。やっと、夕刻七時、たいまつの明りの下で、裁判官らは、ラントフォークトに帰せられている罪をさばく権利が自分たちにはある旨を告げ、かれを召還し、死刑に処す旨の判決を下した。かれは、一向に動揺の気配はなく、ただ、せめてもの情けとして、打ち首にしていただきたいと頼んだ。刑の執行のために各地の都市から八人の執行人が、呼び集められた。その中で一ばん腕が立つという評判の、コルマール出身の男が選ばれた。

　いよいよ死刑を受けるという前に、「アジャンバクは、騎士の称号と、いっさいの栄誉を剝奪された」。

　自分の代官にふりかかったこの悲劇的事件は、テメレールをこの上ない怒りにつき落した。しかし、一連の出来事から、かれは、節度と知恵のいかなる教訓も引き出すことはなかった。アルザスの全都市と結び、フランスに雇われたスイス人たちは、一四七四年十一月十三日、リュジーヌ沿岸、エリクールでブルゴーニュ軍を打ち破った。皇帝は、フランス王とアンデルナハ条約を締結した（一四七四年十二月三十一日、および、一四七五年四月十七日）。

なおもいぜんとして抵抗を続けるノイスの包囲に手こずっている中で、英国勢が、かねて取り決められていた通り、一四七五年夏に上陸するらしいとの報を得たとき、大公は、ルイ十一世にそそのかされて、あらたな敵が自分に立ちはだかってくるのを見た。ロレーヌのルネ二世である。

*

ロレーヌ公は、フランス王ばかりか、皇帝フリードリヒ三世はじめ、ブルゴーニュの野望をおそれるすべての者から活発な働きかけを受けていた。ルネは、ブルゴーニュの敵たちとの連携に踏み切り、正式に挑戦状を発する覚悟を固めた。一四七五年五月十日のことであった。

「伝令が、ノイスを前にした陣営に到着した。大公に向かって挑戦状を読み上げたあと、大公の足もとに血に塗れた手袋を投げつけた。火と血の戦いのしるしであり、その宣言に来たのだった。そして、大公のすさまじい怒りをおそれ、ほうほうのていで逃げた。大公は、伝令を連れ戻させ、冷静に愛想よく答えた。慣例に従い、美しい長衣一着、そこばくの金銭をとらせて」④。表向きシャルルは、公爵領ロレーヌを手に入れるのに絶好の機会と考えていた。ブルゴーニュ国をすばらしく増大できると。

ところで、ルイ十一世は、エドワードが介入してくるまさに前夜、ロレーヌ公をシャルルにぶち当てて、決定的な一打を加えたのだった。「世界の蜘蛛」⑤は、相手が次々と誤りを重ねているのに乗じて、この上なく巧妙に、一四七五年の危機をときほぐし、フランス王国に利を、ブルゴーニュ家に混乱を与えるにいたった。一四七四年のあやまちが、既に重くのしかかっていたブルゴーニュ家に。

ロレーヌ公の挑戦は、ロンドン条約に署名した者たちが定めた期限より前にフランス王が先手を打ってしまったという事実によって動かされた面が大きい。実際、ルイは、五月一日、発効中の休戦条約が期限切れとなり、これが存在しなくなれば当然戦争状態が生み出されてくるのを見越して、どう見てもかれの今までの習慣に反して、攻撃をかけたのだった。かれには天性、柔軟さがあってうまく状況の変化に即することができたということだった。

ブルゴーニュとフランシュ＝コンテに軍を送り出すと⑥、ルイは、シャルルがライン方面で動かずにいるのに乗ずるつもりだった。そうすることで、大公の軍勢を回避もできるし、また、英国＝ブルゴーニュの結合をあらたな「公共の益」の発露と受けとって、この合奏に自分たちもパートを受け持つべきだという選択には明らかに踏み切れずにいた、フランスの封建諸侯に脅しをかけるねらいがあった。おそらく、王は、最後の土壇場でエドワードをおさえこめるとも期待していたのである。示威の目的で、同時期、英仏海峡に軍船を回送させた。

軍事上、最大の激烈な一撃がピカルディに加えられた。そこでは、ルイ十一世はみずから軍の指揮に当った。五月一日から十八日まで、かれは、次々と要害の奪取に、——ことにブレイ゠シュル゠ソンム、アンクル（のちのアルベール）、モンディディエ、ロワイユ、モルイユー、コルビイ、ドゥランなどの奪取に成功した。そのあと、英国軍がノルマンディを攻撃中との虚報にだまされて、王は後退する。しかし、エドワードが七月四日上陸を敢行したのは、カレーにおいてであった。

*

ロンドン条約締結の当事者両者のうちでは、エドワードの方に大きい発言力があった。かれは、みずから侵略軍を結集させ、その先頭に立って指揮をとったが、兵士の総数は一万三千を下ることはなかった。コミーヌの証言によるとこれほどに堂々の軍が英仏海峡を渡ったことはついぞなかった(7)。徴集の兵員は、条約に定められた最低限よりもあきらかに上廻っていた。英国のほとんどすべての騎士、領主が加わっていた。とくに、元首の兄弟であるクラレンス公、グロスター公、そしてノーフォーク公、サフォーク公、オーモンド伯、ノーザンバーランド伯、アランデル伯、リヴァーズ伯でエリザベス女王の兄弟アンソニー・ウッドヴィル・ボイド卿、スクロップ卿、フィラーズ卿、スタンレー卿、ヘイスティングス卿、ハワード卿、リューシンのグレイ卿、百五十人の騎士など。戦士たちは、立派な馬にうちまたがり、弓手にも馬があてがわれていた。英国人は、完璧に装備をととのえぬかぎりは、戦場にくり出さぬのがならいであった。

ジョン・スタージョン指揮下の砲兵隊は、強力だった。溝を掘るのには、最新の道具が使われた。五十頭もの馬にひかせた、一種の巨大な犂《すき》であった。陣地の設営にも、完全な材料が用意された。王は、快適な生活を望んだから、自分用に皮でおおわれた、組立て式の木造の家を造らせた。

このようなのが、シャルル・ル・テメレールが歓迎しなくてはならなかった、立派な侵入軍なのであった。これに対しては、ブルゴーニュ国の集めうるかぎりの最大の軍勢をもって、直ちに救援にはせ参じるのが、基本的な心得というべきであった。

ドーヴァーから、上陸の前に、エドワードは慣例に従い、伝令に命じ挑戦状を送りとどけさせてきた。フィリップ六世の子孫に対し、カペ王国を正統の継承者にゆずり渡すようにとの督促がその趣旨であった。ルイはもちろん、こんな申入れは拒否した。ただし、伝令をもたらした伝令ガーターに対し、フランスと英国とはよき協約を結ぶように仕向けられて行くはずの諸理由があるというのが余の見解であると説くだけの手はつくした。挑戦状をもたらしたこの者に、三百エキュ、真紅のラシャ地三十オーヌをとらせ、もし、協約が成った暁には、さらに三百エキュを与えると約した。ガーターは、この好遇に驚き、せめてもこの解決法に好感をもったしるしとして、ルイが英国側陣営に使者を送る際は、スタンレイ卿とハワード卿の取りなしを得て、たぶん使節としての通行証を入手できるようにはからえるだろうとの示唆をしておいた。

シャルル・ル・テメレールはいよいよ、ノイスの包囲を解くことを決意した。撤退の前に、同盟軍であるドイツの諸侯のために、豪華な宴席を設けた。そのあとすぐに、少数の手勢のみを引き連れ、カレーへ来た。これを見て、英国人の中には、約束違反だと叫ぶ者がいた。約束した一万人は、どこにいるのだ。そこで、大公は、必需品の調達がうまくできなかったことだけが自軍を引き連れられなかった原因だと釈明した。ノイスを前にして、自分が練り上げた計画を採用してほしいと提案した。かれの案は、英国軍は「フランスはおろかイタリアのローマまでも征服できる」ほどの大軍であるから、ヴェルマンドワを通り、次いでサン゠カンタンとランを経てフランスへと入りこみ、ランスにたどりつくのがよいというのだった。この間、ブルゴーニュ軍は、フランス王の側についたロレーヌ公を潰し、バロワを経て、シャンパーニュで英国軍に合流する手筈というのであった。

自分の考え出した計画の支えとして、シャルル・ル・テメレールは、いくつかの重要な見解を持ち出した。フランス軍は、ノルマンディをカバーしているにすぎなかった。シャンパーニュの要《かなめ》はひとりの友であり親族のひとりでもある、サン＝ポル伯ルイ・ド・リュクサンブールに属していて、これはフランス元帥でありながら、当然ながら王の側からのいかなる指図も受けようとせぬはずであった。そこでともかく、ひとたびランスで戴冠式をあげてしまえば、エドワードがフランスの正統の王と認められるのはたやすく、百合の花の王冠につらなる封臣の大部分はエドワードについてくるというのである。

エドワードは、この仲々いい計画にすぐ乗ってきた。十六日か十八日、かれは、ルイとの戦争に突入した。アルドルとギーヌの道を進軍し、十九日、英国軍は、サン＝トメール近くに陣を張った。そして、サン＝トメールからテルーアンヌを経て、二十三日、フォーカンベルク、次いで、リュイソーヴィル、アザンクールへといたり、ここで二夜をすごした。そこから、ブランジィとサン＝ポルを通り、二十八日頃に、ドゥランへ達し、ドゥランでクラレンスとル・テメレールの合流を見た。ル・テメレールは、フォーカンベルクでエドワードと別れ、なおもその運命が気にかかってならぬアラスの町へと寄り道をした。ドゥランでは、王と大公とは、三日間にわたり、部隊の閲兵をした。

ルイ十一世は、そこで、計画のまったく裏をかく明敏な視力をもって、これに応じた行動をおこす。シャルル七世が編成し、その子ルイにより強化されたみごとな軍隊が、しっかりと保持され、有力な防御の道具として育っていた。フランス王は、ルーアンの代官とガナッシュ元帥の指揮のもと、数部隊をノルマンディに残しておき、王自身は、ボーヴェへ向かい、七月三十一日、この地に猛威をふるっていたペストをものともせず、ここに入った。ボーヴェ防衛のための指図を下しながらも、王の心配はランスにあった。王は、二十八日ランスの死守を命じ、ロラン・コシナールをせめたてて、今や焦眉の急に迫られている防衛準備をいそがせた。

フランス海軍元帥ルイ・ド・ブルボンが、アラス沿岸の二つの村に火を放つ用意をととのえ、アラス守備隊を襲い、七月二十七日、ジャン・ド・リュクサンブールを捕えていたとき、王は、トルシイ、サン＝ジュスト、リールに対して、敵軍が撤収したらすぐに、ドゥランを焼払う命を下した。

エドワードは、ブルゴーニュの義兄弟にして同盟者である人とならんで閲兵を終えると、ふたたび前進を開始した。八月一日、英国軍は、アシューに、二日、アンクルに、三日、キュルリュにいた。ソンム川を越え、五日には、ペロンヌ近くのレクリュージェ＝ヴォーに川を背にして陣を構えた。

ルイ十一世はこのとき、ボーヴェを離れ、八月四日、国王砲兵隊が集結していたクレイユを通り、五日、コンピエーニュに着いた。そこからも、日夜、町の防備の補強を進めているランスの人々を督励してやまなかった。大親分のダマルタン伯アントワーヌ・ド・シャバンヌは、優秀な幕僚とともに、ノワイヨンにあった。王もまた、身近にすぐれた部下たちをそなえていた。戦争解決のために重要な作戦が間もなく始まるとの予感があった。

こういう状況下、サン＝カンタンの奪取は、きわめて重要な意味をもつものであった。この要害は、ずっとサン＝ポル伯の手中にあった。この人物は、帰趨をまったくあきらかにせぬ不審の者であった。その行動にはいかがわしいところが多かった。もろもろの王侯の中では自分独自の政略に従っていたからである。そもそも、かれ自身もどうしていいかわからなかったのである。戦乱の現状からして伯はどうしても決心をくだす気になれなかったのである。両方の側から働きかけを受けていて、どちらの側に耳を貸すべきかがわからなかった。レクリュージェに英国軍が着くとほとんど同時に、八月六日、ブルゴーニュ公がペロンヌに到着し、いずれもが、かれをせきたてた。そのとき、かれはペロンヌに、大公への服従を約する旨を記した封印つきの信書を持たせた使者を派遣した。この約束を信じて、シャルルはエドワードに、要害サン＝カンタンの引渡しは近い旨を告げた。エドワードは了解して、自軍の一部をサン＝カンタンへと向かわせた。英国人たちは、最高の歓迎をもって迎えられるものと期待していた。ところが、なんとも驚いたことではないか。サン＝ポルは、接近してくるかれらに向けて、砲門をひらかせ、前哨戦をしかけたのである。双方ともに死者を出す乱闘のあと、英軍の前衛部隊は、どしゃ降りの雨の下を、陣地に戻った。

味わった失望は苦かった。英国軍は、陣を進めていたペロンヌ南方のサン＝クリストから、ファルヴィまで、その地域の掃討戦を進めた。だが、フランス軍も、負けじとこれに追撃を加えた。他方、エドワードは、フランスの封建諸侯が蜂起してくれるのではないかとの大きい目算があった。しかし、事件の運びがどう変るのか不明な中で諸侯は、態度を決めかねていた。おそらく諸侯は、ブルゴーニュ公が、義兄弟に当る王と組んで、共にあい並んで、同盟軍の先頭に立って進んでくれたならば、はっきりと覚悟を定めただろう。ブルゴーニュ軍の最精鋭が、東部にあって動かずにいることも、形勢観望をきめこむのに好つごうな理由になっていた。何よりも英国側からすみやかな態度決定を期待されていたブルターニュ公すら、動かなかった。それでも、エドワードは、ブルターニュ公フランソワ二世に対する誓いを果たしていた。アルモリカ（ブルターニュ）に、大公に約束していた二千の弓兵を連れて行く任を与えられていたアンドレイとデュラスは六月十二日には公式に任命もされた。しかしながら、フランソワは、慎重に形勢をうかがっていた。秘密裡に、ルイ十一世と交渉をつづけていたのである。英国人は、これを知っていたのか、それともためらいがあったのか。ブルターニュへと動くことは控えていた。

何かと苦い失望を味わわされたこともあって、エドワードの方では、盟友ブルゴーニュに対しても、はっきり言って疑ぐり深くなっていた。とにかく、ブルゴーニュ勢がすみやかにロレーヌ公を打ち破りうるという保証がどこにあったのか。提案された計画は、罠ではなかったか。英国人たちだけが、この危険な試みの重荷を全部になわされる破目に陥らないか。疑わしいといえばシャルル・ル・テメレールのやり口までがそうだった。ピカルディの自分の臣下を無傷なまま保っておこうとして、英国勢に対して、町々の門を閉じさせたのだった。こうした処置で、住民はぶじに守られるが、同盟軍の方は、具合のわるい状況に追いこまれた。アミアンからサン＝カンタンまで、同盟軍には、頼みとできるどんな砦もなかった。厭な季節も近づいてくるというのに、どこにも冬の宿営地を求められずにいるのだ。資源のないこの地方で、前の春には、フランス人の攻撃に苦しめられたことがあるだけに、エドワードは、自分がロンドンでふだんに送っていた楽しい生活をなつかしみ出していた。ヨーク家の美々しい王が胸を張って自慢できる愉快で、みのり多い戦争というにはほど遠かった。

戦いながらも、外交交渉を進めるのがイタリア人のやり方だと、コミーヌがどこかで考察している。ルイ十一世も、この方法を知らないわけではなかった。今度は、それを用いる腹づもりだった。だから、ガーターに対する先の好遇は、なかなか意味深いのである。

ところで、ソンム川に達する前に、エドワード四世はルイに、伝令使アイアランドに副伝令使二名をつけて派遣していた。フランス王は、海軍元帥、私生児ルイ・ド・ブルボンにこれらの使者を迎える役目を命じた。そのあと、アイアランドは、王自身と二時間、秘密会談を持ち、出発に際し、金貨二百エキュを受けとった。ひそかな工作が進行中であった。ルイ十一世が、その本領を発揮しつつあった。エドワードの方は、ブルゴーニュとの連携は期待はずれしかもたらしそうにないとの印象をいまだすっかり受け入れられずにいるものの、次第次第に、すみやかな、おそらくは有利で、戦場で節約できた金を楽しみのために使えるようになるはずの和平を求め始めていた。

シャルル・ル・テメレールは、ロレーヌに向かって再出発した。ルネ二世に対する戦争に没頭していた。エドワードはこれで少し自由にふるまえるように思った。折しも、英国軍は、ひとりの捕虜、それもこの戦争では最初の捕虜をとらえた所だった。ルイ十一世に直々仕える貴族、ジャック・ド・グラッセイの侍従だった。エドワードは、侍従を釈放してやった。侍従は、戻ってきて問いただされ、その話を聞いたところでフランス王は、敵軍営に使者を送ることを決心した。伝令使に立てられたのは、メランドであり、一か八かに賭けるために派遣された(8)。

計略は、奇跡的に成功した。メランドは、英国側前線にたどりつくと、エドワード四世の前に引き出された。そこで、かれは、フランス王が英国王との和平を望んでいる由を告げた。このまま戦争を続けていると英国王がどんな危険にまきこまれるかも、あわせてさし示した。名誉を重んじた、最終的決定はむつかしくないという確約も与えた。さいごに、使節が、通行許可証が交付されること、会見の場所・時間は英国王の裁量にまかせる旨の示唆もした。ルイ十一世の方では、要求次第で、エドワードの指名する交渉担当者のすべてに通行許可証を交付する用意があった。

本当の所は、この件は既に解決ずみであった。エドワードは、求めに応じ通行証を発行した。両陣営前線の中間で会談が行なわれるように決めた。サン゠クリストからは、伝令使が送り出され、英国側使節を保護することになる通行証の受けとりに出かけた。こうしてしっかりと糸が結ばれ、和平に向けての交渉が始まった。

四人のフランス人と四人の英国人が、八月十四日、ディーヴで会合した。フランス海軍元帥ルイ・ド・ブルボン、リュードの領主ジャン・ダイヨン、エヴルーの司祭ジャン・エペルジュ、サン゠ピエールの領主ジャン・ブロッセがルイ十一世に指名された者。王立礼拝堂首席司祭ウィリアム・ダッドレイ、ハワード卿、ジョン・モートン、騎士であり親衛隊のトーマス・セント゠レジャーがエドワードに指名された者であった。英国人の方では、代々の伝承に忠実に従って、まず第一に、フランスの王冠を、もしくは最小限、ノルマンディとギュイエンヌを要求した。純粋の「例文条項」だった。しかし、次には、具体的な提案があった。エドワードは、ルイが二週間以内に、戦費の代償として六万五千エキュを支払うならば、それで満足することとする。そこで、ふたりの王の友愛関係を明記した上で、条約が締結されることとなる。ルイはエドワードに、毎年終身年金五万エキュを支給し、王太子を英国王女のひとりと、費用自分持ちで結婚させ、この王女には毎年六万リーヴルの保証付きの寡婦産を与えることとする。

ルイ十一世の天才的といっていい特徴は、こういう条件を一挙に承認して、いっさいの議論にすっぱりけりをつける所にあった。これほど速かに妥結した交渉はついぞなかった。翌十五日には、フランス側全権代表は、自分たちの主君の賛同を、相手側の委員に伝えた。英国王も、この言葉を真に受けた。事実上、これが百年戦争の終幕であった。(9)

*

シャルル・ル・テメレールは、ロレーヌへの途上にあった。とことん喧嘩をやりぬく覚悟だった。八月十三日には、エノーの諸地方を確保するため、ヴァランシエンヌにいた。とすると、ヴァランシエンヌでかれは、英仏両国の王が会談を開始したとの、唖然とするニュースを知らされたのである。

かれはそこで、いそぎ廻れ右をして、ペロンヌに戻る。サン＝クリストの陣地へと走った。この間に、取り返しのつかぬ事態が起ってしまっていた。

大公は、十九日、義兄弟と接触する。フランスとの和平交渉は事実なのかをただす。肯定の答えを得て、激昂する。英語で、エドワードに罵声を浴びせる。(10) エドワードのしたことを、英国王座にいた先任者らの所業と比べて、難詰する。エドワードも同じ調子で応酬する。ロンドン条約の取り決めを守らなかったことを、非難に対し非難で応じる。翌日も、大公はまた、同じ非難をくりかえす。撤回も、約束も、得られなかった。結局、さいごに、英国人なしでやってみせると豪語して、サン゠クリストを去る。英国軍が海峡の向こうへ帰って後三カ月たたねば、フランス勢との休戦を結ばぬことで、この大言を実証してみせることとなる。

こうして、シャルル七世の子（ルイ十一世）に大きい不安を与えつづけてきた、英国゠ブルゴーニュ間の盟約は破棄された。

今や、英国軍とフランス軍は、兄弟の間柄であった。アミアン市の門には、たっぷりとご馳走ののったテーブルが並べられた。英国人たちは、フランス王のおごりで、無料で、飲み食いにやってきた。ある日の朝には、九千人もが、このたっぷりのビュッフェへ腹を満たしに来たそうである。八月二十九日にピッキニィで会談が行なわれ、必要な条約の締結を見、形式も整えられて英仏両王国の平和的関係が確立され、以後和解の道を歩むこととなった。(11)

＊

ピッキニィの和解のあと、ルイ十一世は、なお軍を握っていたし、ただちに武力を用いてブルゴーニュとの紛争にけりをつけるだろうとは、だれしもの考えたところであった。

なにしろ、大公は、英仏休戦条約の実行を要求することはいさぎよしとせず、カレーに上陸した英国徴集兵が帰国後三カ月たたないかぎりは戦争をやめぬと公言していたからである。

しかし、ルイは、今は自分の心の欲するままにしたいという気持だった。外交上の包囲作戦と間接的な方法をとる方が、戦場の危険に身をさらすよりずっとかれの心にかなった。

それに、大公が既におかしていた数々の過失にもかかわらず、ブルゴーニュの立場はまだまだ、輝やかしいものだった。シャルル・ル・テメレールとアラゴン王ファン二世との間の友情盟約は、いぜんとして発効中であった。アラゴンとブルゴーニュの協調の緊密さのほどは先にも見てきたとおりだが、さらにこれはブルゴーニュとナポリとの協約により強化されていた。この時期、マリー・ド・ブルゴーニュとナポリ王フェルランドの子フェデリコ・ダ・タラント王太子との結婚が、取り沙汰されていた。フェデリコは、未来の義父のそばに来ていて、ロレーヌ攻略戦に参加するつもりだった。

アラゴンの影響力によって、シャルルはもうひとり別な友を得ていた。ミラノのスフォルツァであり、その当時までフランスとの同盟にしばられていたのが、方向転換をしていた。そして、サヴォワもまた、こっそりとこのゲームに加わってきていた。イヨランド・ド・サヴォワはルイ十一世の妹であったにもかかわらず、ミラノとブルゴーニュとの接近を助けることをためらわなかった。こっそりとその挙に出たのである。うわべはベルンを交渉相手にすると見せかけ、反ブルゴーニュ同盟に参加するふうを装いながら、実は逆の方向に働いていたのだった。スフォルツァとル・テメレールとに、一四七五年一月三十日、モンカリエリ条約を結ばせるよう運んだ。

だから、シャルルが、英国軍の撤収後に、反転作戦に出て、東部戦線を捨て、友人たち全部の協力を得て、ルイ十一世に正面から当ったならば、おそらくは、エドワードが成功したのと同じく、威嚇によるしかるべき解決をルイから引き出すことができただろう。しかし、ロレーヌ問題と東部への野心に取りつかれていた。だから、かれの取った戦術は逆に、西部を一時忘却し、この戦線で武力衝突が中断されているのをいい口実にして、ロレーヌ問題ばかりか、スイス問題をも武力解決してしまうことであった。かれという人は、エリクールで不意打ちをくらってのあの敗北の状態にいつまでも甘んじていることができぬ性分であった。

ルイ十一世は、いつもの抜け目なさで、相手側のこういう政策をかえって助けた。それが、かれのひそかな企てに役立つからだった。そんなわけで、一四七五年九月十三日、ソルーヴルでブルゴーニュ公と九年間の休戦条約に署名することを承知したのだった[12]。どちらの側にも、あまり名誉にはならない、同盟の放棄があった。シャルルは、アラゴンとの同盟を断念し、ルイは、ロレーヌとの同盟を放棄した。王は、この種の陰険な事業にかけては、なかなかの有能な商売人だった。フアン二世を孤立させることで、ことと次第では遠くにまで伸びてきそうな有力な助けの手を、シャルルから奪い去ったのである。また、ブルゴーニュから痛い目にあわせられれば、ロレーヌのルネは、いよいよ手に負えぬ者になるだろうとの読みもあった。さらに加えて、休戦を約しながらも、こっそりとロレーヌ人を支援する道は取って置いたのだった。もう一つつけ加えるなら、――条約締結者の双方ともが暗黙のうちに了解していたこととして、――「条文には明記せずに」、サン＝ポル伯を王の制裁にゆだねるという同意があった。

シャルル・ル・テメレールが、[13]電撃戦をしかけて、ロレーヌ公国の要害、その首都（ナンシー）を次々おとし入れていた間に、ルイ十一世は、大公と共謀という形で、総元帥（サン＝ポル）に復讐をとげていた。

何年も前から、サン＝ポルは、ルイ、エドワード、シャルルの間で、いかにも狡猾な役廻りを演じてきた。サン＝カンタン事件を根に持っていたエドワードは、英仏海峡を国に戻る前に一通の手紙を、ルイに手渡していた。それは、サン＝ポルがピッキニィ条約を批判し、英国王に対してくれぐれもこれを信頼せぬようにと願い、連署人がこれを尊重することは将来ともありえないと言っている手紙だった。伯はそのとき、仮面をとり、フランス王をひどく恐れて、ブルゴーニュ公の方に鞍替えしていた。大公の領地へ逃げこみ、大公に対しサン＝カンタンを引き渡す旨を約束し、大公の大書記官府から、しっかりと封印を施された保護の保証書を受けとってもいた。ところが、王が、サン＝カンタンを制圧した。大公はたちまち、欺されていたと思いこみ、サン＝ポルがまたも不信の行為に走ったとの誤った推定をしたらしく、こんどは大公自身が、自分の保護保証書を破棄し、自分を頼ってきた者を王の「裁き」にゆだねて、はっきりと、この上ない裏切り行為に出たのだった。

この事件では、ブルゴーニュ・ヴァロワ家、フランス・ヴァロワ家とともに、背反行為という点ではどっちもどっちであった。

サン＝ピエールの領主ジャン・ブロッセがサン＝ポル(14)の引渡しの役をつとめた。総元帥は、高等法院へ召喚され、死刑判決を下され、一四七五年十二月二十日、市庁舎前で首を切られた。

*

この頃、シャルル・ル・テメレールは、ロレーヌの制圧に手こずっていた。その首都は手中にあった。この討伐行の成功に酔っていた。あくまでやり遂げるのだと、はやっていた。ルネ二世の挑戦は、当然の報いを受けたのだ。しかし、あえて大公に攻撃をしかけ、エリクールで大公の軍の不意を襲ったスイス人たちの方もまた、何かの教訓を得ていてもよかったのではないか。この段階では、復讐心がル・テメレールを酔わせ、その政策全体を引きまわしていたのである。

ルイ十一世は、大公のこういう心理的反応をよく見越していた。だからこそ、ソルーヴルで、それなりの理由もあって条約を結んだのだった。かれの好敵手がいつの日か、この終りなき疾走の果てに砕け散ることを勘定に入れていた。閉じこめられた闘技場の端から端まで突っ走る雄牛のように。王は、中立を守ったが、うわべだけにすぎなかった。むかしも、そして今も、こののちもルネを助けつづける。スイス人とは、「コンスタンツ永久同盟」を結んでいた。王の使節であったグルノーブル司教ジョスト・ド・シルナンが王のためにお膳立てをした同盟であって、一四七四年三月二十九日というその日付けは記憶されるに足る。ルシヨンは占領され、アラゴンのファン二世は折悪しく、ブルゴーニュから見放されていた。それに、当時スペイン全体はカスティーリャの王位継承問題の論議に没頭していたのだった[15]。フランスの封建諸侯は、鳴りをひそめていた[16]。ルイ十一世が、東部でこれからどういう事態になるかを注意深く見守っているさまたげになるものは何もなかった。ソルーヴルの休戦条約に署名した王は、運命を決するこの九年間の前にブルゴーニュの運命は決着がついてしまっていると知っていた[17]。ブルゴーニュの大惨劇三部作が、歴史の大舞台にかけられようとしている。「世界の蜘蛛」の、この上なくマキャヴェリ的な打算を有終の美で飾るはずの三部作が。

第14章　ひとつの治世、ひとつの王朝の終り

ブルゴーニュ公とスイス人との確執は、緊迫の段階に達した。スイス諸州の人々がフランスと結んでいた約束に従ってアルザスの諸都市に支持を与え、ベルン人たちがヴォーの領土をうかがい、一四七四年十一月十三日エリクールに奇襲をかけ、スイス人とロレーヌのルネ二世とが関係を結ぶということになって、すべてがブルゴーニュ＝スイス戦争へとなだれこむ原因となった。スイス各州の自尊心は傷つけられた。フランスの金が、この御しがたい山岳民族の武装の背後で動いていた。サヴォワ公の伯父、フランシュ＝コンテの総督、ロモン伯ジャック・ド・サヴォワが、隣人であるベルン人たちの敵愾心をかき立てて、挑戦へと煽り立て、正式に攻撃が開始された。ルイ十一世は、ル・テメレールの怒りをさらにかき立てるべく、しきりと分別くさい忠言を濫発し、紛争の調停をすると称して、仲介者の役を買って出た。内心では、それがうまく運ばず、敵の没落を望んでいたのであったが。節度を説くことは、大公をとことん戦争へと引き込ませる最良の方法であった(1)。

起るべきことが、起った。シャルルは、自分の失敗が生じさせた混乱を外交手段で解決し

ようとはせず、武器に訴えて、自分のおきてを万人に押しつけることをしか、今は望まなかった。

ところで、何よりもまず、スイス人と決着をつける必要があった。スイス人に対する最初の戦いは、一四七六年一月に始まる。大公は、約一万五千の兵をもって進んだ。グランソン要塞を攻撃。激しい砲撃戦だった。要塞は落ちた。シャルルは直ちに、残忍で無慈悲な正体をあらわにした。最良の方法は、恐怖をもってこれらの百姓どもを打ちひしぐことではなかったか。三人の執行人の手で、防禦側の四百人を絞首刑に処した。残りの者は、湖につき落して溺死させた。

この成功でいい気になり、シャルルは、ヌゥシャテルに進出して、スイス人たちに対してトラヴェールの谷、すなわちコンテ街道を閉鎖することを考えつく(2)。この目標を達成するため、半ば崩れたヴォーマルキュス城を占領させた。

さて、三月一日、グランソンでおかされた残忍きわまる所行に憤激したスイス諸州の連合軍は、ヴォーマルキュス攻撃を決定する。敵軍をこの方面へ引きつけておくとともに、別働隊に敵の背後を襲わせるという計画だった。

さすが目利きの大公も、この巧妙な策謀をすっかり見ぬくことができなかった。張りめぐらされた罠の中へ落ちてしまったのである。ヌゥシャテルへと進撃中、二日の朝、軽率にも前衛部隊を、モン゠トベール坂の狭い道へ入りこませた。そこで、スイス人につかまり、大敗を喫したのである。

この時、霧は晴れつつあった。前衛隊に立て直しをはかる余裕を与えるため、大公は、右手、コルセル高原の中腹に砲兵隊をすえ、スイス人の出てきた所に砲撃を加えさせようとした。歩兵隊は、大砲の後に配置された。シャトーギヨンの領主ルイ・ド・シャロンの指揮する騎兵隊は、逆の山腹を右手へ降りて襲撃する目的で、モン゠トベール坂を登り始めた。しかし、砲兵隊の砲撃は狙いが狂っていて、全然目標に当らなかった。シャルルが、方陣を作った敵軍に歩兵を突っ込ませたのは、時期尚早だった。ルイ・ド・シャロンも揺さぶりをかけられないうちだった。

この間、ヴォーマルキュスに向かっていたスイス兵は、戦いが始まったと知らされ、谷をさかのぼって、はせつけてきた。ウリ・ウンテルヴァルデンのらっぱが高々と鳴りひびき、山々にこだまする中を、ときの声をあげて押し寄せてくるこの不意の来襲に驚き、シャルルはまたも、あまりに早く退却の命を下しすぎた。かれの意向では、ともかく一歩退いて、自軍を守ってくれるはずのアルノン川の向こうへと避難することだった。命令がうまく行きとどかず、結局パニックを引きおこすだけに終った。ここでスイス人は破竹の勢いで攻めたててきて、ブルゴーニュ勢は、あるいはアルノン川へ、あるいは隣の沼地へと押しやられた。大公は、逃げてくる連中を制止しようと精一ぱいつとめたが、自分自身も敗走の中へ巻きこまれるのをどうしようもなかった(3)。

ブルゴーニュ勢は、散開の不可能な峡谷内で襲われたため、逃げるしか手はなかったのだった。もっと重大な事実がある。敵方の手に、すばらしい戦利品の数々をむざむざと渡してしまったのである。敵軍の方も、この何もかもがそろっているものを易々手に入れて驚いたくらいだった。

大公秘蔵の宝はぶじだったが、五百門の大砲、四百張の天幕、六百本の旗、四百ポンドに上る銀器、タペストリー、刺繍品（一部はベルン美術館蔵）、大公のダイヤモンド「サンシイ」、大公の帽子、剣、秘密印の母型（今日、ルツェルン国立古文書館蔵）、その他多くの戦利品を残しておいたのだった。ブルゴーニュ側の犠牲者としては、シャトーギヨン、カンタン・ド・ラ・ボーム、ルイ・ロランにジャン・ド・ラランを数え上げることができる。

グランソンでの意外な出来事は、なるほど取り返しのつかぬことではなかったが、それでも全西欧世界に、深い衝撃を与えた。この強力な大公、あくまでも誇り高く、王座をもねらい、隣国のことごとくをふるえおののかせてきた大公が負けるということはなかったはずではないのか。

背面からルイ十一世に襲われることをおそれて、三月二日の敗残者（シャルル）は、いそぎコンティ公ルイ・ル・ジュヌを王のもとに派遣した。王は、コミーヌと共に巡礼行に出かけていたル・ピュイのノートル＝ダムで、三月八日から十日にかけ、戦争の結果を知らされていたが、さらに出来事の発展をよくつかむため、リヨンに出向いていた。ルイ・ル・ジュヌをあたたかく迎え、安心させる言葉もかけた。発効中の休戦条約を破棄することは、問題にならなかった。大公の使者はともかくも、その時流行していたシャンソンを聞きながら、世論に及ぼした事件の影響をおしはかってみるほかはなかった。

実際、大公の権威はゆらいでいた。いたる所で、大公からいたぶられてきた者たちが立ち直ってきていた。フランドルは、参加を論じ出していた。ヘルダーラントはゆらぎ始めていた。ミラノ公は、フランス同盟に戻るべく、既に会談を始めていた。ルネ・ダンジューは、一時ル・テメレールに接近し、自分のプロヴァンス領を大公に譲渡することまで考えていたくせに、動揺し、今はもう、再び自分の甥に当るフランス王の意を迎えることしか望んでいなかった。さいごに、サヴォワは、両天秤にかけながらも、くるりと転回できるチャンスを自分のためにちゃんと準備していた。ただ、アラゴンのファン二世だけは、反発することもなかった。ソルーヴルでは、少からず無躾きわまる形で捨てられたというのに、大公とのきずなが切れるままで放っておき、ルシヨンを失うことも断念した。というのも、これも一時的と見ていたからで、スペイン統一という生涯の一大計画をおしすめて、やがて時が来て、自分が基礎づくりをしたスペインの一大勢力が固まったなら、自分もしくは自分の息子がむかしの国境を回復できる日がくるのを待つ気持があったからである。

ナポリ王が、アラゴンの足跡に従いながらグランソンの敗者になおも忠実であったことは本当である。しかし、かれがいぜん、こういう前衛的な政策にとどまっていたのは、マリー・ド・ブルゴーニュの結婚候補のひとり、タラントの王子フェデリコがなおも、義父となるやもしれない人のそばにいたからである。フェデリコは、グランソンでも戦ってきて、こんどはその報復戦の準備に加わるはずだった。ナポリの王子の周辺には、医師アンジェロ・カトー――未来のヴィエンヌ大司教で、大公の手当てをした人――の姿も見える。一方、ルイ十一世の方では、同盟の加入者らに、今まで以上に気前よく、施しを分け与えていた。(4)

コミーヌが、グランソン後のシャルル・ル・テメレールについて忘れがたい肖像を描いた。かれは、間違いなく、その友人であり、『回想録』を献呈した相手アンジェロ・カトーから基本的な資料を得たにちがいない。

大公の健康は、悪化していた。何より気力がひどく衰えた。まさしく神経衰弱を病んでいた。性質もひどくかわった。多血質で、それまではワインを控えて、ハーブティーやローズ油入りジャムといった清涼物しかとらなかったのに、今では、強壮剤や誘導剤を求めた。武力の威光を再び取り戻すまでは切らぬと言って、ひげも伸びるにまかせた。それでも、アンジェロ・カトーは、ひげを剃らせた。しかし、これまでより怒りっぽくなった大公は、コミーヌの強い表現によると、「分別心がなくなって(5)」いた。どこに寄りすがればいいのかが、確実にわからなくなっていた。いたる所に、敵を見た。「蝿のように前を飛びまわり」、大胆にのさばってきて、「角をつき出してくる」敵ども。この表現は、イメージ豊かで、コミーヌの書きぶりをしのばせるが、実はモリネである。

大公の臣下が大公を裏切らなかったのは、多くは、自分が犠牲になるのをひかえていたからである。一ばん忠実な臣下の場合でも、運命をのりこえ、困難なときに信頼を回復しうる国民的感情の躍動を内にいきいきとたたえていたとは、とても感じられない[6]。

フリードリヒ三世は、再び話題に上るようになったあの問題、ブルゴーニュ＝ナポリ間の婚姻関係に取って代わろうとねらっている問題、すなわち、マリーとマクシミリアンとの結婚をいそがせようと一四七六年四月十四日、ローザンヌで締結された盟約にも同意した。皇帝とオーストリア王家は、スイス同盟を破棄したのである。規模こそ小さいとはいえ、ともかくも外交上の勝利であった。この移り気な皇帝の、ともかくも真意から出た戦線離脱があり、オーストリア＝スイス間のなんとも不可解だった同盟が破れたからといって、力の均衡に重大な影響を及ぼしてくるわけではない。

ただ、スイス諸州に対しブルゴーニュ軍がはっきり勝利を占めることだけが、危うくなってきた大公の地位回復を可能にするはずだった。シャルルも、そのことは痛感していた。健康は不安だったが、いそぎ熱心にローザンヌに兵を集めた[7]。報復軍とするつもりだった。兵員数を見定めることはむつかしい。たぶん一万人以下である。その上に、寄せ集めの観はまぬがれず、よい結果が出そうな見込みはなかった。

　ミラノ公はブルゴーニュ公に対して、そんなに早々と再び武器を取らぬようにと忠告したが、むだだった。知恵の声は、聞かれなかった。「かれははや、耳をふさぎ、判断力は乱れていた」と、コミーヌは、道学者めいて言う。これから起ることに速断を下す、この明察ぶりよ。今はただ、おのれの威信のことしか関心がない、精神に異常をきたした、この王侯に、どうして慎重さがなお働きかけることがあろうか。かれは、――みずから、確言するように、「世間の前で」、「畜生のような奴らに打ちのめされた恥ずかしさ」を抱いて生きるほかはないのである(8)。困難が増せば増すほど、かれの野心ははやり立つ。スイスの方の勘定が済んだあと、大公は、もう止まることをしない。フランス王をパリまで追いかけてやると言う。他方では、サヴォワを占領してやるとも言う。これこそ、無謀きわまる予言である。敗北に終った一大会戦のすぐあとで、こういう強がりを声高に言ってのける人間に、この言葉そのものが批判を下す。

＊

　こういう中でも、ブルゴーニュ報復軍の結成は進んだ。ブルゴーニュ公じきじきの総指揮のもと、ロモン伯とタラント王太子が、主たる大将となる。スイス人たちは、自分たちの上に大きい脅威が迫ってくるのを感じている。フランス王をせきたてて、ぜひとも王のなすべき努力をつくしてほしいと迫る。ルイは、いぜんリヨンにあったが、グルノーブル司教ジョスト・ド・シルナン——スイス諸州とフランスとの間の、有力な仲介者——の訪問を受ける。司教は、ルイ十一世に対し、「この一大ドラマの重み」を、王にひそかに加担する人々に負わさるるままにしておいてはいけないと、進言する。しかし、ルイは、泰然として動かず、自分の計画をおし進めるばかりである。それは、いつも同じ、意見を述べ、金を与えるだけのことである。明らかに、かれの確信はゆるがなかったのである。スイス人たちは、ロレーヌという応援にも支えられ、六月二日には、ルネ二世みずからの来援を待ち受けているからには、勢力もほとんど伯仲している中、敵の傭兵ども、——分別心をなくしたル・テメレールが余りにもあわただしくかき集め、十分な準備もなしに前線へかり立てた傭兵どもを打ち伏せる力を持っているに違いないと。

一四七六年五月二十七日、ブルゴーニュ公は、ローザンヌを発する。そこから約十キロメートルの、モラン高原に、一週間、陣を張る。六月四日、そこを出て、エシャランを通って、ブロワの谷へと向かい、九日、モラ（フリブール州）の前方に到着する。前日、大公のもとにむかし身を寄せていたことのある、著名なベルン人、脱走者のアドリアン・ド・ビュバンベルクが、千五百から二千の手兵を引き連れ、湖の南岸にそびえる小さなこの要塞都市へ入っていた。ここはいわば、ベルンの前進基地であり、ベルン人が先に、ロモン伯から奪った所であった。約一千の兵が、同じくフリブールを守っていた。もしこのように敷かれた第一線が陥落したなら、第二の防御線がギュムナン橋とローパン橋のあるサリーヌとサンスの谷に、設けられていた。

ロモンは、アルベルク近辺まで偵察を進めたあと、モラの北東に戻ってその陣営を張った。他方、シャルル・ル・テメレールは、同じ場所の南側、クールジュヴォーの高台に腰をすえた。六月十日であった。翌日、モラ攻囲戦が始まった。

モラは、湖によってベルンとつながっていた。大公は、くたくたになるまで兵に塹壕掘りをやらせ、重砲隊は、猛撃を加えた。それでも動揺することなく、防禦側は、なんども激しい出撃をもって応じた。六月十日、さしもの猛攻も効を奏さず、攻撃者の側は痛い被害を蒙るばかりだった。二十一日、どんでん返しが起る。タラントの王太子フェデリコが、その父ナポリ王フェルランドからのきつい命を受け、戦線を離れる。ブルゴーニュ宮廷がマリーをマクシミリアンと結婚させる構想に舞い戻ったことで、フェルランドが、自分は手玉にとられたのだと知って不快になったからというだけではない。ルイ十一世が、フェデリコに、自分の末娘びっこのジャンヌ[9]――のちのオルレアン公夫人――はどうかと申し出て、反撃に出てきたからでもあった。フランス王は、ミラノのスフォルツァと皇帝とを自分のもとに連れ戻し、さらにルシヨンの盟主となって、アラゴンとの休戦条約を利用して自分の地位を正当化し、ブルゴーニュ公からその最後の盟約者ナポリ人を取り上げるこ

モラの戦い

とに成功していたのだった。

奇しくも日付を同じくして、タラントのフェデリコが、将来とももはや義父ではありえぬ人から離れ去った日、ロレーヌのルネ二世が反対の陣営にはせ参じ、スイス諸州のためにその剣をふるおうとする。

モラの近くで、最後の決戦の火蓋が切られたときの、外交的・軍事的な状況は、こんなものであった。

湖に背を向け、万一敗北してもどこにも逃げ道はない中で、攻囲者側は、二十二日、スイス軍の攻撃にあった。大胆な山岳民族は、土地の様子にすばらしく精通していた。さらに、傾斜地であったこともさいわいし、谷が一点に集中し、森蔭に身をひそめるなども利点も味方した。

ビュバンベルクがロモンを動けなくしている間に、大公は、敵の攻勢に見舞われ、戦いの場を制することができなくなっていた。

朝、敵の一隊が、モラの森を抜けて迫ってきた。しかし、クレシエとクーシベルレ間でブルゴーニュ人が整然と戦列についているのを見ると、いったん退いた。雨が降ってきた。十一時に、大公は、ことは決着がつき、敵は退散したと思いこんで、自軍を宿営地まで退かせた。ところが、正午頃、隠れて歩み寄ってきていた敵の大群が、クレシエの並木の前にどっとあらわれた。英国人弓兵とブルゴーニュ砲兵隊から二重の射撃を受けながらも、かれらは高台に迫った。同盟軍前衛部隊の先頭に立つ、ロレーヌ公とハンス・フォン・ハールヴィルは、狭い山道へと進み入った。ル・テメレールはこのとき、騎兵隊を前面に出させようとして、砲兵隊に後退を命じた。この命令が、グランソンのときと同様、パニックをひき起す。歩兵が浮き足立った。騎兵隊は戦闘の立て直しをはかろうとする。しかし、ガスパルド・フォン・ヘルテンシュタイン指揮のスイス後衛部隊の到着によって、一気に総くずれとなった。

あとは、見さかいなしの殺戮だった。逃げ出した者の多くは、湖で溺れ死んだ。実のところ、ローザンヌで大いそぎでかり集められ、組織も訓練も十分でないくずの傭兵どもは、到底アルプスの元気者たち、その上愛国心に燃えた快男児たちの敵ではなかったのである。

こうして、ルイ十一世の予見は着々実現しつつあった。大公を取り巻いていた一部精鋭も、敗走をさまたげることはできず、動きに従うほかはなかった。モラの戦いは、グランソンの戦いでよりもずっと殺された者の数は多かった。およそ八千人——大部分は歩兵——が死んだ。かれらの遺骸は、記念礼拝堂を中にはさんだ二つの納骨所におさめられた。(10)

戦利品については、グランソンの場合ほど豊富ではなかった。それでも、美しい布地、高価な毛皮、みごとな作りの武具、大公の肖像画一枚、一つの貴重な礼拝堂が、勝者の手に落ちた。

＊

一気に、大公は、ジュネーヴ湖畔のモルジュまで馬を走らせた。二十三日の朝は、そこでミサを開いた。夕方六時頃には、ジェクスのサヴォワ公夫人のもとに到着しようとしていた。二十七日まで、そこにいた。次に、サン＝クロード、ポリニイ、アルボワを経て、ドゥブ県ラ・リヴィエールに来て、やっと落ちついた。この小さな要衝から諸方に命令を発し、何としてでも新しい軍を再編成しようとした。どんなにかれが活動を展開し、ミラノの使節から気分を引き立ててもらおうとも、モラの敗者の真の精神状態について、歴史を書き替えることはできない。コミーヌが証人となり、「この出来事は、」かれを「ひどく絶望させた」と言う。どうしてそうでないことがあり得ようか。

シャルルには、ルイ十一世のように、計算違いのあとではじっくり反省をこらし、最悪の転落をも回復しうる、時宜を得た立て直しをしかるべき時に、ひそかに準備できる才覚が欠けていた。

まったく逆だった。大公は、無反省な躍動に身をまかせてしまった。かれの目からすると、立ち直るのならば、直ちにでなければならなかった。今までより以上に、衝動に操られるままになった。コミーヌは言う、「というのは、混乱させられると、いよいよ混乱してくるのだった」。

その最良の証拠は、この時点で、大公宮廷内で行なわれたサヴォワ家に対する時ならぬテロ計画である。ルイ十一世の妹サヴォワ公夫人イヨランドは、ブルゴーニュに好意を寄せてきた。といっても、決して自分の身を危うくするまではまりこまず、兄の敵と結ぶようなことはせずに。

ところで、王が近々サヴォワを乗っ取るらしいとの噂が聞えてくると、大公は、先手を打って自己防衛をするのだという口実で、どんでん返しをやってのけ、関係者の権利の一切を剝奪した。イヨランドは、夫を亡くしたあと一四七五年七月三日以来、摂政をつとめていた。大公は、彼女とその長子で、十一歳の少年フィリベール公を逮捕することを決めた。このスキャンダルのまきおこした反響は大きかった。

モラの完敗の翌日、大公を迎えたジェクスから、イヨランドは、ジュネーヴへと向かっていた。目的地から三キロほどの、ル・グラン゠サソネクスで、この無謀な拉致の任を負ったオリヴィエ・ド・ラ・マルシュに襲われた。この回想録記者その人が、みずからいきさつを語っている。かれは、自分が醜い役柄を演じていると承知していて、後世に対し、次のような言葉で、弁明をしておいた。「わたしは、自分の命を救いたかったから、こんなことをしたのだ。わたしの主君である大公は、なんぴとだろうとご自分が命令なさったことは必ず果たすように望まれる方であり、そうしないと、首を失うおそれがあったからである」[11]と。それでもことは、完全には成功しなかった。フィリベールと弟のシャルルは、オリヴィエの伴の、イヴレア出身のルドヴィコ・タリアンティに「逃がして」もらった。初めは、街道沿いの麦畑の中に身をひそめていたのち、幼い王太子らは、さいごに司厨長ジョフロワ・ド・リヴロルにシャンベリへと連れられた。公爵夫人の方は、ラ・マルシュの馬の尻に乗せられ、ジュラ山脈を越え、サン゠クロードまで引かれて行き、そこから、まずドール近くのロシュフォール゠シュル゠ヌノンへ、次に、ディジョンから遠くないルーヴルの城へと移された。

こういう扱いを受けて、イヨランドは、兄に救いを求めた。兄の方は、心の底で、いよいよサヴォワをブルゴーニュの仮の支配から解放するための好機到来と、ほくそ笑んでいた。

捕われた公爵夫人の密偵ジョフロワ・ド・リヴロルは、コミーヌにわたりをつけた。コミーヌは、一件を王にゆだねる。すぐリヴロルは、遅滞なく行動を起すとの保証を得た。ショーモンの領主シャルル・ダンボワーズが、シャンパーニュ総督の資格で、実行に当る任を負った。作戦は、奇跡的に成功した。槍を携えた二百人の兵でもって、ショーモン侯は、ルーヴルに監禁されていたイヨランドを奪い返し、ラングルへといざなった。王は、先にも見てきたようにずっとリヨンに滞在していたが、そのリヨンを出て、水路ロアンヌからトゥールにいたり、ル・プレシの城館で妹を引見した。「ル・プレシの庭園の門のところまで迎えに行かれ、たいそう愛想のよい表情をたたえて、こう言われた。「ブルゴーニュのご夫人、ようこそおいでなさった」と。夫人の方は、王の顔つきから冗談を言っているだけなのだとさとって、いとも賢明に、「わたしは、よいフランス女でございます」とお答えになった」。それこそ、ルイ十一世の望むところであった。サヴォワは、ブルゴーニュ国の同盟者であったことはついぞなく、ただ同情を寄せていただけであったが、このサヴォワの回心こそは、アンジュー、ナポリ、ミラノの方向転換を完成させることとなった。

*

今や、ブルゴーニュ公は、孤立していた。スイスにおける二どめの惨敗は、大公の威信を深く傷つけた。大公が結集させた諸国は、フランドルでも、公領ブルゴーニュでも、フランシュ＝コンテでも、不満の鼻を鳴らし出し始めた。好戦的な帝国主義政策は、単に一つの家門の権威のもとに、どんな共通の精神的中心によるつながりもなしにさまざまの民族をまとめ上げただけの国々にとっては有害なだけである。

剣をちらつかせてともかく結束させた中で、ロレーヌだけが残っていた。まわりの全部の国々をできるだけ速やかに自分のわがままに服させようとしきりにはやる、余りに性急な征服者の手をすりぬけて。

スイス諸州の二度にわたる勝利を利して、ロレーヌも解放を望んでいた。ロレーヌ公ルネは、モラの英雄のひとりだった。スイス人たちのために、骨を折ってきたからには、こんどは、ブルゴーニュ勢総崩れの余波を利して自分の所領を回復する腹づもりだった。

一四七六年八月以来、ルネは、ナンシーの前面に打って出た。しかし、この試みは、少々時期尚早だったために、失敗した。ルネはそこで、思い切った侵入をはかり、リュネヴィル、次いでエピナルを奪うだけでやめておいた。そのあと、ストラスブールへ後退した。そこで、アルザス、ライン川沿岸地方の町々の協力を得て、新しい軍の再結集をはかった。さいごに、防備が手薄だったナンシーの方へと戻り、十月六日、不意の攻撃をしかけて、自分の首都の奪回を果たす。

ブルゴーニュ公は、この奇襲を防ぎうるほど、ロレーヌでてきぱきした行動をとれるすべを知らなかったのか、それともその能力がなかったのか。それにしてもやはり、ナンシーの陥落は、かれにあらたな衝撃、おそろしい衝撃をもたらした。おそらくは、当てにしていたルクセンブルクの徴集兵の到着をぐずぐずと待っていて、対抗処置におくれをとったのだろう。あるいはまた、たぶん、ナンシーの防備をまかせておいた守備隊がもう少し長く抵抗してくれることを期待していたのだろう。ほとんど戦いも交えずに屈服してしまうことなしに。

こんどは、グランソン、そしてモラに次いで、ナンシーでもブルゴーニュ勢の弔鐘が鳴りひびいた。

九月二十五日、ラ・リヴィエールの幕営を出たシャルル・ル・テメレールはすっかり動転していた。かれの目的は、自分が武力で征服したロレーヌの首都を守ることだった。ブザンソン、ヴズール、ジョワンヴィル、ビュルニェヴィル、ヌフシャトーを経て、トゥルへと向かった。十月十一日、ナンシー陥落後六日め、トゥルへ到着したが、失った要害を取り返したいとの願いは別として、あとは退却するよりほかはなかった。ところが、自分の力の不十分をかえりみず、大公は、またもこの願いに取りつかれたのである。かれは、「エストゥフのあとを追って走る」ことを企てたと、コミーヌは生彩に富んだ言い方で言う。この比喩は、屋外ポーム遊びからとられたものである。つまり、はずれたボールの後を追いかけて走ることである。だが、それは、影を追いかけて走ることだった。

力ずくでナンシー奪回をはかることは、この時点では、無謀な賭けであった。実際、ルネ二世の戦力は、相手方の戦力よりもずっと上だった。ルイ十一世が惜しみなく注いでくれた財政上、外交上の協力のおかげで、ルネは、ロレーヌ軍に加えて、一万二千のスイス兵を使うことができた。何人かのフランス人も、王のひそかなすすめがあって、ルネの旗のもとにはせ参じていた(12)。

この支えに力を得て、ルネは、およそ一万五千の兵とともに、サン＝ニコラ＝ド＝ポールに陣を定めた。シャルル・ル・テメレールは、数々の失望にもかかわらず、いぜんとして自分の星を信じ、眉ひとつ動かさず、ナンシーを攻めにかかる。ここでブルゴーニュ公に仕えていた傭兵隊長カンポバッソ伯が豹変、その動機についてはいろいろ考えられるにせよ[13]、ともかくも兵員数のずっと少かった攻撃者側にとって、事態は一そう危機的となった。名簿には全部で約一万人の名がのっていたようだが、オリヴィエ・ド・ラ・マルシュの明白な証言では、事実上、シャルルは二千人以上の兵員は持っていなかった。

こういう条件下では、平等な戦いであったとはとても言えない。四代目大公は、相対峙する戦力がどうしようもなく不釣り合いなのをものともせず、なおも敢然と運命に立ち向かうことで、そのあだ名（「向こう見ず」）の正しさをこれほどにはっきりあらわしたことはない。圧倒的な優勢ぶりをもって当ってきたシメイ伯に対して、大公はただ、大言壮語をもって答えただけであった。すなわち、「余、ひとりで戦わねばならぬとも[14]」、戦いを交えてみせるとやり返したのである。こうして、ひたすらに威信を求めてやまぬとき、目はくらみ、どんな忠告も耳に入らず、大公は、コミーヌの権威ある裁断に従うなら、「狂気となった人間の言葉」を吐くほかなくなった。

一四七七年一月五日、絶望の状況下に始まったナンシーの戦いは、ただ、おそろしいばかりな惨憺たる結果に終るほかはなかった。

シャルルは、いずれもムルト川の支流に当るマドレーヌとジャルヴィル両川の中間、ナンシー南東の高台に自軍を配置した。忠実な傭兵隊長ジャック・ガレオは、左翼に展開した前衛隊とともに、トンブレーヌ前面の丘の中腹に陣どった。右翼を固めていた前衛隊は、ソーリュプトの森の側に列を作り、ルネ二世がそこへあらわれてくるのを待つ態勢をとった。したがって、ブルゴーニュ砲兵隊も、このルートの防備を特別念入りに固めていたのだった。

ところが、同盟軍の司令部では、モラでの戦術を再び用いる決定を下していた。ジャルヴィルの森蔭にある敵の陣地を迂回することにした。攻め手は、エーユクール川を渡り、ラ・マルグランジュ高原へ出た。次に、右へと急転回し、ソーリュプトの森を抜け、ちょうどブルゴーニュ軍の布陣の背後へと出たのである。アントワーヌ・ド・ヴォーデモン伯の子の若いジャン・ド・ロレーヌ隊に属するジャン・ド・ボードは、「天使告知」の大きい旗じるしをかかげていた。

予期しなかった攻撃にさらされて、ほとんどすぐ、パニック状態となった。一度ならず、ウリ・ウンテルヴァルデンのラッパが朗々と高鳴り、恐怖をまき散らした。ブルゴーニュ勢の多くは、逃げをうった。逃げられなかった者はその場で殺された。敵方に移った、カンポバッソと配下のイタリア人らは、ムルト川の渡しをはばんだ。ガレオとその仲間たちはそれでもなんとかうまい具合に逃げおおせて、メスへと走り、閉じこもった。

戦利品は、莫大であった。ブルゴーニュの基地は、ロレーヌ人、アルザス人、スイス人の略奪にさらされた。持ち去らなかったものには、火が放たれた。大公のかぶとは、ルイ十一世のもとへ送られた。大公の指環は、一スイス人に拾われ、一四七八年、シャハト兄弟によってミラノ公に贈られた。大公の上着《トゥニカ》はアルザス兵が剝ぎとり、トロフィーがわりにストラスブールの大聖堂に吊り下げられていたが、惜しいことに紛失した。旗指し物類はこの戦いに参加した兵士を出したソルール造兵廠にある。向こう見ずの盃は、砲兵隊長ハインリヒ・シュトリューベンが盗みとり、リーシュタルにある。バーゼル軍補強隊を出したところである。さいごに、金羊毛騎士団の記章は、コミーヌによると、二デュカでミラノで売りとばされた。

ブルゴーニュ大公さいごの人の死体は、何本かの折れた歯、モンテリーで受けたいくつかの傷あとによって身もとが割れたのだが、戦いの二日後、サン＝ジャン沼の泥にまみれ、死闘が行なわれた氷上に、裸で、醜い姿となって、発見された。第四代目ヴァロワ公において、フィリップ・ル・アルディが創設し、その後を継いだ歴代大公——さいごの大公をも含めて——によって、やむことなく高められ、広められてきた一国の運命は崩れ去って行った。

＊

コミーヌは、ナンシーの悲惨な結末を知らされたルイ十一世の度外れなよろこびようを、感動的な文章で描き上げた。出来事は、期待をはるかに上まわるものだった。ブルゴーニュが軍事的に崩壊したというにとどまらず、おそるべき大公の死去が起ったのだ。このような情報をもたらした者たちが、もろ手を挙げて大歓迎されなかったはずがあろうか。「王は最初、受けた知らせに驚いたあまり、どんな顔つきをしていればいいのか、まるでわからぬ有さまであられた。……しばらく経って、報告された事柄についてやっと返事をし、ミサを聞きに行かれ、それから、使者らを食卓につかせて、ご自身と共に食事を供された。そこには、王の大書記官、顧問官の何人かも陪席して、食事中もつねに話題は、そのことであった……食事が終ると、王は、別室に退かれ、くだんの大公が死んだ以上、それが当然であるかのように、大公の所有していた土地を、何人かの者に分配された」

王が近々の攻撃をあれこれ画策中だったル・プレシ中にひろがっていた大よろこびと、ガンでブルゴーニュ公夫人マリーをとらえた悲嘆とは対照的であった。もう一度コミーヌの言い方を採るなら、「この非常な恐怖の襲来にあって」、マリーの混乱はこの上なかった。敵意にみちたフランドル人、さっそく裏切ろうとする議員らに取り巻かれ、まだ二十歳にもならぬうち、父を失ったこの人はおのが運命のもっとも悲劇的な曲り角にいたのだった。ブルゴーニュ国は、航行不能の状態にあった。基礎からゆらいでいた。崩壊に瀕していた。もはや大公はなく、金もなく、軍隊もなかった。公国は、魂を失ったのだった。いたる所に、疑惑と恐怖があった。この余りにも重い遺産を受けついだ若い女性は、足をすべらすことをおそれていた。とてもおびえていたので、折しもちょうどフランドルに上陸したばかりのスペイン使節[15]を迎える勇気もなかった位であった。こんなとき、怪しげなふるまいをしたりすると、おそるべき宗主である王の怒りが、彼女の頭上にふりかかってくる危険もあったのではなかろうか。それにしても、王は、また彼女の代父でもあった。彼女の保護者になってくれてもいいのではなかろうか。

表面的には、四代目大公が男の子を持たずに死んだことは、百年少し前、フィリップ・ド・ルーヴルの死のときにあっさりと解決されてしまった問題と類似の単なる法律上の問題をひき起しただけのことと思えた。男系の跡継ぎがないとなると、封土としての公領を委譲できるのかという点が、ただ一つ微妙な問題点となるはずであった。実際は、事柄はほとんどすぐに、まったく違った形に運んだ。公領の継承の決定ということが、いちはやくより高度な論議に門を開けるふうであった。一四七七年のフランスは、一三六一年のフランスよりも強力であったし、自分の動きを自分で導く力もあった。ルイ十一世は、ジャン・ル・ボンとは違う政治家だった。その上、ヨーロッパが形成されつつあった。新しい勢力が出現し始めていた。封建時代の原理原則は、生まれつつある国家理性《レゾン・デタ》の前で、次第に消えつつあった[16]。

苦悩にひしがれ、当座の資金にもこと欠く公爵夫人を前にして、ルイ十一世には、二つの態度が可能だった。父を失ったこの女性の友人となるか、それとも敵となるかである。ところが、ルイは、どちらも選ばなかった。二つの仮定の利益を二つとも温存しておこうとした。遠回しに言い、隠し立てをする、ほのめかして、嘘に逃げる、これがかれの採った、複雑で、変幻自在の戦術だった。コミーヌは、こういうやり方を非難した。ほかの多くのことでは主君を讃えてやまぬかれにしてみれば、ともかくも手のつけられぬほど厄介なこの問題では、主君は、「さまよって」いた。「どんなおそれもないというのに、この件については、しかるべくけりをつけることを、神はおゆるしにならなかった」。これ以上に正当で、厳しい判断を下すことはできまい。ルイ十一世の食客によるこの批判からしても、公正な歴史ならばこの点についてはなんとも断定を下せないというのが、正しい選択になるのだろう。

ルイは北部ではペロンヌへと兵を進めてアラスとカンブレに手をつけ、情容赦ない行動をくりひろげていたが、他方、狭義のブルゴーニュへは、オランジュ侯ジャン・ド・シャロン、クラオンの領主ジョルジュ・ド・ラ・トレモワイユ、シャンパーニュ総督シャルル・ダンボワーズの三巨頭に指揮され、強力な装備を持つ六千人の軍隊を送り出していた。同時に、ディジョンの市民たちに、一月九日付の有名な手紙を送りつけ、そこでは、亡き大公の臣下たちにくやみの言葉を述べ、自分の名付け子でもある若い公爵夫人に寄せる愛情も言いあらわしたあと、次のような意味ありげな結びの文句で終えていた。「だから、われらはあなたがたが、われらの手以外の者の手におん身をゆだねようとなさるはずはないと思うのであり、われらの名付け子なる方の権利を、定められた通りに保護しようとするのである」

ルイがどこまでも裏表二様の態度を保持していようとするのが、この数行でかれ自身がだれよりもみごとに定義してみせてくれている。公爵夫人からすべてを剝ぎ取りながらも、自分を保護者とたのんでブルゴーニュが頼ってくるようにしむけているのである。同時に、得々としてガンに手をつけ、ネーデルラントを支配しようとねらう。コミーヌの言うとおりだった。あらゆる時代に通じる真理が、ここでも当てはめられよう。すなわち、「二兎を追う者は一兎をも得ず」と。

自分の策謀の隠れみのとして、王は、マリー・ド・ブルゴーニュと王太子シャルルとの結婚を前面におし立てていた。マリーは十九歳になっていたが、王太子はやっと七歳にすぎなかった。それでも、コミーヌは、すぐにも婚約を取り決めるようにと忠告していた。そうするのが、かれによると、ブルゴーニュ国の運命をフランス王室のためにも最良の条件において友誼的に解決できる道だというのだった。現実には、年齢の不釣り合いというだけでなく、ネーデルラントやフランシュ＝コンテがフランス王国との併合を嫌っていたことが、ふたりを結びつける障害になった。

少くとも、こうした計画を隠れみのにして、国王軍は、進撃を続けた。二月一日に、ディジョンへ入った。公領全体の占領には、ほんのわずかな日数で足りた。さし当りは、どんな重大な反対にも出合わなかった。公領を構成する諸国は、公的にはルイ十一世と結び、その代理者であるフランシュ＝コンテ人ジャン・ド・シャロンを受け入れた。公領の諸特権の保持と引き換えに、公国評議会は、公爵夫人の後見役、将来の義父であるルイのうそごと・作りごとを承認するほかなかった。

こうしてブルゴーニュは公式には、既成事実をやむなく甘受したかに見えた。マコネ地方も、(17)一時のフランス人の所業をすっかり忘れてはいなかったが、ジャン・ド・ダマスの指導のもと、同じ道を歩みつつあった。各都市は、ラ・トレモワイユに巧妙に「取り込まれ」、監視下にあった。甘言と買収がこれにともなった。要するに、ブルゴーニュへの忠誠心は、方角を見失い、沈黙していたのだった。

これで万事すべては、申し分なく運んだことだろう。もし、濁った水で魚を釣ろうとする、ジャン・ド・シャロンとラ・トレモワイユが、——前者の陰謀、後者の強欲と暴行とによって、六月二十六日から二十九日にかけ、思いもかけずディジョンで反乱を引き起こすことがなかったならば。

民衆が立ち上ったのだった。町の人々は、マリー・ド・ブルゴーニュの名を口々に叫んだ。サン＝ニコラ塔を占拠し、国王旗を打ち倒した。秩序の回復をはかった議長ジャン・ジュアール(18)は、殺された。

火は、首都からその地方全体に広がった。一時は全公領が、沸きかえっているかに見えた。ボーヌ、スミュール、シャティヨン、スール、ヴェルダン、その他多くの小中心地が反抗し、いきり立ち、地方政府や地方守備隊長におどしをかけ、独立のための一種の同盟を、――いかにもまずいやり方で、また遅きにすぎたにせよ――準備しようとしていた。

しかしながら、燃え上ったこの火は、しょせんわらの火にすぎなかった。だから、シャルル・ダンボワーズのすばしこく、強力な、対応によって、騒乱は鎮圧された。十月十二日、ブルゴーニュ総督に任命されたこの有能な政治家は、一時はどうなるかと思われた、反抗運動を一掃した。各都市から、暴力は消え、分別が戻った。たとえば、スールやソーヌ川沿いの町々で、フランスの支配に対して決然とノンをとなえたフランシュ゠コンテから、抵抗の動きを支持してもらっていた町々が。威嚇的な軍事機関や適切に配備された警備隊の力で、すみやかに、治安を回復するにいたった。

ルイ十一世自身、一四七九年七月三十一日、ディジョンへ出向いた。サン゠ベニーニュ教会で、王家に直属することとなった新たな封臣たちからの誓いを受けた。しかし、八月三日には、タランの城へと退いた。それがあまりにもあわただしかったので、ブルゴーニュの改心にどうも信頼をおいていなかったのではないかとの印象を与えずにはすまなかった。

心の底では、自分が公領を強奪したのではないかと感じていた。地方人の情念の炎が再び燃え上ることも考えられた。だから、間をおかずに、征服地を守るためというよりも、これを確実に保持して行くために、頑丈な城の建設を進めさせ、同時に、既存の機関、高等法院、会計院など、完成されたこの一「地方」が歴代大公の丹精で作り上げていたあらゆる種類の公的機関に、たのむに足る人材を入り込ませる配慮もつくすこととなる。

*

しかし、公国ブルゴーニュが、ブルゴーニュ国のすべてではなかった。シャルル・ル・テメレールの遺産はその莫大な全体がさっそく、全ヨーロッパの政治の場で、——すなわち、この一大賭博場に引き渡された、非常に大がかりな勝負の賭け金となったのである。スペインは再び、むかしのアラゴン＝ブルゴーニュ同盟のことを持ち出した。一四七三年、フルシヨンでフランス軍の攻撃を食い止めてくれた人の跡継ぎの女性に、同情的だった。フランドル諸国も、ガードを固め、ベルギー地方の運命の決定権を離すまいとした。この運命に関心を寄せている英国が、監視の目を光らせていた。エドワード四世の妹で、亡きシャルル大公の妻であるマーガレット・オブ・ヨークは、義理の娘になるマリーのそばにとどまっていた。マリーの方は落ち着きをとり戻していた。公爵夫人として行動し、発言もした。彼女から相続権を奪い去った保護者と名のる者のぺてんをブルゴーニュ諸国に対して告発した。一四七七年一月二十三日の彼女の反論が公国内にさして効果をもたらさなかったので、こんどは、王太子との結婚などという悪らつな計画を、自分はハプスブルクのマクシミリアンと婚約中の身の上であると言い立てて、しりぞけた。結婚を申し入れてくる多数の候補者の中で、大いなる遺産を継いだこの女性が選んだのは、この遺産をもっとも守ってくれる力があると判断した人、すなわち、皇帝の息子（マクシミリアン）だった。

ルイは、スペインを統一し、フランスにとってスペインの脅威をつくり出したフェルランドとイサベールの結婚の邪魔立てができなかったと同じく、フランスにオーストリアの脅威をなおも残すこととなるマリーとマクシミリアンの結婚も阻止することはできなかった。コミーヌの批判は、余りにも適中しすぎたのである。不幸のきわめつけとして、マク

（上）マリー・ド・ブルゴーニュの息子フィリップ美王
（下）フアナ狂妃（フィリップ美王の妻）

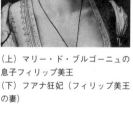

マクシミリアン１世及び妻のマリーと家族

シミリアンとマリー・ド・ブルゴーニュの子、フィリップ美王は、のちに、カトリック王、王妃の娘フアナ狂妃と結婚するにいたり、オーストリア、スペイン両王家の孫になるのがカール五世である。さいごのブルゴーニュ公の継承者を未来の神聖ローマ皇帝たるオーストリア大公の腕の中にゆだねてしまい、ルイ十一世は、王国を英国との長年の戦争から解放したものの、また別な「百年戦争」――こののち長く続く、オーストリア＝スペイン勢力との歴史的な戦いの種をまいてしまったのである。

ルイ自身も既に、それの初期段階を感じとっていた。ブルゴーニュ、ピカルディ、アルトワはなんとか保持に成功したものの、フランシュ＝コンテ、フランドル、ネーデルラントなどは、マクシミリアンに渡さねばならなかった。この問題をめぐって、なんとも不明瞭な戦争が起った。一四七九年七月二十九日、ギーヌガットで皇帝軍が勝ち、一四八三年十二月二十三日のアラス条約という妥協にいたった。これにより、ルイ十一世は、既に病気にかかって、衰え果てる一歩手前だったが、新たな結婚計画をもち出すことで、ナンシーの破局から生じた厄介な紛争になんとかけりをつけた。マリー・ド・ブルゴーニュは、一四八二年三月二十七日、落馬がもとで、ブリュージュで死んだ。その娘マルグリット・ドートリッシュは、王太子と結婚することとなり、王太子の方はそのために、英国の婚約者を捨てることとなる。こうして公国ブルゴーニュと、ピカルディがフランスのものとされる一方、アルトワ、フランシュ＝コンテ、マコネ、オセロワ、サラン、バル＝シュル＝

セーヌ、ノワイエは、マクシミリアンのものとされた土地から切り離され、マルグリットの婚資とされることとなった。

ネーデルラントは、その壮麗な全体が未来の皇帝のものとしてとどまり、万事は、友交裡に解決されるかに見えた。ところが、間もなく、問題はまたぶりかえしてきた。シャルル八世（ルイ十一世の子）とマルグリットの結婚は、王の姉アンヌ・ボージューの摂政期に、破棄される。シャルル八世は、周知のように、アンヌ・ド・ブルターニュと結婚する。さっそく、フランス＝オーストリア紛争が、再燃する[19]。一四八三年の条約をあらたな条約によって修正する必要が出てきた。それが、一四九三年五月のサンリス条約だった。フランスはマクシミリアンの子フィリップ美王に、アルトワとフランシュ＝コンテを戻してやったが、残りは自分のものとしてとどめておいた。こうして、オーストリア＝スペインは、ブルゴーニュ国から、サンリス条約で返還された二つの地方とともに、既に得ていたネーデルラントも保有しうることとなった。そして、ブルゴーニュそれ自体も、カール五世からの要求による、ゲルマン帝国主義の牙から抜け出しはしたものの、やっとのことだった。なにしろ、パヴィアで負け、マドリッドで捕われの身となったフランソワ一世がこれをいったん譲渡したからで、辛うじてフランス領にとどまり得たのも、ブルゴーニュ諸国が土地の譲渡不能を主張し、わが勇敢なルネサンス、フランスの王（フランソワ一世）が軍事上の立ち直りによりなんとかこれを持ち堪えたからにすぎない[20]。

だから、ヴァロワ朝歴代大公の、政治上の業績は、空しく消えはしなかった。かれらがまとめ上げた国々は、散り散りに崩れ落ちたが、残されたいくつもの美しいものは、続く時代においても、かれらの努力の熱心さと行為の適確さを証明しつづけてきた。ブルゴーニュは、フランスのものとしてとどまった。フランシュ゠コンテもフランスに戻された。フランドル、アルトワ、ピカルディも、同じ道を歩んだ。そして、ベルキー王国とオランダ王国とは、十五世紀において、自分たちは王の肩書を手に入れるにいたらなかったものの、かの偉大な君侯たちが作り上げてきたものであり、今日の世界で、まるでその真の創設者たちのすぐれた王者の品位をあかしだてするもののごとく、屹立しているのである。

結論

いにしえのロタリンギアを復活させること、もしくは、ロタリンギアの土地をも含め、中世初期の種々さまざまなブルゴーニュの総体を統合した、新しいブルゴーニュを生み出すこと、これがヴァロワ朝ブルゴーニュの夢であり、この夢が、四人の歴代大公中さいごの人の治世の最盛期に、実現一歩手前にあるとみえたこと、——このことは、だれの目にも明らかである。偉大な「大公たちの時代」に次々玉座に上った、君侯ひとりびとりが十分にその証言を残してきた。

フィリップ・ラシュレ（確信公）が、フリードリヒ三世から、一四四七年に得られずにしまったもの、そして、シャルル・ル・テメレールが同じこの皇帝のあまり名誉にならぬトリーアの喜劇の際、その指先からこぼれ落ちて行くのを見ていたもの、——それは、百年戦争の最終段階をもし、自分が勝って有終の美を果したならば、大公の手からこぼれ落ちて行かずにすんだものかもしれぬのである。一四一七年の地獄の協約、一四二〇年のトロワ条約に次ぐロンドン条約の施行によって、一四七五年頃、英国＝ブルゴーニュ間の結束はしっかり固められるにいたったといえよう。それは、やむをえぬ要請にもとづく平和であり、あらたなブレティニー条約により、新しいヨーロッパの形成に道を開くものだった。いかなる既成の勢力範囲からも脱した広大な君主国家の構想にもとづいてうち建てられた公国ブルゴーニュは、まったく自由に、新しいヨーロッパ地図の上で、数知れぬ領地を併合し、接合し、大きく広がって行ったかもしれない。

これらの諸領地は、民族的統一、言語的統一、利害関係の統一が欠けていたために、ついに相互の連帯を固めることができぬ定めを負うていたのだと言う人があるかもしれない。また、だからこそ、この企ては、最初からむなしかったのだと言う人も。そんなふうに判断するのは、結局なんの根拠もなしにもっとも危険なドグマ、歴史的決定論のドグマに加担することになる。(1)それに、歴史上における他の類似の構成体、──たとえば、オーストリア＝ハンガリー帝国の場合など、先にも言及しなかったか──が、互いに補足し合う経済体制を整え、一つの家門を中心として結合することに、誕生し、生存し、永続して行くに足る十分な理由を見出してきた事実を忘れることになる。

次のように考える方が正しいのだろう。構想されつつある国家の運命とは、いくつもの主要な偶発事の気まぐれな動きに左右されるものなので、ふつうこれらの出会いが、歴史のダイナミズムの真の秘密をにぎっているのだと。おそらくは、歴代大公たちは、成功するための真の方法を軽んじたのだろう。おそらくは、物事の自然な経過によって強いられ、また抑止されることのなかったこういう国家を建設するためには、人々の自愛心だとか、フランス封建貴族の関心だとかにあまりこだわらず、国際性を徹底的に追い求め、百合の花の王国の国内政治の変化してやまぬ誘惑や展望と四六時中折り合いをつけようとはからずに、この立場を固執するべきだったろう。[2] おそらく、何のやましさも持たず、後をかえりみることもせず、ジャン・サン・プールの道をまっすぐに進み、フィリップ・ル・ボンがあらためておのが血管内にわき立つのを感じたというフランス人の血などは捨ててしまうべきではなかったろうか。エドワード四世と組んで、ルイ十一世に対する決定的な一戦に勝つためなら、コミーヌにより危機的なあの時告発された誤りは避けるべきだったろうに。要するに、もろもろの問題をさいごまできちんと区分けし、そのひとつびとつを、早すぎも遅すぎもせずに、その時々に解決することを欠かしてはならなかったのだろう。

さいごの大公は、短気で、衝動的だった。このことが、すべてを失わせる原因となった。だが、それは、一つの事実にすぎない。かれがなんら破滅的な所業をしでかしたわけではない。ル・テメレールの誤りの積み重ねのうちに、歴史的必然が見られるとするのは、どうしてか。しばらく、こう想像してみよう。ヴァロワ家の遺伝形質のいたずらで、ルイ十一世がブルゴーニュ公になり、シャルルがシャロレ伯でなくて王太子になり、次いで、フランス王になったとしてみよう。こんなふうに状況が入れかわれば、フランスの統一は保証されていたとか、また、大ブルゴーニュの挫折は決まっていたかとか、言える人があろうか。

いずれにもせよ、結果ははっきりしている。挫折は決定的だった。大ブルゴーニュは、稲妻一閃のあいだ、歴史の地平線にあらわれ、突然、取り戻しようなく、消えて行った。ナンシーの破局というういまわしい日に、消えて行った。

しかし、驚くべき成功の輝きは、残った。ネーデルラントに付与され、未来へと伝えられて行った活力、壮麗な宮廷の威光、活力にみちた文学、豊かで、念入りに育成されてきた歴史編纂の事業の成果、そして、さいごには、人民にとっても、王侯にとっても、最大の栄誉となるもの、すなわち、美のセンス、審美的能力、美的なものへの人間的渇望を比類なくみごとにうつし上げたということで、不動の地位を占めるその芸術の栄光。

原注

序

（1） 本書第12章注（25）参照。

（2） 本書では四人の大公を何よりも特にフランスの大貴族とみなしてきたことを、明言しておきたい。かれらも終始、そのように見てもらいたいと望んでいたのだから。だから、ここでは、十四、十五世紀におけるベルギー王国、オランダ王国へと続く歴史も出てくると期待してもらってはならない。そのような歴史は別に、ベルギー、オランダのすぐれた史家によって既に完成されており、そこまで枠を広げるのは、本書の分際を越えることになる。

第1章 王国から公国へと

（1） 民族大移動期の同時代の証人シドワーヌ・アポリネールの語である。中世初期のブルゴーニュについては、アンリ・ドルーオ、ジョゼフ・カルメット共著『ブルゴーニュ史』（パリ、ボワヴァン社、第六版）参照。

（2） マルセイユは、クロヴィスとゴンドボーが西ゴート王アラリック二世に対して起した戦争の時に、ゴンドボーのブルゴンドが占拠した。クロヴィスがロワール川からピレネーまで国境を拡げる契機となったとみられる、ヴーイエのフランク族の有名な勝利で知られる五〇七年の作戦と平行して、ゴンドボーは、プロヴァンスを征服した。そのあと少しして、東ゴート王テオドリック大王の介入により、かれは再びこれを失う。しかし、テオドリックの死後、東ゴート王朝の没落があって、その結果、アルプス、ローヌ川、海にかこまれたこの地方は、国の公爵モーロントのもとで一種の自治公国となった。シャルル・マルテルは、キルデブラントの助けを得て、武力でモーロントを屈服させ、再びプロヴァンスをブルゴーニュに合体させた。ところで、本書第8章でも見るように、七百年後、十五世紀に、おもしろいことに同じ事情が生じて、三たび、この結合が起りそうな事態となる。

（3） この傾向については、小著『シャルルマーニュ、その生涯と事業』（パリ、アルバン・ミシェル社、一九四五年）の初めの各章を参照。

（4） コミタートゥスとパーグスの、カロリング朝期における意味については、前注に引用された書物の二二一ページ、注12に明記されている。

（5） この活力と結果については、小著『一帝国の崩壊とヨーロッパの誕生』（パリ、オービエ社、「歴史の大危機」双書）において分析している。

（6） カロリング朝没落の時期には、一修道院の世俗的財産の管理権——ふつう、修道院長のものである管理権を得た領主のことを「在俗修道院長」と呼んでいた。教会固有の職務は、その資格がない在俗修道院長に代わって、聖職者がとり行なった。しかし利益の大半は院長が受けとっていた。十一世紀の改革で、この越権行為は消滅した。

（7） J・カルメット『封建社会』パリ、コラン社、第六版、一九四七年。

第2章 カペー朝がブルゴーニュで果したこと

（1） 「完全な所有権を保有し、相続人に遺贈しうるものとして。」アンリ一世がロベールに交付した譲与証書には、このように記されていた。書式はこのように書かれていても、次子は長子の臣下であり、長子に臣従の礼を尽くさねばならなかったことは知っておくべきである。国王から授けられる封土が他に移されるとしても、公爵たちは決して異議をとなえることはなかったのである。要するに、アンリ一世の用いた表現は国王に対し封臣としての義務を果たすという条件で、公爵は公領の主長であるのだと言おうとしたものである。公爵は、領地の帰属が認められている範囲内でだけ、国王の完全な代理者でありうる。この一〇三一年の譲渡には、以後の中世ブルゴーニュの運命がすべて潜在的に含まれている。J・ドーント（「ブルゴーニュ初期大公ふたりについての覚え書」「アナール・ド・ブルゴーニュ」一九四一年、三〇ページ以下）は、ロベール敬虔王が、長兄ユーグの死ぬ前からブルゴーニュをアンリに与えるつもりであったことから、王自身がブルゴーニュをロベールのものとしたという説を支持している。だから、国王の座は長子に与え、王座を得た長子の立場のよき後楯にするため、第二子にはブルゴーニュを与えるという筋道立った政策をうち立てたのが、カペ朝二代目の王（ロベール敬虔王）だったとみていいのである。少くとも、こうしたシステム確立の試みを、ことのついでに指摘する価値はあろう。

(2) ときに、ロベールには「失地公」のあだ名が与えられるが、その正当性は議論の余地があり、いずれにせよ、言い過ぎである。ジャン・リシャールが「アナール・ド・ブルゴーニュ」に発表したノート（一九四六年、一一一ページ）参照。

(3) まちがいなく他に絶していた唯一のカペ王朝の王、聖ルイの歴史上の優位は、かれの政治家としての資質よりも精神的な権威によるところが大きかったことは認めておくにたる。なるほど、かれは、有益で、世のため人のためになる政治上の業績も果たしたが、その功績は何よりも、その徳の高さに由来する。S・シャルレティ監修の共著『偉大なる面々』（パリ、ラルウス社刊）における、筆者の聖ルイに関する略述、また、小著『中世研究論文集』（トゥルーズ、プリヴァ社、一九四六年）参照。

(4) エモンの子ユーグの失踪以後のことであった。ユーグは、ロベール一世の後を継ぎ、一〇五三年二月二日、相続財産の贈与を受けたのだが、以後、杳《よう》としてその消息が知れなくなった。

(5) J・カルメット『封建社会』パリ、コラン社、第六版、一九四七年。

(6) 例として、十字軍士がオリエントに出発するに当って、装備をととのえ、長途の、物入りも多い旅を行なうための金が入り用になったとするなら、むろん進んでこの種の援助金を受けとることになる。双方の契約が成り立てば、支払いが行なわれる。公爵は、じかに金を出す役目を果たすが、その継承者たちは以後、その結果の恩恵に浴することになる。コート・ドール県の古文書では、その例が、枚挙にいとまがない。文献は、「自由地」、すなわち、租税を免除された土地で、のち、封土と変えられた土地について伝えている。一例として、十三世紀末のギー・ド・スミュールの申告を引く。「余は、本証書作成の日、自由地として所有したるすべてを、ブルゴーニュ公ロベール殿より、封土、また所領として受領した」。ギーは、金額については特に記していない。他にも、この種の興味のあるデータに触れたものはあり、たとえば、ユーグ・ド・プリヴァは、一二六〇年四月の同様の授封に際して、公爵から、ヴィエンヌ貨二十五リーヴルをもらっている。

（7）十二世紀の終りの約二十年間ほどは、ブルゴーニュのいたるところで、町村の帰属の移転がごくふつうに行なわれるようになった。公爵は、町村の権利証書を都市に譲渡し、代わりに都市の自由裁量権の代償となる地代を受けとっていた。ディジョンは、五百マールを支払っていた。アルジイは、十五スーを支払っていた。こうした収入が増えれば、公爵は、土地や臣従関係の購入ができるというわけであった。

（8）Ch・プティ＝デュヌイイの著作によると、北仏のバイイ、南仏のセネシャルなどを生むに至った機能的な統治は、大陸の領地の組織化を進めたプランタジネット家の功績だったことがあきらかである。フィリップ＝オーギュストはその敵対者ヘンリー二世プランタジネットを模倣したのである。カペ王朝期の大封臣たちも、フランス王のやり方を模倣した。

第3章　フィリップ・ド・ルーヴルの跡継ぎ

（1）カペ王家は、九八七年から一三二八年まで、三百四十一年間にわたり、フランスに君臨した。カペ朝ブルゴーニュ公家は一〇三一年から一三六一年まで、三百三十年間統治した。ここに見られるように、次子の家系の生命力は、長子の系統のよりもごくわずかに劣っていた。加えて、どちらの血統も、途絶に至ったのはどちらかといえば、偶然の出来事によったと思われる。フィリップ・ド・ルーヴルは、二歳半のとき、一三四九年四月三日、祖父ユード四世の死によって、公爵となった。摂政として、ユード四世の姉ジャンヌ・ド・ブルゴーニュが、次いで、その姪で、ジャン・ル・ボンの後妻、フランス王妃となったジャンヌ・ド・ブーローニュが当った。また、実際、ジャン・ル・ボンがかれの後見人でもあった。

(2) 長らく、事務当局(大書記官府)の話の種になっていたのは、十七世紀におけるスペインのカルロス四世の王位継承であった。複雑で多様な手続きが踏まれた。十四世紀のブルゴーニュ公国の継承の場合は、これとまったく同断ではない。

(3) 五一ページと三六~三七ページの系図を参照のこと。後の方の系図によると、遺産のある部分に関しては、シャルル・ル・モーヴェ(邪悪王)と同じく優先順位となりうる位置を占めていることがわかる。シャルル・ル・モーヴェのたぶん正当な権利、ブルゴーニュの継承問題のいくつかの特性についての法的見地からする考察に関しては、『むかしのブルゴーニュ諸地方の法律および制度に関する学会論文集』中の、多くの法学者たちによる興味深い研究、また、同じ問題に関するポケ・デュ・オー゠ジュセの緻密な研究(「アナール・ド・ブルゴーニュ」一九三七年、所収)を参照。この論者の明らかにしているところでは、先に示した法学者たちのひとり、エルネスト・シャンポーの意見とは違って、ブルゴーニュにおいてはいついかなる時でも、「ナヴァール派(対立する党派)」は存在しなかったことは確かと思われる。シャルル・ル・モーヴェには何人かの個々の支持者たちもいたが、個人的な反逆の域を出ることはなかったらしい。別に、ポケ・デュ・オー゠ジュセは、ブルゴーニュの継承問題をブルターニュのそれと対照して、非常に正しい見解を述べている。すなわち、ブルゴーニュにおいては、ブルターニュにおけるように、相争い合う二つの主張、二つの強力な党派は存在していなかった。

(4) この個所またはこの先のところで扱われているフランス史の諸事件について、さらにくわしく知りたいと思われる読者は、小著『シャルル五世』(パリ、A・ファイヤール社、一九四五年、大歴史研究双書）に有益なすべてのデータが出ているので参照していただきたい。また、この時代に、フランス人とブルゴーニュ人とがナヴァール王の諸「権限」の承認を拒否したすべての理由もこの本の中にあげてある。
（5）ドン・プランシェ『ブルゴーニュ史』第二巻、資料第三〇六号、二六七―二六八ページ。「一三六二年一月十六日、システィオーに与えられた」とある手紙参照。
（6）たとえば、一報告書に次のように読める。「当時、ルーヴルにおられた、領主殿の顧問会の殿がたは、現地の総督に対し、治下の地においては、公爵殿が亡くなられたことは告げぬよう注意されたしとお命じになった。」
（7）王室書記局で用いられていた公式文書の書式に則り、ドン・プランシェが公判したこれらの公式書翰は、ただ月名のみをあげていて、日付は付していない（『ブルゴーニュ史』第二巻、資料第三一二号）。だが、十一月とあるから、フィリップ・ド・ルーヴルの死は二十一日に起ったのであるからして、これらの手紙をどんなに遅くとも三十日には認め、公表されたとしても、宮廷では知らせを受けとるのに十分な時間があった点ははっきりしている。
（8）ここで、この開封勅書の原文の中心部を読者にお見せしておく必要があろう。関連の部分は、次のように注記されている。「神の恵みによる、フランス人の王ジャン。余は、ここにいる人々を通して、現在の人々にも、将来の人々にも知らしめる。最近、余のもっとも親愛なる息子ブルゴーニュ公フィリップの死によって王冠のゆえでなく血縁による権利ゆえに確固として余に帰属すべきブルゴーニュ公国が、その権利とすべての付属物とともに、余のものとなり、相続権によって余に委譲され、あたかも余のものであるかのように余によって受領されたのであるが、そのブルゴーニュ公国自体を……余のフランス人の繁栄せる王冠に、余の確かな学識と王の権威とによって、余が与え、統合し、接合し、分かちがたく結合することを……」（原文ラテン語）

(9) トゥルヌール＝オーモン『ポワティエの戦い』パリ、一九四〇年。また、王の名誉回復に反対している小著『シャルル五世』（F・ロット『中世の軍事技術と軍隊』一九四六年、第一巻）三七〇ページ参照。

(10) この授封の約束は、あきらかにもう一つの計画と関係がある。一三六二年十二月には、ある奇妙な結婚が取り沙汰されていた。すなわち、フィリップと、プロヴァンス女伯、ナポリのジョヴァンナ一世との結婚である。もしこの結婚が実際に行なわれていたら、たぶん、むかしの完全なブルゴーニュ、マルセイユにまで及ぶゴンドボーのブルゴーニュの回復が見られたことであろう。ところが、この縁組は、計画には上っていたものの、ほんのわずかな間で霧散してしまった。ナポリの女王の三ばんめの夫となったのは、フィリップではなくて、マヨルカのジャウメ四世だった（この計画の流産については、モーリス・プルー『教皇ウルバヌス五世とジャン二世、シャルル五世との関係についての研究』一一、一四ページおよび二、三部。ポール・フールニエ『アルル王国とヴィエンヌ王国』四九七ページを参照）。

(11) ドン・プランシェ『ブルゴーニュ史』第三巻、資料第三号。

(12) ブルゴーニュ親王領の設定については、先に引用した（本章注3）法学者グループの一連の仕事として、ピエール・プトー（『ブルゴーニュにおけるフィリップ・ル・アルディの統治』）が研究している。プトーは特に、シャルル五世が留保しておいた、公領での課税権およびこの権利から直接生じるさまざまの適用例に注意を向けようとしている。この点については、わたしたちも、本書第12章注18において再び取り上げることとなる。また、J・フォッスマーニュ『フランス王国との関係におけるブルゴーニュ公領』（法学論文、リヨン、一九三七年）参照。

第4章　フィリップ・ル・アルディ――政治

(1) エティエンヌ・ピカール『フィリップ・ル・アルディとマルグリット・ド・フランドルの信

仰』（『アカデミー・ド・ディジョン論文集』第十一巻、一九一四年）。フィリップ・ル・アルディが次男の名にアントワーヌ（アントニウス）を選んだことにも、この聖人に対するかれの愛着がよくうかがわれる。フィリップの兄一三四〇年十一月三十日生まれのベリー公も、自分の誕生日の守護聖人聖アンドレアス（アンドレ）を祝うことをよろこびとした。

（2） 親王領《アパナージュ》とは、「パンのための《アド・パネム》」贈与である。すなわち、フランス王の血を引く子孫に生活の資を与えるためのものである。ジャン・ル・ボンは、その息子たちに親王領を気前よく分け与えた。長子シャルル――未来のシャルル五世――は、王族として最初の受領者となったドーフィネのほかに、摂政期間中もずっとその肩書を保持しつづけたノルマンディを領有していた。ルイは、アンジューを、ジャンは、ベリーを受けた。ブルゴーニュ親王領に関しては、法学論文の形で書かれた専門書、ジャン・フォッスマーニュ『フランス王国との関係におけるブルゴーニュ公領――一三六三～一四七七年』（リヨン、一九三〇年）を参照するとよい。

（3） 四二七ページ参照。はなはだ皮相で、平凡な批評書ではあるが、ポール・コランは、その著『ブルゴーニュ公列伝』（ブリュッセル、一九四一年）において、フィリップ・ル・アルディの放つ「磁気」についてなかなか正確に語っている。

（4） E・プティ・ド・ヴォッス『ヴァロワ家のブルゴーニュ公たち』第一巻（既刊）「フィリップ・ル・アルディ」参照。この公家の歴史は、第一巻の枠を越えていない。オットー・カルテルリエーリ『ブルゴーニュ公国史』第一巻（既刊）「フィリップ・ル・アルディ」（ライプチヒ、一九一〇年）も同じである。本書中では取り上げなかったフィリップの治世の別な一面について、これら二著のうちの第一の著を参照してみたい。すなわち、野盗の群れに対する公の討伐作戦についてである。一三六三年から六九年にいたる間に展開されたこの作戦では、まず、ジャン・ル・ボンの代理官、次いで公自身が、ブルゴーニュになだれこみ、フランシュ＝コンテ軍の援助を得て掠奪をほしいままにした各軍団の長らとの戦闘となった。公は、代理官たち、最後には、ブーシコー元帥、またサンセール伯の補佐を得て、激しく、混乱をきわめた戦いを執拗に戦いぬいた（プティ、第一巻、四七―二五三ページ）。フィリップは、公領の解放に成功した。かれの人気の大半は、この作戦でかれの果たした功績に負っている。

（5）『ヴァロワ朝ブルゴーニュ公列伝』第一巻、八一ページ。この引用ならびに以下の引用については、バラント氏の著作の新版と称される八冊本（パリ、リブレーリ・アカデミック、ディディエ社版、一八六〇年）流布本を参照する。この著作の長所と短所については、序文に述べた所に何もつけ加えるものはない。

（6）この結婚の政治的側面については、ピレンヌの考察を参照のこと（『ベルギー史』第二巻、第二部、第一章）。結婚に当り、公は、極端なまでに身の始末に気くばりをする人の姿を見せる。公は、「艶ごとの名手」だった。ダマスカスのばらの香水と、すみれのパウダー入りの風呂に入った。入浴の習慣は、中世でもめずらしくはなかった。その反対が言われているのは軽率すぎる。ミシュレーのイメージに富んだ定義、「五百年間も入浴せずに」は有名だが。こういう単純きわまる見方は、完全な間違いといっていい。小著『封建社会』一八二ページ参照。

（7）ブレティニー条約の破棄通告は、シャルル五世にしてみれば、まさに外交上の一大快事だった。十四世紀のこの興味深い出来事と次に起った戦争のことでは、小著『シャルル五世』第十七章以下を参照。

（8）そんなわけで、こういう滞留中のあるとき、一三七一年、一時、ブルゴーニュの貴族たちを分裂させ、危機的といえなくもない状況を招いた争いの仲裁に当った。すなわち、ルージュモン一門とブレージー一門を対立させたあの紛争である。アンベール・ド・ルージュモンは、ガンへとフィリップの伴をした一行の中にいた。ところが、かれは、帰国すると、ジャン・ド・ブレージーに捕えられ、身ぐるみ剝がれた。ジャンの言い分では、家族間の怨恨にもとづくテロ行為ということだった。従兄弟に当るガルニエ・ド・ブレージーの死の報復をしたというのだった。公国内の領主たちは、ある者はブレージー側に、ある者はルージュモン側についた。公は、ルージュモンがその友人のひとりルレーの家で謹慎を守る許可が与えられるように配慮してやり、対立者の双方はなんとか妥協にこぎつけたのち、共通の宗主の前で共に飲む――これが双方の和解を確認する最適のやり方だった――ように処理してやった。

(9) 一三七一年と七二年の間に、フィリップはペリゴールとサントンジュで一作戦を行なった(プティ、前掲書、第一巻、二七一―二九〇ページ)。一三七一年二月の中頃には、シャロン゠シュル゠ソーヌを出発、クレルモン゠フェランでジャン・ド・ベリーと合流、シャルル五世から届いた命令に従い、そろって、英国人が包囲していたモンポンに向かい進軍するが、このペリゴールの城塞陥落の知らせがきて、両公爵は帰国を決めた。一三七二年八月中葉、フィリップは、ポワトゥでオリヴィエ・ド・クリッソンおよびデュゲクランと合流する。いくつもの要塞の攻略で戦功をたてる。ブルターニュにも足をのばし、十一月三十日、トゥアール攻略戦に参加する。この作戦での華となった。こうして、十二月十二日には、凱旋行列に加わってパリへ入城した。かれ、ベリーやブルボンの兄弟、義兄弟ともども、多数の捕虜――その中には、ビュックの隊長ジャン・ド・グレーリもいた――をも引き連れての凱旋だった。わずかな兵員で行なわれたこれらの諸作戦の合い間には、祝いごと、宴会なども随時催された。とりわけデュゲクランやクリッソンと協力して、大活躍をしたフィリップは、たしかに栄光に包まれていたが、戦費の費消も莫大であった。

(10) ルイ・ド・ブルボンは、シャルル五世の妃であったジャンヌ・ド・ブルボンの弟であった。ジャンヌは、一三七八年二月六日に、産褥熱の結果、既に没していた。シャルル六世の伯父と叔父三人それぞれの肉体的・精神的な肖像は、前出の注に記載のJ・カルメット、E・デプレの共著（四ページ以下）に出ている。また、小著『シャルル六世とシャルル七世の治下のフランスの没落と再起』（パリ、アシェット社、一九四五年）参照。――「マルムゼ」なる語は、「怪しげな顔」の意だが、十四世紀の日常語では、扉のノブとか炉の薪のせ台に刻まれていた「しかめ面の顔」のこともいった。――シャルル六世の未成年時代の「叔父たちの統治」に関しては、参考書目、注釈付きのいっそう詳しい論考が、J・カルメット、E・デプレ共著『十四世紀末からイタリア戦争までの西ヨーロッパ』第一部（G・グロツ監修『歴史総説』パリ、プレス・ユニヴェルシテールド・フランス、一九三七年、第七巻『中世史』所収）に出ている。

(11)　ルイ・ド・マルという異名は、かれが生まれた城館、ブリュージュから二キロの所にある城館の名から来ている。フィリップ・ド・ルーヴルについても、同様のケースを見てきた。十四世紀では、王子たちにその生誕地の名をつける例が多いと知っておくとよい。英国王エドワード三世の息子たちの名も、長子を除いて全員ひとしく、そのようにしてつけられた。中でも、黒太子と呼ばれたウェールズ公に次いでもっとも有名なのが、ジョン・オブ・ゴーント（ガンのジョン）であった。本書にも、ケンブリッジ伯エドマンド・オブ・ラングレーの名がでてきた。一三七七年、祖父エドワード三世の後を継いだ黒太子の子は、リチャード・オブ・ボルドーと呼ばれた。すなわち、英国王リチャード二世である。

(12)　歴史家は一般に、この反乱を、「マヨタンの乱」と呼んできたが、この呼び名は、当時のものではない。ここで言う「マイエ」とは、警官の所持する棍棒のことであった。反乱者は、これを奪いとり、この鉛の棒でもって相手を打ち殺した。この血なまぐさい挿話については、小著『シャルル六世とシャルル七世治下のフランスの没落と再起』（パリ、アシェット社）参照。

(13)　バラント氏（『ブルゴーニュ公列伝』）第一巻、一三八―一三九ページ）によると、子のアルテフエルデがどのようにしてこの任についたかは、こんな具合である。ただし、この説明は完全に、フロワサールからの借用である。「白頭巾」党の隊長のひとり、ピエール・デュボワが亡き英雄を思い出させた当の人であった。「ある晩、ピエール・デュボワが、フィリプス・ファン・アルテフエルデに会いに来て、言った。「きみが、わたしのすすめを聞き入れてくれるなら、フランドル中で最大の人物にしてあげられるんだが。」「それは、どういうことなのだ」と、フィリプスは応じた。「われわれは今、ぜひとも、名声とどろく最高指揮官を得たいと熱望しておるのだ。きみが、ガンの町の政治をとり、その管理に当ってくれねばならぬのだ。きみの父上、ヤーコブ・ファン・アルテフエルデどの、ご生前、フランドルにおいてあれほど愛され、おそれられておられたあの方に、よみがえっていただきたいのだ。それには、きみがあの方の位置についてもらうのが、かんたんだ。だが、きみは、名実共にそうなるまでは、——きっと、遠からずしてそうなるだろうが——わたしの意見に従って治めてもらわねばならない。」「ピエール」と、フィリプスは答えて、言った。「たいへんな大事業を、ぼくに与えてくれようとするのだな。きみを信頼しよう。ぼくをその地位においてくれるのなら、きみの意見をきかずには何もしないと約束するよ。」」デュボワの推薦により、群衆は歓呼して、アルテフェルデを迎える。バラントの著書においては、フランドルの危機をめぐるこの物語はすべて、終始アルテフェルデおよびその一派に不利な形で進められているのに注意しておかねばならない。それは、この歴史家が、使用した年代記作者の説を鵜呑みにしているからである。これら年代記作者たちは、何にもまして、騎士道の歴史家フロワサールにならい、封建精神のしみこんだ連中である。アルテフェルデの残酷さがたっぷりと非難の的になっている。この「若きアンギャンの殿」が、「ガン市民が守っていた」グラモンの攻略後、町を焼き払わせ、「五百人の人々を、男も、女も、子どもも」殺させたという残酷ぶりがごく自然な事柄のように紹介されている。そして、作者はただ、「フランドル伯は、その成果の程で敵ながらあっぱれといわれた」とだけつけ加えている。

(14) バラント氏『……列伝』第一巻、一四九ページ。

(15) 同右、一五一ページ。「伯はそのあと、ただひとりで、歩いて、町から脱けだすのに成功した。行き当りばったりに歩きつづけた。なにしろ、めったに徒歩旅行なんぞしたことのない貴公子だったから、道はいっさい不案内だった。ひとりの武装騎士がやって来るのを見て、草むらに身を隠した。だが、声で、自分の部下の騎士のひとりで、むかし、自分が妾に生ませた娘と結婚させた者だと知って、呼びとめた。「ああ、殿でしたか、町中を、まわり一帯をお探し申しておりましたぞ」と、その騎士は叫んだ。——「さ、早くわしのために馬を一頭見つけてくれい」と、伯は言った。「これ以上、歩けぬ。そなたが道を知っているなら、一しょにリールへ行こう」。馬が見つかるまでに、ほぼ一日かかった。それでもやっと伯は、ある農民の牝馬にまたがることができ、鞍もない馬を走らせ、下僕から借りた、みじめなボロ着をまとって、なつかしいリールの町へとたどり着いた。」

(16) 十四、十五世紀においては、「職工《メカニック》たち」とは、道具を使う工員たちのことをいう。この表現は、一部の歴史家には十分理解されていず、奇妙な誤解に引きずられてしまっている。だから、当時の文献にしきりに出てくる、この語の意味するところには十分留意する必要がある。工員社会の前衛をさすのである。

(17) エノーの住民のことを「アニュイエ」と呼ぶ。

(18) イープルはいちはやく、王を受け入れ、四万フランを支払っていた。カッセル、ベルグ、ブールブール、グラヴリーヌ、ポッペリング、トゥルウーその他の町々も、「白頭巾」党から離脱して、降伏していた。これらの降伏の詳細については、バラント氏の『……列伝』第一巻、一六五ページの委細をつくした叙述を参照のこと。フランドルでの事件の全体についての最良の書は、やはり

H・ピレンヌの『ベルギー史』であって、随所で引用されるにたる。H・ピレンヌに加えて、H・ローラン、F・キック共著『ブルゴーニュ国家の起源、ブルゴーニュ家によるブラバン、ランブール公領の取得』第一巻（ブリュッセル、一九三九年、ベルギー王立アカデミー）のすぐれた研究をぜひともあげておきたい。

(19) 回勅ヌペル・クム・ウィネアにより、教皇ウルバヌス六世は、英国人に対して教皇のための戦いを呼びかけた。次に、回勅ドゥドゥム・クム・ウィネアをもって自身の意向を明確にし、さらに、回勅ドゥドゥム・クム・フィリイ・ベリアルを発して、聖職者らにフランスへの出発をうながした。出発して、彼地で倒れる者は、殉教者の扱いを受けることとなる。この奇妙な出来事については、エドゥアール・ペロワの論文『英国と教会大分裂』第五章「フランドルへの英国の介入」（パリ、一九三三年）参照。

(20) エドゥアール・ペロワ、前出、一九七―一九八ページ。フランス人、英国人、フランドル人の間には、たびたびうさん臭い悪取引が行なわれた。英国では、ノーウィッチの司祭の「汚なさ」が非難の的となった。シャルル六世がこの高僧に、一万五千フランを贈ったのは、事実だし、かれ自身が買収されなかったにしても、かれの配下の士官たちの多くが、買収されたことも確かである。デスペンサーは、報告書の検討ののち、最高法院において一応無罪を言い渡されたが、「うぬぼれ」の罪ありと宣告された。かれの全収入は、二年間、差押えられ、さしものうぬぼれ屋の、野心の生涯もこれで終りだった。英国人たちの自尊心は、あまりにもつらい試錬にかけられたのだった。端役を演じたにすぎない多くの者（とくに、隊長エルムハム、トリヴェット、ファリングドン、フェランス、フィッツ＝ラルフなど）が、フランス王に兵士や食料、捕虜を売ったかどで、罰金刑に処せられた。

(21) レオン・ミロの興味ある論文「シャルル六世の大法官府における、フランドル語の使用」（「国立古文書学校双書」一八九六年、五五ページ）参照。ルイ・ド・アエルは、既に、かれの大書記官府においてフランドル語を採用していた（H・ピレンヌ『ベルギー史』第二巻、一八八）。

(22) キャバレ・ドルヴィル『ロワ・ド・ブルボン善良公年代記』（シャヅー版、フランス歴史協会一八一一ページ。ユスタシュ・デシャン（キュード・サンティレール版）第六巻、一一四五番。

(23) シャルル五世は、ルイ・ド・マルに対し娘の結婚を承諾させるにあたり、王国から三つの領土を分かち与えたが、このとき、フィリップ・ル・アルディは、みずからが支配者となった暁には、これら三都市を王国に返還すると約束していた。この約束を反故にしたことは、フランスの利権に対する最初の違反であった。ただし、本文中にも述べた論拠によっても、また、マルグリットが父に対し、ワロンの諸領地の分割を認めぬと約束したという理由からもこの行為は正当化できる（H・ピレンヌ『ベルギー史』第二巻、一七六ページ）。

(24) 本書八四～八五ページの系図参照。カトリーヌは初め、ギヨーム・ド・バヴィエールの婚約相手だったのだが、ギヨームと彼女の姉マルグリットとの結婚が成立してしまった。前述したとおりである。

(25) オノレ・ボン『ジャン・ド・マン師刊行ソムニウム・スペル・マーテリアー・スキスマティス』（イヴォル・アルノルト版、一〇〇ページ）。ラテン語原文引用。実際、フィリップは、年上の兄弟たちが既に土地を与えられていたとき、トゥレーヌの領地を受ける前に、「土地なし（シネ・テッラー）」であったことを思い出しておこう。

(26) オルレアン公、ブルゴーニュ公両者の丁々発止の策略の詳細については、ジャック・ダヴー著『アルマニャック派とブルゴーニュ派の紛争』（パリ、一九四三年、二七ページ以下）を参照のこと。紛争の起こりについては、マルグリット・ド・フランドルがヴァレンティナ・ヴィスコンティに対して抱いていた反感を考慮しておいてよいのではないか。どうやら、鍵は、余りに美しすぎる女性に対する、有力な一公妃の嫉妬という点にありそうなのである。ともかくもヴァレンティナのことで流れていた悪意ある噂の起源をブルゴーニュ宮廷の中にさぐり出そうとするのは危険である。このミラノ女の不人気については、ほかにも種々理由があったのである。それでも、事実として、両公は、いたる所で衝突していた。西方では、フィリップがルイを妨害しようと、未成年の幼いブルターニュ公の後見役、その摂政となったことで、衝突が起った（ポケ・デュ・オー゠ジュセ『ブルターニュの摂政としてのフィリップ・ル・アルディ』ディジョン・アカデミーでの就任演説、一九三三年十二月二十日。同じく、『フィリップ・ル・アルディのブルターニュ滞在』「ブルターニュ歴史・考古学協会論文集」第十六巻、一九三五年）。東方では、オルレアンは、ルクセンブルクを、ブルゴーニュはバヴァリア（バヴィエール）を頼みとしていた。フィリップは、自己の政略を表に出さぬため、イザボーに権力をにぎらせ、現実にはイザボーの影で動いていた。ジャック・ダヴー（前掲書、七一ページ）の見た通りである。

ジェノヴァの事件については、同著、四〇ページを参照。著者は、ジェノヴァの統領《ドージェ》アドルノが、国王顧問会議におけるブルゴーニュ公の介入に感謝している一通の手紙を引いている（「ノール県古文書」B一二五二、一三二七六号）。これこそ、ブルゴーニュ公が演じた役割を疑いなく裏書きする資料である。両公の利害の対立については、一九三五年、学会連合ブルゴーニュ部会総会（ディジョン）席上でのレオン・ミロによる研究発表（「フィリップ・ル・アルディとルイ・ドルレアンの仲違いの理由」）も扱っていた。この時期における、フランスの政策面から見たイタリアの政策の紛糾は、ミシェル・ド・ボウァール（「教会分裂期のフランスとイタリア」パリ、一九三六年）の論文の主題にもなった。当時のこうした政治的局面に興味のある向きは、同論文を参照されたい。

(27)　一四〇一年十二月、一時的に、両陣営が半ば国交断絶状態となり、軍隊が召集されるということがあって、突然、戦争の脅威が浮上した。ブルボン公、ベリー公という平和を愛好する二者の介入があり、王妃イザボーの仲裁もあって、辛うじて開戦は避けられた（J・ダヴー、前掲書、六八ページ）。

(28) ポケ・デュ・オー＝ジュセ「ニコポリスからの帰還」「アナール・ド・ブルゴーニュ」一九三七年、二九六ページ、F・ロット、第二巻、二一七ページ以下。イスラム教徒らの中には、ジャン・ド・ヌヴェールのことを、「フランドルの王の子」と呼ぶ者があった。

(29) バラント氏『……列伝』第二巻、五五ページ（『サン＝ドニの修道士たち』ベラゲ版、第三巻、一四九ページによる）。著者が、公は七十三歳であったと言っているのは誤りである。単なる誤植なのだろうか。ともかくも、この誤りは、ピエール・シャンピヨン、ポール・ド・トワジイの共著『トロワ条約におけるブルゴーニュ、フランス・英国』（パリ、一九四三年、二四ページ）所収、トゥルネ司教ジャン・ド・トワジイ伝の中でも踏襲されている。さらに、そこには、「十一万九千四五五リーヴルに上る公の借金の清算は、一大難事業であった」との記事も見える。この仕事を引き受けたジャン・ド・トワジイは、ブルゴーニュ公の大書記官、アラス司教ジャン・カナール付きの職員として、自分の給金や各種の旅費をもその費用に充当せねばならなかったほどであり、引用された文献によると、何枚かのタペストリーを手放さぬようにしたということである（P・シャンピヨン、P・ド・トワジイ、前掲書。二五ページ）。

第5章　フィリップ・ル・アルディ——文芸保護者としての

(1) 本章に用いたデータの大半は、わたしの教え子アンリ・ダヴィドのすぐれた研究書『ブルゴーニュ公フィリップ・ル・アルディ、芸術の保護者』（ディジョン、一九三七年）、『十五世紀初めのフィリップ・ル・アルディ』（贅沢な抜粋、ディジョン、一九四五年）、「アナール・ド・ブルゴーニュ」一九四四年九月号、十二月号の抜粋（「一、ある王族のひとりの家父長支配。二、金色に輝く夕陽」）から得た。これらの論考の著者は、国立科学研究所の研究員であり、ブルゴーニュの芸術史に精通した専門学者である。

（2）『シャルル五世の家具調度目録』ラバルト版、パリ、一八七一年、未刊資料。

（3）モランヴィレ『アンジュー公ルイ一世の金銀細工品、宝石の目録』「国立古文書学校図書館」一九〇一年。「エルサレム王」ルイは、その印璽として二羽の鷲にはさまれたわが身を刻みこませた（ルネ・ガンディヨン『ベリーの印璽目録』ブールジュ、一九三三年、第八葉、国立古文書館の模刻による、ドポーリ・コレクション）。

（4）ポール・ゴーシェ『十四世紀末と十五世紀初めにおける、建築と諸芸術の発展に及ぼしたベリー公ジャン・ド・フランスの影響』考古学会報、ブールジュ、一八九八年（フランス考古学会）。イヴェール・ド・ボーヴォワール『ムアン゠シュル゠イエーヴル城におけるジャン・ド・ベリーの書庫』パリ、一八六〇年。P・デュリュー『ベリー公のいとも豪華な時禱書』「ギャゼット・デ・ボ゠ザール」一九〇四年。アンリ・マロ『ベリー公のいとも豪華な時禱書』（複製）「ヴェルヴ」誌による、一九四三年。ジャン・ド・ベリーの銘句は、かれの収集品の中にうんざりするほどに反復出現するが、まったくエピクロス流の享楽趣味そのもので、「時はめぐり来ん」というのだった。

（5）F・D・S・ダルウィン『ルイ・ドルレアン』九一ページ以下。一三九九年末の日付がある、フィリップ・ル・アルディ宛てのジャン・ド・ベリーの手紙は、王族間の競争心とせり上げを明白に示すめずらしいものである。「わたしのために、大ヤコブ像を作らせてくれぬか。甥のオルレアンが小ヤコブ像を作らせているらしいから」（オットー・カルテリエリ『フィリップ・ル・アルディ』一四六ページ）。贈り物の価格は、一考にあたいする。一三八八年六月二十四日、フィリップがジャンに贈ったバプテスマの聖ヨハネ像は、金貨二千五百から二千八百フランの値打ちのものであり、一三八九年の聖ニコラ像は、六千四百フランだった（H・ダヴィド『ブルゴーニュ公フィリップ・ル・アルディ、芸術の保護者』一二ページ)。ここでは、ヴァロワの王侯たちが交換していた贈り物、お年玉の総覧をすることはできない。H・ダヴィドの前掲の論文(「アナール・ド・ブルゴーニュ」一九四四年)に、いくつもの例が出ている。また、B・ポケ・デュ・オー＝ジュセ「国王からブルゴーニュ公への贈り物」(「古ブルゴーニュ国の法制史学会論文集」一九三九年、一九四〇―四一年)参照。

(6) バルテルミー・ラングレについては、Ch・V・ラングロワ『中世における自然と世界についての知識』(一九一一年版)中に注記が出ている。この注記は、同書の一九二七年版では削除された。コルブションの翻訳は、一三七二年刊。この翻訳と刊本については、クロード・エルフレイ『バルテルミー・ラングレの訳者ジャン・コルブション』(国立古文書学校登録論文、一九四四年、五九ページ以下、特に六六ページ)参照。

(7) フィリップは、公爵位につく少し前に、すんでの所でナポリのジャンヌと結婚するところだったのを思い出そう(本書第3章注10参照)。フィリップの寛大さについても、本書七三～四ページ参照。加えて、聖ルイのことでは一三九五年に、フィリップが、伝統的に聖王のものとされてきた帯を金貨百フランで購入したことがあるのを特に記しておきたい。

(8) アンリ・ダヴィド『ブルゴーニュ公フィリップ・ル・アルディ、芸術の保護者』一五ページ。著者は、その一六ページに、ブルゴーニュが注文したアラスのタペストリー一覧表をあげている。ジャン・コッセ、ヴァンサン・ブールセット、ジル・ド・マルケ、ピエール・ド・バポーム、ジャックマール・ダヴィオン、ピエール・ル・コント、フィリッポ・ド・ラ・ヴィーニュ、アンドレ・ド・ムーシィ、ジル・エグランティエ、コラール・ドッシィ、ユアール・ヴァロワなど。先にあげた(一〇二ページ)、ミシェル・ベルナールをおとしてはならない。デュゲクランを表現したタペストリーは、ブルゴーニュ公のブルターニュ滞在と結びつけられている(ポケ・デュ・オー＝ジユセ『ブルゴーニュ公フィリップ・ル・アルディのブルターニュ滞在』前出、八五ページ、注一)。

(9) アンリ・ダヴィド、本章注1の冒頭に引用した研究。また、同著者の『家父長制』一〇ページ、参照。当時の食器類としては特に、飲用の器が重要な役割を果たしていた。H・ダヴィドの考察によると、種々さまざまの技巧が見られるということである。「無地のもの、刻み目の入ったもの(刻みを深く入れて飾りにしたもの)、刻印を押したもの、すなわち、刻印押し器でくぼみを入れ、さまざまのモチーフや場面を作り出したもの、また逆に、金属にじかに浮き彫りをほどこし、釉薬をかけ、ガラス粉をまぶし、貴金属と融けやすい物質とを混成させたものなど。」フィリップは、飲用具については、実に豊かなコレクションを蔵していた。「腰高の大盃、浅底・広口のカップ、脚なしのコップ、小コップ、彫物付きうつわ、クォート盃、パイント盃、壺、これらに加えて、水差し、瓶、フラスコ、鶴首フラスコなど……なかでも、時代の人々の好尚をよく示す特徴として、ブルゴーニュ公宮廷で〈ユリウス・カエサルの大盃〉と呼ばれていた、〈図像〉つきの古い銀製の器に注意を留めておかねばならない……。公はこれを、〈施し用の壺〉にしていた。すなわち、貧者に与えるための宴会の残り物をここに入れたのである。」

(10) アンリ・ダヴィド『金色に輝く夕陽』より、ブルゴーニュ公の頭巾についての次の一節を引いてみたい(三九ページ)。「年老いつつあった公は、気候のよくない季節には、トック帽やボンネットとの間に、フェルト状の厚い編み物をかぶっていた。そういう公の姿は、ヴェルサイユの美術館蔵のよく知られた肖像画がみごとな一例を示してくれている。儀式用の礼装としての帽子である。別に公が、田野や路上でかぶっていた二種類の帽子は、わたしたちには見慣れないもので、めずらしい。公は、日ざしをよけるため、〈総絹製〉の紐、ボタン、縁、総つきで、黒色の〈ロンバルディアふう〉のわら帽子を高々とかぶっていたのである。……このほかにも、〈雨降り用〉として、やはりわら製の帽子を持っていた。公の愛用品の一つは、葬儀用の黒色の、長い毛のビロード帽だった。このほか、貂やプロイセンのビーバーの毛皮を手頃に裏に張った、〈ドイツふう〉の山高帽もあげておかねばならない。」フィリップの兄ジャン・ド・ベリーは、帽子の問題にかけては、だれにも負けていなかった。サファイア、エメラルド、ルビー、真珠をちりばめた金の飾りつきの帽子が有名である（E・テイヤール・ド・シャルダン『ベリー公の大官バルテルミー・ド・ノースの登録簿』「国立古文書学校双書」一八九一年、二五一ページ）。長靴、半長靴、手套も、フィリップにおいては、帽子に相応したものだった。H・ダヴィドは、その一例として、公と公の末子アントワーヌが半年間に、二一七の手套を使い尽したことを記録している。

(11) アンリ・ダヴィド、本章注1冒頭の論文、6ページ参照。著者は、ブルゴーニュ公が、自己所属の邸宅以外にも、国王の城館などにしばしば滞在したことがあると考察しているが、そのとおりである。さらに、公は、兄たち、ことにジャン・ド・ベリーの客になることが多かったこと、そのムアン＝シュル＝イエーヴルのシャトーと親しみ、これを讃美していたこともつけ加えておいてよいだろう。公が行なった建設工事についての詳しいデータの多くは、財務関係資料が与えてくれる（ダヴィド、前掲書、二〇―二五ページ）。

(12) 基本的な専門研究書としては、シプリアン・モンジェの三冊本（ディジョン、一八九八―一九〇五年）が、もっぱらカルトゥジオ会修道院を扱っている。以後の研究に関しては、前出の注に引用の、ダヴィドの論文、二八ページを参照のこと。フィリップ・ル・アルディ治下のジェルモルの城館の装飾関係遺品については、L・アルマン＝カリアのたいへん正確な注（「アナール・ド・ブルゴーニュ」一九四二年、三一一―三一三ページ）参照。今後は、アンリ・ダヴィドがカルトゥジオ会修道院の名匠にささげた著書『クラウス・スリューテル、歴史的・芸術的研究』（「フランス大彫刻家双書」パリ、ピエール・テイスネ版）が注目にあたいするものとなるはず。

第6章　ジャン・サン・プール

(1)　アンリ・ピレンヌ『ベルギー史』第二巻、二〇九ページ。ピエール・シャンピヨン、ポール・ド・トワジイ共著、前出（本書第4章注29）二八ページ。コヴィル『カボッシュ一派と一四一三年の勅令』パリ、一八八八年、二九ページ。

(2)　すぐ前の注に共著者として名をあげた二人が、ニコポリスの戦いのうちに、ジャンの生涯の要約を見てとっている。「かれは、トルコ人の最前線のうちに深く入りこんで行った。勝利者だったかれは二度めの戦闘でも勝つことをもくろんだが、そのことが、かれを敗者とし、捕虜とした。かれの一生を特徴づけるのはこういう線上にある。突進して、圧倒しつくすが、自分の勢いに引きずられて、転げ落ちる。猪だ」（前出、二七―二八ページ）。さいごの比較は、部分的にしか正しくない。なぜなら、この主人公の機略を十分評価していないからである。また、ニコポリスの身代金は、フィリップ・ル・アルディに課されたものだということをおぼえておきたい。ジャンの方は、「ヌヴェール伯」であったものの、伯領を自由に処分することはできず、そこからなんの利も得ていなかった（B・ポケ・デュ・オー＝ジュセ『ジャン・サン・プール、その目標と方法』「アナール・ド・ブルゴーニュ」一九四二年、一八一ページ）。

(3)　モンストルレは、ジャン公がそのあだ名をエルフの戦場において得たと断言している。リエージュ人に勝利を占めたこの時の勝利については、本書一八三ページ参照。

(4)　領主たる者は、できるだけすみやかに諸特権を確認し、臣従の礼を受けることは、これまでにつながれていた特権を返却することとともに、慣習となっていた。ヌヴェール伯としてのジャンに仕えていて、ジャン・ド・ヴェルリの指揮下にヌヴェール伯家の構成メンバーだった諸官が、フィリップ・ル・アルディおかかえの諸官と交代した（ジャン・ミロ「アナール・ド・ブルゴーニュ」

一九三九年、一三二ページ)。ジャンは、宗主としてふるまうばかりか、また臣下としての行動もし、ただちに、フランス王に対し、王の勢力範囲下の封土をゆだねられた者として臣従の礼をささげる。この礼が、ディジョン入城よりも先にいちはやくなされたことに注目したい。すなわち、ジャン・サン・プールは、末の弟とアルチュール・ド・リシュモン伯の指揮に行列の進行をまかせ、自身は、パリへと赴き、そこから急ぎ戻って、ディジョンの門前で一行と合流した。一四〇四年の臣従礼は、フィリップ・ル・アルディから相続した封土に関するものにすぎない。マルグリット・ド・フランドルから受け継いだ封土に関しては、一四〇五年、公妃の死後になって初めて臣従礼を果たす理由が生じた。だから、本文中の臣従礼については、新大公として、まんざら利害と関係がなかったにせよ、力の誇示という理由からなされた補足的な意味のものだったのを指摘しておこう。それにしても、これほどのスピードでジャン・サン・プールの移動が行なわれたことに、目をとめておくことは忘れまい。この点については、レオン・ミロの研究『ジャン・サン・プール、一三九八年から一四〇五年にいたる』(『フランス史学会年報』一九三八年)参照。

(5) 前章で問題にしてきた、休戦継続中にかかわらず、たえず偶発的な事件が起り、紛争の再発のおそれはあった。ルイ・ドルレアンは、ヘンリー四世に対して、陰険にもリチャード二世を王位から退けたのを非難して、挑戦状をつきつけるに至ったのだった。ヘンリーは、自分よりも身分の低い領主と事を構えるのは、王者の品位にもとると告げ、侮蔑的な返答をよこした。

(6) 非常に労の多かったこの交渉の複雑な細部については、それまで知られずにいた多くの資料が、P・シャンピヨンとP・ド・トワジイにより掘り起された(前掲書、九〇ページ、注1)。ティエリー・ゲルボードのことは、フェリクス・ド・クースマケール『ティエリー・ゲルボード、フランドル最初の古文書官、ブルゴーニュ公フィリップ・ル・アルディとジャン・サン・プールの秘書官』（「フランドル委員会誌」第二十六巻、一九〇二年）を参照。

（7）　マルセル・ティボー『イザボー・ド・バヴィエール、フランス王妃、その若き頃』（パリ、一九〇三年、四二六ページ）。著者は、このように始めた伝記を完成せずに歿したので、この王妃の完全な伝記をわたしたちは持っていない。文献資料の空白として、これは顕著な一例。〔しかし、今日ではもちろん、イザボーについていくつも興味ある研究書が出ている。――訳者〕

（8）　何よりも人々をあっと驚かせたのは、一四〇六年、宮廷で挙行された二つの結婚式――すなわち、シャルル・ドルレアンとその従妹イザベル・ド・フランスとの結婚、王子トゥレーヌ公とジャックリーヌ・ド・バヴィエールとの結婚――の際にあらわに示された和解であった。英国のリチャード二世の未亡人イザベルは、オルレアン公の長子、アングレーム伯シャルルと結婚したのであった。「イザベルは、夫よりも年上だったが、ひとりの子どもにすぎなかった。女王の身分を失ったことのために、ずいぶんと泣いた。結婚の祝宴が行なわれたのは、コンピエーニュにおいてだった。王の次子、トゥレーヌ公ジャンと、オストルヴァン伯の娘ジャックリーヌ・ド・バヴィエールの結婚と同時に、盛大に祝われた。すべての王侯貴族が、豪奢な装いをきそった。ブルゴーニュ公も、その父がつねに見せびらかせていた豪華さに匹敵する衣裳であらわれた。公が贈った品々も、衣裳に劣らずすばらしいものだった。銘句〈われは悩ます者〉と〈われは持ち堪える者〉、節くれだった棍棒と鉋とが、刺繡品にも、旗指し物にも、ありとあらゆる種類の装飾品においても、大きい役割を演じていた。ブルゴーニュ公とオルレアン公とは、それらをつけた首飾りを注文で作らせ、召使いや寵臣に配った。互いに交換もし、騎士として盟友の関係を誓い合い、そして、おのおの、相手と張り合うために作り出した銘句をつけて姿を見せた。その時には、それほどまで、過去の不和を忘れてしまったふうにも見えたのだった。」（バラント、前掲書、第二巻、九九ページ）

(9) コヴィル『カボシヤンと一四一三年の勅令』(パリ、一八八八年、二〇ページ)。イザボーは「具合の悪い立場にいたのだった。一方では、ルイ・ドルレアンに媚態を示していたからだった。だが、他方、ルイの方では、ドイツで、ロベール・ド・バヴィエールの仇敵であったルクセンブルクのヴェンツェルと仲良くしていた。王妃イザボーは、何にもましてつねにドイツ人、バヴァリア人であり、帝国内での自家の支えをたのむのに、ジャンを必要としていた。

(10) ギヨーム・ド・ティニョンヴィルは、一三九九年シャルトル代官だったが、一四〇一年六月六日、パリの代官所、すなわち、当時の警察庁長官に任命された。この事件におけるかれの捜査の件は、P・レーモン『オルレアン公ルイの暗殺にかかわるパリ代官の捜査』(国立古文書学校双書、一八六五年)中に公刊されている。ジャン・サン・プールは、葬儀の際、ブルボンやベリーの伯父たち、アンジューの従兄、「シチリア王」とともに、棺をおおう布を奉持する役をつとめた。会衆の中には、被害者の血が床の上に流れ落ちるのが見えたと言う者らもいた。殺された人間の体は、殺した者がそばに寄ると、血を流すということを、思い出さずにいられなかったのである。

(11) しかしながら、捜査はすんでの所で方向を誤るところだった。初め、嫌疑をかけられたのは、妻を寝取られたどこかの夫だった。ルイは遊び人として評判であって、たびたび不倫を重ねていたことが忘れられていたのである。つまり、ルイとショーニーの奥方マリエット・ダンギャンとの情事に関係する。このふたりの仲から、有名な「オルレアンの私生児」ジャン・ド・デュノワが生まれたのである。

(12) P・コーション『オルレアンの少女の年代記』(ヴァレ・ド・ヴィリヴィル版、三八一ページ)は、「この一撃が加えられたのは、さいわいであった。もし、やつがなお生きのびていたら、全王国の破壊者となったであろうに」との注釈を、パリ市民が言ったとしている。モンストルレ――まさしく、生粋のブルゴーニュ派――は、書いている。「この死は、一般大衆にとっては非常なよろこびとなった。このオルレアン公なる者は、王の名を借りて多額の人頭税、補助税を集めさせ、人民を非常に苦しめてきた者であった」と。ルイが、英国人に対する敵意と東方政策からしてシャルル五世の跡を継ぐ者となったことも、威光をつなぐ役に立たなかった。それに、この政策の遂行に当っても、手際も悪く、好機も逸し、なんの見通しもなかった上、あまりにも自分ひとりの利益にかまけすぎた。アヴィニョン政策の場合と同断であった。

(13) バラント氏（前掲書、一一五―一一六ページ）は、このように書く。「オルレアン公は、色事にかけてもつねに節度がなく、ある日のこと、食卓で、自分に愛の証を示してくれた全婦人の肖像画をかかげた小部屋を持っていると自慢をし、ブルゴーニュ公がこの小部屋に入ってきて、自分の妻の肖像画をそこに見出したことがあったと言ってのけた。ジャン公の妻マルグリット・ド・バヴィエールは、確かにすこぶる付きの美人だったが、終始かわらず、貞淑な人として通っていた。だから、これはオルレアン公の自慢話、ホラ話にすぎぬのだと、一部の者にはすぐわかった。大公夫人は夫に、オルレアン公の高慢無礼に苦情を言わずにはいられぬ破目に陥ったのだとさえ、言いふらす者があった。」

(14) トマ・バザン、Ch・サラマン版、第一巻、一一ページ。J・ダヴー、前掲書、八九ページ参照。

(15) バラント氏、前掲書、第二巻、一一七ページ。

(16) P・コーション『ノルマンディ年代記』Ch・ド・ロディアール・ド・ボールペール版、ルーアン、一八七六年、ノルマンディ考古学協会、三八二ページ。年代記作者ピエール・ド・フェナンによると、大公は、アミアン滞在中、自家の扉の上に、「一本は刃のついた槍、もう一本は刃をつけない槍の二本――自分が戦争の備えも和平の備えもできていることを意味する」を交叉させた絵を描かせたという。

(17) 本書一〇四ページ参照。市長職に代わり、パリ奉行職《プレヴォオテ》が置かれたが、財政と行政事務を行なうだけの職務しかなかった。自治体時代をなつかしむ気持がパリ市民のいら立ちをそそる大きい理由となっていた。

(18) ノール県古文書中の一文献、カルテリエリの研究がある(『ブルゴーニュ公家の歴史論文集』)。ジャン・プティのパンフレットに関しては、コヴィル『ジャン・プティ、十五世紀初頭の暴君殺しの問題』(パリ、一九三二年)および、この書についてのわたしの書評(「ジュルナル・デ・サヴァン」一九三三年四月号)参照。

(19) この言い方は、ル・マンにもあって、「牢獄」をさすが、アンリ・ピレンヌによって今は俗語で「留置場」を意味するフランス語「ブタ箱《ヴィオロン》」に近いものとされた。ところが、のちに、同じ学者が(第三版、二七四ページ)、この比較を引っ込め、この名は、十三世紀に法官たちが陣取っていた館の看板(「すみれ」)に由来するとした(T・ゴベール『リエージュの通り』一九〇一年、第四巻、一六六ページも同じ)。

(20) P・シャンピヨン、P・ド・トワジイ(前掲書)によると、ジャン・サン・プールは、ランカスター公がリチャード二世に対して起したようなクーデタをもくろんでいて、フランスでも、英国のヘンリー四世が成功したような一か八かの冒険をやってのけるつもりであったとされている。だが、リチャード二世には子がなく、シャルル六世には、いつも、跡を継いでくれる王子があった。ジャン大公が企てていたとされる計画がどれほど空想的であったかを示そうとする議論はわんさとある。ポケ・デュ・オー゠ジュセ(『ジャン・サン・プール、その目的と方法』「アナール・ド・ブルゴーニュ」一九四二年、一九五ページ)が、この種の意見を正しいと認めなかったのは当然である。ともかく、もしジャンがそういう夢想を抱いたとしたら、積極的な行動によって外にあらわさずには絶対にすまなかったはずである。次に、ヘンリー五世に与えられた援助も、はっきりとその反証になるように思える。J・ダヴー、前掲書、一九八ページ参照。ジャンのフランスにおける政策を動かしていた動機の一つは、財政上のものであったらしい。かれは、シャルル五世が租税に関してフィリップ・ル・アルディに認めていたような寛大さを求めていたので、敵方に指導的地位をゆずるようなことをすれば、自分はこの特典を失うのではないかと恐れていたのである。

(21) ニコラ・ド・バイユ『日記』チュティ版(フランス史学会)第一巻、三六〇ページ。——ジュヴュナル・デ・ジュルサンがブルゴーニュ公の「阿呆の道化」の言葉を伝えている。「ブルゴーニュ公は、お伴の中になかなかよく出来た道化を持っておられた。賢い道化といううわさだった。教会の平和を買い求めに行ったかと思うとすぐ、これを包みこませた。そこで、〈包みこまれた平和〉だと言ったものだ。やがて、その通りとなった。」シャルトルとアラスの和平については、詳細は、レオン・ミロ『シャルトルの和平をめぐって』(「アナール・ド・ブルゴーニュ」一九三一年)と、J・ダヴー、前掲書、一〇七ページ以下参照。

(22) J・ダヴー、前掲書、一二〇ページ。コヴィル『カボッシュ一派』九四ページ。

(23) ブラン『アヴィニョンの手紙』第一三巻、一九三六。一四〇七年十二月二十四日付の手紙。

(24) ボンヌ・ド・ベリー、ベリー公の娘、サヴォワのアメデーオ七世の未亡人が、アルマニャックのベルナール七世と結婚していた。夫の方は、アルマニャック伯ジャン三世の弟で、跡継ぎであった。

(25) 大公とトネール伯ルイ・ド・シャロンとの間に、宗主対臣下の争いが起ったのを利して、アルマニャック派が一時、ブルゴーニュに攻撃をしかけたことがあった。大公妃マルグリット・ド・バヴィエールは、しばし不安にかられたものの、勇敢にこの非常事態に立ち向かう。ジャン・サン・プールの同盟者ロレーヌ公シャルルおよびジャンの弟ヌヴェール伯が介入した。アルマニャック派はルージュモンを占領したが、ロレーヌ公は、十日間の包囲後、この要害を奪回し、最終的に、ルイ・ド・シャロンは、ブルゴーニュの元帥ジャン・ド・ヴェルジーにより、トネールの自分の城から追い立てられた。

(26) J・ダヴー(前掲書、一四五ページ以下)は、まったく逆の見解を強力に主張しているが、わたしは、これにくみする理由はないとみる。さらに加えて、ブルゴーニュ派とアルマニャック派は相互に、「王国の不倶戴天の敵」英国人とぐるになっているとの非難の先頭に立っていたことに注意しておこう。つまり、双方ともに、これが罪だという意識は存在したということである。P・シャンピヨン、P・ド・トワジイ、前掲書、九〇、九二ページ参照。さらにさらに、B・ポケ・デュ・オー゠ジュセが、ジャンが英国王と結んでフランスとの開戦を決めた条約は、国際的平和の時期、少くとも休戦中の時期に、アルマニャック派の参戦への呼びかけとはまったく違った重大な意味があると指摘したのは正しい。一四一七年の条約の性質については、同じ著者がわたしと非常によく似た見方を述べている(同氏の論文「ジャン・サン・プール、その目標と方法」「アナール・ド・ブルゴーニュ」一九四二年、参照)。

(27) ジャン・サン・プールの義兄弟である。つまり、フィリップ・ル・アルディの娘マリー・ド・ブルゴーニュの結婚相手だった。サヴォワ伯アメデーオ八世は、その母ボンヌからみれば、ジャン・ド・ベリーの孫に当った。

(28) H・モランヴィエ『王国の統治に関して、パリ大学およびパリ市のシャルル六世にあてた建言書』(「国立古文書学校双書」一八九〇年)に原文を収める。

(29) J・ダヴー、前掲書、一一一ページ。

(30) ブルゴーニュとブルターニュの関係は、B゠A・ポケ・デュ・オー゠ジュセの興味深い専門研究の対象であった(『二つの封建領主、ブルゴーニュとブルターニュ』パリ、一九三五年。「ルヴュ・デ・クール・エ・コンフェランス」誌の抜粋による)。

(31) ピレンヌ『ベルギー史』第二巻、二〇九ページ。「かれにおいて、ヴァロワ家の人間がまったくブルゴーニュ人になり切ってしまった。父から遺贈された権力、その利害がもはや王国の国境を大きくはずれるものとなってしまっていたから、フランス国王に対して、臣下としての礼をつくしつづけることはできなくなっていた。バヴァリア出身の妻、アドルフ・ド・クレーヴにとついだその娘、オーストリアで結婚した妹、エリーザベト・フォン・ゲーリッツの夫となった弟などのあるこの小男は、……もはや、百合の花の王家の一王侯としての性格、習慣、性向はほとんど示さぬようになっていた。」しかしながら、ほんとうのところ、かれはそのような存在でありたかったのである。自分の時間、自分の行動、自分の力を、フランスの王侯とブルゴーニュ国首長という二重のつとめに分割することをもって、その一生の特性とするのである。

(32) この「隠れんぼ」遊びの詳細については、J・ダヴー、前掲書、二二七ページ参照。

(33) 同右、二三八ページ。「ディジョンで待ちあぐねていたブルゴーニュ公は、公国の貴族たちを自分のそばから離すまいとしていたが、アルトワやピカルディの騎士たちが、戦闘の行なわれている地に向かうのを禁止するのは、困難だった。死者名簿には、その多数の名が並んでいる。ランティの殿ジャン・ド・フロワ、その子ジャン……ブリムー、ポワ、ロンク、リーデケルク、リヒテルヴェルデ、ムワ、ジュモン、ヴァヴランなどの領主たち、ルイ・ド・ギステル、コラール・ド・フィエンヌ等々。」アザンクールに関しては、ロト、前掲書、第二巻、九ページ以下参照。

(34) J・カルメット、E・デプレ共著、前掲書、三三六ページ。逆の、認容しがたい解釈が、J・ダヴー、前掲書、二四四ページにあり、本文中でその見解を叩いておいた。先に示した諸理由(直後に起った諸事実と条約の用語との一致)については、ニューホール(『ノルマンディへの英国の進攻』ニューヘヴン、一九二四年、五四ページ)にならって、取り決めに至らなかった計画だと言うことはできない。問題の条項は、リメール(『フェデーラ』第九巻、三九四)の有名な選集に出ている。本文中でも確認したように、この「地獄の契約」をわたしたちにまで伝えている原本には、日付が入っていないが、おそらく、記録されなかったその日付は、一四一七年五月六日、すなわち、ヘンリー五世とジャン公とのカレーでの会見の日であることは間違いない。ポール・コラン(『ブルゴーニュの歴代大公』一三三ページ)は、この点についても、不正確とあやふやな判断との二重の誤りをおかしている。

(35) 急調子で進むこの作戦展開の中で、英国軍の占領地を日付順に示すと、こうなる。一四一八年九月四日カン、十月二十日サン゠ピエール゠シュル゠ディヴ、二十三日アランソン、一四一八年一月二日ファレーズ、三月四日ベグ゠エルーアン、十二日サン゠ロー、十六日クータンス、二十日エヴルー、二十五日サン゠ソヴール゠ル゠ヴィコント、七月五日ポン゠ド゠ラルシュ、十日ドンフロン、八月二十二日シェルブール。一四一七年には、ノルマンディの民は、英国への信従を誓うが、財産を捨てて亡命するかの選択に迫られることとなる。

(36) ともかくも同時代人であったジュヴネル・デ・ジュルサンも早くも、モントローでの事件がどのように起ったかを知ることは不可能と認めている。この謎は、ルイ七世の統治期間中ずっと後を引いて、王は、アラス条約後になっても、自分の顧問官らのある者たちが当事者として告発されても、その罪状はあくまで推測にとどまり確定できぬとして、なんの手も下すことができなかった(アルベール・ミロ『シャルル七世とジャン・サン・プール殺しの嫌疑を受けていたその顧問官たち』「アナール・ド・ブルゴーニュ」一九四二年、一八七ページ以下参照)。事件の詳細が知りたい向きは、——あまり有用とは思えないが——J・ダヴーが与えている詳細をきわめ、幾分小説化もされた事実談を参照するとよい(前掲書、二九三—三〇〇ページ)。斧の一撃がジャン・サン・プールに加えられたというのが捏造だとするならば、ルイ・ドルレアンを殺害した者に対し、被害者と同じ運命を科させたいとする、教訓的意図に押されて想像に走ったのである。ジャンのものと推定される遺骸、およびその頭蓋の鑑定結果——ただし、この遺骸が本当のものであるかは、異論もないわけでなかった――については、『コート＝ドール県古文化財委員会報告集』第十四号、一九〇一―三年、参照。A・フランクロース『ブルゴーニュ史』（一四六―一四七ページ）は、大公が斧の一撃で殺されたとする説とはまるで逆の説を採っている。これまでもたびたび、シャンモルのカルトゥジオ会士のひとりが、この有名な頭蓋骨を一五二一年にここを訪ねたフランソワ一世に見せた時に言ったという言葉、――もともときわめて確かでない言葉――が引用されてきた。すなわち、「陛下、これこそが英国軍がフランスへ入ってきた穴でございます」という言葉である。

(37) J・カルメット『歴史文献・資料集』（パリ、一二七ページ）に収める。

(38) わたしたちがここでジャン・サン・プールに対してくだしている判断は、B・ポケ・デュ・オー＝ジュセ『ジャン・サン・プール、その目標とその方法』（「アナール・ド・ブルゴーニュ」一九四二年、一八二ページ以下）に表明されている考えと、ほんのわずかな違いがあるだけである。それでも、この大学者が、大公の政治についてあまりにも型にはまった見方しかしておらず、それはかれの考えているより以上に、ずっと経験主義的であったとわたしたちは考えたい。ジャン・サン・プールにおける「地獄的な」要素については、ポール・デュリユー『ブルゴーニュ公にして、西欧の諸紛争における悪魔の代官・検事総長ジャン・サン・プール』（「フランス史学会、年次機関誌」二十四号、一八八七年）参照。また、P・シャンピヨン、P・ド・トワジイ共著（前掲書、一七四―一七五ページ）における、次のような全体的判断にも留意しておきたい。

「ジャン・サン・プールは、恐怖のもとであった。かれは、自分のひき起した恐怖の犠牲となったばかりなのだ。

「長い間、かれは、自分が作り出した術策の環の中を、自分が英国人と結んだ秘密の契約のもつれの中を、ぐるぐる廻りをしていた。

「というのも、かれは、自派の者たちの背反を恐れるわが気持をはっきり認めることができなかったのである。

「そこで、かれは、その手、——死刑執行人のその手を握りしめ、民衆の人気を得ようとつとめたのである。だが、いつも裏切り行為ばかりをし、殺し屋どもを動かし、攻撃しては自己弁明をせねばならぬ破目に陥っていた。

「二度ばかり、すべてをやり直し、人生をすっかり立て直すことができたはずだった。上昇期にあった初めの時のように……。人々は、歓呼してかれを迎え、かれは、パリの王だった。ところが、かれは、「フランスに英国人を押し入らせた」として追及してやまぬ人々の非難にみちた目を、影の中に見てとったのだった。

「ジャン・サン・プールは、かたくなになった。署名なぞはまったくしなかったと言い張った。証拠はなかったのだ。それでも、ジャン公は記憶の中に、自分の使者に対し、王太子が言ったと言うあの言葉がそのまま残っていたのだった。「もしブルゴーニュ公どのが、王やわれわれに対して親族として扱ってほしいと思われるのなら、英国王を押し出すようにしてほしい」との。」（引用は、ル・フェーヴル・ド・サン・レミ、モラン版、七九ページから）

第7章　フィリップ・ル・ボン

(1)　P・シャンピヨン、P・ド・トワジイ共著『ブルゴーニュ・フランス・英国』一六七—一七四ページ。シャストラン、ケルヴィン・ド・レッテンホーヴ版、第一巻、四三—五九ページ。フィリップ・ル・ボンについては、ポール・ボナンファンの好著『フィリップ・ル・ボン』（ブリュッセル、一九四三年、「われらの過去」双書、書誌付き）がある。また、ホイジンガ「フィリップ・ル・ボンの精神的風貌」（「アナール・ド・ブルゴーニュ」一九二二年）参照。

(2)　同じ引用個所から。シャストランは、トワジイとブリムーを「むかしからの貴族ふたり」と呼んでいる。トワジイは、未来の大公に政治教育をする役目を与えられていた。

(3)　ジョルジュ・シャストラン、ケルヴィン版、第七巻、二二〇ページ。以下の引用は『飢えた世界の各地をめぐるペロ・タフルの旅の経緯（一四三五―三九）』マドリッド、一八七四年、スペイン稀覯書双書、第八巻、二四八ページ。

（4） P・ボナンファン、前掲書、一八―一九ページ参照。あだ名については、同書の書誌の注、一二二ページ参照。たぶん、かれが人をすぐにゆるしたことが、このほめ言葉の由来なのであろう。第三代目大公に「ボン」なる形容語を与えた最初の文献についての詳細は、ボナンファンのこの問題に関する専門論文「フィリップ・ル・ボンのあだ名の由来」「アナール・ド・ブルゴーニュ」一九四四年、一〇〇―一〇三ページ参照。

（5） 本書第11章、四五四ページ参照。十五世紀は、信仰と騎士道とは切り離せない。

（6） P・ボナンファン（前掲書、二九―三四ページ）に述べられているのも、ほぼ同じ意味のことである。かれが、英国との協定は非常に危険であったと見ているのは正しく、「ボナンの大公（フィリップ）」の生涯は、もしヘンリー五世が一四二二年八月三十一日、三十四歳で死ななかったら、そのままの形でありえただろうか」とつけ加えているのはもっともである。メヘーレンでは、親族会議が行なわれ、次いで、アラスでも会議が持たれた（一四一九年十月十八日）。ジャン・サン・プールの未亡人マルグリット・ド・バヴィエールは、復讐心に燃えさかっていた。彼女の影響が、その妹イザボーに及んだのに違いないと推定される。ブルゴーニュ宮廷での復讐心については、ホイジンガ『中世の秋』二五ページ、参照。

（7） フィリップの方も、ガンにウォリック伯――当時は、トマ・ボーシャンがそうだった――を迎え、ヘンリー五世が駐留する英国軍司令部の所在地マントに、元帥クロード・ド・シャステリュクスとアントワーヌ・ド・トゥロンジョンを派遣した。

（8） E・デプレ『トロワ条約前夜の国民的一致の試み』（「国立古文書学校双書」一九三八年）は、英国のスパイ網により押収され、ロンドン情報局に保存されている一文献にもとづいて、最後の瞬間に王太子の信奉者および、特にパリ司教ジェラール・ド・モンタギュにより、王太子をその父母、ブルゴーニュの義兄と和解させようとする試みがあったことを明らかにしてみせた。王太子の正当性、その父に当る狂王に代わり政権をとるその独占権が、感動的なまでに熱をこめて主張されている。しかし、既にことは終っていた。愛国者の司教は、なんら信頼できる反響を得なかった。小著『シャルル六世、シャルル七世治下のフランスの没落と再生』パリ、アシェット社、一九四五年、参照。

(9) モンス＝アン＝ヴィムーで、フィリップは騎士とされた。

(10) このことは、P・シャンピヨン、P・ド・トワジイも指摘している(前掲書、二三二―二三六ページ)。

(11) モントローの犯罪の処罰としては、ほかに「ノッポのアンリ」の処刑だけしかなかった。この端役が正確にはどういう役割を演じたのかは不明だが、逮捕され、九月十日の殺人に加担したかどで訴えられ、未亡人マルグリット大公夫人に引き渡され、ディジョンの法廷で有罪の宣告を受けた。生きながらディジョンの通りをすのこに乗せて引き廻され、モリボン広場で首を切られた。手足は引き裂かれて、市の四つの城門にさらし物にされ、死骸の残り部分は、大公宮殿前で燃やされた。一四一九年の犯罪の真の責任がこうして隠されたままになっていることに、たぶん人々は驚くことだろう。フランスの宮廷が、アラス条約にもかかわらず、あるいはアラス条約のゆえに、ついにこの謎を晴らそうとはしなかったのを見てとりながらも、それ以上にだれも踏み込もうとはしないのである。この謎の解明をするなら、宮廷は、望ましくない処罰を強いられることになったからである。歴史は、打算の犠牲であった。

(12) この状況とそのもろもろの特徴については、先に引用の小著(『シャルル六世、シャルル七世治下のフランスの没落と再生』パリ、アシェット社、一九四五年)参照。最近の諸状況と比較してみせたのだが、これはなんら無理でも不自然でもない。むしろ、人間心理と歴史的出来事との深層を一そう明らかにしてくれるものといえよう。〔訳注――ここで比較されているのは、第二次大戦中のフランスの状況である。すなわち、占領下フランスでナチス・ドイツとの妥協の上で休戦に甘んじたヴィシー政権と、英国のロンドンであくまで抵抗を訴えつづけたド・ゴールの自由フランス政府との対立である。〕

(13) P・シャンピヨン、P・ド・トワジイ、前掲書、二五三ページ。

(14) ル・フェーヴル・ド・サン＝レミ(第一巻、二三九ページ)は、老いたフィリップ・ル・ボンの言葉をよく聞きとった。すなわち、「生きて戻れたか、死んだかはいざ知らず、自分があの戦いの場にいるチャンスを得なかったのは、なんとも遺憾なことだった」というのである。

(15) 先に本章注12に引用した本にその情景描写が出ている。

(16) ボンヌ・ダルトワは、ジャン・サン・プールの弟で、アザンクールで戦死したフィリップ・ド・ヌヴェールの未亡人だった。彼女は、一四二五年九月十七日、産褥の床で死んだ。

(17) ジョルジュ・シャストラン、ケルヴィン版、第一巻、二一〇ページ。

(18) C・ルーサーフォード『ギヨーム・ブノワの偽造文書』(「イングリッシュ・ヒストリカル・レヴュー」一九一五年)によると、この物語全体がある偽造文書への信頼にもとづくものだったとされている。ともあれ、どうやらブルターニュ人の信仰を失わせようとする、陰険な企みがあったらしいのである。

(19) ピレンヌ『ベルギー史』第二巻、二二七ページ。

(20) J・カルメット『ジャンヌ・ダルク』(パリ、プレス・ユニヴェルシテール・ド・フランス、一九四六年、クセジュ文庫〔邦訳、川俣晃自訳、岩波新書〕)。この小著の序文に、超自然の問題に対して歴史家がいかなる態度をとるべきかについて述べておいた。

(21) イザベル・ド・ポルチュガルとの結婚式は、

トゥルネ司教ジャン・ド・トワジイにより、一四三〇年一月七日、スロイスで挙行され、ブリュージュで祝典が行なわれた。この結婚式の四日後、祝典の最中に、フィリップは新大公夫人のために、金羊毛騎士団を創設した。この騎士団のことは、本書第11章で述べることとする。イザベルについては、C・ラタン（『ブルゴーニュ公夫人、フランドル伯夫人イザベル・ド・ポルチュガル』「比較文学研究」第十八巻、一九三八年）に小伝が出ている。著者は、できるだけの力をつくして、大公妃の政治的活動を追ってみせたが、既に知られている以外の何も与えてくれはしない。年代記作者の報じる一四三〇年の儀式と祝宴の模様については、ポール・コラン（『歴代ブルゴーニュ大公』一六三ページ以下）参照。

(22) 以下に、その経過のいくらかを記す。フィリップは、英国との同盟に賭ける決心をする前に、義弟である王太子が、ジャン・サン・プール殺害についてわが身の潔白を弁護するのをゆるしておいた。復讐の道を選び、トロワ条約の交渉に参加した後は、フィリップは、ベッドフォードのかたわらにあって、シャルル七世に対する戦いを進めた。しかし、先にも見たように枢機卿、教皇マルティヌス五世の特使、バール公とサヴォワ公アメデーオ八世とは、ヴァロワ、国王、大公の和解を働きかけた。ブルクでの、ブルゴーニュ側大書記官ニコラ・ロラン、「王太子」側クレルモン司教、大書記官マルタン・グージュの会談は、一四二三年一月二十二日、失敗に終る。かれらは、リシュモンと元王太子妃マルグリット・ド・バヴィエールとの結婚後、ヴェルヌイユ後に再び試み、その時には、アンジュー家とブルゴーニュ家とも力を合わせた。シャルル七世は、一四二二年以来マリー・ダンジューと結婚していたし、フィリップ・ル・ボンの母で、アルマニャック派とは相容れなかったマルグリット・ド・バヴィエールは、一四二四年一月二十三日に死んでいた。ブルゴーニュの義兄の同意も得てフランス総元帥となったアルチュール・ド・リシュモンが、シャルル七世の義母イヨランド・ド・シシールとの橋渡しをつとめた。当時、グロスターの大陸への作戦展開も刺激になって、ことに、フィリップ・ル・ボンが、一四二四年十一月三十日、ムーラン゠アンジルベールでボンヌ・ダルトワと結婚し、新大公夫人がヴァロワ連合体の利害のしっかりした代弁者であることがわかったときから、和平の実現がまさに成るかとも見えた。休戦により大公は、グロスターとジャックリーヌに全力を注ぐことができた。同じ頃、「王太子」のふたりの士官、一般にモントロー事件でとかくの噂があったタンギー・ド・シャテルと、ルーヴェ院長が遠ざけられた。ひとりは、ボーケールの守備隊長として派遣され、ひとりは、プロヴァンスでの任務を与えられた。しかし、ベッドフォードは、グロスターの愚行にけりをつけ、ブルゴーニュに対してはいくつもの重要な譲与をし、フィリップの妹アンヌと結婚し、あらたなゆさぶりをかけて、ブルゴーニュ゠ランカスターの友愛関係の強化をはかった。この間シャルル七世によるジョルジュ・ド・ラ・トレモワイユの引き立てにより、ブールジュの宮廷でのリシュモンとイヨランド・ド・シシールの信用が下に落ちた。こうして、トロワ条約が結ばれる。いつの時にも、ヴァロワ家間の和解工作が行なわれていた形跡がうかがえるのであり、アンヌ・ド・ブルゴーニュ自身が、夫の敵の側へと傾く兄を引きとどめるためになんども介入しなければならなかった。ジャンヌ・ダルクの勝利が、一四二九年、二重の王国を破綻寸前へと追い込んだとき、ベッドフォードは、フィリップをパリ総督に任命する。かれはこの役目を十分に果そうとしなかったが、同時期にシャルル七世との間に結ばれた休戦によってジャンヌの攻勢がそがれていただけに、首都を救うもととなった（J・カルメット『ジャンヌ・ダルク』八四ページ参照）。結局のところ、このとき、大公は、ランカスターとヴァロワとの間で自分をセリにかけていたのである。「同盟の大崩壊」のときはまだ来ていなかったが、あい次ぐゆらぎは、その前兆であった。天啓を受けた乙女が捕われ、死刑に処せられて、ヘンリー六世に理があるかに見えたとき、一時はベッドフォードの方へと戻ったものの、他方では、アンヌ・ド・ブルゴーニュの死のおかげで、裏面工作も一だんと活発化し、やがて、リシュモンの同志による攻撃でラ・トレモワイユが死ぬと（J・カルメット『フランスの没落と再生』一八四ページ）、長々と変転しながら続いてきたこの裏面工作も、やっと以前から望まれていた、結局は落ち着くべきところの解決へと向かうようになる。その詳細にわたっては研究の余地が十分にあり、まだ、これを取り上げた歴史家は出ていない。

(23) デュ・フレーヌ・ド・ボークール『シャルル七世の歴史』第二巻、五一九ページ。ブルゴーニュ宮廷では、シャルル七世と条約を結ぶべきか否かの討議資料としていくつもの文書が作られた。大書記官ニコラ・ロランの文書は、フランスのために英国を切る必要を証明した、みごとな外交論であった（フレデリック・シュナイダー『一四三五年アラスにおいてヨーロッパ平和会議と教皇エウゲニウス四世とバーゼル公会議の平和政策』グラス、一九一九年）。

(24) ジャン五世は、一生涯そうだったが、謎の存在だった。英国方だったのか、それともフランス方だったのか。勝ちそうな側の味方についた。それに、ブルターニュ宮廷では、ジャン五世の政策とリシュモンの政策とが併立していた（B＝A・ポケ・デュ・オー＝ジュセ『二人の封建君主』既出、一五三ページ、注1。同著者による『ブルゴーニュの領主、リシュモン総元帥』「アナール・ド・ブルゴーニュ」一九三六年）。

(25) アラスでは、記念されるべき晩餐会がたびたびあった。「そして、そこで催された美味佳肴をつくしての大饗宴は、神のみがご存じであった」と、ギヨーム・ブリュエルは言っている（『アルチュール・ド・リシュモンの年代記』ルヴァッスール版、パリ、一八九〇年、フランス歴史学会、三七七ページ）。

(26) 「不幸な強硬路線」と、ラムゼーが書いている（『ランカスターとヨーク』オクスフォード、一八九二年、第一巻、四七五ページ）。

(27) P・ボナンファン『フィリップ・ル・ボン』

七三—七四ページ。同じ著者の『一四四七年におけるブルゴーニュ諸領の王国への格上げ計画』(『中世』第四—五巻。一九三五年)に所収。この著者は、「この計画は殿のお気持から出てきたものではない」とするブルゴーニュ大書記官府の否定的見解を文字通り受け取っている。この種の否定的見解は、たいていの場合、強いられてのことが多い。ともかくも、フリードリヒ三世が、交渉相手のひそかな願望におもねろうとしていたことを考えに入れなければ、かれのこういう策動は理解しがたい。『中世』から先に引用した論文には、問題の秘密交渉についての、興味深い詳細が出ている。J・ホイジンガ『ブルゴーニュ国、そのフランスとの関係、ネーデルラントの民族意識の起源』(『中世』一九三〇—三一年)も同じく、この主題についての有益なデータを提供してくれている。

(28) ピレンヌ(『ケンブリッジ中世史』第八巻、三五八ページ、第十章)は、フィリップ・ル・ボンについて触れ、このように言う。「かれに対するブリュージュの反乱(一四三六)とガンの反乱(一四五〇—五三)には、なんら国民的蜂起という性格がなかった。それらはもはや自分たちの現実の利益には相即していなかった特権を守るための、これら二大都市の最後の企てであった。フランドルの残り部分がこれら二都市だけを戦わせて、素知らぬ顔であったことに注目すればたりる。かれらはただ、時代遅れの地方主義のために戦っていたことが明らかである。」これ以上の言い方はなく、これ以上に真実を言いあてたものはない。

(29) 前出、本書二六一〜二ページ。

(30) ラブロキエールは、サン゠ベルトラン゠ド゠コマンジュ(オート゠ガロンヌ県、バルバザン郡)の近くである。かれの興味深い旅行記は、シュフェル社から公刊されている(『海外への旅』パリ、一八九二年、「地理学史の資料としての、旅行記、文献集成」第十二巻)。

(31) 小著『ルイ十一世をめぐって』(フォントネル版)参照。読者は、ブルゴーニュの地における王太子の滞留のデータのすべてをそこに見つけるはずである。
(32) その病的な衰弱ぶりの最初のあらわれとしては、一夜、わが子と激しい喧嘩をして怒り狂い、無暴にもひとり馬で出かけ、夜中森の中をさまよったという悲惨事に見えている。このエピソードは、シャストランが伝えている。詳しい話は、小著(前出、二二四ページ、注1)、第四章七一ページ以下を参照のこと。
(33) バラント氏の本(『……列伝』第四巻、二六四ページ)から、一四四三年のルクセンブルク城攻略に関するこんな一節を引いてみよう。「時折、大公あてにいろんな情報が送られてきていた。夜中の二時だった。大公は起き上り、すべての武具を身につけ、馬を引いてこさせ、配下一同にも準備をさせた。だが、いつも起きぬけにそうするように、ミサを聞き、祈りをとなえるのを欠かすことを望まなかった。小姓たち、従僕たちは既に馬に乗り、いらいらしていた。四六時中、万事よしと告げ知らせる、新しい情報が届いていた。みなが出発を待ちこがれていた。「殿は、お祈りをもっと後に延ばしてくださってもよかったのに」と人々は言った。そこでとうとう近習頭のジャン・ド・ショーメルジが、やむにやまれず大公をせきたてに行った。大公は、冷静な人であり、分別も心得ていてめったに激することはなかった。おだやかにこう言った。「神がわたしに、勝利を与えたもうたのだ。神がわたしのために、勝利を取りおいてくださるのだ。神はわたしの祈りにこたえ、全騎士隊をもってするのと同じ働きをしてくださるのだ。それに、甥たち、子どもらも、大勢の部下や従僕らとともに向うにいる。神のお助けを得て、わたしの着くまで十分に持ちこたえてくれよう。」そして大公は、平然と祈りを最後までつづけた。」
(34) トワジイの手紙として、五月二十五日付のものがあり、かれの死の知らせは、六月九日、トゥルネに届いた(P・シャンピヨン、P・ド・トワジイ、前掲書、三六〇ページ)。
(35) P・ボナンファン『フィリップ・ル・ボン』二七ページ。この著者は、金羊毛騎士団の司教ギヨーム・フィラストルのフィリップについての次の証言をカルテリエリ（『宮廷にて』一八五ページ）から引き出してきたらしい。「わたしは、かれ〔大公〕が夜中の二時に寝て、朝の六時に起きるのを見てきた。そして、読書であれ、弓術であれ、なにかの運動競技のたぐいであれ、また、重要会議においていざ必要な場合であれ、およそ自分のたずさわる何ごとにおいても、決してだらけたさまを見せなかった。」このテクストがシャストランのテクストをくつがえすものと、わたしには思えない。むしろ、補強している。フィラストルによれば、大公は、必要とあれば、政治的な業務を優先させたが、だからといって、残りの時間を無気力に、何もせずにいたわけでなく、進んで読書をしたり、スポーツをしたりしたのである。

第8章　シャルル・ル・テメレール――最盛期

（1）　当時は、ある王侯位の推定相続人に対して、この王侯位継承者に特別にふり当てられてきた称号を与えるのが広く行なわれてきた慣例であった。例として、フランスの王太子に対するドーフィネ《ドーファン》公、英国のプリンス・オブ・ウェールズ、カスティーリャのアストゥリア侯、アラゴンのカタロニア・ジェローナ継承侯、ナヴァールのビアネ侯、ナポリのカラブリア公、フォワ家におけるカステルボン子爵、アルマニャック家におけるロマーニュ子爵など。シャルルの代父は、シャルル・ド・ヌヴェールとジャン・ド・クロワであった。代母は、クレルモン伯夫人アニェス・ド・ブルゴーニュであった。かれは第二洗礼名として、洗礼の日の聖人名マルタンが与えられていた。

（2）　H・ピレンヌ『ベルギー史』第二巻、二九〇ページ。

（3）　同右、二九一ページ、オリヴィエ・ド・ラ・マルシュ（第二巻、二〇七ページ）をも参照。ジョルジュ・シャストランは、こんな言葉でかれの描写をしている。「顔は父よりも少し丸味を帯びた輪郭で、あかるい褐色だった。目は、いきいきして、笑みをたたえ、天使のように澄んでいた。じっと考えこんでいるときなど、父なる人がかれの中に生きているようだった。」また、ジョン・バーティヤー『シャルル・ル・テメレール』（ブリュッセル、一九四四年）参照。この主人公のデビュー当時と直接の取り巻き連のことが、特におもしろい。バーティヤーによれば（一三ページ）、師アヌロンの影響は、かれに和みを与えるようなものだったそうである。

（4） P・ボナンファン『フィリップ・ル・ボン』八五ページ。

（5） H・ピレンヌ『ベルギー史』二九三―二九四ページ。

（6） P・ボナンファン『フィリップ・ル・ボン』九一―九二ページ。十字軍は、一四六四年五月にエーグ・モルトから出発の予定であった。それが一四六五年に延期された。その間、フィリップ自身の子、私生児の大アントワーヌは、一四六四年五月二十一日、スロイスからも発した。本書四七九ページにもついに後続部隊のなかったこの前衛軍のことがでてくる。

（7） 二つの相反する公式発表の原文については、小著『ルイ十一世の偉大な時代』一一〇ページを参照。兵員数については、F・ロト、前掲書、第二巻、八六ページ以下参照。

（8） ピレンヌ『ベルギー史』第二巻、二九九ページ。この列挙に、スペイン人の候補者を一名つけ加えることができよう。最初の求婚者ではなくとも、初めの方の求婚者のひとりに、アラゴンのファン二世の子カトリック王フェルランドがいた。J・カルメット『オーストリア＝スペイン同盟のブルゴーニュ起源』（「ディジョン大学友の会誌」一九〇五年五月）参照。アルザスにおけるブルゴーニュの政略については、ルイ・ストゥフ『ラインの谷のブルゴーニュ所有地』パリ、一九〇四年。『オート＝アルザスのブルゴーニュへの併合の起源』パリ、一九〇一年。『カトリーヌ・ド・ブルゴーニュとオーストリア＝アルザス領、または、アルザスにおけるブルゴーニュ領主権確立のための歴代ブルゴーニュ公の試み』パリ、一九一三年、参照。

（9） 非常に積極的なこのアラゴンの政治活動に関

しては、本書では必要なだけ十分に述べつくす余裕はないから、これまでに出た次の小著三冊を参照していただきたい。『ルイ十一世の偉大な時代』前出。『スペインの統一』パリ、フラマリオン版。『中世におけるピレネー問題とスペインの歩み』パリ、J・B・ジャナン版。

(10) J・ホイジンガ『ブルゴーニュ国、そのフランスとの関係、ネーデルラント国民の起源』『中世』所収、一九三〇―三一年。

(11) 明確に断定することはできないが、どうやら、当面の解決策は、ブルゴーニュとフリースラントとの二つを合わせた王国を作ることであったらしい。少くとも、J・ホイジンガ(前出、注10の論文を参照)の見方はそうである。

(12) アンリ・シャブーフ「ディジョンのシャルル・ル・テメレール」『ブルゴーニュ地理歴史学会論文集』一九〇三年。一四七〇年から七五年の間の、フランスとブルゴーニュの対立期間は、国王軍のマコネまた公領ブルゴーニュ自体に対するなんどもの牽制攻撃が特に目立つ。本書では扱う余裕がなかったが、軍事史上のこの小さな挿話的出来事についての詳細な研究は、J・ロベール・ド・シュヴァンヌ(『一四二〇年から七五年までのブルゴーニュ戦争』パリ、A・ピカール版、一九三四年)により、文献資料をふまえ、非常に精細に果たされた。この著作を補うものが同氏による発表「ブルゴーニュ公領における最後の戦争の諸事件(一四七〇―七五)」(学会連合ブルゴーニュ部会、第十二回総会、ディジョンにて、一九三五年五月二十六、二十七、二十八日、その会報四五ページ、一九三七年)である。さらにこれに、アンドレ・ルゲー「ディジョンとルイ十一世」(「アナール・ド・ブルゴーニュ」一九四五年)、F・ロト、前掲書、第二巻、一〇六ページ以下、をつけ加えておこう。

第9章 歴史家と作家たち

(1) シャストランについて触れる前に、今日作品が残されているブルゴーニュの歴史家ひとりびとりの参照するにたる版を次にあげておきたい。モンストルレ、ドルーエ・ダルク版、六巻、パリ、一八五七―六二年。マチュー・デスクーシィ、デュ・フレーヌ・ド・ボークール版、三巻、パリ、一八六三―六四年。ピエール・ド・フェナン、デュポン嬢版、パリ、一八三七年。ジャン・ド・ヴァヴラン、同版、三巻、パリ、一八五九―六三年。以上すべての版が、フランス歴史学会双書に入っている。ジャン・ド・ヴァヴランについては、もう少し新しい版もある。ウィリアム・ハーディ版、五巻、ロンドン、一八六四―九一年、ロールズ双書。――ジャン・ストランジェール（『モンストルレの無名作者による続編、ジャック・デュ・クレルクの回想録、ジャン・ド・ヴァヴランの英国年代記間の関係についてのノート』）は、共通の原資料としてジャン・シャルティエを使ったと説明されてきたこれら作者のいくつかの一致点について注意をうながした（「アナール・ド・ブルゴーニュ」一九四六年）。

(2) ジョルジュ・シャストラン『著作集』ケルヴィン・ファン・レッテンホーフ版、八巻、ブリュッセル、一八六三―六六年。ケネット・ユルウィンの研究書（『ジョルジュ・シャストラン』パリ、一九三七年）は、デュピールの書評（『ユマニスムとルネサンス』五・一、一九三八年）によって修正されなくてはならない。また、リュク・オメル『シャストラン』も参照。コミーヌについては、ギュスターヴ・シャルリエ『コミーヌ』（ベルギー版『われらの過去』双書、ブリュッセル、一九四五年、ルネサンス・デュ・リーヴル版）参照。シャストランの生年月日は、L・オメルにより、一四一五年に確定された。モリネ『年代記』（ジョルジュ・ドゥートルポン、オメル・ジョドーニュ版、三巻、ブリュッセル、一九三五―三七年、ベルギー古年代記双書）、N・デュピール『ジャン・モリネの生涯と作品』（博士論文、パリ、一九三二年）、もつけ加えておきたい。

(3) シャストランは、よきブルゴーニュ人であるとともに、あくまでよきフランス人でもあろうとした。そんなかれの名誉となるこんな一文を書きとめておかねばならない。「だから、英国人ではなくフランス人であるわたし、スペイン人でも、イタリア人でもなくフランス人であるわたしは、ひとりは王、ひとりは公爵である二人のフランス人のための作品を書いたのだ。」気高い発言である。そしてこの発言はさらに、十五世紀における愛国心を認めようとせぬ多くの歴史家たちの誤りを示している。

(4) オリヴィエ・ド・ラ・マルシュ『回想録』ボーヌおよびアルボーモン版、全四巻、パリ、一八八三―八八年、フランス史学会。H・スタン「ブルゴーニュの詩人にして外交官、オリヴィエ・ド・ラ・マルシュ」ブリュッセル、一八八八年、『ベルギー・アカデミー論文集』。「オリヴィエ・ド・ラ・マルシュ関係新資料」同上論文集、一九三二年。「オリヴィエ・ド・ラ・マルシュの生年月日」『ピレンヌ記念論文集』一九二六年。

(5) エドモン・ド・ダンテル『ブラバン年代記』P・ド・ラン版、三巻、ブリュッセル、一八五四―六〇年、王立ベルギー史委員会。アドリアン・ド・ビュット『年代記』ケルヴィン版、ブリュッセル、一八七〇年、ベルギー年代記双書。ジャン・ド・エナン『回想録』R・シャロン版、一冊本、二巻、モンス、一八四二年、モンス愛書家協会。『ブルゴーニュ公支配下のベルギー史関係年代記』ケルヴィン版、三巻、ブリュッセル、一八七〇―七六年。ジャック・ド・アンリクール『著作集』ボルマン、バゴ・ポンス版、三巻、ブリュッセル、一九一〇―三一年、同双書。

(6) ジョルジュ・ドゥトルポン『ブルゴーニュ宮廷における文学』パリ、一九〇九年、十五世紀文庫、また、同著者による『十四、十五世紀における叙事詩および騎士道物語の散文化』ブリュッセル、一九三九年、ベルギー・アカデミー、文学の部、第十巻の二。本書でのざっとした叙述に際しては、以上二著のうち、とくに基本的な第一の書の構想に従うこととする。あまりに多くの注を付けることの煩わしさを避けるために、すべて参考書目等は同書にゆずることとしたい。また、ここでは同時期もしくは以後の著作として、同じ問題を扱った、ドゥヴネー、デュピール、ジョドーニユなどの碩学の作品を引用することもひかえておきたい。刊本としてはただ、ケルヴィン版、ブリュッセル、ベルギー年代記双書のものだけを指摘しておくにとどめるほかはない。シャストラン『著作集』ケルヴィン版、前出、注5。アントワーヌ・ド・ラ・サル『全集』ドゥゾネー版、二巻、リエージュおよびパリ、一九四一年。

(7) エドワーズ・バイリングスハム『十四世紀のブルゴーニュの詩、ジェラール・ド・ルシヨン』ニューヘヴン、イエール大学出版局、一九三九年、パリ、E・ドローズ版、一九四〇年。「アナール・ド・ブルゴーニュ」の書評、一九三〇年、三六ページ以下参照。

(8) ジョルジュ・ドゥトルポン、二二六ページ。オリヴィエ・ド・ラ・マルシュ、第一巻、四九―五〇ページ。当時、マルセイユのサン＝ヴィクトール修道院に保存されていた、いわゆる聖アンデレの十字架の断片は、フィリップ・ル・アルディによりブリュッセルへと運ばれた。

(9) この紋章の起源については、「アナール・ド・ブルゴーニュ」一九三九年、一五〇―一五一ページ参照。

(10) 本書第7章注30参照。ラブロキエールの旅行記と多少とも肩を並べうる他の旅行記、巡礼記については、ドゥトルポン、二〇六ページ参照。ベルトランドンは、決断に富む廷臣だった。一四五九年にリールで死んだ。この後で引用するデシャンについては、本書一一〇ページ、一三五ページで述べた所を参照のこと。

(11) 題名の全体をあげてみると、こうなる。『ブルグリー帝国ニコポリス市の前における、トルコ軍による高貴にして勇敢なハンガリー王の悲しむべき敗北の事実に関して、いとも強力、勇敢、いとも賢明なる王侯、ブルゴーニュ公フィリップ・ド・フランスに書き送られたる、嘆きと慰めの手紙、また、形式においてでなく、本質において、いともすぐれたる、フランス、英国、ブエーニュ、ことにハンガリーの全王侯貴族、ひいては、カトリック・キリスト教世界のすべての王、貴族、大領主、騎士、市町村にあてて、その大いなる罪のゆえに、その名をかかげるにあたいしない、年老いたパリのケレスティヌス会修道会の一隠者によって書き送られたる手紙』。ちなみに、ブエーニュとは、ボヘミアにあたる。

(12) タイユヴァンことミショー・ル・キャロンは、大公の侍従であった。フィリップ・ル・ボンに仕える、この笑劇役者で「言葉使い（詩人）」は、多くの詩の作者であり、ドゥトルポン（前掲書、一五二ページ以下）に作品名がかかげられている。しかし、エミール・ロワは、ドゥトルポンの著書の書評をした際（「ルヴュ・ブルギニヨンヌ」ディジョン大学刊、一九一〇年）、この碩学がタイユヴァンとピエール・ミショーを別人とさとれずに、取り違えをしてしまったことを指摘した（ピアジェ、「ロマニア」第十八号、一八八九年、四三九―四五二ページ、参照）。ピエール・ミショーもまた、有名な人物であった。数ある作品の中で、『農民たちの詩篇集』が、タイユヴァンのものとされてきた。『死人の歩み』は、何人かの歴史家が信じたように、タイユヴァンもしくはピエール・ミショーの名のもとに置くべきではないと思われる。

(13) 作者はこんな想定をする。オルレアンの町が危殆に瀕したとき、フィリップ・ル・ボンあてに、何人もの使者たちが派遣された。フィリップは、伝令をつかわして、包囲する英国軍に対して、包囲がとかれないなら自分の軍を引き上げると伝えさせる。英国人の返答は、無礼きわまるものだった。フィリップは、時が来たなら、必ずその報復はすると宣言する。事実は、わたしたちにも十分知られているように、まったく違ったものであった。ただしかし、英国のベッドフォードにジャンヌ・ダルクを売った当事者は、このとき、すなわち「時が来た」とき、事実上ランカスター家とは断絶していたという点を除けばである。もっとも、それはやっと一五四三年になってからであり、オルレアンの出来事とは関係のない理由にもとづくのである。これらの事実については、F・ロト、前掲書、第二巻、三七ページ、注6参照。

(14) G・ドゥトルポン、三六三ページ。この本には、本章の枠にはまり切らない演劇芸術についてのデータもたくさん出ている。

(15) G・ドゥトルポン、三七九ページ。引用した詩の中で、いくつかの語は、古形である。〔訳注――マエセナスは、ローマ皇帝アウグストゥスの大臣をつとめ、文学者たちを保護し、自身の著作を残した。いわゆる、「メセナ」――文芸保護者――の語の起源となった人〕

(16) しかしながら、一般的には、この二つのものの「保管」は区別されていた。ふつうは、理髪師が図書室係官を兼ね、宝石類の管理は、大公付きの、食卓やワインなどの手配を担当する「膳部官」の中から選ばれた。フィリップ・ル・アルディ治下では、書物管理の役をふり当てられたのは、リシャール・ル・コント師であった。かれは、同時に第一理髪師、図書室司書、大公侍従であった。その後継者となったのが、フランシュカン・ド・ブランデケ、次いでアントワーヌ・フォレであったらしい。ジャン・サン・プールのもとでは、フィリップ・ジョスカンの名をあげておくべきである。フィリップ・ル・ボンの時代には、ジャン・ド・ラ・シェネル、ジャック・ド・ブレジーユ、シャルル・ル・テメレールの時には、シャルル・ド・ヴィザンの名を。

(17) 読書家フィリップ・ル・ボンについては、先に引用した(本書第7章注35)司教ギヨーム・フィラストルの証言を参考にできよう。

(18) Ch・サマラン「ブルゴーニュ宮廷のヴァスコ・ダ・サマラン」ポルトガル・フランス学院刊「ポルトガル研究」、コインブラ、一九三八年。ロベール・ボシュア「クウィントゥス・クルティウスの翻訳者ヴァスコ・ダ・ルセーナ(一四六八)」ユマニスム・ルネサンス文庫、第八巻、一九四六年。後者の公刊によって、当時のブルゴーニュ人たちに高い評価を得ていて、まさしくイザベル公妃の周辺で輝かしい盛名をほしいままにしていたこのポルトガル人の作家にまたあらたに人々の注意がむけられるに至った。マリー・ド・ブルゴーニュの文学趣味については、ジョルジュ・H・デュモン『マリー・ド・ブルゴーニュ』ブリュッセル、一九四五年、参照。

第10章　芸術

（1）十五世紀のブルゴーニュ芸術の真価を十分に見てとり、クラウス・スリューテルのディジョン派に、何よりすぐれて独創的な芸術、フランドル＝フランスの芸術――固有の意味でのフランドル＝ネーデルラントの霊感に、フランス・ルネサンスの何より豊かな新芽をつなぎ合わせた芸術――の発現を認めることができたのは、エコール・デュ・ルーヴルで教えていたルイ・クーラジォの好運だった（L・クーラジョ『エコール・デュ・ルーヴルでの講義』全三巻、パリ、一八八七―九〇年）。以後、この芸術が、多種多様な研究の対象となってきた。レーモン・レイのとても美しい本（『ゴチック芸術』パリ、H・ローラン版）には、非常に精細な書誌もついていて、この問題に関する知識の整理に便利である。クラウス・スリューテルについては、K・クラインクラウス『クラウス・スリューテルと十五世紀のブルゴーニュ彫刻』（パリ、刊行年不明）、アンネ・リープライヒ『クラウス・スリューテル』（ブリュッセル、一九三六年）、『クラウス・スリューテル研究』（ブリュッセル、一九三八年）、H・ダヴィド（前出、本書第5章注12）をあげておこう。

（2）「ディジョンのゲットーから」の意味である。なるほどスリューテルがディジョンへ来る前から、大公の命によりユダヤ人たちは追放を受けていた。しかしながら、かれらすべてがブルゴーニュを去ったことは確かなのだろうか。それに芸術家が、自分の彫刻のため、ネーデルラントでみずから描いたスケッチを用いたのかもしれないと考えることも可能である。少くとも、わたしの弟子アンリ・ダヴィドがオランダ旅行のあとでわたしに示唆してくれようとしたのは、この仮説である。さらに、ダヴィドはつけ加えて、レンブラント、多くの点でスリューテルと非常に近いこのオランダの画家の絵筆から生まれたいくつかの老人の頭像とつき合わせてみたいとの気持を抑えがたいとも言っている。ダヴィドの結論は、こうである。

「ユダヤ人像の造型に当って、この彫刻家がとりわけて驚くほどの巧みを見せている点、かれのオランダ的な源泉、青春の日々、後の日のネーデルラントの都市的環境での職業訓練が確実にあとづけられそうである。」

（3）以下に、前出の著作の中で（本章注1）レーモン・レイがいみじくも述べた数行を引用したい。この著者は、モーセ像についての印象を、このように表現している。「落ちくぼんだ顔から、ひげが奔流となって垂れ落ち、眼は深くうがたれ、口に苦《にが》みをたたえ、額には、二本の角《つの》を生やしていて（ルーアンの受難劇で言われる〈コルヌータ・ファキエ〉である）、シナイ山から降ってきた時、ユダヤ人たちの見た光線――神を真正面から見た人の超自然的しるし――をあらわす。」他の預言者たちについては、このように言う。「ダビデは、豪奢でいかめしい、東方の君主といった型である。エレミヤは、ひげもなく、老いはてて、聖書を開いて瞑想にふける。ザカリヤは、苦しみに打ちのめされているふうで、ダニエルとイザヤは、一方はほっそりして、かしましい猛禽の顔、他方は、老衰し、意気消沈した老人の禿げ頭をさらし、議論にふける。おのおの、キリストの受難に関係した預言の書かれた巻物をひろげている。」

（4）カルヴェールは、一三九九年六月三十日に、ここに置かれた。しかし、モニュメントの六角形の基台にはなおも、予定の預言者像が欠けていた。そこで、この六人の像が、やっと一四〇六年に、補足されたのである。だから、これらの像は、作者が生涯の終り、芸術的頂点に達したときの作風がどんなものだったかを示している。

（5）アンドレ・ミシェル『芸術史』（第三巻、五三六ページ）を別として、ここで参照されるべき著作として、次のものを拾い上げておきたい。アンリ・ドルーオ「スリューテルの死とその生涯の終り」（「ビュルタン・モニュマンタル」一九一一年）、「ブルゴーニュ大公墓廟における泣く像の数」（「ルヴュ・ド・ラール・クレチアン」一九一一年）、アンリ・ダヴィド「シャンモールの預言者たちによるスリューテルの芸術」（「ベルギー考古学・芸術史雑誌」一九三四年)、「クラウス・スリューテル」(「ビュルタン・モニュマンタル」一九三〇年)。スリューテルの失われた作品の中では、ジェルモルの「牧人画」についてここで一言触れておかねばならない。先にも(本書一三八ページ)、マルグリット・ド・フランドルの「田園趣味」について指摘しておいた。「雨風」から守る「開閉自在のとびら」付きの銀製ニッチの中に、一本の楡の木の下で羊の群れに囲まれてすわっている大公夫妻を含む群像が表現されていた。この記念碑的な牧人画がスリューテルのムアン旅行と関係があるものなのか否かは別として(アンリ・ダヴィド「ムアン゠シュル゠イエーヴルとジュルモル」「アナール・ド・ブルゴーニュ」一九三六年)、当時の文学とつながるもの、ことに田園詩の主題への大公夫人の好みとつながるものであった。また、アンリ・ドルーオ「クラウス・スリューテルの牧人画をめぐって」(「アナール・ド・ブルゴーニュ」一九四二年、七―二四ページ)をも参照。

(6) ディジョン派一般の影響力については、前出のR・レイの著書およびその中に記載の参考書目一覧を参照のこと。これにつけ加えて、アンリ・ダヴィド「ブルゴーニュにおける何人かの南仏出身芸術家たち」(「アナール・デュ・ミディ」一九三六年)も参照。

(7) アンリ・ダヴィド「フィリップ・ポの墓碑をめぐって」「アナール・デュ・ミディ」一九四二年。シァフェールの目録作成については、ダヴィド(「アナール・ド・ブルゴーニュ」一九四二年)二〇六ページ以下参照。

(8) 小著『スペイン史』パリ、フラマリオン版、参照。「ブルゴーニュのフィリップ」のことは、一四九五年、トレド大司教邸出入りの作家として、既に指摘ずみである(ド・ラボルド『ブルゴーニュ大公』第一巻、一三三、注)。

(9) 一三九三年、大公がスリューテルにゆだねた役目の真の目的が何かについては、これまでもずいぶん議論されてきた。ジャン・ド・ベリーがアンドレ・ボーヌヴーに対して発したいくつかの注文の査定をし、その忠実な実行を監督することだったのだろうか。あるいはまた、ブルゴーニュ公は、かつて兄の城で自分が魅了された芸術作品を、自分の工匠に見せて手本にさせようとの意図があったのだろうか。第一の解釈はどうも真実に即していそうになく(この点については、アンリ・ドルーオ「クラウス・スリューテルのアンドレ・ボーヌヴー訪問」、「ルヴュ・デュ・ノール」一九三六年八月号を参照)、これを取るには、ボーヌヴーの芸術がそれなりのしかるべき独自の魅力を持っていたと認めることがむつかしい。ボーヌヴーを通して、また、おそらくは他の経路によって、フランス的様式、パリやブールジュの勢力が相互に働きかけていたのである。ボーヌヴーの作品がもし残されていたら、この有名な「訪問」の持つ特別な意味についても、もっとはっきりつきとめることができるだろう。残念ながら失われてしまったため、ボーヌヴーその人が及ぼした影響力がどの程度だったのかを知ることができない。非常に大きい影響を及ぼしていたことは、疑えない。

なにしろ、ひとりの大芸術家ではあったのだから。年代記作者フロワサールと同じく、ヴァランシェンヌに生まれ、この年代記作者からも大いに心服されていて、その著作の中には、この同郷人を高く持ち上げ、著者自身が愛顧を得ている高位の諸侯連からも有利な注文がくるようにと、そこばくの宣伝文句をしのびこませてもらうほどであった。

(10) 「ファン・エイク問題」は、先に引用したR・レイの著書において、油絵の起源の問題とともにとり上げられている。読者は同書を参照されたい。あわせ、本書ではその余裕もないので、フランドル絵画の書誌についても同書を参照。

(11) この作品については、レーモン・レイの次の一節を引用しておこう。「この荘厳な出会いの場面が展開している礼拝堂は、ブリュージュのどこか富裕な邸宅をしのばせる。開いた窓からは、なかなか美しい都会風景がのぞめる。庭園と王宮のテラスの向こうに地平線まで広がる、中央の見通し部分は、はっと驚かせる一つの現実風景を、顕微鏡的なまでにかぎりなく細かにうつし出している。これはまた、人間と事物とが神秘的な調和の中にとけ合っている自然の一情景だとも言える。」

(12) アンリ・ダヴィド(「クラウス・スリューテルの国で」「アナール・ド・ブルゴーニュ」一九三九年、一九四ページ以下)は、マルウェルの役割を詳細に調べ上げ、フィリップ・ル・アルディの心中ではかれの方がスリューテルその人よりも重んじられていたと指摘している。というのは、かれは、一日十二グロの給与を与えられていて、スリューテルは八グロしか受けていなかったからである。

(13) 芸術の領域において大公たちが、自領の「諸国」に発した呼びかけについては、アンリ・ダヴィドによるなかなか鋭い考察をじっくり考えてみる価値がある(「スリューテルの国で」「アナール・ド・ブルゴーニュ」一九三九年、一九二ページ以下)。

(14) フランドル、ネーデルラントの画家たちおよびその周辺でからみ合っていた影響については、先に引用したレーモン・レイの著作を参照していただくことで甘んじておかねばならない。この本では、各派の主な代表者たちについて、この上なく精確に、十二分に行き届いた批評眼をもって、評価がくだされている。同書にはまた、有益な参考書目一覧も出ている。マルウェルが一四一三年に描いたジャン・サン・プールの肖像画――本書中で取り上げたもの――は、ポルトガル王のために作成されたものであった。なおまた、ヤン・ファン・エイクがポルトガル旅行の際に、のちにブルゴーニュ公妃となるはずの王女イザベルの肖像画を描いたことをも注記しておきたい。マルウェルの作品は、何も、あるいはほとんど何も残っていない。非常に残念なことである。そのために、かれの影響、――まちがいなく、非常に重要な影響を見定めることができない。こういった理由もあって、この芸術家は、美術史の中で当然占めていてもいい位置を与えられなかったのである。「アンリ・ダヴィドも言うように、大公礼拝堂より由来し、ルーヴルに保管されている宗教的主題の数枚のはめ板がかろうじて、かれの才能がどういうものだったかを推量させてくれる名ごりにすぎない。」

(15) フィリップ・ル・アルディについて語った際(本書一四一ページ)、またブルゴーニュ宮廷について述べる際に(本書四五九ページ)に、何人かの金銀細工師や特徴的な金銀細工品を拾い出すことをしてきたし、また、後でもすることになる。ここでは、重複を避けたい。音楽について言えば、大公の周辺では、「合唱歌手」「ハープ奏者」「吟遊詩人」などが重んじられていたことを指摘しておきたい。「ディジョンの大公礼拝堂付属少年聖歌隊」は、高い評判を得ていた聖歌隊であった。ブルゴーニュでは、れっきとした一つの音楽学派が成立していて、それは、ルネサンスの合唱芸術の完成に大いに力を発揮した。マリー・ド・ブルゴーニュとマクシミリアンの時代のジョスカン・デプレは、この一派の主たる代表的存在であった。大公時代の音楽家たちの中から、ジル・バンショワ、ピエール・フォンテーヌ、ジャック・ヴィド、ニコラ・グルナン、ジル・ジョワ、ギヨーム・デュファイなどの名をあげておこう。かれらの代表作はすべて、それ以外の作品のいくつかも、刊行ずみである(ジャンヌ・マリクス『十五世紀(一四二〇―六七)ブルゴーニュ宮廷の音楽家たち』パリ、ロワゾー・リール社、一九三七年)。モーリス・エマニュエルの研究書の中にも、興味深い情報が盛られている(『ブルゴーニュの合唱芸術』『ディジョン・アカデミー論文集』一九二五年)。これに、ノルベール・デュフルクの二論文が提供するデータをつけ加えるとよい(『フランスにおけるオルガン史草案』パリ、一九三五年、『フランスにおけるオルガン関係の未刊資料』パリ、一九三五年、後者には、一四四〇、一四四七、一四七〇年のディジョンにおけるオルガンについての言及がある、同四七ページ)。オルガンの製造業者の一人は、フランドル出身だった(同五〇ページ)。また、上記二論文の後者には、同じ主題に関連した、大へん興味深い資料がいくつも含まれている。

第11章　宮廷生活

（1）　オットー・カルテリエリ『ブルゴーニュ公宮廷にて』バーゼル、一九二六年。全三二九ページ、本文以外に図版二五枚、さらに関係系図を添えたこの本の著者は、なんら新しい文献を発掘したわけではないが、既知の資料に注釈を付し、多くの引用を添えて効果的に利用した。これに同じ著者の、シャルル・ル・テメレールとマーガレット・オブ・ヨークとの結婚に関する二論文を合わせて参照するとよい（「ブルゴーニュ公シャルル・ル・テメレールにおける演劇趣味」「ゲルマニッシュ＝ロマーニッシュ・モナトシュリフト」第九号、一九二一年。「シャルル・ル・テメレール公における騎士道趣味」「ティードシュリフト・フォール・ゲシーデニス」第三十六号、一九二一年）。本注冒頭に引用した著作のフランス語版（O・カルテリエリ『ブルゴーニュ公宮廷』F・コーシ訳）は、一九四六年に出版された（パリ、パイヨ社、歴史文庫）。——ブルゴーニュにおける祝祭気分が語られる際の饒舌ぶりには、ときにいらいらさせられることが多い。J・ホイジンガ（『中世の秋』、三一ページ）が次のように書いたのは、理由のないことではない。「それにしても、こうした祝祭に対して正しく判断できるためには、それらが社会において果たしていた役割をよく理解することが必要である。祝祭にはなおも何かしら、原始民族においてそれらが持っていた意味が保たれていた。すなわち、一つの文化の最高の表現、最高度のよろこびの爆発の集団的形式、社会的連帯のあらわれなど。フランス大革命などのような一大変革の時期には、祝祭があらためてこのような社会的・美的役割を果たすさまが見られる。」

（2）　「雉の誓い」については、カルテリエリの専門論文「雉の誓い」（「イストリッシュ＝ポリティッシュ・ブレッター」第一四七号、一九二二年）をあげておこう。これに、同著者の「ブルゴーニュ宮廷における社交生活」（「イストリッシュ・ツァイトシュリフト」一九一五年）をつけ加えておこう。

（3） オリヴィエ・ド・ラ・マルシュ『回想録』ボーヌ・エ・ダルボーモン版、フランス史学会、第四巻、一六四—一六六ページ。こういう突然の変更はあったにしてもイアソンが忘れられることはなかった。モンストルレは、分配された首飾りのことでこう言っている。「各人の前面に吊り上げられた……イアソンがマルキスの島で奪ってきた金羊毛と同じものとして、またそれを思い出させるものとしての金羊毛が。」シャストランは、こう言う。「ギデオンについても、イアソンについてと同じく」、みなを同意させたと。J・ドゥトルモン（『ブルゴーニュ公宮廷におけるフランス文学』一五二ページ）によると、ギデオンがイアソンに取り代えられたのは、一四三一年からであるらしい。

（4） イアソンも以前にはたびたび、タペストリーに仕立てられていた。なにしろイアソンの冒険は、芸術家たちの気を引くものであったから。ギデオンをタペストリーの主題にするという着想は、やっと一四四八年になってからにすぎない。ギデオンの物語を語るタペストリー数枚の注文が、この年、トゥルネーに発せられた。これらのタペストリーは、騎士団の会議室を飾るはずであった。シャストランは、一四五六年ハーグで開かれた会議の際それらがあったことを指摘している。それらに非常な讃辞を呈している。「かつて王国に入った中でもっとも豪華なタペストリーが、その室に、張りつめられていた」と（ケルヴィン・デ・レテンホーヴ版、第二巻、一九〇ページ）。

（5） オリヴィエ・ド・ラ・マルシュ『公家の現状態についての報告』抜粋はジョゼフ・カルメット。H・ドルーオ『ブルゴーニュ』パリ、H・ロラン版、フランス各地方の絵入り文集に所収。引用したオリヴィエ・ド・ラ・マルシュの一節には、料理の「試食」についての記事が見える。試食係官が、料理の出来具合を見、毒が入っていないかを調べるために、給仕の前に試食をすることになっていた。食肉については、別種の検査もすることになっていて、有毒物質の存在を発見させてくれる効能があると信じられていた特定の物質を用いたりもした。「一角獣の角《つの》」などは、こういう試金石の一つとして役立った。この点については、エドモン・ファラル『聖ルイ時代の日常生活』パリ、アシェット社、一九四二年、一六五ページを参照。

(6) 以下のデータについては、アンリ・ダヴィド『十五世紀初頭のフィリップ・ル・アルディ、贅沢ぶりの一端』(「アナール・ド・ブルゴーニュ」一九四四年)から借用した。

(7) 同時期に、シャロン伯も、アンドリュー・ド・ラ・プリュームという名の道化師をかかえていた。

第12章 ブルゴーニュという国家

(1) この時期のスペイン国内の諸事件に関する適切な解説は、小著『スペインの統一』(パリ、フラマリオン版)、『ピレネー問題と中世におけるスペインの歩み』(パリ、J・B・ジャナン版)を参照のこと。イタリアおよびオリエントにおけるブルゴーニュの政策についての適当な研究は、古文献が拡散しているため、それらの発掘が一応終るまで、着手できない。

(2) アラゴン王宮古文書(バルセロナ在)雑纂の部、マドリッド、歴史アカデミー文庫、サラザール、A7、五二ページ。

(3) アラゴン王宮古文書、雑纂、四三号、三四ページ。アロンソ・デ・パレンシア、七・七(スペイン著作家文庫版)。このエピソードの詳細については、小論「カタロニア王ドン・ペドロとブルゴーニュ宮廷」(「アナール・ド・ブルゴーニュ」一九四六年)参照。

(4) この計画と以前からの政治全般との関連については、本書三二六ページ参照。

(5) アラゴン王家古文書「インクルソス」第二七号、六五ページ。「親愛なる秘書官殿。貴殿のお手紙、拝見いたしました。お返事としまして、ダイヤモンドの値段が合えば、純金の台にはめてください。台は、あまり大きすぎてはいけません。せっかくのすばらしい石が目立たなくなってしまいますから。また、指環は、これをおはめになる方の指に似合うようなものでなければいけません。わたしどもは、われらの秘書官ペリセール殿がお手ずから、もし神のみ心にかなうならば、結婚の日までにこれをお持ちくだされることを望んでおります。」ほかの資料（右に引用した手紙のようにカスティーリャ語でなくて、カタロニア語で記されている）、ペドロは、かれの代理者に、百ノーブル（英国のエキュ金貨）で、「ダイヤモンドまたはルビーまたはエメラルド」が購入できるよう探してほしいと頼んでいる。指環は、王の名において、手紙では、「イングランドとフランスのいとも高名な国王陛下の妹君」と形容された「マルゲリータ姫」に与えられるはずである（マドリッド、歴史アカデミー、サラサール、A7、五四ページ、バルトメウ・ガリへの手紙）。読者は容易に認めるはずである。婚約者の兄、エドワード・オブ・ヨークに「フランスと英国の王」という称号を奉っていることで、ルイ十一世がかれに示していた敵意に、言葉鋭く切り返したのである。この結婚交渉に関係した使者たちについては、小著『ルイ十一世、フアン二世、カタロニア革命』トゥルーズ、一九〇三年、二六一ページ。J・エルネスト・マルティネス゠フェランド『カタロニア王ペレ・デ・ポルチュガル』バルセロナ、一九三六年、一〇四ページ以下、参照。

（6） ドン・ペドロは、継承者として、甥に当るポルトガル王子を指名していた。しかし、カタロニア人は、ブルゴーニュ公妃がこの件につき、バルセロナあてポルトガル語の手紙を送り、何かと切願したにもかかわらず、王の遺書をまったくかえりみなかった（J・カルメット『ルイ十一世、フアン二世、カタロニア革命』五三二ページ）。ということはつまり、公妃が、ポルトガルにも書記官をかかえていたわけである。それに、カタロニア古文書館は、公妃の手紙の見本をいくつも所蔵している。イザベルが、ポルトガル語で認めた唯一の手紙については、小論「バルセロナ市立古文書館蔵の、十五世紀におけるポルトガル語の手紙二通」（『中世研究』トゥルーズ、一九四六年、所収）参照。

(7) 詳細については、前注にあげた小著を参照。
(8) フィデル・フィータ『アラゴン王とヘロナのセウ』バルセロナ、一八七三年、第二部、二八ページ。
(9) J・カルメット『ルイ十一世、ファン二世、カタロニア革命』中にラテン語原文を収める(トゥルーズ、一九〇三年、三六七ページ)。
(10) J・カルメット「オーストリア＝スペイン同盟のブルゴーニュ起源」「ディジョン大学友の会誌」一九〇五年、および『中世研究』トゥルーズ、一九四六年。
(11) フランドル語が尊重されていた次第は、先にも(108ページ)見てきた。フランドル語は、その本来の土地では公用語として使われているのに対して、ワロン語は、リエージュ、ルクセンブルク、ナミュールなどの地方で、また、部分的に、エノーやブラバン地方でも使用されている。法律文書は、モンスやトゥルネではピカルディ語で作成されており、この方言は、現在のフランス＝ベルギー国境の南部と南西部で支配的である。
(12) 王による最高法院への召喚は、つねにブルゴーニュ公にとっては侮辱と感じられた。王権もまた、できるだけこれを見せびらかしにしようとしていたのも事実である。たとえば、一四四六年、最高法院の一執行官が、ガンへ来て、「聖アンデレの日、大公その人とシャルル・ドルレアンを含む栄光輝かしい金羊毛騎士団全員が食卓につこうとしていたときに、フィリップ・ル・ボン本人が法廷へ出頭するようにとの令状――その事由は、かれが皮剝ぎ屋どものひそかな首魁であったというかどで――をもたらした」ことなどがある。この例は、J・ホイジンガから借用したものだが、他にも同様の例がいくつも出ている(前出『中世』一九三一年、二四ページ以下から引用)。また、ジョン・バーチャー『シャルル・ル・テメレール』前出、二三三ページ、注1参照。
(13) 主要都市と認められたのは、ディジョン、アルネー、オータン、アヴァロン、ボーヌ、シャロン、シャティヨン、フラヴィニー、モンバール、スミュール、そして、このほか、十五世紀以後は、ニュイ、サン＝ジャン＝ド＝ローヌである。そこに、不規則ながら、ノワイエ、モンレアル、タラン、モンスニがつけ加えられることもあった。最後の二代の大公の治下のディジョンについては、アンドレ・ルゲ（「ディジョンとルイ十一世」「アナール・ド・ブルゴーニュ」一九四五—四七年）に、興味深い考察が出ている。

(14) 評議会についての、専門的研究はなされたことがない。諸国会議は、ビリウー『十四、十五世紀におけるブルゴーニュ諸国』（ディジョン科学・芸術・文学アカデミー、一九二二年）が研究している。これと、エドゥアール・アント（「ヴァロワ期大公の時代のディジョン会計院」博士論文、パリ、一九二四年）をつき合わせてみるとよい。

(15) ジョルジュ・ガジェ「十三世紀からフランスによる征服（一六七四）までのブザンソンにおける市官吏の選出方法について」「歴史研究委員会誌」一九三二—三三年。

(16) ジャン・サン・プールの治下、一四〇八年には、ブザンソンにも会計法院を設置する計画があったが、その構想は放棄された。

(17) ロランについては、ジャン・ド・トワジイと同様（本書第4章注29参照）完全な専門研究書はない。この人物に関しての部分的な著作一覧表は、ポール・ボナンファン『フィリップ・ル・ボン』（二二二ページ）に出ている。わたし自身も、『近代世界の生成』（一一〇ページ）中に、大公のもっともすぐれた補助者たちに関しての公刊ずみの主要な専門的著作を調査し、その一覧表を作成したことがある。

(18) H・ピレンヌ『ベルギー史』第二巻、四〇三ページ。財務行政官と資金運用の詳細については、B＝A・ポケ・デュ・オー＝ジュセ「ブルゴーニュ公国の財政主務者たち」（ディジョン、一九三七年、『法制史学会論文集』第四分冊、一九三七年）から、この何よりも興味津々のデータを得た。残念なことに、税金、ことにブルゴーニュでの王国の税金については、継続的な研究はなされなかった。ピエール・プトー「フィリップ・ル・アルディのブルゴーニュへの登場」(『過去のブルゴーニュ諸国における法制史学会論文集』一九三六年)によると、シャルル五世は、公国への課税権を一時停止していたあと、個人的な理由からして、「自分たちの父親の身代金」をも、自分の弟に徴収させてわがものにしようとし、その結果、フィリップが事実上、王の権利の失墜を招くような策動に走ったことが伝えられている。ジャン・サン・プールは、先にも見たように、王国国務会議が設けた人頭税の承認もしくは拒否の権利は、わが手中にあると主張した。この問題について追求した研究はいまだなく、もし、それが行なわれれば、未知のままになっている多くの情勢が明らかにされることと期待される。

(19) F・ロト『軍事技術』第二巻、一一四ページ以下にデータが出ている。

(20) 一七二六年に作製され、パリ・アルスナル美術館所蔵(三九〇一号)のジャン・ペロンの絵にもとづく複製を参照のこと(L・ミロ、F・ラザレスキ共著『ブリュージュとパリから発信された、商人ルッケシの手紙』ルッカ、一九二九年、「ルッカ歴史学会誌」一八〇ページ)。

(21) ルイ十一世は、経済的手段に訴えることとし、いわば、シャルル・ル・テメレールの諸領地の封じ込めをはかった。これまでまだ注意を払われてこなかったこの政策については、ルネ・ガディヨン(「ルイ十一世の経済政策」トゥルーズ大学博士論文、レンヌ、一九四〇年)の興味深い新事実の指摘を参照のこと。

(22) G・デマレ、P・ボナンファン、Fr・キック『中世におけるブリュッセルの土地の発展』ブリュッセル、一九三五年。

(23) メヘーレンにも、タフルの訪問があった。この町を、小さくとも、「魅力ある」町と評価している。大公はここで、「庭園にいるかのように」くつろぐのを好んでいると、つけ加えている。しかしながら、大公はここには住居を持っていないことも指摘している。そのかわり、地上最大の君侯にふさわしい快適さを味わえるまでに、十分に設備をととのえられた旅館に宿泊した。

(24) モーリス・ジャン『ブルゴーニュ家治下のリンブルク公領の経済史』ブリュッセル、一九三八年。王立ベルギーアカデミーの賞を得た論文。この研究の第二部「鉱山」は、非常に興味深い。それによると、フィリップ・ル・ボンの時代とは地下に埋蔵されているものとの関連で、いかに重要な段階と即応しているかが見てとれる。著者は、最高の賞讃にあたいする正確さで、いちいちの開発事業の成り行きを研究している。リールについては、R・マルカン（『フィリップ・ル・ボン治下のリールの経済生活』パリ、一九四一年、「高等研究学院双書」、第二七七分冊）に多くの興味あるデータが出ている。

(25) フィリップ・ル・ボンは、まさしく「偉大なボナンの大公」と呼ばれていたと証言して、「ブルゴーニュ国」という観念を言い出したのはシャストラン（ケルヴィン版、第二巻、一五〇ページ）である。モリネは、「いと大いなる、その名も高き西方の大公」と言っている（ドゥトルポン・エ・ジョドーニュ版、第二巻、五九一ページ）。

第13章　シャルル・ル・テメレール――幾多の過誤

(1) 一四六八年から七二年にいたる間のコミーヌとフランス王との関係については、まったく不明である。しかし、一四七二年八月七日から八日にかけての夜、ル・テメレールの伴侶であったこの人は主君を捨て、ポン゠ド゠セのルイ十一世のもとへ走った。八月八日午前六時の日付入りの大公側の記録により、この逃亡の日付は、ともかくも明らかにされた。記録には、変節者の所有する財産の押収のことが記されている。――大公の言い分によると「今日、この日われらへの服従を脱して、敵側に走った」者（デュポン嬢版コミーヌによる、「フランス史学会」第三巻、一一ページ）。ポコミーヌ自身も（『回想録』第三巻、十一章）、ポン゠ド゠セでルイと合流したこと、この時期に王がそこにいたことを伝えている。シャルル・ル・テメレールは、かつての従臣を、最後まで許さなかった。一四七五年のソルーヴルの休戦協定の時にもかれだけは例外とされた（オリヴィエ・ド・ラ・マルシュ、ボーヌ・エ・ダルボーモン版、『回想録』第二巻第三章、二二一ページ）。

（2） 本書ではその詳細をつきとめられなかったが、最後の大公とスイス人、ドイツとの関係については、いまもなおトゥテの論文（「シャルル・ル・テメレールとコンスタンツ同盟」パリ、一九〇二年）によるのが有益である。バーゼルとストラスブールがジギスムントに、買戻しのために必要な金額を――ただし、フランス王の保証つきで――提供した。オーストリアとスイスの不可思議きわまる同盟については、バラント氏の次の文を引いておこう（『……列伝』第六巻、三七一ページ）。「これほど多数の領主や騎士が死んで行った、百五十年間にわたる、もっとも凄惨な戦争、追われた王侯と反抗したその民との間の致命的な憎しみと不信、これほど多くの、根強く存在した紛争の種の数々、――そうしたすべてが、シャルル大公の野望が一方の側に、アジャンバク侯の支配がもう一方の側に吹きこんだおそれの前で崩れ去り、消えて行こうとしていたのだった。この残忍な総督の圧制と、いつまでも続くその脅威が、アルザスだけでなく、スイス人たちにおいても、そこから解放されたいとの願いを生み出していたのだった。この暴君のうちに、むかしのゲスラーの再現が見てとれるように思えたのだった。その死こそが、自由の最初のしるしであったというかのオーストリアの代官《ラントフォークト》の幻が……」アジャンバクはまさしく、その専制ぶりのゆえに、ヴィルヘルム・テルのかの伝説によって有名となった暴君を思い出させるにいたったのだった。

（3） バラント氏『……列伝』第六巻、三七七ページ。アジャンバクに関しての、以下の引用も、同書による（三七九―三八一ページ）。ラントフォークトの肩書は、正確に代官《バイイ》に相当する。

（4） バラント氏『……列伝』第七巻、二三。シャルル・ル・テメレールは、この件については、まったく同じ状況とまでいかなくても、ほぼ同様の状況下での黒太子にくらべ、ずっと騎士的であった。小著『シャルル五世』二八三―二八四ページ参照。

(5) ルイ十一世をさすのに「世界の蜘蛛」という表現を使ったのは、ブルゴーニュの年代記作者シャストランとモリネである。実際に、これら年代記作者たちは、これほどうまい言い方とはさとっていなかった。不幸にも、大公は、ぶんぶんと唸りをあげて飛ぶ、無思慮な蝿であって、国王という蜘蛛の糸にからめとられてしまったのである。ポール・コランの当てこすりも書きとめておかずにおれない（『ブルゴーニュ大公』）。かれは、シャルルのことを「いわゆる、向こう見ず《テメレール》」（九ページ）、「われにもあらず、向こう見ず」（二四七ページ）と呼んでいる。

(6) こうした一連の出来事と一四七五年の戦争と平和の歴史に関しては、ここでは触れられなかったデータ一切を読者は以下の書物に見出されるはずである。J・カルメット、G・ペリネル共著『ルイ十一世と英国』パリ、ピカール社版、一九三〇年（国立古文書学校編『論文・文献総集』第十一巻所収）。

(7)「いまだかつて、アーサー王以来このかた、英国王がこれほどの人数をいちどきに海の向こうへ送ったことはなかった」（コミーヌ、カルメット版、第二章七七）。F・ロト（前掲書、第二章、八九ページ以下）は、激しい論議をつくしたあと、先にあげられた数字を訂正している。

(8) メランドは、オリヴィエ・メリションの侍従であった。小男だったが、話がうまかった。この逸話をくわしく語っているコミーヌは、この下っ端にみなが何を期待しているのかを説明する役を引き受けた。この男は、初め、こういう危険な任務を遂行しなくてはならぬのをこわがったそうだが、コミーヌは、金銭と生れ故郷のレ島に徴税区をやると巧みにたらしこみ（今日なら、収税吏のポストをというところだろう）、かれの説得に成功した。真実の所は、もしもの場合には、この任命にはなんの重味もないといえるように、わざと貴族以外の者から選んだということなのである。そこで、軍旗を裁って騎士の服を仕立ててやり、海軍元帥の伝令使のバッジを与えて、出発させた。

かれの使命を知っていたのは、ただコミーヌとフランス馬寮長官ヴィリエ侯、アラン・ゴワイヨンだけであった（コミーヌ、カルメット版、第一巻、二九五ページ以下）。

(9)　ルイ十一世が下した決定が正しかった理由は、容易に理解できる。ル・テメレールにロレーヌでのやっつけ仕事にふけらせておく間を与えておくこと、サン＝ポルにはあらたな陰謀をたくらませる時を、ゆれ動いているフランスの封建諸侯には、何か軍事上の事件が起っていったん「掛かれ」の合図があったら行動に入る可能性を与えておくこと、こうした所に災いの発生の余地があったのだった。ルイ十一世は、今が結着をつける唯一の機会とさとったのだった。仏英間の紛争を解決することで、英国＝ブルゴーニュのつながりを最終的にたち切ることができ、新規に「公共の善」が持ち出され、おびやかしの材料とされぬうちに、これを卵のうちに圧殺することができたのだった。一四七五年八月十四日の王のこの決断こそは、王の俊敏さ、明察力をあらわすもっとも輝かしい証拠であった。

(10)　コミーヌがこの衝突の場面を描写しており、この際に、シャルル・ル・テメレールが英語を話したことも書きとめている。「ブルゴーニュ公は、このニュースを聞くと、自分のいたルクセンブルクから大いそぎで英国王のもとに来た。王のもとに到着した時は、十六人の騎士しか連れていなかった。英国王は、かかる突然の来訪にひどく驚き、だれの導きによるのかと問いただされ、大公が怒り狂っているのを知られた。大公は、折り入って王と内密に、もしくは公開の場で話をしたくて参上したと答えた。そして、王が和平を結んだのかと問うた。英国王は、九年間の休戦条約を結び、自分もこれを承認したこと、ブルゴーニュ公にも、これに賛同してもらいたい旨を答えられた。ここで、大公は、逆上し、英語に切りかえ、――なぜなら、大公はこの言葉を知っていたからである――かつてフランスへ来た英国諸王の立派な業績を数え立て、栄誉を得るための、かれらの腐心のほどを述べ立てた……そして、今や自分は、英国王の来援は必要とせぬ旨を知ってもらいたく、英国王が海の向こうへ去って三カ月たたねばフランス王との休戦はせぬことを言った。」

(11) ピッキニィ条約といわれるもの――実際はアミアンと英国軍陣営内で作成されていたものだが――は、いくつかの条項から成る。(一) 七年間の休戦(先の注に引用した一節でコミーヌが混乱状態の中で言っていたように、九年間ではない)。(二) フランス王が英国王に対して支払う、七万五千エキュの戦争賠償金。(三) ルイ十一世の子シャルル王太子とエドワード四世の長女エリザベスとの将来の結婚に関する取り決め。将来の王太子妃に対し、成人に達したならば六万エキュの収入をもたらす寡婦産の配分指定つき(この結婚はついに行なわれずに終った)。(四) ルイ十一世からエドワード四世に対し、年間五万フランの終身年金を、半分は復活節に、半分は聖ミカエルの祝日に二度に分けて支払うこと。要するに、論議の的となってきたカペ王朝継承の正統性についての清算であり、ヴァロワ家は、王位を保持したものの金銭上の犠牲を払ってプランタジネット家に補償をしたということである。

(12) ルクセンブルクのソルーヴルであって、多くの歴史家が信じこんできたように、スイスのソルールではない。

(13) プフィステル『ナンシー史』第一巻、四〇三ページ。ナンシーは、一四七五年十月二十四日に攻囲され、十一月三十日に落ちた。

(14) 民衆の間では、「天国で戦争があり、聖ペトロ(サン゠ピエール)が聖パウロ(サン゠ポル)をつかまえた」などと、冗談まじりに言い合っていた。裁判と処刑の劇的な詳細については、小著『ルイ十一世の偉大な時代』一八二―一八六ページを参照のこと。ル・テメレールとサン゠ポルとを仲違いさせるためのルイ十一世の策動の中には、おもしろい喜劇の一場面もあって、コミーヌが報告している。ブルゴーニュ公に仕えるコンテイ公がたまたま、サン゠ポルの伝令使サンヴィル侯(コミーヌは、スヴィルと呼んでいる)と、王のかたわらで同席したことがあった。ルイ十一世は、コンテイをつい立ての蔭に隠れさせ（コミーヌは「オストヴァン」と呼ぶ）、伯の使者に入らせるようにと命じた。「王は、ルイ・ド・スヴィルの言う言葉がみなによく聞えるようにと、このオストヴァンにすれすれ《ラジビュス》に置かれた腰掛けにおすわりになった。ところで、コンテイ殿とともにそこにいた貴族は、デュ・ブーシェージュ殿だけであった。スヴィルとその連れとは、しゃべり始め、自分たちの主君は自分たちをブルゴーニュ公の所へと派遣し、英国人との友愛関係をたち切るようにとくり返し忠告した……ことを述べた。そのように言ううちに、くだんのルイ・ド・スヴィルは、王の気に入ると信じて、ブルゴーニュ公の真似をしてみせるようになり、地面を足で蹴って、聖ゲオルギウスに誓いを立てる……などをした。王はひどくお笑いになり、そんなに大声を出しては、耳が聞えなくなるではないかと言われた。相手の方は、まったく頓着なく、またもやよろこび勇んでやり始めた。わたしもいたオストヴァンの蔭で、コンテイ殿は、すっかりびっくり仰天してしまわれ、自分が耳にしたようなことが、本当に言われたのかどうか、とてもお信じになれなかった。」

(15) スペインにおけるこの情勢変化の理由については、本書五四四～五四五ページの指摘を参照のこと。また、前出、本書本章注1に引用の書物に出ている専門論文もぜひ参照されたい。

(16) アルマニャック伯ジャン五世の命を奪った、一四七三年三月四日の「レクトゥルの悲劇」の結果、フランスの封建諸侯は、以前の従順さに戻った（Ch・サマラン『十五世紀におけるアルマニャック家と南仏における封建時代最後の争い』パリ、一九〇八年、国立古文書学校協会刊『回想録と資料集』第七巻所収、一八五一―一九四ページ）。

(17) 大公のおかした過失については、不完全ながらマルセル・ブリヨンの著書（『西方の大公シャルル・ル・テメレール』パリ、アシェット社、一九四七年）に分析が出ている。著者が少くとも、傲慢ゆえに、自分の敵の能力を過小評価するシャルルの傾向を強調している点は、まったく正しい。著者はまた、「シャルルのおかした誤りのすべては、他の軽視ゆえにかれの中に生じた盲目の結果である」とも言っているが、転落の原因はほかにもあったから、多少誇張ととれぬこともない。

第14章　ひとつの治世、ひとつの王朝の終り

（1）　サヴォワとスイス間に生じた思わぬ事件との関連で、オリヴィエ・ド・ラ・マルシュ（第三巻、二〇九ページ）とコミーヌ（第二巻、一〇五ページ）は、ル・テメレールがスイス諸州に対して起した戦争は、「車一台の羊の皮のために」起きたのだと言っている。モンテーニュ（『エセー』第三巻第十章）は、この事実を書きとめ、「人間世界最大の騒動も、ごくつまらない動機・原因に発している」という哲学的考察を注として添えている。クレオパトラの鼻に関するかの有名な警句（パスカル『パンセ』L四一三など）にも比べられる考えである。実際は、羊の皮が、紛争の原因だったのではない。紛争に関することでは、何より、オシュ、マンドロ（『モラとシャルル・ル・テメレール』ヌーシャテル、一八七六年）、ハンス・ヴァッテレット（『ミュルテンの戦い』ベルン、一九二六年、「ポリグラフィシェ・ゲシヒテ」）、トゥテ（『シャルル・ル・テメレールとコンスタンツ同盟』博士論文、パリ、一九〇二年）が参照できる。M・レーモン氏（ローザンヌ、ヴォー州古文書館主任、その研究発表「ブルゴーニュ戦争におけるスイス人の目的」ブルゴーニュ研究学会、第十二回、ディジョン、一九三五年五月二十六、二十七、二十八日、ディジョン、一九三七年、四九―五〇ページ）によると、戦争の起源は次のように説明されている。「一四六九年、オーストリア公がサン＝トメールで、シャルル・ル・テメレールにアルザスの所領を割譲したとき、フランス王が巧妙に流した噂――、この二人の王侯がスイスを攻撃するという噂が伝わってきた。根も葉もない噂であった。しかし、ベルンがこれにこだわったこともあって、非難の声が高まってきた……。ベルンは、随分以前からヴォー地方をわがものにしたいという気持があり、そうすることで、イタリアに向うフランス街道、リヨン街道

の支配権をにぎれると見込んでいた。ヴォー男爵というのが、サヴォワの一貴族、ロモン伯ジャックであって、ブルゴーニュ宮廷で重きをなす人物の一人であった。」事実、戦争の初めには、ベルン人がヴォーへと軍隊を差し向けていたことは確かである。しかしながら、レーモン氏も説いているように、ルイ十一世は、スイス人の同盟者でありながら、ヴォーをベルン州に併合させるつもりはなかった。かれの意図はむしろ、これをサヴォワと合体させることだったが、この計画を実現することなく死んでしまう。

(2) 多くの歴史家が『ヌゥシャテル年代記』の感動的な数ページを引用してきた。ミシュレも、運よく救出されたという断片に熱狂したものである(『ルイ十一世とシャルル・ル・テメレール』一八五七年版、三八二ページ)。しかし、これは、テクストの創作者と称する者ピュリがでっちあげた模作にすぎず、A・ピァジェとTh・ド・リーブノー(B・ド・マンドロ、かれのコミーヌ編著、第一巻、フランス史学会、三四六ページ、注2)とが、そのぺてんを暴露した。兵員に関しては、ロト、前掲書、第二巻、一一八—一一九ページ参照。

(3) イタリア人傭兵が最初に逃げ出したらしく思われる。「大公は、大声で叫んでかれらを呼び返し、悪口を浴びせ、なんども剣で打ちすえた。疲労に打ちひしがれ、悲しみと怒りで消耗し、ほとんど最後の一人となりはてて、大公自身もついに、逃亡に及んだ。もはや、自分の軍隊といえるものは何もなく、ただ、五人ばかりの兵を従えて、行き当りばったり逃れ去った。こうして、二十四キロほどの間を、ジュラ山脈越えのジューグまで、途中休止もせず走りつづけた。「ああ、ご主人さま。」と、この悲惨な退却行のときに、かれの道化が言ったという。「わたしどもも、これでやっとハンニバルになりましたな」と。」(M・ド・バラント『……列伝』第七巻、一四四ページ)。この最後の言葉の機智をつかむには、ハンニバルとそのアルプス越えの歴史の思い出が、スイス人の懲罰を企てた最初の頃から大公につきまとっていたことを知らなければならない。

（4）ガルシアス・デュ・フォールが当時、分配の任に当った（ドゥジェール「トゥルーズ人とフランス外交の起源」「トゥルーズ史学雑誌」第八巻、一九二一年）。アンジェリコ・カトーについては、ベネデット・クローチェ（「コミーヌに『回想録』を書くようにすすめたイタリア人、アンジェロ・カトー」「道徳・政治学会彙報」第五十五巻、ナポリ、一九三二年）を参照できる。

（5）ナポリの大使パロマールが、ここでコミーヌの証言を裏づけてくれる（ジャンジャン＝ラ＝サラ『ブルゴーニュ公シャルル大胆の作戦について、一四七四年から一四七七年にいたるミラノ大使の公文書』全二巻、ジュネーヴ、一八五八年、第一巻、三六三ページ）。タラント王太子と、マリー・ド・ブルゴーニュの結婚計画の挫折については、わたしの論文「国立図書館の最近購入資料にもとづく、一四七四年のブルゴーニュ＝ナポリの結婚計画」「古文書学校双書」第七十二巻、一九一一年を参照。

（6）マコネ人とシャロレ人は、侵略を受けた。防衛準備と作戦については、ロベール・ド・シュヴァンヌ（『一四七〇年から一四七五年にいたる、ブルゴーニュ戦争、シャルル・ル・テメレールの公国へのフランス軍の介入についての研究』パリ、A・ピカール版、一九三四年）を参照。さらに、著者は、一四七五年六月二十日の「有名な戦い」の場所を、モントルイユロン（ニエーヴル県）としている（ロベール・ド・シュヴァンヌ「ブルゴーニュ公国における最後の戦いのエピソード集（一四七〇―七一）」。ディジョンで開催された、ブルゴーニュ学会第十二回総会での研究発表、一九三五年五月二十六、二十七、二十八日、ディジョン、一九三七年、四五ページ）。フランシュ＝コンテ人のシャルル・ル・テメレールへの忠実については、G・ガジエ（「シャルル・ル・テメレールとブザンソン市との関係」「アナール・ド・ブルゴーニュ」一九三八年、一四八ページに引用）を参照するにしくはない。臣下一般の精神状態については、ジョン・バーティヤー『シャルル・ル・テメレール』一九六ページ参照。

（7）F・ロト（第二巻、一二一ページ）は、コミーヌ（第二巻、一二一ページ、注）を修正している。大公は、戦争準備に没頭して、ローザンヌに約十一週間をすごした。バラント氏（『……列伝』第七巻、一六一ページ）は、次のように、そのさまを述べている。「間もなく、大公は、最初の時とほぼ同様の数の軍隊を持てるようになった。再徴集をした者に加えて、ガンとフランドルから五千人、リエージュとルクセンブルクから六千人、ボローニャと教皇領諸国から四千人――教皇は好意的だった――が集ってきた。また、長い間自分に仕えてきた英国人たちの隊の増強もした。実際、三千人にも上り、大公の軍隊中最良の隊であった。」コミーヌも、この英国人たちのことは語っており（カルメット版、第二巻、一三一、一三三ページ）、隊長は、ジャナン・コルパンという者であって、オリヴィエ・ド・ラ・マルシュ（ボーヌ・エ・ダルボーモン版、第三巻、二三八ページ）もその名をあげている。グランソンで殺された者はそんなに多くなく――たぶん、千人くらいか――生き残った多くの者が再徴集されたが、それでもだいぶ欠員があった。ロトおよび「アナール・デュ・ミディ」誌のわたしの書評、参照。バラント氏の数字は非常に誇張がある。たとえば、英国人はせいぜい一二〇人だった。

（8）ジャンジャン＝ラ＝サラ、第二巻、二一〇ページ（ここにイタリア語原文が引用されている）。大公がみずからあらわにしている精神状態から推して見ると、かれの周辺には熱い共感を示してくれる雰囲気が少かったと思われる。もっとも、ブルゴーニュ国、とくに、公領内の臣下たちの態度については、不正確な言い伝えがひろまっていた。こういう言い伝えについての吟味は、J・ビリウド（『十四世紀、十五世紀のブルゴーニュ諸国』一四六―一五三ページ）、この著に関するわたしの書評（「国立古文書学校双書」第八十四巻、一九二三年、一二七ページ）参照。

（9）この王妃については、少々小説化されているものの、専門研究書がある。レヴィ＝ミルポワ公爵『ルイ十一世の娘ジャンヌ・ド・フランス』パり、一九四三年。ところが、著者は、ここに述べた結婚計画のことは、知らなかったらしい。
(10) バラント氏『……列伝』第七巻、一八一一一八二ページ。「戦場で三日間をすごしたのち、スイス人たちは、勝利は確かにわがものになったことを、古くからの慣習通りに来る人みなにさし示すため、死者の埋葬につとめた。モラのそばに、大きい穴を掘った。そこに死体を投げ入れて上から消石灰を撒いた。四年後、死体が溶解すると、一つの礼拝堂が建設され、穴から取り出された骨がそこに積まれた。一般に〈ブルゴーニュ人の納骨堂〉と呼ばれていた。
そこには、次の銘文が読まれた。
「いとも善き、いとも大いなる神に、
いと名高き、いと勇敢なるブルゴーニュ公の軍が、
モラを攻め、スイス人に敗れし、
ここにこの記念物を残した」
「三世紀以上の間、この納骨堂は存続した……。一七九八年、フランス軍がスイス人をくだすためにモラを通過した際、この〈ブルゴーニュ人の納骨堂〉にフランスの栄光に対する侮辱が見てとれると思いこんだ。礼拝堂を破壊し、骨を四散させた。」一四九四年にスイスを横断したジェローム・ミュンツェルは、土地の人々から与えられた情報をもとに、死者の数は二万四千人としている。また、礼拝堂のラテン語銘文も記録している(E・デプレ「ジェローム・ミュンツェルと一四九四年から一四九五年にいたるかれの南仏旅行」「アナール・デュ・ミディ」、一九三七年、五四ページ)。
(11) アントニオ・ダッピアーノは、六月二十九日、ジュネーヴからミラノ公に手紙を書き、次のような言葉で、ル・グラン゠サソネクスのテロ行為を非難している。「これ程のけなげなお人、いとも高名なご夫人を逮捕するなどとは、すべての人々は、この世が造られてこのかた、これほどの不正事、これほどの卑劣事はいまだかつて聞いたことがないと言ったものである」(ジャンジャン゠ラ゠サラ、第二巻、三二六ページ)。

(12) ここで思い出しておきたいのだが、ポルトガルのアルフォンソ五世が仲介にのり出したことがある。当時、かれがカスティーリャで争っていたカトリック王フェルディナンドとイサベールに対抗するため、フランス王の援助を得ようとして諸方での和解をさせられないかと思ったのである。この奇妙なエピソードについては、小著『スペインの統一』一二七ページ以下参照。

(13) この問題は、ベネデット・クローチェによって研究された(『十四世紀のイタリア人傭兵隊長カンポバッソ伯コーラ・ディ・モンフォルテとコミーヌの歴史的信憑性』パリ、一九三四年)。また、わたしの書評「カンポバッソとコミーヌ」(「アナール・ド・ブルゴーニュ」一九三五年)参照。B・クローチェは、この数日前にカンポバッソがシャルル・ル・テメレールと論争をして、鉄の(よろいの)籠手《こて》でなぐられたことがあり、その結果、腹いせに傭兵隊長が消えてしまったのだと証明してみせた。しかし、B・クローチェがこの際にコミーヌに対して、信用がおけないとの非難をさし向けた点について、わたしは、わたしなりに洗ってみた。それにナンシーの脱走兵を完全に潔白だったとすることはできない。ひとりの隊長たる者が、戦火のさなかに敵方へ身を投じ、このきわめて重大なときに寝返りをうったというやり方と、コミーヌがルイ十一世に雇われるためにル・テメレールのもとを去ったこととは、B・クローチェがいくら言おうと同一視はできない。ものも言わず籠手でなぐられたという事実に関してなら、ナンシーの行為は反射的な行為であったという言いわけも可能である。裏切りであることにはかわりはないにしても。情状酌量はできよう。正当防衛だったといってもよいが、それにしても暴力がふるわれたことにかわりはない。さらに、カンポバッソがさいごまで仕えていたとしても、ナンシーの戦いをブルゴーニュ側の大敗に終らせずにすませたとはとても考えられないのである。それにしても、やはり、かれの変心は、大公側の破局の大きい原因になったのである。かれがこういう罰を受けるにあたいしたのか否かは別として、籠手による殴打で、ともかくも、おそろしいつぐないを要求されることとなった。

(14) モリネ、前掲書、第一巻、二二九ページ。「余、ひとりで戦わねばならぬとも、戦ってみせるぞ。」実際のところ、教皇の裁定をたのんで、名誉を救い、破局を避けることもできたのだった(トゥティ、前掲書、三七四ページ)。ナンシーの戦いを深く掘り下げたものとして、プフィステルの研究がある(『ナンシー史』第一巻、四七六ページ)。さいごの大公の遺骸——かれの三どめの妻マーガレット・オブ・ヨークのそれをも含めて——については、いくつかの問題が伏在し、疑問点も残っている。フィリップ・ル・ボンの墓のあるブリュージュにあるのだろうか。アンリ・ドルーオ(「マーガレット・オブ・ヨークとシャルル・ル・テメレールの遺骸」「アナール・ド・ブルゴーニュ」一九三七年、二五九ページ)は、この興味ある問題について中心点をついてみせた。また、ジョン・バーティヤー『シャルル・ル・テメレール』二七〇ページ参照。

(15) J・カルメット「ブルゴーニュ宮廷におけるスペイン使節」「スペイン・ニュース」一九〇五年一月号。ルイ十一世治下のブルゴーニュでの出来事については、アンドレ・ルゲの興味ある研究(「ディジョンとルイ十一世」「アナール・ド・ブルゴーニュ」一九四五—四七年)参照。

(16) 封土である公領委譲に賛成か反対かの議論が、ジャン・フォッスマーニュ(「王国フランスとの関係におけるブルゴーニュ公領(一三六三—一四七七)」法学論文、リヨン、一九三七年)により提示されている。そこから引き出された結論では、なにしろ論議を呼ぶ問題であるだけに、政策次第であらゆる立場が可能であり、解決は、外交もしくは戦争によるほか出てこないとしている。だからなおさらブルゴーニュ国を作っていた集合体の他の構成分子の運命が交渉によるか、武力解決によるかを決めさせるもととなったのである。事実上、ブルゴーニュの継承問題は、初期の近代国家の前に提起された、最初の大きいヨーロッパ問題だったのである。それは、フランスとオーストリア王家の対立の源泉の一つ、おそらくその重要な原因であった。この問題の提示については、小著『ヨーロッパとドイツの危機』パリ、オービエ社、一九四七年、「歴史の大きい危機」を参照。

(17) マコネの運命と、マコネの公国との近さ、遠さを作り出しているものについては、ジャン・ルッソの論文(「マコネとブルゴーニュ」「アナール・ド・ブルゴーニュ」一九四六年)の参照が有益。

(18) ジュアールは、「ブルゴーニュ議長」であった。この呼び方が何を意味するかについては、本書四八九ページを参照。

(19) 一四九二年、ブルゴーニュでくりひろげられたネーデルラントの陰謀については、A・ヴォワザンが見つけ出し、部分的に出版しためずらしい文献が関連のものである(「フランス人か、ブルゴーニュ人か」「アナール・ド・ブルゴーニュ」一九四一年、三八―三九ページ)。この時期のネーデルラントの危機については、ジョルジュ・H・デュモン『マリー・ド・ブルゴーニュ』ブリュッセル、一九四五年、参照。

(20) アンリ・オーゼル「マドリッド条約とカール五世へのブルゴーニュ譲渡」「ルヴュ・ブルギニヨンヌ」第二十二巻、ディジョン、一九一二年。同業者は、この事件を『近代の始め』(「民族と文明」第八巻、パリ、アルカン社、三八七ページ)で、次のように要約している。「マドリッドで、フランソワは、要求されるままにすべてを承認する署名をした。(一五二六年一月十三日)。「皇帝の意向と好みのままに」、ブルゴーニュを約束した……。やっとバイヨンヌまで帰ってきたとき(三月十七日)、はやくも、この法外な条約が無効であることがわかってきた……。三月二十二日、コニャックで諸侯は……教皇およびヴェネツィアを中心として、同盟を結成した。名目は、世界平和のため……事由は、子どもたちまでが身代りの人質に取られた、陰惨な城中で無理強いされた義務からフランソワを解放するためだった……。外交上の情宣活動に加え、今日の言い方なら、〈超党派的キャンペーン〉と呼べる活動がその仕上げをした。実際には、ブルゴーニュにおいて、〈ブルゴーニュ〉党の頑強な抵抗があったのだが、ルイ十一世以来、公国は、〈二つのブルゴーニュ〉の中立の協定で保護されていた上、フランスの統治下に服することが明白にされてきていたのである……。すべてが終ったあと、六月四日には、ブルゴーニュ諸国から、八日、オソンヌ伯から、「フランス王への服従下にとどまり、如上の皇帝には、従いたくない」とする臣下までを譲渡することを王に禁止する旨の宣言を得るのは、むつかしくなかった。」わたしたちは、ここで結論したい。たといこの宣言が押しつけられたものであったにせよ、当該地域の人々の感情がこれにあい応じなかったならば、強制したところで無意味に終ったはずであり、これこそは「自分自身のことを自由に決めうる人民の権利」のあらわれであるとみたい。

結　論

（1）この点については、J・ホイジンガ（『中世』一九三〇―三一年、一七〇ページ以下に、いくつも鋭い考察が見られる。しかし、わたしはあくまでも、弁護人――ブルゴーニュ人ガストン・ループネル（『歴史と運命』パリ、一九四三年）が作り出した、人目を引くが見てくれだけの主張にはくみしない者である。この著作は、なかなか魅惑的な読み物で、中には的確な指摘もわんさと溢れているが、その中心思想――すなわち、「かつて存在したすべては、存在しないわけにいかなかったのだ」――は途方にくれさせる先験性《ア・プリオリ》から流れ出ていて、歴史分析の帰納的《ア・ポステリオリ》な教えとは、どうあってもうまく順応しないように思う。

（2）J・ホイジンガ（『中世』一九三〇―三一年、五ページ、注1に引用された研究ノート）は、この二元的態度を非常に明快に分析してみせた。

訳者あとがき

本書は、ジョゼフ・カルメット著『ブルゴーニュ公国の大公たち』（Joseph Calmette, *Les Grands Duc de Bourgogne*, Albin Michel, 1949）の全訳である。

ジョゼフ・カルメットは、一八七三年ペルピニアンで生まれ、一九五二年トゥルーズで亡くなった。中世史の権威で、トゥルーズ大学などの教壇に立った。著作の数はおびただしく、変化に富んでいるが、おおむねフランス中世末、ブルゴーニュ関係のものが多い。代表作は、『封建世界』（一九三五）、『シャルルマーニュ、その生涯と事業』（一九四五）など。ほかには、シャルル五世、ルイ十一世、ジャンヌ・ダルク、スペイン史、ヨーロッパの国際関係を扱ったものなどが目だつ。クセジュ文庫に入った『ジャンヌ・ダルク』（岩波書店、一九五一）と『シャルルマーニュ』（白水社、一九五五）には、古く川俣晃自氏による翻訳があり、筆者自身の手にしたものでは、アンリ・ダヴィドとの共著『ヴェズレーの華やかなりし日々』（一九五一）が感銘深かった。

フランスの中世末の一時期、そこだけが光り輝いているように見えるブルゴーニュ公国の歴史については、最近ことに人々の関心が強くなってきているように思える。おそらくは、ヴェズレーやクリュニー、さらにフォトネーといった「世界遺産」級の古い歴史的記念建造物を多く擁しているブルゴーニュという土地の放つ「文化」的香りの高さがまずは人々を引きつけるもとになっているのに違いない。いうまでもなく、恵まれた地理的環境に加え、世評に高い「ブルゴーニュ（バーガンディ）ワイン」の産地であり、屈指のグルメの王国であることも、フランスのどの地方にましてここを魅力的としている原動力であって、「文化」の厚みは、こういう「豊かさ」の上におのずと築かれてきたものであった。古代や中世からそうであった。当然、ヴァロワ朝ブルゴーニュ大公四代の時代は、こういう自然的・歴史的要素の土台の上に、たまたま舞台に登場する好機を得た大公たちの非凡な器量、能力、術策が時の政治的事件の錯綜の中で着々成果をあげ、――幾度かは手痛い失策もおかしながら、フランス王国の一封臣であり、一地方の領主でありながら、この範囲を越え、汎ヨーロッパ的にスケールの大きい、架空の一「帝国」を生み出しかねまじい限度にまで自領の威信を高め得た奇跡的なエポックだったといえる。後の時代、大革命のまさしく愚かな破壊活動のために大半の遺産は失われてしまったものの、約一世紀間のブルゴーニュ大公の君臨下に作り出された文化的産物の輝きは、今残されているわずかなものからだけでも充分にうかがえる。大公たちがそれぞれに、単なる政治的野心家であるにとどまらず、いずれもが文芸保護者（メセナ）として芸術や文学に深い理解を示し、惜しみなく金品をそそぎ、奨励や援助につとめたことも、公国ブルゴーニュに光りを添えるにいたった何よりの原因であった。政治や軍事の上のあつれきがどの時代よりも激烈であったあのとき、ここまで文化の華が栄えた事実も、わたしたちの驚きである。わたしたちはここから、国というもののありようやかたちを、国を動かす政治家の識見や哲学の大事さを学びとることになるのである。

これほどに大きい存在であったブルゴーニュ公国でありながら、今まで、その成立の由来や歩みや、実態の全貌を知ろうとしても、なかなか適切な参考書が見当らなかった。せいぜい、ジャンヌ・ダルク関係の数多い著作の中から背景となってあらわれてくるブルゴーニュ派とアルマニャック派の闘争をひろい読みしたり、今も基本的な一級資料として推薦されるに足るホイジンガの名著『中世の秋』にいくつもの魅惑にみち、特徴的な時代の徴表の展覧を嘆賞して満足しておくよりほかになかった。最近では、J＝Ph・ルカの『金羊毛騎士団の時代』(一九八九)はじめ、ハンディな一般史書もぼつぼつ公刊されてきたようだし、ブロックマン、ボーン、コーシ、シュネルブなどアカデミックな研究者も輩出しており、いざという場合フランス人なら(本書の中でも紹介されている)P・ド・バラントの浩瀚な大著に頼るという手もある。しかし、日本では、いまだにやっとつい先頃書きおろされた堀越孝一氏の講談社現代新書版(『ブルゴーニュ家』)以外に、公国の歴史の全体を俯瞰しうるような書物は入手しようがなかった。本書が、せめてもまず、この『中世の秋』の時代背景をさぐろうとし、何より「文化国家」であり、「人間の風土」であったブルゴーニュを築いた「偉人たち」の風貌をありのままに知りたいとねがう人々の欲求にこたえることができたらというのが、カルメットの翻訳に踏み切ったわたしたちの思いである。

著者J・カルメットは、何よりまず、伝統のフランス史学の方法の継承者であり、あわせて、フランスでは、大学の研究者たちと並んで一般の読者層に広く迎えられている、いわゆる啓蒙の歴史家たち、A・カストロやG・ボルドノーヴのような人々の語り方をも幾分身につけている作家だといえよう。政治上の諸事件を編年史的に追って記述する伝統史学は、現在、人間諸科学の成果を取りこんで、民衆の心性史にまで踏み込もうとし、社会学的ドキュメントを編もうとする「新しい歴史学」からともすると批判にさらされがちであるが、歴史を誘導する象徴的な存在となった人物たち、世に「英雄」や「偉人」としてしばしば偶像視され、典型化されてきた人物たちの、より個性的な彫り上げの面がないがしろにされてきて、文学としての歴史のおもしろさがここでも薄められてきたことは否めない。カルメットの本書は、公刊当時、ホイジンガの『中世の秋』に匹敵する、濃い内容と緻密で精確な構造を持った好著として迎えられたものであるが、一読していただければわかる通りに、その時点までの関連の専門論文・著作のすべてが厳密な考証を経て参照されており、その上に著者の確かな史眼と批判的知性に裏打ちされた手堅い叙述が織り出されて行く。随所で、わたしたちは、著者その人の息づかいにもひとしいような、作家の感情のひそかな流露に出あうのであり、祖国フランスに愛着を寄せる土着の歴史家の好もしい共感のうずきをすら感じとるのである。一九四九年、本書出版の年は、第二次大戦終了の時からいまだ、十年とは経過していないことにも注目しておこう。ブルゴーニュ大公個々人の事績を語りながらときに、(たとえば、ジャン・サン・プールの「地獄の密約」について述べる際などに)ふとわれ知らずもれてくる、作家の「義憤」の口調などに、一国の歴史を書く者に求められる真実の愛国者の心情が当方にもひびいてくる。加えて、全体を通じてこの語り口のわかりやすさはどうだろう。つねに読者に親しみやすい新鮮な歴史データを提供し、エピソードで色付けし、具体的な場面をうつし出すことで、興味深い臨場感を添えしめて行こうとするこの巧みな進め方こそは、一時代前のフランスの大学の講壇上でかなり一般的だった、よい意味で学生大衆の受けをねらう、各教授の名講義のおもむきを活かしたものといっていいだろう。今年ブルゴーニュを旅して判ったことだが、カルメットの本書の新しい復刻版も出ていて、町の本屋に山積みになっており、現在あらためて読者の関心をひきつけているらしい印象を受けた。

三年前、たまたまボーヌ施療院をめぐって小さな一書(『ボーヌで死ぬということ』みすず書房、一九九六)をあらわしたのが機縁になって、本来自分の専門でもなかったブルゴーニュ史にのめりこむようになってしまったわたしだが、国書刊行会の礒崎純一さんから、これも偶然、カルメットのこの本について翻訳の可能性について相談を受け、まるで待ち受けていたかのようにすぐ、自分がその仕事を担当させてもらう申し出をしてしまった。労苦は少くなかったが、楽しい仕事だったと感謝している。ただ、門外漢の手すさびであるため、特殊事項については、思いもかけぬ誤りをおかしているのではないかとおそれている。大方のご叱正を乞いたい。

ブルゴーニュ公国は、現在のフランス、ベルギー、オランダ（の一部）、ルクセンブルクなどにまで広がった、広大な版図を有していた。当然、このような地域を対象とする歴史であるからには、いまだに公式の呼び名が一般に確立していない日本の現状の中で、頻出してくる人名、地名をどういう基準に立って表記してよいのかは、わたしたちがもっとも苦慮したところだった。原書がフランス語版であり、狭い意味のブルゴーニュが今もフランス領であるという前提に立って、一応、フランス語読みを原則としたが、一部、現在オランダ語、フラマン語の通用圏内では、原地主義をとったところもあり、人名も、あきらかにドイツ語圏出身の人物については、ドイツ語読みをとった。ガン（ヘント、ゲーント）、ブリュージュ（ブルッヘ）、エノー（ヘネゴウエン）、ブラバン（ブラバント）また、アントワープ（アントウェルペン、アンヴェール）など、異論のあるところであろう。いずれにせよ、不統一のそしりはまぬがれられないと観念している。

翻訳に際し、ブルゴーニュ史に関する専門事項については近藤壽良氏、引用されている文献のラテン語の読み方については尾崎秀夫氏に、それぞれご教示にあずかった。記して感謝の意を表しておきたい。また、スペイン語文の読み方については、娘加恵が手を貸してくれた。

最後になってしまったが、礒崎さん初め、国書刊行会編集部のみなさんには、細部にいたるまで、厚いご配慮と有益なご指摘の数々にあずかった。心から御礼を申し上げたい。

一九九九年十一月

田辺　保

解説

池上俊一

中世末のブルゴーニュ公国では、古代末期に起源するブルゴーニュ地方（公領）の南部ブロックと都市化・商業化の進んだネーデルラントの北部ブロック、これら二つの性格の異なる地域の特性を活かしながら、歴史が展開していった。そしてこのブルゴーニュ公国を率いる代々（四代）の公たちにとっての至上命題は、当初バラバラだった諸地域の集権的な統一支配を実現することであった。そのためにフランスおよび神聖ローマ帝国の宗主権を否定して至上権を手に入れ、「国家」として自律する目標が掲げられたのである。

忘れてはならないのは、こうした公領の一種の国家化が、まさに英仏「百年戦争」の渦中で行われたことであり、さらにそれはフランス筆頭諸侯のブルゴーニュ公の心にのみ兆した願いではなく、フランスの諸侯たちの胸に等しく昇ってきた願望だったことである。すなわち、フランス王の王位相続権にイギリス王が異議を挟んで始まった百年戦争において、初期の度重なる敗戦および賢王シャルル五世の死やシャルル六世の狂気などのためにフランス王の権威が弱体化する中、諸侯とくに国王親族が、王国を真似た独自の行政・裁判・財務などの機構、軍事組織、およびそれらの役職者、さらには徴税方法などを構築しようとしたのである。

この時代には、前代の封建的な絆や制度が形式的・儀礼的には残っていても、その現実の姿は十二・十三世紀とは様変わりしていた。ブルゴーニュ公をはじめとするフランス諸侯は、国家制度と封建的性質の制度を重ね合わせ、徐々に後者を前者に変容させた。そして十四世紀になると公の評議会は十二世紀のように宮廷と混同されることはなく、国王評議会に比肩するものになっていくのである。

ただしフランス諸侯領の国家化の野望は、それとは矛盾する潮流、すなわちおなじく百年戦争の過程――とくにシャルル七世統治の後半――で、戦況の好転とともにフランス自身の「国民国家化」のより強力な動きが本格化したせいで、潰えてしまったのではあるが。

いずれにせよ、こうした公領の国家化という政治的な目標に向かいつつ、ヨーロッパ世界に輝く文化を達成したのがブルゴーニュ公国であった。だが振り返ってみれば、これはごく短期間、ヴァロワ朝ブルゴーニュ公国のたった四人の公たちの治世下の出来事であった。具体的には、初代のフィリップ・ル・アルディ（豪胆公、在位一三六三〜一四〇四年）から二代目ジャン・サン・プール（無怖公、在位一四〇四〜一九年）、三代目フィリップ・ル・ボン（善良公、在位一四一九〜六七年）を経て、最後の四代目のシャルル・テメレール（突進公、在位一四六七〜七七年）まで、百年ちょっとである。そして良くも悪くも個性的で、困難な状況に対処しようと先頭切って家臣らを率いた公がいなければ、捗らなかったはずで、その意味で彼らの事績の探求はとても重要な仕事になろう。

本書、ジョゼフ・カルメット著の『ブルゴーニュ公国の大公たち』は、そうした課題に真正面から立ち向かった名著であり、この中世の並み居る君主らの中でもとびきり豪華メンバーたる四人の公それぞれの生涯と事績を、史料を博捜しながら蘇らせている。詳細さという点では、バラントの大作（Prosper Brugière de Barante, *Histoire des ducs de Bourgogne de la Maison de Valois, 1364-1477*, 13 vols., Paris, 1826）に後れを取るとはいえ、バラントのものは史料批判のゆるい歴史物語風の作品であるし、一冊にまとめられた信頼のおける「通史」は今なお本書が唯一であろう。

シャルティスト（古文書学校出身者）であるカルメットは、厳密な史料批判・考証を行い、信憑性の乏しい史料の情報には史実性を認めるのを拒んでいる。そのためそれ以前の歴史家・作家の同種の作品に比べて格段に科学的になっている。しかも四人の公たちの行状を無批判に称えず、彼らの残忍さ、愚行、デマゴギー、フランスへの裏切り行為への批判を繰り広げている。むしろカルメットのフランス愛国主義、イギリス嫌いのほうが目立って気になるくらいである。

本書はそれでも、たしかに「事件史」の典型ではある。そもそも一九六〇年代以来のヨーロッパ歴史学において非難を浴びてきた事件史というのは、政治史・外交史や為政者の事績を紡ぐ物語形式の歴史ジャンルであり、その出来事の背後にある一般民衆、庶民の形成した社会、そこでの彼ら／彼女らの生き様や心性には概して無関心で、歴史の表層しか見ていないものだった。たしかに本書の記述の過半は、王侯の政治的術策、派閥争い、英仏戦争、内戦、都市騒乱、民衆蜂起などまさに「事件史」そのもので、その点は認めざるをえない。

では、本書の根幹をなす事件史部分が、いかに構成されているかを見てみよう。人物伝記を歴史の精髄とするカルメットゆえ、本書はこれら四代の公たちの伝記的記述が基本になっている。まず最初、フランク王国時代そしてカペー朝のブルゴーニュ公と公領について、独自の性格が伝統的に染み込んでいたことを確認した後、著者は公らの事績とそれぞれの時代の政治的・外交的な情勢について本格的に論じていく。

そこでは流麗な筆で四代の公の言行を描き出すのみか、人物の外貌から内面まで、まるで目の前にいる親しい知人について語っているかのように生き生きとイメージを浮かび上がらせており、その情景描写・心理描写は秀逸である。戦争や外交といった大掛かりな公的場面ではもちろんだが、家系の利益をあくまで追求する（自身や子女の）結婚の取り決めやその取消、土地支配をめぐる駆け引きなどにおける公たちの巧みな、あるいは悪どい立ち回りや、情熱の炎に照らされながらも複雑な計算を働かせる様の描写には、興味が尽きない。まさに古文書学者の厳密さと心理学者の洞察力の見事な調合がここにはある。

だが本書の根幹が「事件史」だとしても、それは人物列伝にはとどまらない。カルメットは「予測し得ぬ要因」が主張の正当性よりまさることもある、という歴史の機微にも通じていて、混乱の渦中で事態が一定方向へと動いていくことを、読者が納得できるように物語っている。しかも彼は、王侯やその周りの宮廷人たちの動向だけでなく、公の支配下のネーデルラント諸都市、あるいはパリの市民や手工業者、大学や知識人階級の公の政策や改革に対する受け止めなどにも目を配っている。

さらに本書全体が、まるごと「事件史」に終始しているわけではけっしてなく、後半にはそれを補完する「文化史」が付せられていることを見落としては公平を欠くであろう。その後半部分（第9章：歴史家と作家たち、第10章：芸術、第11章：宮廷生活）では、庇護者としての公の周囲で、画家、建築家、彫刻家、文学者、歴史家らがきらびやかな環境を作り上げたことについて、短めながらまとめられているのである。

すなわちこれら「文化史」部分では、まず最初、宮廷の庇護のもとに豊かに花開いた年代記や回想録、文学作品の作者たちの経歴を調べ、その業績の評価がなされている。誠実だが凡庸な精神の持ち主アンゲラン・ド・モンストルレとその『年代記』、歴史の尊厳と使命について高い見識を持っていたジョルジュ・シャストランとその『年代記』、宮廷で栄誉ある地位を占めていたオリヴィエ・ド・ラ・マルシュとその素朴な『回想録』についてのやや詳しい紹介の後、歴史に倣って十五世紀にブルゴーニュ公の周りで流行したさまざまな文学ジャンル（叙事詩、聖人伝、教訓文学、演劇作品、抒情詩など）が通覧され、公らがいかに文化に関心を持ち作者たちを厚遇したかが語られていく。

歴史・文学作品だけではない。公たちの支配下では、すばらしい彫刻や絵画芸術が百花繚乱の様で制作され、ならびに豪華な舞台装置、眩しいほどの祝祭、見栄えと驚きの演出でなされる騎馬槍試合、宴席とその凝りに凝った大量の料理、はてしなくつづく出し物（アントルメ）などで、ブルゴーニュ宮廷が他のいかなる宮廷をも凌駕して輝いていたことが、具体的に例示されている。

とりわけブルゴーニュ工房の栄光を築いた偉大な彫刻家クラウス・スリューテルについての記述が印象的だ。スリューテルは多くの批評家が言うような単純なリアリストではなく、多様な要素を総合し、モデルの物質的特性とともにその精神的本質をも映し出す、思想の産物としての芸術作品をものしたとカルメットは考える。そして彼を「ミケランジェロに匹敵する」人としてきわめて高く評価しており、しかもその議論は説得的である。

そこで思い出すのは、カルメットは歴史家であると同時に美術史家でもあった事実である。一九〇〇年にエコール・デ・シャルト（国立古文書学校）を卒業した彼は、一九一一年十二月にトゥールーズ大学文学部の中世史および南仏史講座ポストに移る前には、一九〇五年一月からディジョン大学（一九〇三～〇五年にはモンペリエ大学）に勤めており、ブルゴーニュ史に加えてブルゴーニュ美術を講じていたのである。

かくして本書は、事件史と文化史の二曲屏風で構成されているのだが、前半でその猛烈な気性の公たちが遂行するフランスの支配権獲得のための熾烈な兄弟・親族争いや領地拡大の画策と実行など、政治と軍事が長々と説かれて来たあとで壮麗な「文化」後援が紹介され、そのコントラストには唖然とする。これは同一人物、おなじ公たちがなしたことなのだろうか？　フランス王やオルレアン家あるいはスイス人との戦争に明け暮れ、ネーデルラントの伯領の相続争いに介入し、ブリュージュを皮切りにガン、ユトレヒト、ディナン、リエージュの都市反乱を無慈悲に弾圧し、収入の半ば以上を軍事につぎ込むその公が、他方で芸術を愛し、見事な彫刻や絵画作品を発注するのに金を惜しむことなく、図書室の棚を書物で埋め尽くし、典礼にもみまがう荘厳さで整えられた食事をする。これらがおなじ人物の行いとは、にわかには信じがたい。

「はげしい生活の基調」「美しい生活を求める願い」とホイジンガは『中世の秋』で言ったが、まさにその通りで、どの公も、明日という日がどうなろうとかまわない、美しいものへの情熱ゆえに文芸を保護して、王冠を専有する者（フランス国王や神聖ローマ帝国皇帝）以上に美麗な美術作品を集め、華やかな祝祭・宴会・騎馬槍試合を開催し、王者としての尊厳・華美を追求する傍ら、制度改革や反乱鎮圧、領土拡大という政治家としての義務をも追い求めた。それらは両者ともカルメットが第11章の冒頭で言う「一種の政治的誇大妄想癖」で、実現しないことを運命づけられている夢幻劇だったのだろう。

私には、カルメットの透徹した史眼が光るのは、本書末尾の三章で、そこには全体の構は、個々の人間の意志の力・行為と入れ子のように組み合っていることを、人物図を見る眼差しがあると思える（第12章：ブルゴーニュという国家、第13章：シャルル・ル・テメレール——幾多の過誤、第14章：ひとつの治世、ひとつの王朝の終り）。数世代かかってネーデルラントから両ブルゴーニュまで、人々に畏怖の念を与えるほど数しれない諸領地を併合して一大権力・支配領域を実現し、汎ヨーロッパ的政治を行った国際性際立つ公たち。残るのは、裁判所や議会、会計院などを「国家」に適した形の制度・組織に整えて、王冠を得ることだけだった。あと一息で、いかなる既成勢力の範囲からも脱した広大なる国家、フランスと神聖ローマ帝国にまたがった版図を持つ偉大な国家の夢が実現しそうだったのだ。ところがシャルル・ル・テメレールが時代の趨勢を読みきれず、判断力を失い、やることなすことズレてしまい、運命の女神に見放されてナンシーの戦いでロレーヌ兵、スイス兵に大敗し、公自身、死体となってサン＝ジャン沼の泥の中に転がった時、ブルゴーニュ公国はもろくも消滅してしまったのである。そして「世界の蜘蛛」と呼ばれた狡知に長けたフランス王ルイ十一世の手によりヨーロッパ国際秩序とフランス国内秩序の再編成が、フランス王国の利になるような構図へと回収されていく。

封建時代の原理が退場して、新たな歴史段階の国民国家、絶対王政への道が開けていくのだが、それが諸侯領が独立することによってではなく消滅することによって成し遂げられたという冷厳なる事実の裏には、歴史の見えざる手が働いていたようにも見える。しかしながらそれは、個々人の意志の力・行為と入れ子のように組み合っていることを、人物の性格を見抜いて激動の歴史の中におけるその行動を描写していくカルメットの筆は私たちに教えてくれている。

ちなみに、近年のブルゴーニュ公国史に関しては、国際的研究組織による宮廷と公国双方をめぐる研究が花盛りであり、研究の方向もカルメットの時代とはずいぶん変わってきた。公国による諸領邦の統合・集権化やそれを可能にするための宮廷の統治組織や司法・財政制度の整備、租税形態の見直しなどには、それまでも関心が寄せられていたが、統計処理の可能な史料を駆使して今一度詳細な事実を明らかにしようという研究が次々登場してきている。

また公国の中心を成す都市、とりわけ国際商業と毛織物業で富を蓄えたネーデルラント諸都市（リール、ブリュージュ、ガン、ブリュッセル）と公との関係を巡る研究にも一九八〇年代から注目が集まっている。すなわち、公の即位や都市との和解、あるいは公家の結婚式に際して、入市式のほか騎士や射手ギルドによるトーナメントや修辞家集団主催の詩作コンテスト、金羊毛騎士団総会、宗教行列などの公的儀礼が挙行されるが、それらの儀礼により、君主と都市との間でシンボリックな対話がなされる点が注視されているのである。公（君主）側は支配の正統性を主張し都市内の商業・手工業の諸勢力を配下に統合しようとするが、都市側は、自らの権利・自由の擁護と拡大を念じる。儀礼ではそうした駆け引きをしながら対立を収めて互いに宥和し、あるべき主従関係を正式に決定・受け入れることが目指されたのである。

ほかに、公の宮内府ないしは家政に関する大量の史料群が発見されたため、プロソポグラフィー（集団的人物誌）の方法を使って、金羊毛騎士団員たち、あるいは統治組織に加わった貴族や市民階級出身の役人たちの経歴や人的紐帯の形成などを解明する研究が盛んに行われている。またブルゴーニュ公家とポルトガル王家との関係をはじめ、他国の宮廷との政治的・文化的な関係、ブルゴーニュ公の婚姻政策、さらには海上ルートを利用した対外関係史なども人気のテーマとなっている。

そうした研究がもたらす知見をもって今一度四人の公たちの行跡を見直すと、また新たな人物像が浮かび上がってくるのかもしれないが、カルメットの本書は、来るべき新解釈を打ち立てるための基礎的なベースとして、まだまだ役立つだろう。

（いけがみ・しゅんいち　東京大学名誉教授　西洋中世史）

本書は、二〇〇〇年五月二十三日、国書刊行会より刊行された。

文庫化にあたっては、明らかな誤りは適宜訂正し、図版は一部差し替えた。またルビを増やした。

ムッソリーニ　ロマノ・ヴルピッタ

統一国家となって以来、イタリア人が経験した激動の歴史。その象徴ともいうべき指導者の実像とは。既成のイメージを刷新する画期的ムッソリーニ伝。

資本主義と奴隷制　エリック・ウィリアムズ　中山毅訳

産業革命は勤勉と禁欲と合理主義の精神などではなく、黒人奴隷の血と汗がもたらしたことを告発した歴史的名著。待望の文庫化。（川北稔）

文天祥　梅原郁

モンゴル軍の入寇に対し敢然と挙兵した文天祥。宋王朝に忠義を捧げ、刑場に果てた生涯を、宋代史研究の泰斗が厚い実証とともに活写する。（小島毅）

歴史学の擁護　リチャード・J・エヴァンズ　今関恒夫／林以知郎／與田純訳

ポストモダニズムにより歴史学はその基盤を揺るがされた。学問を擁護すべく著者は問題を再考し、論議を投げかける。原著新版の長いあとがきも訳出。

増補 中国「反日」の源流　岡本隆司

「愛国」が「反日」と結びつく中国。この心情は何に由来するのか。近代史の大家が20世紀の日中関係を解き、中国の論理を描き切る。（五百旗頭薫）

世界システム論講義　川北稔

近代の世界史を有機的な展開過程として捉える見方、それが〈世界システム論〉にほかならない。第一人者が豊富なトピックとともにこの理論を解説する。

インド文化入門　辛島昇

異なる宗教・言語・文化が多様なまま統一された稀有な国インド。なぜ多様性は排除されなかったのか。共存の思想をインドの歴史に学ぶ。（竹中千春）

中国の歴史　岸本美緒

中国とは何か。独特の道筋をたどった中国社会の変遷を、東アジアとの関係に留意して解説。初期王朝から現代に至る通史を簡明かつダイナミックに描く。

大都会の誕生　喜安朗　川北稔

都市型の生活様式は、歴史的にどのように形成されてきたのか。この魅力的な問いに、碩学がふたつの都市の豊富な事例をふまえて重層的に描写する。

ユダヤ人の起源
シュロモー・サンド
高橋武智監訳
佐々木康之／木村高子訳
〈ユダヤ人〉はいかなる経緯をもって成立したのか。歴史記述の精緻な検証によって実像に迫り、そのアイデンティティを根本から問う画期的試論。

中国史談集
澤田瑞穂
皇帝、彫青、男色、刑罰、宗教結社など中国裏面史を彩った人物や事件を中国文学の碩学が独自の視点で解き明かす。怪力乱「神」をあえて語る！（堀誠）

ヨーロッパとイスラーム世界
R・W・サザン
鈴木利章訳
〈無知〉から〈洞察〉へ。キリスト教文明とイスラーム文明との関係を西洋中世にまで遡って考察し、読者に歴史的見通しを与える名講義。（山本芳久）

消費社会の誕生
ジョオン・サースク
三好洋子訳
グローバル経済は近世イギリスの新規起業が生み出した！　産業が多様化し雇用と消費が拡大する産業革命前夜を活写した名著を文庫化。（山本浩司）

図説　探検地図の歴史
R・A・スケルトン
増田義郎／信岡奈生訳
世界はいかに〈発見〉されていったか。人類の知が全地球を覆っていく地理的発見の歴史を、時代ごとの地図に沿って描き出す。貴重図版二〇〇点以上。

レストランの誕生
レベッカ・L・スパング
小林正巳訳
革命期、突如パリに現れたレストラン。なぜ生まれ、なぜ人気のスポットとなったのか？　その秘密を膨大な史料から複合的に描き出す。（関口涼子）

ブラッドランド（上）
ティモシー・スナイダー
布施由紀子訳
ウクライナ、ポーランド、ベラルーシ、バルト三国。西側諸国とロシアに挟まれた地で起こった未曾有の惨劇。知られざる歴史を暴く世界的ベストセラー。

ブラッドランド（下）
ティモシー・スナイダー
布施由紀子訳
民間人死者一四〇〇万。その事実は冷戦下で隠蔽され、さらなる悲劇をもたらした――。圧倒的讃辞を集めた大著、新版あとがきを付して待望の文庫化。

同時代史
タキトゥス
國原吉之助訳
古代ローマの暴帝ネロ自殺のあと内乱が勃発。絡みあう人間ドラマ、陰謀、凄まじい政争を、臨場感あふれる鮮やかな描写で展開した大古典。（本村凌二）

明の太祖　朱元璋　檀上寛

貧農から皇帝に上り詰め、巨大な専制国家の樹立に成功した朱元璋。十四世紀の中国の社会状況を読み解きながら、元璋を皇帝に導いたカギを探る。

ハプスブルク帝国 1809–1918　A・J・P・テイラー　倉田稔訳

ヨーロッパ最大の覇権を握るハプスブルク帝国。その19世紀初頭から解体までを追う。多民族を抱えつつ外交問題に苦悩した巨大国家の足跡。（大津留厚）

歴史（上）　トゥキュディデス　小西晴雄訳

野望、虚栄、裏切り——古代ギリシアを殺戮の嵐に陥れたペロポネソス戦争とは何だったのか。その全貌を克明に記した、人類最古の本格的「歴史書」。

歴史（下）　トゥキュディデス　小西晴雄訳

多くの「力」のせめぎあいを通して、どのように諸々の政治制度が確立されてきたのか？　透徹した眼差しで激動の古代ギリシア世界を描いた名著。

日本陸軍と中国　戸部良一

中国スペシャリストとして活躍し、日中提携を夢見た男たち。なぜ彼らが、泥沼の戦争へと日本を導くことになったのか。真相を追う。（五百旗頭真）

世界をつくった貿易商人　フランチェスカ・トリヴェッラート　玉木俊明訳

東西インド会社に先立ち新世界に砂糖をもたらし西欧にインドの捺染技術を伝えたディアスポラの民。その商業組織の全貌に迫る。文庫オリジナル。

カニバリズム論　中野美代子

根源的タブーの人肉嗜食や纏足、宦官……。目を背けたくなるものを冷静に論ずることで逆説的に人間の真実に迫る血の滴る異色の人間史。（山田仁史）

インド大反乱一八五七年　長崎暢子

東インド会社の傭兵シパーヒーの蜂起からインド各地へ広がった大反乱。民族独立運動の出発点ともいえるこの反乱は何が支えていたのか。（井坂理穂）

帝国の陰謀　蓮實重彦

一組の義兄弟による陰謀から生まれたフランス第二帝政。「私生児」の義弟が遺した二つのテクストを読解し、近代的現象の本質に迫る。（入江哲朗）

増補 モスクが語るイスラム史　羽田正

モスクの変容――そこには宗教、政治、経済、美術、人々の生活をはじめ、イスラム世界の全歴史が刻み込まれている。その軌跡を色鮮やかに描き出す。

交易の世界史（上）　ウィリアム・バーンスタイン　鬼澤忍訳

絹、スパイス、砂糖……。新奇なもの、希少なものへの欲望が世界を動かし、文明の興亡を左右してきた。数千年にもわたる交易の歴史を一望する試み。

交易の世界史（下）　ウィリアム・バーンスタイン　鬼澤忍訳

交易は人類そのものを映し出す鏡である。圧倒的な繁栄をもたらし、同時に数多の軋轢と衝突を引き起こしてきたその歴史を圧巻のスケールで描き出す。

フランス革命の政治文化　リン・ハント　松浦義弘訳

フランス革命固有の成果は、レトリックやシンボルによる政治言語と文化の創造であった。政治文化とそれを生み出した人々の社会的出自を考察する。

戦争の起源　アーサー・フェリル　鈴木主税／石原正毅訳

人類誕生とともに戦争は始まった。先史時代からアレクサンドロス大王までの壮大なるその歴史をダイナミックに描く。地図・図版多数。（森谷公俊）

近代ヨーロッパ史　福井憲彦

ヨーロッパの近代は、その後の世界を決定づけた。現代をさまざまな面で規定しているヨーロッパ近代の歴史と意味を、平明かつ総合的に考える。

イタリア・ルネサンスの文化（上）　ヤーコプ・ブルクハルト　新井靖一訳

中央集権化がすすみ緻密に構成されていく国家あってこそ、イタリア・ルネサンスは可能となった。ブルクハルト若き日の着想に発した畢生の大著。

イタリア・ルネサンスの文化（下）　ヤーコプ・ブルクハルト　新井靖一訳

緊張の続く国家間情勢の下にあって、類稀な文化と個性的な人物達は生みだされた。近代的な社会に向かう時代の、人間の生活文化様式を描ききる。

増補 普通の人びと　クリストファー・R・ブラウニング　谷喬夫訳

ごく平凡な市民が無抵抗なユダヤ人を並べ立たせ、ひたすら銃殺する――なぜ彼らは八万人もの大虐殺に荷担したのか。その実態と心理に迫る戦慄の書。

叙任権闘争
オーギュスタン・フリシュ　野口洋二訳
十一世紀から十二世紀にかけ、西欧では聖職者の任命をめぐり教俗両権の間に巨大な争いが起きた。この出来事を広い視野から捉えた中世史の基本文献。

ナチズムの美学
ソール・フリードレンダー　田中正人
ナチズムに民衆を魅惑させた、意外なものの正体は何か。ホロコースト史研究の権威が第二次世界大戦後の映画・小説等を分析しつつ迫る。（竹峰義和）

大航海時代
ボイス・ペンローズ　荒尾克己訳
人類がはじめて世界の全体像を識っていく大航海時代。その二百年の膨大な史料を、一般読者むけに俯瞰図としてまとめ上げた決定版通史。（伊高浩昭）

衣服のアルケオロジー
フィリップ・ペロー　大矢タカヤス訳
下着から外套、帽子から靴まで。19世紀ブルジョワジーを中心に、あらゆる衣類が記号として機能してきた実態を、体系的に描くモードの歴史社会学。

20世紀の歴史（上）
エリック・ホブズボーム　大井由紀訳
第一次世界大戦の勃発が20世紀の始まりとなった。この「短い世紀」の諸相を英国を代表する歴史家が渾身の力で描く。全二巻、文庫オリジナル新訳。

20世紀の歴史（下）
エリック・ホブズボーム　大井由紀訳
一九七〇年代を過ぎ、世界に再び危機が訪れる。不確実性がいやますなか、ソ連崩壊が20世紀の終焉を印した。歴史家の考察は我々に何を伝えるのか。

アラブが見た十字軍
アミン・マアルーフ　牟田口義郎／新川雅子訳
十字軍とはアラブにとって何だったのか？　豊富な史料を渉猟し、激動の12、13世紀をあざやかに、しかも手際よくまとめた反十字軍史。

バクトリア王国の興亡
前田耕作
ゾロアスター教が生まれ、のちにヘレニズムが開花したバクトリア。様々な民族・宗教が交わるこの地に栄えた王国の歴史を描く唯一無二の概説書。

ディスコルシ
ニッコロ・マキァヴェッリ　永井三明訳
ローマ帝国はなぜあれほどまでに繁栄しえたのか。その鍵は〝ヴィルトゥ〟。パワー・ポリティクスの教祖が、したたかに歴史を解読する。

戦争の技術
ニッコロ・マキァヴェッリ
服部文彦訳
出版されるや否や各国語に翻訳された最強にして安全な軍隊の作り方。この理念により創設された新生フィレンツェ軍は一五〇九年、ピサを奪回する。

マクニール世界史講義
ウィリアム・H・マクニール
北川知子訳
ベストセラー『世界史』の著者が人類の歴史を読み解くための三つの視点を易しく語る白熱の入門講義。本物の歴史感覚を学べます。文庫オリジナル。

古代ローマ旅行ガイド
フィリップ・マティザック
安原和見訳
タイムスリップして古代ローマを訪れるなら? そんな想定で作られた前代未聞のトラベル・ガイド。必見の名所・娯楽ほか情報満載。カラー頁多数。

古代アテネ旅行ガイド
フィリップ・マティザック
安原和見訳
古代ギリシャに旅行できるなら何を観て何を食べる? そうだソクラテスにも会ってみよう! 神殿等の名所・娯楽ほか現地情報満載。カラー図版多数。

古代ローマ帝国軍非公式マニュアル
フィリップ・マティザック
安原和見訳
帝国は諸君を必要としている! ローマ軍兵士として必要な武器、戦闘訓練、敵の攻略法等々、超実践的な詳細ガイド。血沸き肉躍るカラー図版多数。

世界市場の形成
松井透
世界システム論のウォーラーステイン、グローバルヒストリーのポメランツに先んじて、各世界が接続される過程を描いた歴史的名著を文庫化。(秋田茂)

甘さと権力
シドニー・W・ミンツ
川北稔/和田光弘訳
砂糖は産業革命の原動力となり、その甘さは人々のアイデンティティや社会構造をも変えていった。モノから見る世界史の名著をついに文庫化。(川北稔)

スパイス戦争
ジャイルズ・ミルトン
松浦伶訳
大航海時代のインドネシア、バンダ諸島。欧州では黄金より高価な香辛料ナツメグを巡り、英・蘭の男たちが血みどろの戦いを繰り広げる。(松園伸)

メディアの生成
水越伸
無線コミュニケーションから、ラジオが登場する二〇世紀前半。その地殻変動はいかなるもので何を生みだしたかを捉え直す、メディア史の古典。

オリンピア　村川堅太郎
古代ギリシア世界最大の競技祭とはいかなるものであったのか。遺跡の概要から競技精神の盛衰まで、綿密な考証と卓抜な筆致で迫った名著。（橋場弦）

古代地中海世界の歴史　本村凌二／中村るい
メソポタミア、エジプト、ギリシア、ローマ――古代に花開き、密接な交流や抗争をくり広げた文明を一望に見渡し、歴史の躍動を大きくつかむ！

大衆の国民化　ジョージ・L・モッセ　佐藤卓己／佐藤八寿子訳
ナチズムを国民主義の極致ととらえ、フランス革命以降の国民主義の展開を大衆的儀礼やシンボルから考察した、ファシズム研究の橋頭堡。（板橋拓己）

英霊　ジョージ・L・モッセ　宮武実知子訳
第一次大戦の大量死を人々はいかに超克したか。仲間意識・男らしさの称揚、英霊祭祀等が「戦争体験の神話」を構築する様を緻密に描く。（今井宏昌）

ヴァンデ戦争　森山軍治郎
仏革命政府へのヴァンデ地方の民衆蜂起は、大量殺戮をもって弾圧された。彼らは何を目的に行動したか。凄惨な内戦の実態を克明に描く。（福井憲彦）

増補　十字軍の思想　山内進
欧米社会にいまなお色濃く影を落とす「十字軍」の思想。人々を聖なる戦争へと駆り立てるものとは？その歴史を辿り、キリスト教世界の深層に迫る。

インド洋海域世界の歴史　家島彦一
陸中心の歴史観に異を唱え、海から歴史を見る重要性を訴えた記念碑的名著。世界を一つにつなげた文明の交流の場、インド洋海域世界の歴史を紐解く。

向う岸からの世界史　良知力
「歴史なき民」こそが歴史の担い手であり、革命の主体であった。著者の思想史から社会史への転換点を示す記念碑的作品。（阿部謹也）

イギリス社会史　1580-1680　キース・ライトソン　中野忠／山本浩司訳
変わらないと思われていた社会秩序が崩れていく激動の百年を描き切ったイギリス社会史不朽の名著。近代的格差社会の原点がここにある。

イコノロジー研究（上）
エルヴィン・パノフスキー
浅野徹ほか訳
芸術作品を読み解き、その背後の意味と歴史的意識を探求する図像解釈学。人文諸学に汎用されるこの方法論の出発点となった記念碑的名著。

イコノロジー研究（下）
エルヴィン・パノフスキー
浅野徹ほか訳
上巻の、図像解釈学の基礎論的「序論」と「盲目のクピド」等各論に続き、下巻は新プラトン主義と芸術作品の相関に係る論考に詳細な索引を収録。

〈象徴《シンボル》形式〉としての遠近法
エルヴィン・パノフスキー
木田元監訳
川戸れい子／上村清雄訳
透視図法は視覚とは必ずしも一致しない。それはいわばシンボル的な形式なのだ——。世界表象のシステムから解き明かされる、人間の精神史。

見るということ
ジョン・バージャー
飯沢耕太郎監修
笠原美智子訳
写真の登場で、人間は膨大なイメージに取り囲まれ、歴史や経験との対峙を余儀なくされた。見るという行為そのものに肉迫した革新的美術論集。

イメージ
ジョン・バージャー
伊藤俊治訳
イメージが氾濫する現代、「ものを見る」とはどういう意味をもつか。美術史上の名画と広告とを等価に扱い、見ること自体の再検討を迫る名著。

バルトーク音楽論選
ベーラ・バルトーク
伊東信宏／太田峰夫訳
中・東欧やトルコの民俗音楽研究、同時代の作曲家についての批評など計15篇を収録。作曲家バルトークの多様な音楽活動に迫る文庫オリジナル選集。

古伊万里図鑑
秦秀雄
魯山人に星岡茶寮を任され柳宗悦の蒐集に一役買った稀代の目利き秦秀雄による究極の古伊万里鑑賞案内。限定五百部の稀覯本を文庫化。（勝見充男）

新編 脳の中の美術館
布施英利
「見る」に徹する視覚と共感覚に訴える視覚。ヒトの二つの視知覚形式から美術作品を考察する、芸術論へのまったく新しい視座。（中村桂子）

秘密の動物誌
フォンクベルタ／フォルミゲーラ
荒俣宏監修
管啓次郎訳
光る象、多足蛇、水面直立魚——謎の失踪を遂げた動物学者によって発見された「新種の動物」とは。世界を騒然とさせた驚愕の書。（茂木健一郎）

ブーレーズ作曲家論選
ピエール・ブーレーズ
笠羽映子編訳
現代音楽の巨匠ブーレーズ。彼がバッハ、マーラー、ケージなど古今の名作曲家を個別に考察した音楽論14篇を集めたオリジナル編集。

図説　写真小史
ヴァルター・ベンヤミン
久保哲司編訳
写真の可能性と限界を考察し初期写真から同時代の作品まで通観した傑作エッセイ「写真小史」と、関連の写真図版・評論を編集。（金子隆一）

フランシス・ベイコン・インタヴュー
デイヴィッド・シルヴェスター
小林等訳
二十世紀を代表する画家ベイコンが自身について語った貴重な対談録。制作過程や生い立ちのことなど。『肉への慈悲』の文庫化。（保坂健二朗）

花鳥・山水画を読み解く
宮崎法子
中国絵画の二大分野、山水画と花鳥画。そこに託された人々の思いや夢とは何だったのか。豊饒な作品世界を第一人者が案内する。サントリー学芸賞受賞。

理想の書物
ウィリアム・モリス
W・S・ピータースン編
川端康雄訳
近代デザインの祖・モリスは晩年に、私家版印刷所を設立し、徹底した理想の本作りを追究する。書物芸術を論じた情熱溢れるエッセイ講演集。

紋章学入門
森護
紋章の見分け方と歴史がわかれば、ヨーロッパの文化がわかる！　基礎から学べて謎解きのように面白い紋章学入門書。カラー含む図版約三百点を収録。

河鍋暁斎　暁斎百鬼画談
安村敏信監修・解説
幕末明治の天才画家・河鍋暁斎の遺作から、奇にして怪なる妖怪満載の全頁をカラーで収録、暁斎研究の第一人者の解説を付す。巻頭言＝小松和彦

リヒテルは語る
ユーリー・ボリソフ
宮澤淳一訳
20世紀最大の天才ピアニストの遺した芸術的創造力の横溢。音楽の心象風景、文学や美術、映画への連想がいきいきと語られる。「八月を想う貴人」を増補。

イタリア絵画史
ロベルト・ロンギ
和田忠彦／丹生谷貴志／柱本元彦訳
現代イタリアを代表する美術史家ロンギ。本書は絵画史の流れを大胆に論じ、若き日の文化人達に大きな影響を与えた伝説的講義録である。（岡田温司）

歌舞伎　渡辺保

伝統様式の中に、時代の美を投げ入れて生き続けてきた歌舞伎。その様式のキーワードを的確簡明に解説した、見巧者をめざす人のための入門書。

マニエリスム芸術論　若桑みどり

カトリック的世界像と封建体制の崩壊により、観念の転換を迫られた一六世紀。不穏な時代のイメージの創造と享受の意味をさぐる刺激的芸術論。

イメージを読む　若桑みどり

ミケランジェロのシスティーナ礼拝堂天井画、ダ・ヴィンチの「モナ・リザ」、名画に隠された思想や意味を鮮やかに読み解く楽しい美術史入門書。

イメージの歴史　若桑みどり

時代の精神を形作る様々な「イメージ」にアプローチし、ジェンダー的・ポストコロニアル的視点を盛り込みながらその真意をさぐる新しい美術史。

絵画を読む　若桑みどり

絵画の〈解釈〉には何をしたらよいか。名画12作品の読解によって、美術の深みと無限の感受性への扉を開ける。美術史入門書の決定版。（宮下規久朗）

てつがくを着て、まちを歩こう　鷲田清一

規範から解き放たれ、目まぐるしく変遷するモードの世界に、常に変わらぬ肯定的眼差しを送りつづけてきた著者の軽やかなファッション考現学。

英文翻訳術　安西徹雄

大学受験生から翻訳家志望者まで。達意の訳文で知られる著者が、文法事項を的確に押さえ、短文を読みときながら伝授する、英文翻訳のコツ。

英語の発想　安西徹雄

直訳から意訳への変換ポイントは、根本的な発想の転換にこそ求められる。英語と日本語の感じ方、認識パターンの違いを明らかにする翻訳読本。

英文読解術　安西徹雄

単なる英文解釈から抜け出すコツとは？　名コラムニストの作品をテキストに、読解の具体的な秘訣と要点を懇切詳細に教授する、力のつく一冊。

ちくま学芸文庫

ブルゴーニュ公国《こうこく》の大公《たいこう》たち

二〇二三年五月十日　第一刷発行

著　者　ジョゼフ・カルメット

訳　者　田辺 保（たなべ・たもつ）

発行者　喜入冬子

発行所　株式会社　筑摩書房

東京都台東区蔵前二―五―三　〒一一一―八七五五

電話番号　〇三―五六八七―二六〇一（代表）

装幀者　安野光雅

印刷所　明和印刷株式会社

製本所　株式会社積信堂

ISBN978-4-480-51177-5 C0122